U0632748

法学学科新发展丛书
New Development of Legal Studies

国际私法学的新发展

沈　涓\主编

中国社会科学出版社

图书在版编目（CIP）数据

国际私法学的新发展／沈涓主编．—北京：中国社会
科学出版社，2011.4
（法学学科新发展丛书）
ISBN 978 - 7 - 5004 - 9673 - 1

Ⅰ．①国…　Ⅱ．①沈…　Ⅲ．①国际私法 - 研究
Ⅳ．①D997

中国版本图书馆 CIP 数据核字（2011）第 060870 号

出版策划　任　明
责任编辑　官京蕾
责任校对　张　青
技术编辑　李　建

出版发行　中国社会科学出版社
社　　址　北京鼓楼西大街甲 158 号　　邮　编　100720
电　　话　010 - 84029450（邮购）
网　　址　http：//www.csspw.cn
经　　销　新华书店
印　　刷　北京奥隆印刷厂　　　　装　订　广增装订厂
版　　次　2011 年 4 月第 1 版　　　印　次　2011 年 4 月第 1 次印刷
开　　本　710×1000　1/16
印　　张　21.75　　　　　　　　　插　页　2
字　　数　386 千字
定　　价　40.00 元

凡购买中国社会科学出版社图书，如有质量问题请与本社发行部联系调换
版权所有　侵权必究

总　序

景山东麓，红楼旧址。五四精神，源远流长。

中国社会科学院法学研究所位于新文化运动发源地——北京大学地质馆旧址。在这所饱经沧桑的小院里，法学研究所迎来了她的五十华诞。

法学研究所成立于 1958 年，时属中国科学院哲学社会科学学部，1978年改属中国社会科学院。五十年来，尤其是进入改革开放新时期以来，法学研究所高度重视法学基础理论研究，倡导法学研究与中国民主法治建设实践紧密结合，积极参与国家的立法、执法、司法和法律监督等决策研究，服务国家政治经济社会发展大局。改革开放初期，法学研究所发起或参与探讨法律面前人人平等、法的阶级性与社会性、人治与法治、人权与公民权、无罪推定、法律体系协调发展等重要法学理论问题，为推动解放思想、拨乱反正发挥了重要作用。20 世纪 90 年代以后，伴随改革开放与现代化建设的步伐，法学研究所率先开展人权理论与对策研究，积极参与国际人权斗争和人权对话，为中国人权事业的发展作出了重要贡献；积极参与我国社会主义市场经济法治建设，弘扬法治精神和依法治国的理念，为把依法治国正式确立为党领导人民治国理政的基本方略，作出了重要理论贡献。进入新世纪以来，法学研究所根据中国民主法治建设的新形势和新特点，按照中国社会科学院的新定位和新要求，愈加重视中国特色社会主义民主自由人权问题的基本理论研究，愈加重视全面落实依法治国基本方略、加快建设社会主义法治国家的战略研究，愈加重视在新的起点上推进社会主义法治全面协调科学发展的重大理论与实践问题研究，愈加重视对中国法治国情的实证调查和理论研究，愈加重视马克思主义法学和中国法学学科新发展的相关问题研究⋯⋯

五十年弹指一挥间。在这不平凡的五十年里，法学所人秉持正直精邃理念，弘扬民主法治精神，推动法学创新发展，为新中国的法治建设和法学繁荣作出了应有贡献。

法学研究所的五十年，见证了中国法学研究事业的繁荣与发展；法学研究所的五十年，见证了中国特色社会主义民主法治建设的进步与完善；法学研究所的五十年，见证了中国改革开放与现代化建设事业的成就与辉煌。

今天的法学研究所，拥有多元互补的学术背景、宽容和谐的学术氛围、兼收并蓄的学术传统、正直精邃的学术追求、老中青梯次配备的学术队伍。在这里，老一辈学者老骥伏枥，桑榆非晚，把舵导航；中年一代学者中流砥柱，立足前沿，引领理论发展；青年一代学者后生可畏，崭露头角，蓄势待发。所有的这一切，为的是追求理论创新、学术繁荣，为的是推动法治发展、社会进步，为的是实现公平正义、人民福祉。

在新的历史起点上，我们解放思想，高扬改革开放的大旗，更要关注世界法学发展的新问题、新学说和新趋势，更要总结当代中国法学的新成就、新观点和新发展，更要深入研究具有全局性、前瞻性和战略性的法治课题，更要致力于构建中国特色社会主义法学理论创新体系。

为纪念中国社会科学院法学研究所建所五十周年，纪念中国改革开放三十周年，我们汇全所之智、聚众人之力而成的这套法学学科新发展丛书，或选取部门法学基础理论视角，或切入法治热点难点问题，将我们对法学理论和法治建设的新观察、新分析和新思考，呈现给学界，呈现给世人，呈现给社会，并藉此体现法学所人的襟怀与器识，反映法学所人的抱负与宏愿。

五十风雨劲，法苑耕耘勤。正直精邃在，前景必胜今。

中国社会科学院法学研究所所长李林　谨识
二〇〇八年九月

前　言

半个多世纪以来，在所有法学学科中，国际私法的发展是最为迅速的，特别是这种发展是在理论、立法和司法各个方面全面展开的。这种发展给国际私法带来了全新的面貌和生命的活力，使这门古老的学科依然散发年轻的光彩。

困则思变。对法律适用结果无力关照，解决民商法律冲突时又产生了冲突规范之间的次生冲突，判决因为被拒绝承认和执行而成为一纸空文，这些都使国际私法对国际民商关系的调整捉襟见肘，国际私法走入山重水复的困境。处此境地，各国国际私法都在寻求或接受着国际私法的新出路。源于英美法系的法律选择和法律适用的新思路、新方法一经产生和形成，便迅速为其他国家关注。经过重新认识和改善，各国都将自己的国际私法发展出了一番新意。

本书选取了若干国际私法新发展的表现，试图展示国际私法新发展的细致和广阔。虽不尽全面，却可窥一斑。

为尊重每个撰稿人各自对国际私法新发展现象的感悟，本书在观点上未求共识，故难免内容上的不一致。保留这种差异，或许可以给进一步探讨留下空间。

本书撰稿人和各自所写章节如下：

第一章：高琦

第二章、第三章、第十一章：沈涓

第四章、第九章、第十章：李庆明

第五章、第八章：付颖哲

第六章、第七章：谢新胜

目　录

上　编

上　编

第一章　法院地法适用的新发展

第一节　法院地法在实体问题中适用的新发展

一、国际私法中的法院地法

国际私法中的法院地法，是以"法院地"为连结因素而指向的准据法，即审理涉外民商事案件的法院所在地国家的法律，包括法院地国的实体法和程序法。法院地实体法解决实体问题的法律冲突，法院地程序法解决程序性问题的法律冲突。

法院地法是国际私法中系属公式的一种。在实践中多被表述为：第一，"某某国法"、①"某某国国内法"、②"某某国内国法"、③ 第二，"法院所属的法律体系"、④"法院地国家法律"、⑤"受理案件的国家的法律"、"诉讼

---

① 如1979年《匈牙利国际私法》第3条第1款规定："如果在法律诉讼中对于事实或关系的性质有争议，应根据匈牙利法律规则和概念决定适用的法律。"又如1994年《蒙古国民法典》第428条第6款规定："宣告某人在蒙古国领土上失踪或死亡，依蒙古国法律确定。"再如1972年《塞内加尔家庭法》第851条规定："当塞内加尔的公共秩序受到影响，或当事人利用冲突规则故意使塞内加尔法不适用时，塞内加尔法取代应适用的外国法。"这种形式在国际私法立法中比较常见，而且该表述方式多体现在单边冲突规范中。

② 如1939年《泰国国际私法》第4条规定："在适用外国法时，如依该外国法应适用泰国法，则适用泰国国内法，而不适用泰国冲突规则。"

③ 如1978年《奥地利国际私法》第5条规定："对外国法律的指定，也包括它的冲突法在内。如外国法反致时，应适用奥地利内国法（不包括冲突法）；如外国法转致时，则对转致亦应予以尊重；但当某国内国法未指定任何别的法律，或在它被别的法律首次反致时，则应适用该外国的内国法。"

④ 如1991年《加拿大魁北克民法典》第3078条第1款规定："识别依据法院所属的法律体系；但有关财产的识别，无论动产或不动产，均依财产所在地法进行。"

⑤ 如1999年《哈萨克斯坦共和国民法典》第1094条第5款规定："对自然人无行为能力和限制行为能力的宣告适用相关法院所在地法律。"1982年《土耳其国际私法和国际诉讼程序法》第4条第1款规定："国籍是确定准据法的基本标准，但下述情况除外：（1）无国籍人，依其住所地作为确定准据法的标准；没有住所的，依其居所；没有居所的，适用受理案件的国家的法律。"

进行地法律"① 或 "法院地的本地法"。②

本章研究范围仅限于实体问题中法院地法的适用。

二、适用法院地法的新发展

由国际私法发展史可知，法院地法的适用伴随着国际私法经历了一个从绝对适用、合理限制到扩大适用的平衡和协调的发展过程。目前有学者认为，在国际私法立法及司法实践中，已逐渐呈现出扩大法院地法适用范围的倾向，亦即 "回家去"（homeward trend）的倾向，③ 因此这就更有必要深入研究法院地法得以适用的原因，以及合理适用法院地法的条件及标准。以下将法院地法适用的新发展分为两种情况予以总结：法院地法之不合理适用、法院地法之合理适用，并在下文中详述法院地法在各种实体法律关系中适用的新发展。

（一）法院地法之不合理适用

1. 不合理适用之表现

第一，利用一些国际私法基本制度达到扩大适用法院地法的目的，如利用公共秩序保留制度，因积极公共秩序保留直接适用法院地国的强制性实体法规范，或因消极公共秩序保留而排除了本应适用的外国法后，代之以适用法院地法。

第二，利用当事人意思自治原则，将当事人可选择的法律限定为法院地法，目的是通过当事人的选择使法院地法获得适用。例如1987年《瑞士国际私法》第132条规定 "当事人可在侵害事件发生后的任何时候约定适用法院地法"。这类规定虽然表面上体现了对当事人意思的尊重，但由于当事人可选择的法律只有 "法院地法"，那么当事人选择法律的结果也只能是适用法院地法，所以这种选择实际上就等于没有选择，这类立法的实质就是为适用法院地法，只不过改变了直接适用法院地法的表现形式罢了。

2. 不合理适用之主要原因

扩大法院地法适用的原因主要有两点：

---

① 如《也门人民民主共和国民法典》第35条第1款："诉讼程序，包括管辖权问题，适用诉讼进行地法律。"

② 在外国法的查明中，1986年《美国第二次冲突法重述》第136条第1款规定："声明依据外州法的必要性、声明的形式以及未作此项声明的后果，依法院地的本地法。"

③ 李双元：《国际私法（冲突法篇）》（修订版），武汉大学出版社2001年版，第332页。

首先，从立法方面考察，法院地法得以扩大适用的最根本原因莫过于国家主权。这是因为，当今国际社会主要仍由主权国家组成，但是由于各个国家之间的利益追求存在差异，因此在国际交往中国家的立场总是首先为自己的利益服务。基于此不同时期在尊重和维护内国国家主权的前提下，[①] 国家的立法机关就会制定被认为能够为内国国家和人民服务的国际私法规则。一般情况下，内国立法机关往往认为内国法是保护国家利益、人民利益的最佳选择，因此立法机关在制定国际私法规则时，将尽可能利用国际私法制度、立法技术，努力选择内国法作为准据法，以减少外国法适用的机会。因此，法院地法适用的出现及扩张趋势，在很大程度上体现了主权原则的要求。[②]

其次，从司法层面考察，便利性是法官审理案件时最重要的考虑因素。审理案件的法官往往经过内国法律的系统培训，相对于外国法，法官更熟悉内国法的规定及内涵，因此法官适用内国法时，轻车熟路、简便易行，而且大多数法官可以做到不出解释法律的错误。所以，在各种涉外民商事案件中，只要法官可以找到适用内国法的根据或借口，法院地法的适用便容易达成。由此，在司法实践中，就强化了扩大法院地法适用的趋势。

3. 合理限制之新途径

尽管，法院地法的适用及扩大适用体现了国家主权原则和司法便利性原则的要求，具有适用的理由，但是法院地法的无限扩大适用，则会导致以下问题：如果认为自己国家的法院应只适用自己的法律，对方国家也采取这种做法，那么两国间的民商事交往必将受阻，因为两国中任何一国的国民或组织，恐因受到对方国家报复性措施的牵连，而减少与对方国家的民商事交往，其结果势必将影响双方国家的经济和民事生活，这是各国、各地区所不愿遇见的难题。所以，法院地法的适用范围不应无条件扩大，而应在合理性要求下进行适当限制。

对法院地法的适用进行合理限制的法律选择方法，主要有以下几种：

首先，在合同、侵权、家庭关系、继承领域，赋予并尊重当事人充分的

---

① 吕岩峰：《适用外国法与国家主权的关系》，载《法学与实践》1988 年第 3 期，第 57 页。

② 李双元：《走向 21 世纪的国际私法——国际私法与法律趋同化》，法律出版社 1999 年版，第 48 页。

意思自治权利，而不只是如在侵权领域将可选择的法律限定于法院地法，从而避免由于当事人只能选择法院地法导致法院地法最终获得适用的结果发生。

其次，引入最密切联系原则，并辅以特征性履行方式，以限制法官的自由裁量权，从而减少法官以最密切联系为由滥用法院地法，将不合理适用法院地法的几率降到最低。

再次，在侵权、婚姻家庭领域，从法律选择的效果考察，引入更有利于特殊一方当事人利益的原则，如对扶养关系适用更有利于被扶养人利益的原则，从而排除扩大适用法院地法的可能。

（二）法院地法之合理适用

首先，在选择性冲突规范中常常规定若干可供有条件选择的法律，当条件不能满足时，法院地法就成为最后一个可选择的法律。此时由于其他原本具有较密切联系的法律都被一一排除，因此法院地法的适用就具有合理性，法院地法的作用仍是补充性的。例如在公海发生的侵权行为，均不能适用侵权行为地法、共同旗国法、过失一方旗国法时，法院地法可能就是唯一可以适用的法律，因此其适用的最主要原因就是补漏。

其次，法院地法也可因最密切联系原则、当事人意思自治原则以及更有利于弱者利益原则获得适用，合理性就表现在法院地法是最密切联系的法律、是当事人合意选择的结果以及是更有利于弱者利益的法律。

再次，法院地法的隐性适用。当法律选择规则与管辖权确定规则相一致时，会导致由冲突规范指引确定的准据法，如行为地法、物之所在地法，与法院地法重叠。虽然法官所依据的法律适用理由是行为地法与行为地、物之所在地法与物之所在地具有密切联系，但其实质或判决结果同时是，法院地法获得了适用，只不过此时被指引的准据法只能表述为与案件具有密切关系的其他系属公式，如行为地法、物之所在地法等，而不能表述为仅体现管辖关系的法院地法。

第二节　法院地法在物权关系中适用的新发展

一、法院地法与不动产物权的法律适用

（一）不动产物权适用"不动产所在地法"

对于不动产物权的法律适用，大陆法系和英美法系的立法和实践一致认

为应适用"不动产所在地法"。如在 57 个国家或地区国际私法中,① 13 部立法②划分了动产与不动产,规定"不动产物权适用不动产所在地法";其余 44 部立法未划分动产与不动产,对物权关系的法律适用统一规定"适用物之所在地法"。这种不予区分动产与不动产法律适用的立法倾向也体现在两部国际公约的规定中,分别是 1928 年《布斯塔曼特国际私法典》第 105 条、③ 1951 年《荷、比、卢关于国际私法统一法的公约》第 16 条。④ 所以,目前对于"不动产物权关系"国际统一的观点是适用"不动产所在地法"。

（二）"法院地法"与"不动产所在地法"

1. "不动产物权法律适用"的新视角——"法院地法"与"不动产所在地法"同一

如前所述,不动产所在地国因不动产与本国密不可分的地域及经济利益

---

①　日本法例（1999 年修正）、中华人民共和国民法通则（1986 年）、中国台湾涉外民事法律适用法（1953 年）、澳门民法典（1999 年）、韩国 2001 年修正国际私法、朝鲜人民民主主义共和国涉外民事关系法、《吉尔吉斯共和国民法典》中的国际私法、哈萨克斯坦共和国新国际私法立法和新国际民事诉讼法、阿拉伯门也共和国关于国际私法的若干规定、也门人民民主共和国有关国际私法的规定、卡塔尔《民法典》、越南社会主义共和国民法典（1995 年）、比利时国际私法典、《西班牙民法典》中的国际私法、俄勒冈州合同冲突法、斯洛文尼亚共和国关于国际私法与诉讼法的法律、保加利亚共和国《关于国际私法的法典》、约旦民法典、阿拉伯联合酋长国有关国际私法的规定、土耳其国际私法和国际诉讼程序法（1982 年）、蒙古国民法典（1994 年）、埃及民法典（1948 年）、马达加斯加国际私法（1962 年）、中非国际私法（1965 年）、塞内加尔家庭法（1972 年）、加蓬民法典（1972 年）、阿尔及利亚民法典（1975 年）、布隆迪国际私法（1980 年）、多哥家庭法典（1980 年）、突尼斯国际私法典（1998 年）、波兰国际私法（1966 年）、匈牙利国际私法（1979 年）、罗马尼亚关于调整国际私法法律关系的第一百零五号法（1992 年）、俄罗斯联邦家庭法典（1998 年）、白俄罗斯共和国民法典（1999 年）、法国民法典（1998 年）、联邦德国关于改革国际私法的立法（1986 年）、德意志联邦德国关于非合同债权关系和物权的国际私法立法（1999 年）、意大利国际私法制度改革法（1995 年）、希腊民法典（1946 年）、葡萄牙民法典（1966 年）、奥地利国际私法（1978 年）、英格兰冲突法（1980 年）、英国国际私法（杂项规定）（1995 年）、瑞士联邦国际私法（1987 年）、列支敦士登关于国际私法的立法（1966 年）、智利国际私法（1855 年）、哥斯达黎加国际私法（1887 年）、乌拉圭国际私法（1941 年）、美国第二次冲突法重述（1986 年）、阿根廷国际私法（草案）（1974 年）、秘鲁民法典（第十编）（1984 年）、巴拉圭国际私法（1985 年）、美国路易斯安那州新的国际私法立法（1991 年）、加拿大魁北克民法典（1991 年）、委内瑞拉国际私法（1998 年）、澳大利亚法律选择法案（1992 年）。

②　这 13 个国家和地区是:中国、约旦、阿拉伯、土耳其、埃及、阿尔及利亚、布隆迪、英格兰、美国、瑞士、列支敦士登、哥斯达黎加、西班牙。

③　1928 年《布斯塔曼特国际私法典》第 105 条:"一切财产,不论其种类如何,均从其所在地法。"

④　1951 年《荷、比、卢关于国际私法统一法的公约》第 16 条:"有体财产上的物权按此项财产所在地国家的法律规定,此项财产的不动产或动产性质也按该法规定。"

关系，主张对不动产物权行使专属管辖权，专属管辖权的依据就是不动产位于该国主权领土管辖范围内。那么，对于因涉外不动产物权争议引起的纠纷，只有不动产所在地国法院具有管辖权，"不动产所在地国"就是受理涉外不动产物权纠纷案件的"法院地国"；根据各国冲突规则，对于涉外不动产物权应适用"不动产所在地法"，如此便发生了"不动产所在地法"与"法院地法"同一的现象。从受理案件的法院角度观察，"不动产所在地法"既是"法院地法"，同时也是"内国法"。所以，导致"不动产所在地法"与"法院地法"就是同一部法律的原因，就在于各国普遍接受的管辖权原则——不动产所在地国对涉及不动产物权纠纷具有专属管辖权。由此可见，在"不动产物权法律适用中""法院地法"其实获得了隐性适用，鉴于此可将其称为"不动产物权法律适用"的新视角。

2. "法院地法"与"不动产所在地法"价值取向不同

既然"不动产所在地法"与"法院地法"就是同一部法律，那么为什么各国或地区对于不动产物权的法律适用均规定适用"不动产所在地法"而不是"法院地法"呢？这主要因为，两种系属公式的价值取向不同。以下将对两种系属公式的价值取向进行辨析，以探究各国或地区国际私法以"不动产所在地法"表述不动产物权准据法的原因。

第一，两者体现的法律关系与法域的关系不同。"不动产所在地法"体现的是"不动产物权"与"不动产所在地法"之间的唯一、确定且稳固的联系，表现为：不动产与不动产所在地具有稳固的地域联系，不动产物权与不动产所在地法具有稳固的法律联系。"法院地法"是以确定涉外不动产物权纠纷管辖权为基础的，尽管对不动产物权的专属管辖权也体现了不动产与不动产所在地的密切关系，但从"法院地法"的表述中只能得出准据法是受理案件法院所在地国的法律，而无法体现不动产物权与"法院地法"的内在关系。比较"不动产所在地法"与"法院地法"这两种表述方式，"不动产所在地法"体现了不动产物权法律关系与不动产所在地之间所具有的本质联系。

第二，两者体现的价值不同。从两种系属公式表述考虑，由于不动产所在地是唯一且确定的，那么对于"不动产所在地法"的判断，无论在诉讼发生前还是诉讼发生后，都能够从系属公式的表述中准确无误的获知准据法的内容；而对于"法院地法"，只有当一国法院受理案件之后才能确定"法院地法"，而不同法院受理案件就会适用不同的"法院地法"，所以"法院地法"的内容具有不确定性。由此可见，从法律适用的确定性方面考察，

"不动产所在地法"较"法院地法"具有更强的确定性。

二、法院地法与动产物权的法律适用

动产的可移动性构成动产的典型特征，"动产的空间位置是不固定的，动产与动产所在地之间并没有不可分割的牢固联系。但是动产的可移动性并不意味着动产必须时时刻刻不停地处于移动状态，动产也可能在某一地域停留一段时间或相当长时间"。[1] 那么动产就以两种状态存在——相对静止状态和运动状态。所以，根据以上对动产的分类，可分别研究法院地法在相对静止动产与运动中动产物权中的适用问题。

（一）相对静止动产物权的法律适用

1. 相对静止的动产物权适用"动产所在地法"

通过对现有各国、各地区国际私法立法及国际公约的分析已知，现行立法对物权的研究目前仅从不动产物权与动产物权两方面展开，少有涉及"相对静止动产物权"的法律适用。[2] 但早有学者对"相对静止动产物权"的法律适用进行了研究，[3] 由此从理论研究的周延性角度考虑，可对此问题进行分析。

首先，相对静止的动产（如家具、图书、美术品）大量存在于现实生活中，它们可能在房屋中停留很长时间。比如说当事人把以上动产搬到新居，并且在很长一段时间不再更换居所，从而使居所内的动产在很长一段时间内，与该居所地具有较紧密的且相对稳定的联系。在这种意义上，相对静止的动产就具有了与不动产相似的特点，即物之所在地是相对唯一且确定的，因此既然不动产适用不动产所在地法是合理的，那么相对静止的动产物权适用"动产所在地法"就具有了合理性。

其次，通过对比相对静止动产所在地法与该动产所有权人居所地法，可得出"静止动产物权关系适用动产所在地法"更加合理的结果。这是因为，随着国际民商事交流的规模和频率大大加强，动产所有者在多国具有居所地的情况也不断增加，于是造成确定动产所有者居所的困难，从而形成难以确定动产所有者居所地法的困扰。而相对静止动产所在地却是相对稳定且唯一

---

[1]　沈涓：《冲突法及其价值导向》（修订本），中国政法大学出版社2002年版，第234页。

[2]　如前述"一、（一）法院地法与不动产物权的法律适用"所述，在现有的57部立法，44部立法不区分动产与不动产，而统一规定对于物权关系适用物之所在地法；只有另外13部立法进行区别适用。

[3]　沈涓：《冲突法及其价值导向》（修订本），中国政治大学出版社2002年版，第234页。

的，且相对静止动产与其所在地在一定阶段内具有较为紧密的联系，所以相对静止动产物权适用"动产所在地法"就是较为合适的。

2. "相对静止动产所在地法"与"法院地法"

目前，根据各国的立法和司法实践，涉外"相对静止动产"诉讼不属于专属管辖的范畴，对于此类诉讼，法院一般根据属地管辖原则和属人管辖原则进行管辖。

（1）依据属地管辖原则进行管辖

"属地管辖权强调一国法院对于其所属国领域内的一切人、物和行为都具有管辖权；其管辖权的基础是被告人在法院所属国境内设有住所或习惯居所，或者是物之所在地或法律事件和行为发生地位于该国领域内"。① 那么对于涉及"相对静止动产"的涉外诉讼，根据属地管辖权原则就产生以下几种可能性：

第一，法院可以依据"相对静止动产"位于法院所属国境内，对"相对静止动产"的涉外诉讼行使管辖权。此时"相对静止动产所在地"与"法院地"重合，从而使适用"相对静止动产所在地法"的结果与适用"法院地法"结果相一致。这种情况下，"相对静止动产所在地法"的表述方式如不动产物权适用"不动产所在地法"一般，体现了"相对静止动产"物权关系与"相对静止动产所在地法"的内在关系，同时也体现出法律适用的明确性。

第二，法院可以依据"被告人在法院所属国境内设有住所或习惯居所"或"法律事件和行为发生地位于该国领域内"，对"相对静止动产"的涉外诉讼行使管辖权。这种情况下，被告人的住所或习惯居所以及法律事件和行为发生地就是受理案件的法院所在地，但由于被告人的住所或习惯居所、法律事件和行为发生地往往与"相对静止动产所在地"分处不同国家或法域。如果"法院地"与"相对静止动产所在地"位于两个不同的国家，那么根据法院地的冲突规则，相对静止动产应适用"相对静止动产所在地法"，于是法院就会适用外国法——"相对静止动产所在地法"进行判决。如此，"法院地法"与"相对静止动产所在地法"就是两个不同的法律。

（2）依据属人管辖原则进行管辖

属人管辖原则"强调一国法院对于其本国国民参与的诉讼具有管辖权；

---

① 韩德培主编：《国际私法》，高等教育出版社、北京大学出版社 2000 年版，第 424 页。

其管辖权的基础就是诉讼当事人中有一方是法院所属国的国民"。① 因此，如果在涉外"相对静止动产物权"诉讼中，当事人一方具有甲国国籍，那么甲国法院就可以根据属人管辖原则对该案件行使管辖权，此时又有两种情况发生：

第一，法院所属国与当事人一方的国籍国相同，而"相对静止动产所在地"国与前者不同，根据法院地国的冲突规则——相对静止动产物权应适用"相对静止动产所在地法"，那么法院最后适用的法律就是外国法，即判决的依据只是"相对静止动产所在地法"而并非"法院地法"。

第二，法院所属国、当事人一方的国籍国、"相对静止动产所在地"国是同一个国家，根据相对静止动产物权应适用"相对静止动产所在地法"，"相对静止动产所在地法"既是"法院地法"又是"当事人国籍国法"。虽然这三个法律在这种情况下就是同一个法律，但是系属公式的表述却体现了不同价值倾向。如前所述"相对静止动产所在地法"表述优于"法院地法"，此处则不再赘述，比较的焦点则聚集在"相对静止动产所在地法"与"当事人国籍国法"。

在这种假设下，"相对静止动产所在地法"的表述同样比"当事人国籍国法"更为合适。这是因为，连结点"国籍"是一个人具有某国公民的资格，其既是一个人对国家承担义务的根据，同时又是国家对这个人的权利行使保护的根据。在国际交流闭塞时期，人往往固定在其国籍国领域范围内，此时与人相关的动产相应地也稳定在国籍国领域，由于"国籍国"与"相对静止动产所在地"同一，那么以"国籍国法"指代"相对静止动产所在地法"似乎并无不妥。但是，在全球化背景下，随着国际民商事交往的频繁，人活动或居住的场所便会存在于国籍地以外的国家或地区，而人所拥有的动产所在地也不再固定在国籍地，可存在于国籍地之外的地方。于是动产与国籍国之间已不存在如前所述的密切联系，以"国籍国法"确定相对静止动产物权的法律适用已不能展示法律关系与地域间的本质联系，所以，从这种意义讲，"相对静止动产所在地法"的表述更加合理。

（二）运动中动产物权的法律适用

对于处于运动状态的动产，一般研究对象为运输中的船舶、飞行器、货物等，新近研究和立法又把旅行者的行李（即可随身携带的动产）纳入进来。对于此类处于运动状态的动产，由于它们具有很强的流动性，确定其动

────────────

① 韩德培主编：《国际私法》，高等教育出版社、北京大学出版社2000年版，第424页。

产所在地十分困难。那么该如何确定处于运动中动产物权的法律适用呢？目前各国或地区的国际私法立法中，有如下几种做法：

1. 可随身携带动产物权的法律适用——动产物权法律适用的新发展

（1）当事人的惯常居所地国法

纵观 57 部国际私法立法，只有 2005 年保加利亚共和国《关于国际私法的法典》第 67 条第 2 款规定："游客携带的供个人使用的货物的物权，依该游客的惯常居所地国法。"① 该立法对可随身携带动产物权法律适用的特殊关注和安排，具有较强的合理性，体现出动产物权法律适用的新发展，值得借鉴：

第一，不宜适用"动产所在地法"。"可随身携带的动产"本身具有可移动性，这类动产的作用是为当事人日常生活或旅游生活提供便利，正由于"可随身携带的动产"的这种属性和作用，游客方会随意将其携带身边。那么随游客游玩位置不同，"可随身携带的动产所在地"也会各不相同，因此每一个"可随身携带的动产所在地"都是凭游客意志而偶然存在的，所以在"可随身携带的动产"物权与"可随身携带的动产所在地法"之间的联系具有偶然性，程度也不够密切。显而易见，此刻对于"可随身携带的动产"物权适用"动产所在地法"便不再合适。

第二，不应适用"当事人国籍国法"。因为动产所有人可能久已与其国籍国无什么联系，那么如果该动产仍得在有关交易中受其本国法制约，显然不是动产所有人所希望的。而且"国籍国法"本身也不能体现"可随身携带的动产"与"国籍国"之间的联系，所以，对于"可随身携带的动产"物权适用"国籍国法"明显不合理。

第三，不便适用"住所地法"。这是因为：确定住所必须对"居住事实"和"久住意图"进行确认，而对当事人的心理状态进行分析——当事人是否具有"久住的意图"是较主观的，由此判断住所地时存在一定困难；而确定惯常居所却相对容易些——只需判断当事人是否具有客观"居住事实"即可，因此在实践适用中，"惯常居所地"这一连结点获得越来越多立法的青睐。

（2）"法院地法"与"当事人的惯常居所地国法"

对于"可随身携带动产物权"的涉外案件，"惯常居所地"是法院行使

---

① 邹国勇译：保加利亚共和国《关于国际私法的法典》，《中国国际私法与比较法年刊》（第十一卷），北京大学出版社 2008 年版，第 597 页。

属地管辖权的较为合适的根据。对于游客携带的供个人使用的动产物权，该物可能在不同时间随人位于不同国家或地区，那么每一个物之所在地国的法院都可以根据属地管辖权对该涉外案件进行管辖。但随之而来的问题是，如果每一个物之所在地国都主张具有管辖权，就会产生管辖权的积极冲突，以至于产生一事多诉的结果。为了避免以上混乱的发生，法院可依"当事人惯常居所"为管辖权的依据。因为尽管当事人的居所可能存在多个，但久住的"惯常居所"则只有一个，而且对这种久住事实的判断也是较为客观、方便的，所以法院以唯一无争议的"惯常居所"作为管辖权的依据也就较为方便、合理。

根据对以上"可随身携带的动产"物权的涉外案件行使管辖权依据的辨析可知，对于此类案件，法院往往依据"当事人惯常居所地"确定管辖权，那么"法院地"就是"当事人惯常居所地"。根据冲突规则——可随身携带的动产物权适用"当事人的惯常居所地国法"，如此"当事人的惯常居所地国法"就与"法院地法"是同一个法律。

2. 船舶、飞行器物权的法律适用

（1）无法适用"物之所在地法"

船舶、飞行器物权关系适用物之所在地法是极不现实的。这是因为：首先，由于船舶、飞行器等运输工具处于运动状态，很难确定运输工具所在地是何地，从而造成确定物之所在地法的困难。其次，即使能确定处于运动状态的船舶或飞行器的位置，如果它们在航行时可能处于公海或公空，由于这些区域不属于任何主权国家的管辖区，并不存在相应的立法，这就产生了存在物之所在地，却无相应"物之所在地法"的情况。所以，各国一般将船舶、飞行器置于物之所在地法调整范围之外。

（2）"法院地法"与"旗国法"或"登记地国法"

目前在 57 个国家或地区的立法中，已有 22 部①规定对于船舶、飞行器物权适用旗国法或登记地国法。这是因为，船舶、航空器属于价值比较重大的动产，各国一般规定船舶、航空器的物权变动时，都需要经过登记程序方能具有该国法律赋予的权力，未经登记的物权关系不发生法律效力。如此，这种登记程序既是船舶、飞行器所有权人依法获得权利的基础；同时权利人

---

① 采纳该法律选择规则的国家或地区有：中国、中国台湾、中国澳门、韩国、朝鲜、蒙古、俄罗斯、白俄罗斯、吉尔吉斯、哈萨克斯坦、法国、德国、葡萄牙、奥地利、阿根廷、比利时、西班牙、斯洛文尼亚、保加利亚、巴拉圭、突尼斯、秘鲁。

在登记地国登记的行为，也体现了权利人自愿接受登记地国管辖的意思表示，于是登记行为也是登记地国依法行使管辖权的依据。由于登记成为一国法院对船舶、航空器物权关系行使管辖权的唯一依据，那么登记地所属国与受理案件的法院所属国就是同一个国家。根据"船舶、飞行器物权适用旗国法或登记地国法"，旗国法或登记地国法与法院地法就是同一个法。

3. 运输中货物物权的法律适用

（1）不宜适用"物之所在地法"

对于运输中的货物，由于运输原因物之所在地处于经常变化的状态，如被运输的货物可能在整个运输过程中穿越多个国家或法域，所在地就是复数，会导致以下困境——难以确定以哪一个所在地法调整运输中货物的物权关系。即使能够确定，把偶然与货物发生联系的法律作为支配该物物权关系的准据法，也未必合理。更何况，当运输中的货物处于公海或公空时，由于公海或公空并不存在相关法律，适用物之所在地法就显得更加不合理了。因此，"运输中货物的物权关系不便适用物之所在地法"。①

但是运输中的货物并非绝对不适用物之所在地法。如当运送中货物的所有人的债权人申请扣押了运送中的货物，结果运送暂停，或运送中的货物因其他原因长期滞留在某地，该物品的买卖和抵押关系仍应适用该货物所在地法。

（2）运输中货物物权的法律适用

目前，解决运输中货物物权关系法律适用问题的方法主要有以下几种：

第一，适用所有人的本国法。采用这种立法方法的只有 1939 年《泰国国际私法》，其第 16 条第 2 款规定："把动产运出国外时，依起运时其所有人本国法。"根据该法第 6 条②的规定，"国籍"和"住所"在一定条件下可以作为当事人的本国法。但在国际民商事交往中，"国籍国"和"住所"已不再是与动产具有唯一密切关系的地点，如甲国人居住在乙国，而货物所在地及其相关物权的转移行为（起送地）发生在丙国，那么仍以"本国法"作为运输中货物物权关系的准据法就不再合理，所以该种立法模式有失妥当。

---

① 余先予主编：《冲突法》，上海财经大学出版社 1999 年版，第 185 页。

② 1939 年《泰国国际私法》第 6 条第 1、2 款："在应适用当事人本国法时，如当事人不同时期取得两个以上国籍，则适用最后取得国籍所属国家的法律。在应适用本国法时，如当事人同时取得两个以上国籍，则适用住所所在地的本国法；如该当事人在别国又有住所，以诉讼开始时住所所在地法为其本国法；如不知其住所，以居所所在地法为其本国法。"

第二，适用起送地法。如 1999 年《白俄罗斯国际私法》第 1122 条规定："因某种法律行为而处于发送途中的动产的所有权和其他物权，在发送期间依该财产始发地国法律，当事人另有约定的除外。"蒙古、西班牙、吉尔吉斯、哈萨克斯坦的国际私法也作了类似规定。分析起来，运输中货物物权适用起送地法似有不妥之处。首先，起运前位于起运地的货物是与起运地具有密切联系的——起运地国家对位于其领域内的物具有管辖权，而运输途中的货物与起运地法的联系却是相对微弱的；并且根据国家主权原则，起运地法也无权管辖已经在运输途中，且跨越不同国家或法域的货物。其次，"运输途中的货物所有权往往要待货物到达目的地时才能发生效力"。[①]

第三，适用目的地法。如 1987 年《瑞士国际私法》第 101 条规定："运输途中的货物，其物权的取得与丧失适用货物送达地国家的法律。"目前，目的地法为多数国家或地区的立法所采纳。[②]一般情况下，在多数国际货物贸易中，货物是以目的地作为交付地的，那么运输中货物物权转移或变更的行为地就是目的地，根据"场所支配行为"的古法，应适用目的地法律调整运输中货物物权关系；亦即在以目的地为交付地的情况下，运输中的货物物权适用目的地法是较为合理的。但是在现实中，也会发生使目的地法无法适用的情况——货物物权在运输途中变更以致运送货物目的地变更、或者货物在运输途中灭失导致不存在运送货物目的地。因此，目的地法的适用也并非完美无瑕。

（3）"法院地法"与适当的准据法

运输中的货物物权往往是运输合同或者货物买卖合同内容的一部分，合同中一般会规定货物风险和责任的承担规则，如当事人选择适用《国际贸易术语解释通则》中某一种贸易术语；而且合同中也会含有涉及物权纠纷时的争端解决办法，如选择诉讼地或仲裁地及其相应法律。因此，对于涉外运输中的货物物权关系基于"契约自由"的原则，应适用当事人选择的法律。

上述情形只是国际商事交往的常态，实践中也会发生当事人未约定法律适用的情形。对于这种特殊情况，法官可以根据最密切联系原则确定与该合同具有较密切联系的法律，比如目的地法。但如果当用尽以上各种法律适用

[①]　沈涓：《冲突法及其价值导向》（修订本），中国政法大学出版社 2002 年版，第 235 页。

[②]　这些国家或地区共计 12 个：土耳其、韩国、越南、意大利、葡萄牙、瑞士、秘鲁、比利时、斯洛文尼亚、保加利亚、中国澳门和加拿大魁北克。

方法之后，仍无法确定运输中货物物权适当的准据法，此时法院方可适用"法院地法"，"法院地法"的适用只是无适当准据法时的救济手段。

三、发展趋势小结

对于物权的法律适用，目前各国、各地区国际私法立法及国际公约的发展趋势是——不区分不动产物权与动产物权的法律适用，只规定物权关系适用物之所在地法。但仍有些立法坚持区别对待两种不同性质的物权。

第一，关于不动产物权的法律适用，适用不动产所在地法，该法则已被国际社会认同。对于不动产物权，各国公认应采用专属管辖原则，并且认为对于不动产物权关系应适用"不动产所在地法"，于是就形成管辖权与法律选择标准同一的状态，导致"不动产所在地法"就是"法院地法"，它们就是对同一个法律的两种表述。比较两种表述，由于"不动产所在地法"更能体现不动产物权与物之所在地的密切联系，且法律适用更加明确，因此法律适用规则应以"不动产所在地法"表述，而不应以只体现管辖权关系的"法院地法"替代。

第二，关于动产物权，其法律适用比较复杂。在动产物权法律适用中，一般立法只是对某些特殊动产法律适用予以规定，如运动中的船舶、飞行器，及运输途中的货物；新近立法又对"可随身携带的动产物权"予以了重点关注，体现动产物权法律适用的新发展。对于"相对静止动产物权"的法律适用，目前多停留在理论研究层面，少有立法涉及，应规范"相对静止动产物权"关系的法律适用，将其列为物权法律适用立法中的新问题。

首先，对于"相对静止动产物权"，由于该动产在某段时期内具有与"不动产"相类似的所在地稳定的状态，那么其就应适用与之具有较密切联系的"相对静止动产所在地法"。而且此时也会发生"管辖权与法律选择标准同一的状态"，所适用的准据法——"相对静止动产所在地法"就是"法院地法"。

其次，对于"运动中的动产物权"有三种情况发生：一是，"可随身携带的动产物权"适用当事人惯常居所地国法；二是，运动中的船舶和飞行器物权适用旗国法或登记地法；三是，运输中的货物物权适用适当准据法。这几种运动中动产物权的法律适用，一定条件下也会发生由于管辖权与法律选择标准同一，从而导致其相应的准据法就是"法院地法"的情形。但是，第三种情况是比较特殊的，对于运输中的货物物权，"法院地法"可以成为一种补救的救济手段纳入法律选择规则中；并且由于适用"法院地法"的依据是法院具有管辖权，那么此时作为补救措施的准据法只能以"法院地法"表述。

综上所述，在物权关系中，由于管辖权与法律选择标准同一，法院地法均可在不动产物权和动产物权关系中获得隐性适用，该研究方法应被视做法律适用研究的新视角。对于运输中的货物物权，法院地法在补充适用条件下，获得适用的合理性。

第三节　法院地法在合同关系中适用的新发展

在国际私法产生之初至 16 世纪意思自治说被实践所接受为止，涉外合同法律适用主要依合同缔结地、合同履行地等空间地域连结因素。但随着全球化贸易的发展，机械、僵化的冲突规范已不再适合解决新合同法律适用问题，因此各国学者提出了具有弹性、灵活性的新方法，为合同法律适用迎来了新的发展机遇；同时，这些方法在当代的立法和司法实践中也获得了新的深化和发展。这些方法主要是：当事人意思自治原则的发展、最密切联系原则和特征性履行方法。[①]　其中，当事人意思自治原则一般被用作解决合同法律适用的首要原则，最密切联系原则和特征性履行方法则是解决合同法律适用的辅助原则，只有在当事人意思自治原则不能适用时辅助原则才得以补充适用。以下内容将研究"法院地法"与各原则、方法的种种联系，探讨"法院地法"在合同领域的适用情况。

一、法院地法与当事人意思自治原则

（一）当事人意思自治原则

当事人意思自治原则，是指合同当事人可以通过协商一致的意思表示自由选择支配合同准据法的一项法律选择原则。目前在合同法律适用领域，当事人意思自治原则得到国际社会的广泛认可，一系列国际公约[②]均采用了当事人意思自治原则，其已成为合同领域中确定准据法的最重要原则。[③]

在合同的法律适用中，采用当事人意思自治原则有以下优点：

---

① 吕岩峰：《合同准据法论纲》，《吉林大学社会科学学报》1999 年第 4 期，第 23—27 页。

② 1955 年《国际有体动产买卖法律适用公约》、1978 年《代理法律适用公约》、1986 年《国际货物销售合同法律适用公约》和 1980 年《合同义务法律适用公约》都采用了当事人意思自治原则。

③ 沈涓：《冲突法及其价值导向》（修订本），中国政法大学出版社 2002 年版，第 46 页。

1. 从合同性质分析

合同是当事人自行制定的,当事人创设了"约束自己的法律"并"直接对其发生法律效力",① 因此合同关系本身就蕴含了意思自治的性质。② 既然当事人可以创设约束自己的合同关系,当事人也可以选择合同准据法,使当事人的意思表示能完整地贯穿于合同的各个方面和阶段。因此可以说,在合同法律适用中采用当事人意思自治原则,是私法上的契约自由与私法自治原则在合同法律适用中的体现和要求。③

2. 从适用效果分析

采用当事人意思自治原则能够提高法律适用结果的可预见性、确定性和判决结果的一致性,可以保障交易的安全、有序进行。

首先,一般当事人在缔结合同时可以选择准据法,自合同成立之时起当事人就可以依据合同和合同的准据法确定当事人之间的权利义务关系,判断自己的利益能否实现以及在多大程度上实现,因此适用意思自治原则可以确保当事人能预料到法律适用的结果。

其次,合同的准据法一旦在缔结合同时被确定,除非在缔结合同之后当事人经合意对准据法进行了更改,否则合同准据法不能任意变更,在缔结合同时确定的准据法效力可以一直支配合同关系,因此这种确定性可以有力保障国际交易关系的稳定。

最后,当事人通过合意选择了准据法,如果发生合同纠纷,无论何国法院受理该案件,都应适用当事人所选择的准据法,如此可避免因各国法律选择标准和方法的不同所造成的适用不同法律的结果,亦即保障了统一合同纠纷法律适用和判决结果的一致性。

3. 从法院审理案件的便利性分析

当事人在合同中已经合意选择了合同的准据法,或缔结合同后直至法院(仲裁庭)开庭前选择合同准据法,那么法院在受理合同纠纷案件之后可以直接适用当事人选择的准据法,这样既提高了审判效率,也减轻了法院审判涉外民商事案件时确定合同准据法的负担,因此在实践中受到法官的欢迎。

---

① 张俊浩主编:《民法学原理》(修订版),中国政法大学出版社 1997 年版,第 659 页。

② 沈涓:《冲突法及其价值导向》(修订本),中国政法大学出版社 2002 年版,第 249 页。

③ 肖永平、胡永庆:《法律选择中的当事人意思自治》,《法律科学》1997 年第 5 期,第 78—79 页。

（二）法院地法的新适用

既然适用当事人意思自治原则确定合同准据法是合情、合理的，得到了国际社会的一致认可，这能否说明在合同的法律适用中，以当事人意思自治原则为主要法律选择方法，就没有"法院地法"的适用空间呢？答案是否定的。在合同关系法律适用中，正因为当事人意思自治原则的广泛适用，方使得"法院地法"在特殊情况下获得了适用的可能性与合理性，体现出"法院地法"在合同关系法律适用中的新发展，具体表现在以下几个方面：

1. "法院地法"与当事人选择的法律

根据当事人意思自治原则，合同当事人可以通过协商一致的意思表示自由选择支配合同效力的准据法。那么当事人确定合同准据法的情况主要有两种：① 在缔结合同时、缔结合同后直至法院（仲裁庭）开庭前选择合同准据法，即合同准据法的选择；或缔结合同后变更缔结合同时所选择的法律，即合同准据法的变更。

（1）"法院地法"与合同准据法的选择

如上所述，当事人在缔结合同时、缔结合同后直至法院（仲裁庭）开庭前都可以选择合同准据法，那么法院地法有四种适用情形：

首先，当事人明示选择合同准据法就是"法院地法"或"仲裁地法"，这是法院地法适用的最明确以及最合理的方式（前提是不违背公共秩序保留及强制性法律规范）。合理性体现在：一方面，"法院地法"或"仲裁地法"是当事人意思自治的体现，体现了当事人自愿服从该地法律的意图，在这种前提下，当事人较容易接受法院依据当事人意思自治所选择的"法院地法"而形成的判决，易于实现当事人之间的具体权利义务。另一方面，法官熟知内国法律，因此在涉外合同案件中，法官适用"法院地法"或"仲裁地法"比适用其他外国法，更加便捷，有利提高审判工作的质量和效率。

其次，当事人所选择的合同准据法是除"法院地法"或"仲裁地法"之外的其他法律，可能是合同缔结地法、合同履行地法、物之所在地法、

---

① 中国国际私法学会起草的《中国国际私法示范法》（第6稿）第100条即采用此观点。沈涓教授也认为，当事人选择或变更合同准据法的权利应体现在整个合同关系过程中，当事人可以在合同订立之初就参照自己选择的法律来缔结和履行合同，也可根据合同准据法预见性之结果。只有这样，才能更好地发挥法律选择规则对当事人，而不仅只对法院在确定准据法方面的指导作用，以及对国际民商关系全过程，而不仅只对争议解决的规范作用。沈涓：《合同准据法理论的解释》，法律出版社2000年版，第54—55页。

当事人或至少是债务人的居所地法、住所地法或营业所在地法、当事人的共同本国法等其他与合同关系具有一定联系的国家的法律。在这种情况下，当事人事先选择的合同准据法也有可能就是后来受理案件的法院地法或仲裁地法。因为意思自治的另一体现是当事人可以选择处理他们之间纠纷的法院或仲裁庭，如果当事人的合同准据法选择与法院或仲裁庭所在地国同时指向同一个国家，那么当事人选择的合同准据法就是选择处理纠纷的法院或仲裁庭所在地的法律，这样实际上当事人在缔结合同时就已经选择了法院地法，所以这种情况也可称为"法院地法的隐性适用"。

再次，当事人未选择合同准据法（包括缔结合同时以及缔结合同后），仅选择了法院或仲裁庭，此时有的国家依据当事人的默示来推定当事人对准据法的选择，即可从当事人一致同意将相关合同纠纷提交某国法院审判或提交某国仲裁庭予以仲裁的意思表示可以推知，当事人也会接受法院地法或仲裁地法的管辖。由此，"法院地法"或"仲裁地法"就根据争端解决条款获得了适用，当然适用的基础仍是当事人意思自治原则。

最后，当事人在缔结合同时未选择合同准据法，或者也未选择法院或仲裁庭，则当事人可以在缔结合同后直至法院（仲裁庭）开庭前补充选择合同的准据法。如此，在缔结合同后当事人选择合同准据法的权利和过程，就与当事人在缔结合同时选择合同准据法相同，从而使法院地法获得适用的情形也相同，法院地法的具体适用详见前两点内容，此处不再赘述。

（2）"法院地法"与合同准据法的变更

所谓合同准据法的变更，是指当事人通过合意表示对缔结合同时选择的或缔结合同后直至法院（仲裁庭）开庭前补充选择的合同准据法进行变更，简言之关于合同准据法的"以旧换新"。由于新准据法无非仍是合同缔结地法、合同履行地法、物之所在地法、当事人或至少是债务人的居所地法、住所地法或营业所在地法、当事人的共同本国法、"法院地法"或"仲裁地法"中的一种，所以在合同准据法的变更中，法院地法的适用情形可参照"'法院地法'与合同准据法的选择"中法院地法适用的前两种情形——明确直接适用和隐性适用。

2．"法院地法"与当事人选择或变更合同准据法的有效性

对于当事人选择或变更合同准据法的效力，应依据"法院地法"而不是当事人自己选择的法律进行判断。理由如下：

第一，关于当事人选择或变更合同准据法的效力，依当事人自己选择的

法律进行判断，不合逻辑也不现实。

首先，在法官确认当事人所选择的法律为合同准据法之前，尚需对一个先决问题进行判断——当事人选择或变更合同准据法是否有效，法官只有在确认当事人选择或变更合同准据法的行为有效之后，方能依据当事人确定的准据法判断涉外合同中的权利义务关系。而如果依据当事人确定的准据法判断先决问题的效力，即导致以一个效力不确定的法律来判断该法自身的效力的前提错误，因此这种做法不合逻辑。

其次，当事人确定合同准据法的目的是为日后调整当事人之间的权利义务关系提前做好准备，根据目前的理论和实践，调整具体权利义务关系的法律只能是实体法，而不是合同准据法所属国或国际条约（合同准据法是国际条约）中的国际私法规则，但判断当事人选择或变更合同准据法的效力问题却属于国际私法问题，因此"在当事人为合同所指定的准据法中应该找不到决定法律选择条款有效性的依据"，① 难以用实体法解决国际私法问题。

第二，适用"法院地法"判断当事人选择或变更合同准据法的效力问题，则拥有合理原因予以支持。

首先，当事人选择或变更合同准据法的效力，属于国际私法中的"法律选择条款"，由于国际私法通常表现在各国立法或国际公约中，因此其属于特定立法主体通过法律调整的事项，是法院地国行使司法主权的范围。

其次，如前所述，在当前强权社会的背景中，为维护社会各利益平衡、降低矛盾的尖锐度，就需要弱化强者权利、强化弱者权利，而实现这一目标的最有效途径就是在立法中限制契约自由，重视公法对契约的监督、注重保护经济上的弱者。而判断当事人选择或变更合同准据法是否有效的本质，就是限制意思自治观念在国际私法中的体现。限制意思自治观念要求，当事人的自治必须符合法定条件，当事人选择或变更合同准据法的行为也必须符合法律规定，这个规定即法院地国的国际私法规定。如果依据当事人选择的合同准据法确定法律选择协议的有效性，则使限制意思自治的观念沦落成为空话，导致经济上弱者的利益得不到充分保护以致受到损害。所以，适用"法院地法"判断当事人选择或变更的合同准据法的效力问题，也体现了社会本位主义立法思想中保护弱者的观念，有利于维护社会各弱势群体的

---

① 沈涓：《合同准据法理论的解释》，法律出版社2000年版，第42页。

利益。

3. "法院地法"与消极、积极公共秩序保留

当事人意思自治原则的内容是很丰富的，它不仅包括当事人选择法律的自由权利，而且包括对这种自由权利的限制。① 对于当事人意思自治的限制，有两点内容是当事人意思自治原则所不可逾越的界限——消极公共秩序保留和积极公共秩序保留。

(1) "法院地法"与消极公共秩序保留

消极的公共秩序保留，是指"一国法院在处理某一涉外民事案件时，根据本国冲突规范应适用某外国法，但因该外国法的适用将会与法院地国的重大利益、道德或法律的基本原则相违背而采取的拒绝适用该外国法的一种制度"。② 有学者认为排除外国法适用后，法官可能拒绝审判、或以内国法取代被排除的外国法、或适用外国法中最为相近的法律。③

通过对各国、地区立法的搜集、整理可以看到，适用法院地法的立法倾向不仅存在于过去，仍延续至今，表现为：在 21 部明确规定援引消极公共秩序保留之后法律适用的立法中，无条件适用"法院地法"的立法计 10 部（塞内加尔、匈牙利、罗马尼亚、德国、秘鲁、中国台湾、朝鲜、白俄罗斯、哈萨克斯坦、吉尔吉斯）。随着国际交往的日益频繁，平等对待内外国法的呼声日益强烈，无条件适用法院地法的立法倾向有所转变，国际社会的立法更注重选择更加公平的法律，即对消极公共秩序保留的法律适用有条件地适用"法院地法"（条件是用尽选择与案件具有较密切联系的法律），目前有 11 部立法采用了这种方式。④

根据上述情况可知，目前国际社会已形成因消极公共秩序保留而有条件适用"法院地法"的新立法趋势，而且"法院地法"适用的条件主要体现在对"法院地法"适用的"必要性"标准的判断中，标准有三：第一，用尽"其他连结点确立的与案件具有较密切联系的法律"；第二，用

---

① 对意思自治选择合同准据法的限制有四类：第一，强制性规则；第二，公共秩序；第三，实际联系；第四，特殊合同遵从政策性导向，确定特殊的冲突规则。吕岩峰：《当事人意思自治原则内涵探析——再论当事人意思自治原则》，载《吉林大学社会科学学报》1998 年第 1 期，第 34—38 页。

② 沈涓主编：《国际私法》，社会科学文献出版社 2006 年版，第 48 页。

③ 卢峻：《国际私法之理论与实践》，中国政法大学出版社 1998 年版，第 80 页。

④ 这 11 个国家是：意大利、阿根廷、比利时、中国澳门、土耳其、俄罗斯、奥地利、葡萄牙、瑞士、列支敦士登和巴拉圭。

尽 "外国法中最为相近的法律"；第三，适用 "更有利于行为的有效性" 的法律。在这三种情况下，法院地法获得适用的理由是对法律适用空缺状态的补充。

（2）"法院地法" 与积极公共秩序保留

积极公共秩序保留发挥作用的方式，是通过适用法院地国强制性法律规范的方式，直接保护法院地国必须受保护的重大利益，是当事人不能通过协议减损的法律规则。它具有直接适用的效力，不管当事人是否选择它，或者是否选择了其他法律，都应予以适用。因此在 "积极的公共秩序保留" 中，法院地法中的强制性法律规范以直接适用的方式获得适用，从而根本排除了外国法适用的任何可能，如此 "法院地法" 成为援用 "积极公共秩序保留" 排除外国法适用后的唯一法律适用。

众所周知，20 世纪 50 年代以后，随着福利国家的兴起，国家对其生产、分配、交换、消费的各个环节都日益加强干预。由于国家干预主义的观念不断增强，并且逐步扩展到国际私法关系之中，以至于对以意思自治为指导思想、以任意性规范为基本范畴、以冲突规范来制定适用法律的传统国际私法提出了有力的挑战，国家要求其特定意志也能不折不扣地直接约束涉外民商事关系。随之而来的情况是，在国际私法领域强制性规范调整的范围日益增多、作用不断增强。因此，国家职能的转变及其在经济生活中作用的增强，以及国家对经济的干预增加就为直接适用法院地国的强制性实体法提供了新的历史契机，也为法院地法的适用提供了新的发展环境。[1]

有学者指出，强制性规范的适用 "导致了一个非常严重的问题，即它们的适用范围出现了无限扩大，进而出现滥用的趋势"，[2] 对此，应该要一分为二地进行理性分析。

首先，强制性规范具有存在的必要性，主要体现在内国某些强制性规范与某些法律关系具有非常紧密的联系，表现为内国某些强制性规范调整的法

---

[1]　目前，目前 14 个国家和地区的国际私法立法（中国澳门、突尼斯、白俄罗斯、意大利、委内瑞拉、哈萨克斯坦、韩国、比利时、吉尔吉斯、马达加斯加、中非、加蓬、布隆迪、塞内加尔），一般只是对直接适用法院地国的强制性实体法做出原则性规定，如原则性规定某些内国法在适用上优于外国法、规定内国强制性法律规范具有直接适用的效力、规定内国公法规范具有直接适用的效力。

[2]　刘细良、刘丹：《"直接适用的法" 的界定与评析》，载《现代情报》2003 年第 2 期，第 175 页。

律关系，涉及内国国家及社会的重大利益（核心利益），① 属于必须法院地国强制性规范调整的类型。

其次，应合理限制强制性规范的数量和种类，这是因为：强制性法律规范的立法基础是国家主义，在实践中往往以法院地法的适用为中心，其注重国家主权和政府的利益，却忽视了国际社会的整体利益和当事人的个人利益。尤其在各主权国家组成的平权国际社会结构中，各国在社会、政治、经济、文化领域内的交往和联系日益紧密，相互依赖性也逐渐增强，这就迫切需要它们之间真诚合作，而过多地强制性法律规范及其滥用会引起各国交往中的隔阂，阻碍涉外民事活动的顺利进行。特别在当今全球经济危机的背景下，随着内国贸易保护主义观念的不断增强，更应该谨慎制定一些保护内国经济、市场秩序的直接适用的强制性法律规范，以免导致各自为政的贸易保护主义对千疮百孔的全球经济造成进一步损害，以致减缓全球经济复苏的进程。

二、法院地法与最密切联系原则、特征性履行方法

在运用最密切联系原则时，法官不仅需要对合同各种要素进行"量"

---

① 第一类，涉及内国国民经济的发展及自然资源开采的。如我国 1999 年《合同法》第 126 条第 2 款规定，中外合资经营企业合同、中外合作经营企业合同、中外合作勘探、开发自然资源合同，以及 2007 年最高人民法院《关于审理涉外民事或商事合同纠纷案件法律适用若干问题的规定》第 8 条规定的 9 类合同，既不能由当事人选择适用法律，也不能按照最密切联系原则确定所应适用的法律，而只能适用中国的法律。这是因为这些合同或者是外国人来中国投资办企业，或者是中国人与外国人合作开发属于我国的自然资源如煤、油等等，涉及我国国民经济的发展及国家对自然资源的主权，而这些又是一个国家赖以生存、发展的基础权利，因此在该领域中合同问题应直接适用中国的法律。

第二类，涉及内国的安全。如马达加斯加、布隆迪、加蓬、塞内加尔等国国际私法中关于"安全法"或"保安法"具有直接适用效力的规定，而治安和安全法涉及国家的安定和社会的稳定，属于国家主权中安全权的内容，是一个主权国家行使主权权利的基础，国家行使其他主权权利如对内最高的统治权（政治、经济、文化发展的权利）和对外的独立权（国家在行使国家权力时完全自主、不受任何外来势力的干涉），都有赖于国家安全权的行使。而且国家安全权的行使，也是保障个人权利实现的前提，试想如果一个国家的安全受到威胁、社会动荡不安，作为人存在的基础生存权都难以保障，又怎来涉外民商事交往？因此，安全法和保安法等具有社会法性质的公法或强行法也应在涉外民商事案件中得到直接适用，而且已获得司法实践的认可，其中最为典型的案例是法国最高法院 1996 年 1 月 25 日判断的"荷兰公司股票案"。在该案中，荷兰政府于 1944 年 11 月 7 日颁布了一项查清荷兰公司在战时的资产，而规定所有荷兰公司的股份必须进行登记的法令。法国的股份持有者认为该项法令具有公法性质而不应适用该法令，而法国最高法院则认为这项法令是荷兰公司本国法的部分，不管它是公法还是私法，都应适用这项法令。

的分析，还要对各种联系进行"质"的分析，最后结合"量"和"质"的分析，选择与合同具有最密切联系的国家的法律。所以，虽然依据最密切联系原则确定合同准据法的着眼点是具有弹性的"最密切联系"，但最密切联系原则仍然重视合同的"场所化"因素。只不过，这里的场所已经不再是某个固定的地点，而是根据具体的合同关系或具体的合同问题而有所不同的灵活的地点。

采用最密切联系原则作为合同准据法的补充适用方法，对于确定更符合合同关系本质和目的的合同准据法，达到合同法律适用的适当性和公正性的目标有着重要的意义。同时，由于其有助于综合实现合同法律适用的确定性和灵活性，符合国际合同关系多样性和复杂性的客观情况，在实践中受到越来越多国家的认可和采纳，成为解决合同关系法律适用问题的新方法。

当然最密切联系原则也赋予了法官很大的自由裁量权，法官可以发挥主观能动性对法律适用进行补漏和纠偏。① 但同时，为了保证最密切联系原则的正确适用，避免法官滥用自由裁量权的情况发生，各国也在积极探索和完善最密切联系的标准和方法。目前主要有两种:②

第一，美国的"合同要素分析"法。这种方法不仅将与合同有关的全部连结因素列举出来，还要判断各种连结因素的相对重要程度，然后才能确定最密切联系地。《美国第二次冲突法重述》第 188 条规定的连结点，包括与合同缔结成立密切相关的地点，如合同缔结地、合同谈判地、合同履行地、合同标的物所在地、合同成立地；缔结合同当事人利益聚集地，包括当事人住所、居所、国籍及营业地。法院在这些与合同有着联系的地点中，选择出在数量上最集中的地方为最密切联系地，然后再依据法律选择需要考虑的 7 点因素，确定联系的相对重要程度。经过量和质的选择所挑选出的法律，基本就是与合同有最密切联系的法律。

此时，法院地法的适用有两种情况:其一，依据最密切联系原则所确立的准据法就是法院地法；其二，当依据最密切联系原则确定了以上 9 个联系地之一，比如该最密切联系地正是合同履行地，而该合同履行地恰好也是受

---

① （1）补漏作用，即当法律对特定合同的法律适用未做规定时，法官可以根据这种具体合同关系的性质寻找与之有最密切联系的法律。（2）纠偏作用，即虽然法律对特定合同的法律适用作出规定，但由于国际民商关系的多样化，即使经最密切联系原则指引得到的法律也未必是最适合该法律关系的法律，这就出现了法律适用的偏差。

② 赵相林、杜新丽主编:《中国国际私法立法问题研究》，中国政法大学出版社 2002 年版，第 258—262 页。

理案件的法院所在地时，便发生"法院地法的隐性适用"情况。

第二，大陆法系国家的"特征性履行说"。特征性履行就是通过考察合同的功能，尤其是合同企图实现的具体的社会目的，确定各种合同所具有的特殊功能，并最终适用与特征性之债务人联系最密切的法律。① 目前，各国的司法实践一般的做法是将特征性履行人的住所地法、惯常居所地法、营业地法以及不动产所在地法作为与合同纠纷具有密切联系的法律。在这些立法中，法院地与特殊合同不具有特殊联系、不是特征性履行地，因此法院地法一般不能成为合同的准据法。只有这些特征性履行地恰好与法院地相同时，才发生如上所称的"法院地法的隐性适用"。

三、发展趋势小结

当事人意思自治原则、最密切联系原则和特征性履行方法已成为确定合同关系准据法的新方法，但这几种原则和方法并未排除适用法院地法，某些情况下法院地法获得了新的适用途径，表现出法院地法在合同关系法律适用中新的发展态势。

第一，适用当事人意思自治原则时。

首先，当事人可以选择法院地法作为合同的准据法，同时法院也可因当事人选择法院或仲裁庭而推定法院地法（仲裁庭法）获得适用。这两种情形为法院地法明确、合理获得适用的新情况。法院地法或仲裁地法也可因当事人所选择的准据法就是后来受理案件的法院所在地法而获得隐性适用。

其次，对于当事人选择或变更合同准据法的效力，由于依当事人自己选择的法律判断其效力逻辑上既不合理也不现实，而依"法院地法"判断一方面体现了法院地国司法主权的内容，另一方面也实现了保护弱者原则，因此应依据"法院地法"而不是当事人自己选择的法律。

再次，公共秩序保留是当事人意思自治原则永远难以逾越的界限，该制度在限制当事人意思自治的同时，又为适用"法院地法"打开了两扇新窗。第一扇新窗，援引"消极公共秩序保留"排除外国法的适用后，无条件适用法院地法的立法倾向正逐渐被有条件适用法院地法倾向取代，有条件适用法院地法已成为新近立法趋势；第二扇新窗，法院地法的强制性法律规范以直接适用的方式获得适用，从而根本排除了外国法适用的任何可能，如此"法院地法"便成为援用"积极公共秩序保留"排除外国法适用后唯一的法

---

① 韩德培主编：《国际私法》，高等教育出版社、北京大学出版社2000年版，第201页。

律适用方法，且这种趋势大有日益扩张的趋势。对此，既要肯定法院地强制性规范适用的必要性，又要合理限制这种规范的种类和数量。

第二，适用最密切联系原则和特征性履行方法时。

在涉外合同的法律适用中，最密切联系原则和特征性履行方法是解决合同法律适用的辅助原则。那么在根据以上两原则所确定的合同准据法中，一般情况法院地法没有适用的可能，只有当最密切联系地以及特征性履行地恰好是法院地时，才能产生"法院地法的隐性适用"情况。

第四节　法院地法在侵权行为之债关系中适用的新发展

纵观各国国际私法立法史，侵权行为之债的法律适用方法从传统的法律适用方法——侵权行为地法、法院地法，到重叠适用侵权行为地法、共同属人法或法院地法，到根据最密切联系原则、当事人意思自治原则以及保护受害人利益原则确定准据法，体现了法律选择规则逐步趋近实质合理性的过程，同时也展现了侵权行为之债法律适用方法的新发展。以下将具体研究法院地法在侵权行为之债中适用的地位和作用。

一、法院地法在侵权行为之债中的单独适用

（一）法院地法在一般侵权行为之债中的单独适用

侵权行为适用法院地法产生于 19 世纪末，由萨维尼、[1] 韦希特尔等德国学者所倡导，曾被苏联、希腊等国国际私法所采纳，现在则只有阿拉伯也门共和国采用该方式，《阿拉伯也门共和国民法典》第 31 条规定："因发生于外国的非合同行为而产生的责任和赔偿，适用也门法律。"目前，在一般侵权行为之债中单独适用法院地法已成为少数，这种法律适用规则因种种原因已丧失合理适用的基础，并被时代所抛弃。

第一，侵权行为责任与刑事责任性质的不同，使以侵权行为与刑事责任类似为由主张对侵权行为适用法院地法的观点失去了立论之基。历史上，虽然侵权行为法曾属于刑法的一部分，但早在罗马法时期侵权法就已从刑法中脱离，形成了与刑法性质完全不同的法律部门。侵权行为法与合同法一样，

---

[1]　德国学者萨维尼认为侵权行为责任与法院地法的公共秩序密切相关，一般情况下，建立在一国公共秩序基础上的强行法，具有绝对排除外国法适用的效力，而侵权法即属于强行法，因此法院只能适用法院地法。

服务于调整经济关系及其他利益的目的，其已成为分配性工具而不是惩罚性工具。所以，以侵权行为与刑事责任类似为由，主张适用法院地法的观点就再也不能成立了。

其二，德国学者萨维尼认为侵权行为责任与法院地法的公共秩序密切相关，一般情况下，建立在一国公共秩序基础上的强行法，具有绝对排除外国法适用的效力，而侵权法即属于强行法，因此法院只能适用法院地法。① 其实，尽管法院地国的公共秩序确实十分重要，但一般情况法官会运用公共秩序保留条款满足保护法院地国公共秩序的需要，即如果适用外国法有违法院地国公共秩序，法院将排除该外国法的适用。公共秩序保留制度这种安全阀的作用已基本得到各国的认可，所以无须再规定侵权行为直接适用法院地法，实现对法院地国公共秩序的双重保护。

其三，在侵权行为之债的法律适用中单独适用法院地法，难以实现法律适用的可预见性以及判决结果的一致性目标。

首先，单独适用法院地法影响法律适用可预见性目标的实现。例如依法院地法认为某行为构成侵权行为，但依据侵权行为地法可能获得相反的结果——某行为不构成侵权行为，在这种情况下，当行为人实施行为时，则会因对方未提起诉讼而导致法院地的不确定，从而无法判断其行为的效力。

其次，单独适用法院地法有碍判决结果一致性目标的实现。国际私法立法的理想之一，就是对于同一涉外案件不论于何地起诉，皆能获得相同的判决，即判决结果的一致性。但只要适用法院地法就不可能达成判决的一致，因为判决一致的前提是，只有适用同一个法律才能使判决一致；而适用法院地法的结果是在不同法院起诉就适用不同法律，所以在适用法院地法的前提下判决结果不可能一致。

（二）法院地法在特殊侵权行为之债中的单独适用

在侵权领域单独适用法院地法还有一个重要意义，那就是法院地法作为最后的救济手段获得适用，这是法院地法在侵权领域获得合理适用的新发展之一。例如，在公海上发生的船舶碰撞，此时没有可适用的侵权行为地法，又因为双方国旗不同不能适用共同旗国法，也因为双方均有过失而不能适用无过失一方旗国法，在这种情况下，在公海上发生碰撞的损害赔偿问题适用

---

① ［德］弗里德里希·卡尔·冯·萨维尼：《法律冲突与法律规则的地域和时间范围》，李双元等译，法律出版社 1999 年版，第 151—152 页。

法院地法就是最可能的选择。如 1992 年《中华人民共和国海商法》第 273
条①规定，一般侵权适用侵权行为地法，而对于发生在公海的船舶碰撞损害
赔偿问题，则适用法院地法。而且"英美有关公海上不同国籍船舶间的碰
撞所引起的损害赔偿案例，几乎都是适用法院地法"。②

　　这种模式中适用法院地法具有一定的合理性。这是因为如果碰撞中只有
一方是过失方，此时尚可以依据保护受害者原则确定适用被害船只的船旗国
法。可是如果双方都存在过失，则无从判断何者是加害方船只、何者是被害
方船只，依据船旗国法已无法解决问题。而且船舶碰撞的发生地点是在公
海，侵权行为地法也不存在，所以在这种情况下"最简便易行且能获得公
正结果"③ 的方法就是适用法院地法。对于发生在公空上的碰撞损害赔偿，
也只有碰撞双方不具有同一国籍，且双方均有过失时才能适用法院地法。采
用该模式的有意大利航行法，其规定对于国籍不同的航空器之间的碰撞，在
公海等无主权地域的地区碰撞时适用意大利法。④ 其适用合理性同在公空中
的适用原因。

　　在该模式中，法院地法予以有限适用的条件为：碰撞发生在公海或公
空，即存在侵权行为地却无法确定侵权行为地法；具有过错的碰撞双方不具
有同一国籍，即无法判断适用哪个船舶或飞行器的国籍国法。所以，法院地
法的适用地位是补充性的，但是在该模式下法院地法的适用具有针对性，基
本能满足审理案件以及确定当事人权利义务的要求。因此得到了国际社会的
认可，1977 年《统一船舶碰撞中有关民事管辖权、法律选择、判决的承认
和执行方面若干规定的公约》第 4 条⑤就体现了对有条件适用法院地法的
认可。

---

　　① 1992 年《中华人民共和国海商法》第 273 条："船舶碰撞的损害赔偿，适用侵权行为地法
律。船舶在公海上发生碰撞的损害赔偿，适用受理案件的法院所在地法律。同一国籍的船舶，不论
碰撞发生于何地，碰撞船舶之间的损害赔偿适用船旗国法律。"

　　② 王国华：《海事国际私法研究》，法律出版社 1999 年版，第 22 页。

　　③ 《英国海事法协会对于海事国际私法问题的答复》第 6 项。

　　④ 王瀚、孙玉超：《国际航空运输领域侵权行为法律适用问题研究》，载《河南省政法管理干
部学院学报》2006 年第 1 期，第 76 页。

　　⑤ 1977 年《统一船舶碰撞中有关民事管辖权、法律选择、判决的承认和执行方面若干规定的
公约》第 4 条第 1 款规定："除当事人另有协议外，碰撞在一国内水或领海内发生时，适用该国法
律（侵权行为地法）；如碰撞发生在领海以外的水域，则适用受理案件法院的法律，但如有关的船
舶都在一国登记或由它出具证件，或即使没有登记或由它出具证件，但都属同一国家所有，则不管
碰撞在何处发生，都适用该国法律。"

二、法院地法在侵权行为之债中的重叠适用

在实践中，仅适用侵权行为地法或法院地法都有不足之处：单纯适用行为地法，可能会违背法院地国的"公共秩序"；而单纯适用法院地法，又会鼓励当事人"挑选法院"以能适用对自己最为有利的法院地法，从而使法律适用处于不可预见和不确定的状态，同时也会损害侵权行为地国家的利益。因此，为寻求侵权行为地法与法院地法之间适当的协调，有些国家采用了将法院地法与侵权行为地法重叠适用的方法，该法律适用方法已成为侵权行为法律适用的发展趋势之一。根据法律适用中法院地法的地位不同，以下将分两种情况分别研究：以法院地法为主、侵权行为地法为辅的重叠适用，和以侵权行为地法为主、法院地法为辅的重叠适用。

（一）以法院地法为主、侵权行为地法为辅

在主权优位理念的影响下，英国法院对于侵权行为之债的法律选择方法，曾主张以法院地法为主，只参考行为地法，即双重可诉原则。所谓"双重可诉"，即指当英国法院接到一个发生在外国的侵权行为诉讼时，首先将依自己的法律观点判定这个行为如果发生在英国是否也可以提起侵权之诉，然后再参考行为地法，如该行为在当地也是不正当的，才能为英国法院所受理。但是当英国法院受理之后，只会适用英国法来进行判决。1870 年，威尔士法官在"菲利普斯诉埃尔案"（Philips v. Eyre case）中正式援用了这个原则，从而创设了英国侵权准据法选择规则。[①]

但是，一旦英国法院认为在外国发生的某种行为可作为诉因在英国法院起诉，英国法院将只适用作为法院地法的英国法来判定其责任。可见它实际上体现了适用"法院地法"的立法倾向，是对单独适用"法院地法"观念的继承和发展。以法院地为本位的双重可诉原则过于强调法院地国的主权利益，具有封闭性和狭隘性，它必然会忽视对当事人（尤其是非本国当事人）利益的保护，从而导致不公正的判决结果。

---

① 在该案中，被告在牙买加革命时殴打了原告，并将原告监禁，当时被告是该岛的行政长官。在本案诉讼前，牙买加议会通过了一项赔偿法案，对于在动乱期间所采取的行动不加追究，虽然埃尔的行为在英国是被认为是侵权行为的，但是根据行为地的法律即牙买加的法律，该行为并不具有违法性，因此女王法庭驳回诉讼。威尔士法官评述到，作为一般规则，要在英国提起发生在国外的侵权行为的诉讼，必须符合两个条件：第一，侵权行为必须具有这样的性质，即该行为发生在英国也是可以起诉的；第二，根据行为发生地法，该行为一定是不正当的行为。See J. G. Collier, *Conflict of Laws* (Third Edition), Cambridge University Press, 2001, p. 222.

因此，自 1971 年以来，双重可诉原则受到了种种批评。[①] 后来英国法院也渐渐意识到，现代侵权法更多地承担着利益分配的经济功能，法院地法的极端适用以期保护法院地国的利益，只是一种虚幻和妄想，尤其当侵权事件与法院地国不存在实质性联系的情况下更是如此。[②] 那么为了弥补双重可诉原则的弊端，英国法院改变了自己的观点，集中体现在英国 1995 年制定的《国际私法（杂项规定）》中，该法专辟了第二部分把对侵权行为的法律适用完全纳入到成文法范围，规定结合侵权行为地法及最密切联系原则来确定侵权行为的准据法（但涉外诽谤案件仍适用双重可诉原则[③]）。因此，英国的司法实践以及立法已经充分说明，"以法院地法为主、侵权行为地法为辅"的方法确定侵权行为之债的准据法，是不合理的。

（二）以侵权行为地法为主、法院地法为辅

从上文已知，适用"以法院地法为主、侵权行为地法为辅"的方法确定侵权行为之债的准据法，是不合理的；那么如果将两种系属公式地位互换，即"以行为地法为主、侵权法院地法为辅"的方法确定侵权行为之债的准据法，是否能达成国际私法立法对公平、合理价值的追求呢？

目前，采用该方式立法的国家或地区有：泰国、[④]中国、[⑤] 中国台湾、[⑥] 日本、[⑦]

---

① 李双元：《国际私法（冲突法篇）》（修订版），武汉大学出版社 2001 年版，第 597 页。

② 覃有土、刘乃忠、张云鹏：《英国侵权冲突法规则的变革》，载《华东政法学院学报》2000年第 3 期。

③ 可以猜测，或许因为英国法院将诽谤视为一种危害公共道德、善良风气的"令人讨厌的行为"，违背法院地国的国共秩序，因而应适用法院地法。

④ 《泰国国际私法》第 15 条："因不法行为而产生之债，依物或不法行为实施发生地㳯。但泰国法律不承认在外国发生的事实为不法行为时，不适用本条规定。"

⑤ 1986 年《中华人民共和国民法通则》第 146 条规定："侵权行为的损害赔偿，适用侵权行为地法律。当事人双方国籍相同或者在同一国家有住所的，也可以适用当事人本国法律或者住所地法律。中华人民共和国法律不认为在中华人民共和国领域外发生的行为是侵权行为的，不作为侵权行为处理。"

⑥ 1953 年《中国台湾涉外民事法律适用法》第 9 条侵权行为之准据法："关于由侵权行为而生之债，依侵权行为地法。但中华台湾地区法律不认为侵权行为者，不适用之。"

⑦ 1999 年修正《日本法例》第 11 条："（1）因无因管理、不当得利及侵权行为而生的债权的成立及效力，依其原因事实发生地的法律。（2）前款规定，不适用于发生在外国而依日本法律不属侵权行为的事实。（3）即使发生在外国的实施依日本法律属侵权行为，受害人也不得请求为日本法律所不认可的损害赔偿或其他措施。"陈卫佐译：《日本法例》，《中国国际私法年刊》第 8 卷，法律出版社 2006 年版，第 609 页。

德国、① 匈牙利。② 在这些立法中，"以行为地法为主、侵权法院地法为辅"的方法适用于解决侵权行为的识别（除德国立法），以及侵权损害赔偿的法律适用（仅日本和德国立法）。因此，法院地法在侵权行为之债中获得合理适用的新发展之二，则为解决侵权行为识别冲突以及确定侵权行为的损害赔偿问题。

可以认为在上述立法采用"以侵权行为地法为主、法院地法为辅"的方法，是较为合理的，原因如下：

1. 适用侵权行为地法是确定侵权行为准据法的首要原则

目前这种原则已为多数立法所确认，这是因为：

首先，行为人因在行为地实施某行为，与他人（确定构成侵权行为之后被称为"受害人"）形成了一种法定的债权债务关系，这种关系对行为人来说就是债务，此债务与行为人如影随形，无论行为人于何处都须负担该债务，亦即行为地的法律是债务人履行债务的唯一来源。那么以确定债权债务关系来源的法律——侵权行为地法作为判断侵权行为效力的标准就具有了理论依据。

其次，适用侵权行为地法有助于实现法律适用的确定性和适用结果的可预见性目标。其一，在这里不论侵权行为地法是指行为侵权行为实施地法还是损害结果所在地法，其中实施地和损害结果地均于行为完成之日起成为不可改变的事实，而由此两种连结因素所确立的准据法也就是确定的，据此易于判断侵权行为的准据法。其二，以侵权行为地法为准据法，也不会因诉讼

---

① 1999 年《德意志联邦德国关于合同债权关系和物权的国际私法立法》第 40 条："（1）基于侵权行为而提起的诉讼请求，适用赔偿义务人行为地国法律，受害人可以要求适用结果发生地国法律以代替上述法律。该项指定权利只能在一审中第一次开庭日期届满前或书面预审终结前行使。（2）如果赔偿义务人与受害人在责任事件发生时在同一国家拥有惯常居所，则适用该国法律。如果涉及到的是公司、社团或法人，则其主要管理机构或者某一相关的分支机构所在地等同于惯常居所。（3）不得提出受其他国家法律支配的诉讼请求，只要该请求 A 根本上远远超出了受害者所需要的适当赔偿，B 明显出于对受害者进行适当赔偿之外的目的，或者 C 违反了联邦德国承担义务的国际条约中的责任法上的规定。（4）受害者可以直接向赔偿义务人的保险人提出请求，只要适用于侵权行为的法律或者支配保险合同的法律有此规定。"

② 1979 年《匈牙利国际私法》第 32 条："除本法令有相反规定外，在合同关系以外所造成的损害，适用侵权行为或不行为发生的时间和地点的法律。如果损害发生地法对受害者更加有利，以该法作为准据法。如果侵权行为人和受害人的住所在同一个国家，适用该国法。如果按照侵权行为的准据法，责任以有过失为条件，过失的存在可依侵权行为人的属人法或损害发生地法决定。"

第 34 条："匈牙利法院不得对匈牙利法不认为是非法的行为决定责任。匈牙利法院不得对侵权行为决定匈牙利法所不认可的法律后果。"

地之不同，而适用不同的准据法，当事人可在诉讼发生前即获知债权人与债务人之间的权利义务关系，因此能够实现法律适用结果的可预见性。其三，这种法律适用可预见性的明确，有利于当事人达成诉外和解，这不仅有利于当事人及时解决纠纷，而且从经济的角度分析，也有利于为当事人节省时间和金钱；同时也有利于减轻法院审理案件的负担。

2. 法院地法只能作为侵权行为地法的补充予以适用

（1）法院地法补充适用的前提

在这里，首先需要讨论的一个问题是法院管辖权的依据，因为这是法院地法获得补充适用的前提。根据一般的管辖权原则，法院行使管辖权的依据主要是属地管辖和属人管辖。

首先，根据属地管辖权原则，如果行为人（外国人或内国人）位于法院地国，或行为发生在或结果存在于法院地国，则该法院对此案件具有管辖权。其一，如果法院行使管辖权的依据是，行为发生在或结果存在于法院地国；且法院地国关于侵权行为之债的法律适用规则恰为"侵权行为地法"，那么结果就是"侵权行为地"与"法院地"为同一地，最终所适用的"侵权行为地法"其实就是"法院地法"。此时，两种不同表达方式的法律，所具有的判断侵权行为效力的依据即为一个内容。法院地法自然不可能也不必要作为侵权行为准据法的补充。其二，如果法院行使管辖权的依据是，行为人在法院所在地国具有住所或惯常居所，法院仍将侵权行为地法作为侵权行为之债的准据法，则侵权行为地法与法院地法就是两个不同的法律，两者判断构成侵权行为的标准也会不同。如此讨论法院地法补充适用才具有实际意义。

其次，根据属人管辖权原则，一国法院对法院地国国民参与的诉讼具有管辖权，即管辖权的基础是诉讼当事人中有一方是法院地国的国民。此时侵权行为地与法院地可能是两个不同的地方，"侵权行为地法"与"法院地法"也就是两个不同的法律，两法关于侵权行为的判断也会各不相同。

所以综合以上两种管辖权原则可能导致的后果，只有当法院行使管辖权的依据不是行为发生在或结果存在于法院地国时，即当法院行使管辖权的依据是国籍、住所时，"侵权行为地法"和"法院地法"才能是两个不同的法律，两者判断侵权行为效力的标准才会不同，这就是探讨法院地法对侵权行为地法补充适用的前提条件。

（2）法院地法补充适用的原因

根据以上讨论，既然"侵权行为地法"和"法院地法"判断侵权行为效力的标准可能不同，那么实践中就会发生两种情况：第一种，侵权行为地法认为某行为构成侵权，而法院地法则认为该行为不构成侵权的情况；第二种，侵权行为地法认为不构成侵权，但法院地法确认为构成侵权的情况。

在第一种情况下，法院地法补充适用的原因就是尽力保护内国人或在法院地国具有住所或居所的人的利益，比如说侵权的构成判断和损害赔偿数额的限制。但更为重要的原因则在于，侵权行为是民事行为中与刑事行为最接近的一种，是民事行为中性质最严重的一种行为，所以，在国际私法中对行为是否构成侵权行为的判断就具有了从轻的倾向，这就是当法院地法对行为性质认定更轻时要适用法院地法的原因。

在第二种情况下，法院地法则无适用的必要。因为，侵权行为地法是赋予当事人债权债务关系的源泉，侵权行为地法是保护当地秩序的最低限度。如果侵权行为地法认为某行为不构成侵权，则至少说明该行为尚未影响侵权行为地的经济乃至社会的秩序，亦可理解为无损害，那么自然没有必要追究行为人之责任。若法院地国以公共秩序为由，对一种并未对法院地国造成影响的行为，强加给行为人以超过侵权行为法确定之义务的部分，似乎也缺乏坚实的理由支持。

三、法院地法与最密切联系原则

自第二次世界大战以后，由于现代科学技术被广泛运用于商品的生产和分配，国际产品责任、交通事故、商业上的不正当竞争等各种特殊侵权案件大量发生，其责任的构成和范围的复杂程度，已使在 20 世纪早期以前形成的理论和制度暴露出了严重的局限性，因而许多学者对上述传统的法院地法说和行为地法说进行了猛烈的抨击，认为机械适用法院地法和侵权行为地法都不合适。从而导致有的学者进而主张，对于具体的侵权案件应适用于侵权有最密切联系的国家的法律。[1] 这种主张已成为侵权行为法律适用的新特色，并被多数国家立法和司法实践所接受。

最密切联系原则最大的特点是采取多个连结点，强调根据具体案件的特定事实去寻找所应适用的法律，使与案件有关的各种因素都得以考虑，[2] 这

---

① 英国学者莫里斯在 1951 年首先提出了这种理论。J. H. C. Morris, *The Conflict of Laws*, London, Stevens & Sons, 1980. p. 246.

② 如 1971 年《美国第二次冲突法重述》第 145 条规定，侵权行为适用与该侵权事件及当事人有最密切联系的地方的法律。并明确根据以下连接点来考虑选择最密切联系地法，如损害发生地、导致损害发生的行为地、双方当事人的住所、居所、国籍以及法人所在地及其营业所在地等。

些因素包括侵权行为地法、当事人本国法、住所地法或惯常居所地法、法院地法。适用的结果，可能在一定情况下侵权行为地法仍是主要的法律选择原则，但有时当事人的国籍、住所、居所等因素又在侵权案件中起主要作用，成为选择准据法的标志。如此综合考察各种因素确定侵权行为的准据法，能够克服仅依侵权行为地法所无法克服的困难，增强审理案件的针对性，从而加强了案件处理的公正性、合理性和科学性。而且最密切联系原则还赋予了法官较大的自由裁量权，法官可以发挥主观能动性对法律适用进行补漏和纠偏。

在这种背景下，在最密切联系原则的指导下，法院地法可能因与案件具有较密切联系而获得适用。而且法院地法还有一种隐性适用的情况，即管辖权标准与法律选择原则同一时，法院地法就是依据最密切联系原则确定应适用侵权行为地法、当事人本国法、住所地法或惯常居所地法。

四、法院地法与当事人意思自治原则

在侵权行为法律适用中引入当事人意思自治原则，无疑成为侵权行为法律适用领域的新思路，体现出侵权行为法律适用的新发展。[①] 目前，尽管采用该模式的仅有 1987 年《瑞士联邦国际私法》，而且当事人可选择的法律范围也十分有限，仅包括法院地法、[②] 不动产所在地法、侵权行为地法，[③] 但是在这种有条件的当事人意思自治中，由当事人自己解决侵权行为所应适用的法律（如由受害方单方选择准据法），可以充分调动当事人的积极性，相应减轻法院的负担，有利于案件得到解决；还体现了对弱者的关怀，实现了对受害人合法权益的保护。

---

① 高琦：《国际侵权法律适用的新发展》，中国社会科学院研究生院 2005 级硕士论文，2005 年 5 月，第 34—36 页。

② 1987 年《瑞士联邦国际私法》第 132 条："在侵权行为发生后的任何时候，当事人均可以通过协议方式选择适用法院地的法律。"

③ 1987 年《瑞士联邦国际私法》第 138 条规定："对于不动产排放物造成损害所提起的诉讼，原告有权选择适用不动产所在地法律或损害结果发生地法律。"

第 139 条规定："受印刷品、无线电、电视或其他大众传播工具的诽谤而提出的损害赔偿诉讼，原告可以在下述几项法律中选择所适用的法律：（1）受害人的习惯居所地国家的法律；（2）加害人的主要营业机构所在地或习惯居所地国家的法律；（3）侵权结果发生地国家的法律。定期播放的广播的侵权行为，适用播放地国家的法律。"

虽然也有观点认为①在利益相左的当事人之间，希望二者友好地在侵权争议发生之后达成协议存在着难度。但这种立法毕竟为解决侵权法律适用问题提供了新的方法和途径，为侵权的法律适用开辟了创新之路，因此这是一个令人瞩目、使人鼓舞的新现象，应该被称为法院地法在侵权行为法律适用中新发展之三，但该法律适用规则是否合理，应该进一步分析。

目前采用该方法的立法只有瑞士国际私法。1987 年《瑞士联邦国际私法》第 132 条规定，当事人可在侵害事件发生后的任何时候约定适用法院地法。其第 110 条②关于知识产权的侵权诉讼也规定了相同的法律适用原则。

这一规定在法律控制的范围内给予受害人最大的自由选择法律的空间，与直接规定侵权行为适用法院地法或侵权行为地法相比，显然更加重视受害人利益的保护和实现，能充分发挥侵权行为法对受害人补偿和救济的功能。但是将可选择的法律限制为法院地法，这又在一定程度上限制了上述目的的实现。因为，只有法院地法对当事人更加有利、更能补充受害人所受到的损失或损伤，受害人的利益才能受到充分保护。但是，如果情况恰好相反，当法院地法与受害人无关或法院地法对受害人的保护力度不大时，立法赋予当事人自由选择法院地法的权利，显然就不能实现充分补偿受害人利益的目的。在这种情况下，更应该相信，瑞士这一立法的目的就是在更大程度上使法院地国法获得适用的可能性，是扩大法院地法适用观念的体现。

五、法院地法与更有利于受害人的法律

侵权行为法律适用的另一发展趋势，就是根据保护受害人利益原则确定侵权行为的准据法。③ 这种立法政策主要体现在侵权行为地法④和当事人属

---

① 赵相林、杜新丽主编：《中国国际私法立法问题研究》，中国政法大学出版社 2002 年版，第 366 页。

② 1987 年《瑞士联邦国际私法》第 110 条第 1、2 款："知识产权，适用提起知识产权保护诉讼的国家的法律。因侵权行为而提起的诉讼，在侵权行为发生后，当事人可以协议选择适用法院地法律。"

③ 韩德培等：《晚近国际私法立法的新发展》，《中国国际私法与比较法年刊》第 3 卷，法律出版社 2000 年版，第 28 页。

④ 1979 年《匈牙利国际私法》第 32 条规定："如果损害发生地法对受害者更加有利，以该法作为准据法。"

人法①的结合适用中。表现形式有三种：其一，保护受害人利益原则主要体现在当事人意思自治原则之中；② 其二，在冲突规则中对于保护受害人利益原则仅作一般性规定；③其三，对受害人利益的特殊保护方式。④ 该原则主张采用利益分析和结果选择等方法，由受害人或法院在一定范围内选择一种对受害人最有利的法律进行适用。⑤ 由于它符合了当代国际私法的价值目标，有利于维持受害人正当权益，而且又符合人权特殊保护原则，因而成为世界各国广泛接受的一项法律选择的方法。

那么在更有利于受害人原则的指导下，如果法院地法获得适用，其唯一适用的原因就是使对受害人最有利的法律获得适用，实现"保护弱者权利"原则；当然法院与案件间的管辖权关系也必不可少，它不仅为适用"法院地法"提供了法律基础，而且也有利于保护受害人权利的实现。如此，当"法院地法"成为对受害人最有利的法律时，对该侵权行为之债适用"法院地法"就是恰当的。当然基于管辖权标准与法律选择原则的一致，法院地法也会获得隐性适用，比如法院地法就是侵权行为地法、当事人本国法、住所地法或惯常居所地法。

六、发展趋势小结

在侵权行为之债的法律适用中，一般侵权行为单独适用法院地法已被时代抛弃，在继续适用侵权行为地法的基础上，各国立法又引入了重

① 1987 年《瑞士联邦国际私法》第 136 条规定："不正当竞争造成当事人的商业利益或工业利益损害的，适用受害人营业机构所在地国家的法律。"

② 如 1992 年《罗马尼亚关于调整国际私法法律关系的第 105 号法》第 112 条：对于通过大众媒介，尤其是通过出版、广播、电视或其他大众传播媒体而进行的人身侵害，要求赔偿的权利适用受害人所选择的以下法律：（1）受害人住所或惯常居所所在国法律；（2）侵害结果发生地国法律；（3）侵害人住所或惯常居所或其营业所所在国法律。在（1）项和（2）项规定的情况下还须符合以下要求，即在正常情况下侵害人应该会预料到，对人身权的侵害结果会在两国中其中一国出现。

③ 采用该方法的国家有前南斯拉夫、秘鲁、意大利、匈牙利。如 1979 年《匈牙利关于国际私法的第 13 号法令》第 32 条第 2 款："如果损害发生地法对受害人更有利，以该法作为准据法。"

④ 如 1973 年《海牙关于产品责任法律适用公约》第 5 条："尽管有第 4 条的规定，适用的法律仍应为直接遭受损害的人的惯常所在地国家的国内法，如果该国同时又是（1）被请求承担责任的人的主营业地；（2）直接遭受损害的人取得产品的地方。该条尽管还需考虑被请求承担责任的人的主营业地，但主要目的是为了保护受害人的利益。"

⑤ 刘皓：《国际私法中保护弱方当事人利益原则》，载《河南商业高等专科学校学报》2002 年第 2 期，第 59 页。

叠适用侵权行为地法和法院地法、根据最密切联系原则和当事人意思自治原则以及保护受害人利益原则，用以确定侵权行为之债的准据法。在这些新法律适用方法和原则的适用中，法院地法的适用存在几个新的发展亮点。

新发展之一——发生在公海的船舶碰撞损害赔偿单独适用法院地法，这一规则目前已被各国、各地区立法及国际公约所认可。

新发展之二——侵权行为地法为主、法院地法为辅冲突规则模式，多用以解决侵权行为识别冲突及侵权行为损害赔偿问题，而且法院地法只能作为辅助手段。

新发展之三——在侵权行为法律适用方法中，引入当事人意思自治原则，并将当事人可选择的法律限定为法院地法。尽管目前只有瑞士立法采用该方法，且有扩大法院地法适用之嫌，但其确实为侵权行为法律适用方法带来一股新鲜的空气，让人耳目一新，值得关注。

新发展之四——引入最密切联系原则及有利于受害人原则，已然成为侵权行为法律适用的新发展，法院地法此时获得适用的原因正是与案件具有较密切联系或对受害人更为有利。

第五节　法院地法在婚姻关系中适用的新发展

一、法院地法在结婚关系中适用的发展

（一）结婚关系的一般法律适用

结婚是男女双方依照法定的条件和程序缔结婚姻关系的行为，结婚只有在符合法律规定的要件时才有效力。由于各国的立法对结婚的条件规定各异，所以当涉及涉外结婚时，就很容易产生法律冲突。① 涉外婚姻的法律冲突主要体现了涉外结婚实质要件的法律冲突和形式要件的法律冲突，对于这两种冲突的法律适用，目前多数国家立法主张适用"婚姻举行地法"、"当

---

① 涉外结婚的法律冲突主要表现各国对结婚实质和形式要件的规定不同。结婚的实质要件包括，结婚的必备要件如是否自愿结婚、法定婚龄；结婚的禁止要件如禁止一定范围的血亲结婚、禁止患有一定疾病的人结婚、禁止重婚等。结婚的形式要件，主要涉及结婚的形式问题，目前各国的结婚形式有民事登记结婚、宗教方式结婚、混合式结婚、事实婚姻和领事婚姻。

事人属人法"或"兼用婚姻举行地法和当事人属人法"。①

在涉外结婚的法律冲突中,适用这三种方式有合理因素也有缺陷。首先,对于适用"婚姻举行地法"的原因,主要是由于主权国家对于其领土范围内的人、事和行为具有管辖权,所以对于发生在其领域范围内的涉外结婚行为,也应该遵守该国家的法律规定,遵循该国家的公共秩序和善良风俗。但任何理论都不是完美的,适用"婚姻举行地法"也不例外,其缺点就在于当事人可以任意选择婚姻举行地来规避相关法律,使原不应成立的婚姻得以成立,致使"移往婚姻"大量增加。② 其次,适用"当事人属人法",是由于婚姻关系是一种身份关系,只有遵从当事人的属人法,才有利于该婚姻在当事人所属国内得到承认;而且当事人属人法较之婚姻举行地法更易确定,也能够起到稳定当事人结婚关系的作用,同时减少"移往婚姻"的情况。但是适用"当事人属人法",也有可能发生与婚姻举行地公共秩序相抵触的现象,而给婚姻的有效成立带来障碍。最后,为了避免"跛脚婚姻"的产生,许多国家采纳了"兼用婚姻举行地法和当事人属人法"的方式,目的是结合两种法律适用方式的优点,互相弥补缺点。

(二) 法院地法的适用

多数情况下,"婚姻举行地法"是比较容易确认的,但是在确定"当事人属人法"时,就存在国籍国法与住所地法判断的困难。而且当无法确认"当事人属人法"时,又该如何确定当事人的婚姻关系呢? 此时,最简便易行的方法就是适用法院地法。虽然,规定此种情况适用法院地法的立法十分有限,但这毕竟承认了法院地法在调整婚姻关系中的地位——补充性地位,证明法院地法可以在婚姻关系调整中发挥一定的作用。下面将考察法院地法在涉外婚姻法律冲突中的适用情况。

第一种,对于婚姻的实质要件,直接适用法院地法中的相关实体法规定。

采用该方式的立法很少,仅有瑞士和阿拉伯也门共和国。如1987年《瑞士联邦国际私法》第44条规定:"婚姻的实质要件适用瑞士法律。婚姻

---

① 这种判断为我国国际私法学界认同。韩德培主编:《国际私法》,高等教育出版社、北京大学出版社2000年版,第214—217页;李双元:《国际私法 (冲突法篇)》(修订版),武汉大学出版社2001年版,第623—635页;张仲伯:《国际私法学》,中国政法大学出版社2007年版,第448—452页;赵相林、杜新丽主编:《中国国际私法立法问题研究》,中国政法大学出版社2002年版,第392—397页;齐湘泉主编:《涉外民事法律关系适用法》,人民出版社2003年版,第353—356页。

② 齐湘泉主编:《涉外民事法律关系适用法》,人民出版社2003年版,第353—354页。

虽不具备瑞士法律规定的条件，但只要其中一方当事人的住所地国家的法律或本国法律认为有效的，瑞士承认其效力。在瑞士缔结的婚姻，其方式适用瑞士法律。"根据瑞士国际私法立法，法院地法仅在婚姻的实质要件问题中适用，而对于婚姻的有效性、形式条件则分别依据当事人属人法、婚姻缔结地法。对于婚姻的形式条件瑞士法律规定"在瑞士缔结的婚姻，其方式适用瑞士法律"，此时瑞士既是婚姻缔结地，同时又是受理案件的法院所在地，因此这种单边冲突规范的模式，同属于"法院地法的隐性适用"。

又如《阿拉伯也门共和国民法典》第 25 条规定："婚姻、休妻、解除婚姻及抚养之债的诉讼，适用也门法律。"该法律规定并未区分缔结婚姻的形式要件和实质要件，也未单独规定婚姻效力的法律适用，而是笼统规定适用法院地法，目的是为了保护法院地的公共秩序和相关利益。这种方式不考虑法律关系的性质与某种地域的法律联系，而刻板适用法院地法，显然不利于法律关系的稳定，并与国际社会立法趋势相背，但却是也门按照自己的国情所建立的法律秩序，因此在实践中也值得关注。不能因为该法律适用的情况极少、是特例而忽视其存在。

第二种，对于婚姻效力问题，如果当事人一方具有内国国籍，即法院具有管辖权则适用法院地法；如果存在法律规避，则不适用法院地法。

如果说第一种方式适用法院地法解决婚姻法律冲突问题比较刻板和生硬，那么这第二种方式则显示出法院地法与解决婚姻法律冲突的关系。这种关系主要体现在，一方当事人具有法院地国的国籍时，可以适用法院地法解决婚姻法律冲突问题。这是由于当事人一方具有法院地国的国籍，表明该当事人与法院地国具有一定的密切联系，法院可以据此对该案件行使管辖权，而法院地法的适用就体现了法院地国司法主权的要求，因此适用法院地法解决该婚姻关系的法律冲突具有合理性，应该得到肯定。

目前采用该模式的国家只有也门人民民主共和国。《也门人民民主共和国民法典》第 29 条规定："婚姻的有效性、婚姻的效力、婚姻的结束以及子女权利的实质要件，适用也门人民民主共和国法律，如果双方当事人之一为也门公民；双方当事人是国籍不同的外国人。但是，双方当事人是具有相同国籍的外国人，则适用该国法律。如果当事人一方改变国籍以欺诈法律，则即使双方当事人国籍不同，也不适用共和国法律。"值得注意的是，在也门人民民主共和国第 29 条立法中，该国在婚姻法律冲突中特别强调了通过制造或改变连结点规避其所应适用法律的情况，其目的是为了避免发生"挑选法院"现象，影响法院地法适用的合理性。因此，对法律规避的特别规定，在一定程度上能够保证法院地法的合理适用。

第三种，对于婚姻效力问题，重叠适用确定婚姻法定条件的准据法和法院地法。

婚姻效力适用决定婚姻法定条件的准据法是因为，婚姻的效力即是否有效问题与婚姻是否具有法定条件密切相关，只能依照成立婚姻的法律规定予以确认。因此，罗马尼亚国际私法对婚姻效力依婚姻法定条件准据法的立法是合理的。但为了防止依婚姻法定条件的准据法所确定的婚姻效力影响到法院地国内国的公共秩序和其国民的相关利益，所以才重叠适用法院地法。在这种方式中，对法院地国公共秩序的考虑是法院地法适用的重要因素。

目前，采用重叠适用式的国家有罗马尼亚，即对于婚姻无效的判断，只有确定婚姻法定条件的准据法和法院地法同时认为婚姻无效时，才对婚姻的无效性予以认定。1992 年《罗马尼亚关于国际私法法律关系的第一百零五号法》第 24 条规定：“婚姻的无效及此种无效的效力受决定婚姻法定条件的法律支配。[①] 在外国缔结的违反形式要件的婚姻只有在罗马尼亚法律同样认为其无效时，其无效性才能在罗马尼亚得到承认。”

第四种，对于婚姻效力问题，补充适用法院地法。

这种模式一般规定确定婚姻效力的准据法为当事人的本国法，只有无法确定当事人本国法时，才能适用法院地法。此时法院地法是对当事人本国法的补充，目的主要是为了确定婚姻关系，并确定由此引起的身份关系和财产关系。目前采用该方式的国家有土耳其。1982 年《土耳其国际私法和国际诉讼程序法》第 12 条第三款规定：“婚姻的效力适用当事人双方的共同本国法律。没有共同本国法律的，适用共同住所地法律。没有共同住所地法律的，适用当事人共同居所地法律。如果上述法律都无法适用的，适用土耳其法律。”此时法院地法是当事人共同本国法、共同住所地法、共同居所地法的补充。

二、法院地法在离婚关系中的适用

（一）离婚关系的一般法律适用

对于离婚的法律适用，目前大致有三种主张：单一适用法院地法、单一

---

① 根据罗马尼亚国际私法第 18 条和第 19 条规定，婚姻法定条件的准据法有两种：结婚实质要件一般适用“夫妻双方各自本国法”，但特殊情况下可例外适用罗马尼亚的法律，条件是适用属人法有碍婚姻自由，并且当事人一方具有罗马尼亚国籍且该婚姻的缔结地是罗马尼亚；结婚形式要件适用“婚姻缔结地国家的法律”，同时承认领事婚姻。

适用当事人属人法、结合适用法院地法和当事人属人法。因为以下将详细探讨法院地法在离婚法律冲突中的适用问题，所以，此处仅谈一下主张"单一适用当事人属人法"的理由和缺点。该主张认为，离婚的目的是消灭既存婚姻关系，该行为与人的身份密切相关，所以在法律适用上理所当然应该适用当事人的属人法；况且婚姻关系一般是依照属人法确立的，所以在解除婚姻关系时，也应该受同一法律支配。并且，适用当事人属人法，较之适用法院地法能够避免规避法律或"挑选法院"的情况发生。① 但是，在离婚法律适用中适用当事人属人法同样可能与法院地国的公共秩序相抵触，从而给离婚效力带来障碍。而且，从目前各国立法趋势看，对于离婚的法律适用有些国家法律规定应适用当事人的共同本国法或共同住所地法，所以如果双方当事人国籍或住所不同，也会给法院适用法律造成困扰。由此，从法律适用的恰当性和法律判决的有效性来看，更多的国家侧重于综合适用法院地法和当事人属人法，体现出法院地法在离婚法律适用中的新倾向。以下将分别研究法院地法在离婚法律适用中的地位问题。

（二）法院地法的适用

在离婚的法律冲突中，法院地法起到了重要作用，具有了重要地位。目前采用法院地法的法规模式有以下几种：

第一，单一适用法院地法。

在该模式中，根据规范中是否直接规定适用法院地法，可以将法院地法的适用分为直接适用或间接适用两种情况。无论是直接或间接适用，主张单一适用法院地法的原因都是一致的，即离婚所涉及的婚姻道德性与法院地国的公共秩序和善良风俗密切相关，所以法院应该适用自己的法律。② 这种考虑从国家主权出发，具有一定的现实和积极意义。但是，法院地法无法避免的弊端也是显而易见的，即当事人可以通过改变相关连结点的方式，如改变国籍、住所或居所的方式，到对自己更为有利的法院起诉，达到对自己有利的法律得以适用的目的，从而产生挑选法院的现象。这种改变连结点的方式比较简单，只要通过入籍或搬迁住所或居所即可达成，因此在实践中为了避免当事人挑选法院现象的发生，很少国家在国际私法立法中单一规定适用法

---

① ［法］亨利·巴迪福、保罗·拉加德：《国际私法总论》，陈洪武等译，中国对外翻译出版公司1989年版，第95—96页。

② ［德］弗里德里希·卡尔·冯·萨维尼：《法律冲突与法律规则的地域和时间范围》，李双元等译，法律出版社1999年版，第183页。

院地法。

其一，直接规定单一适用法院地法。

采用该模式的立法较少，在可查的资料中仅中国采用该模式立法。1986年《中华人民共和国民法通则》第147条规定："离婚适用受理案件的法院所在地法律。"1988年最高人民法院关于贯彻执行《中华人民共和国民法通则》若干问题的意见（试行）第188条规定："我国法院受理的涉外离婚案件，离婚以及因离婚而引起的财产分割，适用我国法律。"

其二，间接规定单一适用法院地法，法院地法以住所地法、当事人本国法形式出现，属于"法院地法的隐性适用"。

这种间接的模式主要以美国和英国为代表。在其立法中，对于涉外离婚案件的法律适用，一般不直接规定适用法院地法，而是以住所地法的面目出现，[①] 可称之为"法院地法的隐性适用"。这些国家立法一般规定：如果涉外离婚案件的当事人在美国或英国具有住所，则认为该国法院对此案件具有管辖权。而对于离婚的法律适用，立法规定如果该国法院对案件具有管辖权，就应该适用该国法律，实际上也就是法院地法。如《戴西和莫里斯论冲突法》规则40规定："根据英国的《住所与婚姻诉讼法》，在下述情况下，法院对解除婚姻的诉讼有管辖权：（1）诉讼开始时，当事人一方以在英国设有习惯居所一年以上……"而"在英国法院有管辖权的任何（离婚）案件中，他们都将只适用英国内国法"。又如1971年《美国第二次冲突法重述》第286条规定："向其提起离婚诉讼州的内州（实体法）决定离婚的请求权；而确认婚姻的准据法应是婚姻成立的准据法。"也就是说，对于离婚的理由适用法院地法。而且所适用的法院地法是指法院地国的实体法规范。

还有一种模式，涉外离婚案件的法律适用，一般不直接规定适用法院地法，而是以当事人本国法面目出现。采用该方式的有也门人民民主共和国、中国台湾。如《也门人民民主共和国民法典》第29条第一款规定："婚姻的有效性、婚姻的效力、婚姻的结束以及子女权利的实质要件，适用也门人民民主共和国法律，如果双方当事人之一为也门公民；双方当事人是国籍不同的外国人。"又如1953年《中国台湾涉外民事法律适用法》第14条规定："离婚依起诉时夫之本国法及中国台湾法律，均认其事实为离婚原因者，得宣告之。但配偶之一方为中华民国国民者，以中华民国法律。"

---

① 李双元：《国际私法（冲突法篇）》（修订版），武汉大学出版社2001年版，第657页。

第二，为了方便离婚，依据当事人属人法不能离婚时补充适用法院地法，法院地法的表现形式为住所地法或当事人本国法，属于"法院地法的隐性适用"。

该模式一般规定，对于离婚原则性适用当事人的本国法。如果依照当事人本国法不能离婚，且当事人一方在法院地国具有住所或具有法院地国的国籍时，则适用住所地国法或国籍国法。此时根据住所地和当事人国籍国所确立的法律正是法院地法，一般观点都认为住所地和当事人本国与离婚案件具有较密切的联系，适用该地方法律较能保护当事人的利益，所以使用住所地法、国籍国法名称更能体现准据法与法律关系的联系，但实质上这些法律就是法院地法，因此为"法院地法的隐性适用"。

如此规范离婚的准据法问题，体现了有利于离婚的政策倾向，反映了立法者对离婚自由观念的认同，因此越来越多的国家在国际私法立法中采用了该模式。如 1999 年《斯洛文尼亚共和国关于国际私法与诉讼法的法律》第 37 条规定："离婚，以起诉时配偶双方共同的本国法。若起诉时配偶双方为不同国家公民，则离婚重叠适用双方的本国法。若依本条第二款规定的法律不能离婚，而起诉时配偶一方在斯洛文尼亚共和国有住所的，则离婚适用斯洛文尼亚共和国法律。配偶一方为斯洛文尼亚共和国公民，但在斯洛文尼亚共和国境内无住所，而且依本条第二款规定的法律不能离婚的，则离婚适用斯洛文尼亚共和国法律。"采用该模式的立法还有罗马尼亚、① 列支敦士登、② 瑞士。③

第三，重叠适用当事人属人法和法院地法。

在实践中，有些国家、地区或国际公约在立法上采取了重叠适用当事人

① 1992 年《罗马尼亚关于国际私法法律关系的第一百零五号法》第 22 条：离婚受本法第 20 条所确定的法律支配。若所确定的法律不允许离婚或对离婚施加特殊限制性条件，只要离婚诉讼提起时夫妻双方有一方为罗马尼亚公民则应适用罗马尼亚法律。

② 1996 年《列支敦士登关于国际私法的立法》第 21 条："离婚：（1）离婚的条件及效力适用离婚时支配婚姻对个人的法律效力的法律。（2）如果在有效的事实基础上按照此种法律无法离婚，或者不存在第 19 条规定的连结点，则离婚适用提起离婚诉讼的夫妻一方离婚时的国籍法。（3）只要夫妻一方为列支敦士登国民，则列支敦士登法院应适用列支敦士登法律。"

③ 1987 年《瑞士联邦国际私法》第 61 条："离婚和别居的，适用瑞士法律。配偶双方有共同外国国籍，且其中一方居住在瑞士的，离婚和别居适用他们共同本国法律。所应适用的外国法律不允许离婚，或对离婚作出非常严格规定的，如果配偶一方具有瑞士国籍或在瑞士有两年以上居住期时，可以适用瑞士法律处理离婚问题。瑞士法院依本法第 60 条的规定，对离婚和别居行使管辖权时，适用瑞士法律。"

属人法和法院地法的方式。采用该方式的特点在于：既能兼顾到法院地国的公共秩序和善良风俗，又可以照顾到当事人属人法国家的利益，便于涉外离婚案件在法院地国和当事人属人法国的承认，以便从立法上避免"跛脚婚姻"的产生。而且还在很大程度上减少了当事人通过故意改变连结点进行"挑选法院"的现象。由此可见，法院地法在该模式中适用的主要作用是减少"跛足婚姻"，避免适用当事人属人法损及法院地国的公序良俗，保护法院地国的主权及相关利益。但是，由于各国对当事人属人法的规定不同，极有可能出现当事人没有共同属人法的情况，此时该模式的适用空间就变得有限了。

目前采用该方式的立法主要是相关的国际公约，如1902年《海牙离婚及分居法律冲突与管辖冲突公约》第1条第1款规定："夫妻非依其本国法及起诉地法均有离婚规定时，不得提出离婚的请求。"其第2条第1款规定："离婚的请求非依夫妻的本国法及起诉地法均具有离婚的理由的，不得提出。"又如重叠适用当事人双方住所地法与法院地法的，如1928年《布斯塔曼特国际私法典》第54条规定："离婚和分居的原因应依请求地法，但以夫妻双方的住所地亦在该地者为限。"也有个别地区的立法规定离婚应重叠适用当事人本国法和法院地法，如1953年《中国台湾涉外民事法律适用法》第14条第1款规定："离婚依起诉时夫之本国法及中华民国法律，均认其事实为离婚原因者，得宣告之。"

第四，离婚一般适用当事人属人法，在无法确定当事人属人法时，才补充适用法院地法。

该立法模式的目的，在于解决当事人属人法无法确定时离婚的法律适用问题，法院地法在此模式中是对当事人属人法的补充适用。采用该模式的优点在于：首先，适用当事人属人法有利于离婚和离婚判决在当事人属人国的承认；其次，对于用尽方法仍不能确定当事人属人法时才适用法院地法，可以降低"挑选法院"发生的几率，达到稳定夫妻婚姻关系的目的。而且对于无法确定当事人属人法的问题，直接指明了所应适用的法律，提高了审判效力。因此，该模式被很多国家采纳，如1962年《塞内加尔家庭法》第843条第4款规定："离婚或分居，依夫妻共同本国法；如无共同本国法，依提起诉讼时共同住所地法；如不能证明共同住所的存在，则依法院地法。该法适用于各种限制性规定，以及离婚或分居的原因及效力的确定。"

对于法院地法的表述方式，有的在立法中直接规定适用"法院地法"，如多哥、① 突尼斯、② 加拿大魁北克;③ 有的则规定适用内国法律,如土耳其、④ 波兰、⑤ 意大利、⑥ 比利时。⑦

三、发展趋势小结

目前,在调整离婚法律冲突方面,法院地法主要是对当事人属人法的补充适用,其地位是补充性的。

单一适用法院地法的立法很少,而采用结合适用当事人属人法和法院地法的立法比较普遍。由于重叠适用当事人共同属人法和法院地法会造成法院确定属人法的困扰,因此在实践中慢慢被补充性冲突规范所替代。这种补充性冲突规范一般规定,离婚适用当事人属人法,在无法确定当事人属人法时,或者依据属人法不能离婚时,才补充适用法院地法。所以,目前多数国家对法院地法的补充地位予以认可,并在立法和实践中采纳,这正是法院地

---

① 1980 年《多哥家庭法典》第 709 条:"离婚和分居适用夫妻共同本国法。国籍不同的,适用其提出离婚或分居时共同住所地法。没有共同住所的,适用法院地法。该法支配离婚或分居的理由和效力。"

② 1998 年《突尼斯国际私法典》第 49 条:"离婚和分居由提出诉讼时有效的双方共同本国法支配;双方没有共同国籍的,由他们的最后共同住所地法支配;双方始终没有共同住所的,由法院地法支配。诉讼中的临时保全措施由突尼斯法律支配。"

③ 1991 年《加拿大魁北克民法典》第 3090 条:"夫妻分居适用夫妻住所地法。如果夫妻双方住所位于不同国家,则适用其共同居所地法;如果没有共同居所,则适用其最后共同居所地法;若没有最后共同居所,则适用法院地法。分居的效力适用支配分居的法律。"

④ 1982 年《土耳其国际私法和国际诉讼程序法》第 13 条:"离婚和别居的原因和效力适用夫妻双方共同的本国法律。夫妻双方国籍不同的,适用双方共同住所地法律。没有共同住所地的,适用双方共同居所地法律。上述法律都无法适用,适用土耳其法律。夫妻离婚及非临时性的别居所产生的抚养请求,适用处理离婚和别居问题的同一项法律。"

⑤ 1966 年《波兰国际私法》第 18 条:"离婚,依请求离婚时夫妇所服从的本国法;夫妇无共同的本国法,依夫妇住所地国法;住所不在同一国内,依波兰法。"

⑥ 1995 年《意大利国际私法制度改革法》第 31 条:"1. 别居的解除婚姻应由提出别居或解除婚姻请求之时夫妻双方共同的内国法支配;如没有共同内国法,应适用婚姻生活主要所在地国家的法律。2. 如果外国准据法未规定别居和解除婚姻,则其应由意大利法律支配。"

⑦ 2004 年《比利时国际私法典》第 55 条:(一)离婚和别居受下列法律支配:(1)依诉讼提起时配偶双方均有惯常居所的国家的法律。(2)诉讼提起时配偶双方未在一个国家均有惯常居所的,如果其中一方在配偶双方最后共同惯常居所地的国家有惯常居所,则依该国的法律。(3)如果配偶中一方在配偶双方最后共同惯常居所地的国家中没有惯常居所,则依配偶双方在诉讼提起时具有相同国籍的国家的法律。(4)在其他情况下,依比利时法。(二)但是,配偶双方可以选择适用于离婚或别居的法律。配偶双方只能选择下列法律之一:(1)诉讼提起时配偶双方具有相同国籍的国家的法律。(2)比利时法。法律选择必须在首次出庭时予以标明。

法在离婚法律适用中新发展的体现。

第六节　法院地法在家庭关系中适用的新发展

家庭关系包含夫妻关系、亲子关系、收养、扶养、监护。目前，通过对各国、各地区国际私法立法的分析，法院地法仅在涉外的夫妻关系、收养关系、扶养关系、监护关系中有限适用，以下将具体论述。

一、法院地法在夫妻关系中的适用

"夫妻关系是男女双方因缔结婚姻而产生的夫妻间的权利、义务关系，大陆法系将其称为婚姻的直接效力"，[1] 夫妻关系包括夫妻人身关系和财产关系。

（一）法院地法在夫妻人身关系中的适用

夫妻人身关系，又称婚姻的一般效力，[2] "是指具有合法婚姻关系的男女双方，在社会和家庭中的地位、身份等方面的权利义务关系"。[3] 关于夫妻人身关系的法律适用，各国普遍以适用当事人属人法为基本原则。他们认为人的身份能力与当事人属人法关系最密（当事人属人法赋予当事人以权利能力和行为能力，法律赋权是人获得身份能力的前提；当事人属人法对其管辖范围内的人行使管辖权，对当事人的权利进行保护，并督促当事人履行法定义务），对人身份能力的法律适用自然应选择适用当事人属人法；而夫妻人身关系是人的身份能力问题的一部分，所以夫妻人身关系也应适用当事人的属人法。

目前，属人法基本可分为三类：当事人本国法、[4] 住所地法、[5] 惯常居所地法。各国在适用调整夫妻人身关系的属人法时，出于对夫妻双方利益的

---

① 赵相林主编：《国际私法》，中国政法大学出版社 2007 年版，第 287 页。

② 李双元：《国际私法（冲突法篇）》（修订版），武汉大学出版社 2001 年版，第 635 页。

③ 徐冬根：《国际私法趋势论》，北京大学出版社 2005 年版，第 476 页。

④ 大陆法系国家将本国法作为当事人属人法的第一选择，近年来也有将住所地法作为对本国法（国籍国法）的一项补充连接点而予以接受的趋势。韩德培主编：《国际私法问题专论》，武汉大学出版社 2004 年版，第 14—15 页。

⑤ 住所地法多为实行联邦制结构的英美法系国家所采纳，而且在两大法系属人法分歧上，住所地法的地位有所提高，而且大有逐渐取代国籍这一连接点的趋势。Symeonides, "Private International Law Codification in a Mixed Jurisdiction: the Louisiana Experience", *Rabels Zeitschrift für Ausländisches und Internationales Privatrecht*, 1993, p. 486.

考量，往往要求适用当事人共同属人法，如共同本国法、共同住所地法、共同居所地法，目的是力求以调整夫妻双方的共同法律寻得对夫妻人身权利义务关系的公平审判，避免发生适用夫或妻一方属人法给对方权利义务带来不平等的限制或减损。

这种立法初衷显然无可厚非，但该立法却忽略了涉外夫妻关系的特点：在涉外夫妻关系中，夫妻关系具备了涉外因素，而该涉外因素极有可能表现在夫或妻具有不同国籍、具有不同住所或惯常居所中，因此在实践中可能并不存在共同属人法，以共同属人法调整夫妻人身关系的美好愿望就会随之落空。例如：夫为 A 国人、妻为 B 国人，夫妻二人长期分别居住，两地住所在 A 国和 B 国，或者在更加极端地情况下，二人的惯常居所地分别在 C 国和 D 国，如此夫妻二人既没有共同本国法，也没有共同住所地法或共同惯常居所地法，那么遇有这种情况时，又该如何确定法律适用呢？

有些国家的立法给出了明确答案，以"内国法"或"法院地法"作为当事人属人法的补充。例如，1966 年《波兰国际私法》第 17 条第 1 款和第 3 款规定："夫妻间身份及财产关系，依夫妻双方的本国法"；"夫妻双方无共同本国法时，依夫妻住所地法；夫妻住所不在同一国时，依波兰法"。又如 1982 年《土耳其国际私法和国际诉讼程序法》第 12 条第 3 款规定："婚姻的一般效力适用当事人双方的共同本国法律。没有共同本国法律的，适用共同住所地法律。没有共同住所地法律的，适用当事人惯常居所地法。如果上述法律都无法适用的，适用土耳其法律。"在这两国立法中，最后情况下获得适用的"波兰法"、"土耳其法律"就是审理案件的法院所在地国法，"内国法"获得适用的根据是波兰法院和土耳其法院对该涉外夫妻关系案件具有管辖权，这就是作为准据法的"内国法"与该案件之间所具有的联系，只不过这种管辖权关系并未明示，仍需通过进一步推定方能显现。因此，1979 年《匈牙利国际私法》规定补充适用"法院地法"就显得直截了当。其第 39 条规定，"夫妻身份和财产关系，包括夫妻使用名字、赡养和夫妻财产制，适用起诉时夫妻共同的属人法。如果没有共同属人法，则适用其最后的共同住所地法，若没有共同住所，适用法院地法或其他机构地法。"

还有一种立法也是将"内国法"作为属人法的补充适用，但法院地法的适用更加边缘化，其补充地位不仅位列属人法之后，而且也应在其他与夫妻关系更为密切的法律之后。如 1978 年《奥地利国际私法》第 18 条规定："1. 配偶双方共同的属人法，如无共同属人法，依他们最后的共同属人法，只要还有一方仍保有它。2. 否则，依配偶双方均有习惯居所的国家的法律，如无此居所，依配偶双方最后均有习惯居所的国家的法律，只要一方仍保有它。如果婚姻依第一款所制定的法律未生效，而在奥地利的管辖范围内为有效，其人身法律效力依奥地利法。但如配偶双方与第三国有较强的联系，并且根据它的法律，该婚姻也产生效力，则以该第三国法律取代奥地利法。"该条文设计实质是在夫妻身份关系中引入最密切联系原则，体现了对人身关系适当法和对结果正义的进一步追求，代表了夫妻身份关系法律适用的新发展。根据条文所表述的递进关系，当援引最密切联系原则排除适用其他较密切联系的法律之后适用法院地法，体现出法院地法的补救作用，属于法院地法合理适用范畴，应成为法院地法在夫妻身份关系法律适用中新发展的体现。

由此可见，在涉外夫妻人身关系中，法院地法可以获得适用，但适用的条件是用尽当事人属人或其他与夫妻人身关系具有密切联系的法律，此时法院地法的作用也仅是补充法律选择上出现的缺漏。

（二）法院地法在夫妻财产关系中的适用

夫妻财产关系，是指具有合法婚姻关系的男女双方对于家庭财产的权利义务关系。夫妻财产关系"派生于夫妻人身关系"，[①] 那么夫妻财产关系理应属于身份法的范畴；但其内容又为财产关系，主要体现的是财产关系的性质，因而夫妻财产关系是介于身份法与财产法的调整交叉点上、与普通物权法和债权法调整对象相区别的一类特殊法律关系。所以在处理涉外夫妻财产关系的法律适用时，应充分考虑夫妻财产关系所体现的身份属性和财产属性。

纵观世界各国的立法和司法实践，将夫妻财产关系视为特殊契约关系的国家，[②] 一般实行夫妻财产约定制，而且既然当事人可以约定财产关系的内容，那么按照当事人意思自治原则，涉外夫妻财产关系自然也可以适用当事人合意选择的法律；[③] 如果当事人未选择法律，依据夫妻财产关系的身份法

---

① 赵相林主编：《国际私法》，中国政法大学出版社 2007 年版，第 288 页。

② 立法如奥地利、瑞士、意大利、日本。司法实践如英国、美国、法国和意大利等国的判例，它们认为婚姻关系属合同关系，在夫妻财产制的法律适用问题上，应适用当事人双方选择的法律。

③ 1982 年《土耳其国际私法和国际诉讼程序法》第 14 条规定，对于调整夫妻财产关系所适用的法律，夫妻双方可以在他们的住所地法和他们结婚时的本国法律中作出选择。没有共同本国法者，适用结婚时夫妻共同住所地法。没有共同住所地法者，适用财产所在地法。夫妻在婚后取得新的共同国籍的，适用他们新取得的共同本国法律。

属性，也可适用当事人的属人法。① 还有另一类国家认为夫妻财产关系的基础是身份关系，② 在立法中采用夫妻财产法定制，规定涉外夫妻财产关系应适用当事人的属人法。

从近年来夫妻财产关系的法律适用规则分析，越来越多的国家更倾向于对夫妻财产关系采用同一制，即不区分财产是动产或不动产，统一适用当事人选择的法律和当事人的属人法。原因在于，区分动产和不动产确定夫妻财产关系法律适用的做法使夫妻财产关系的处理更加复杂，难以付诸实践；而同一制，则可避免上述纷扰的法律适用情况，在现实审判工作中，更加简便易行。因此，夫妻财产关系的法律适用原则主要体现为：当事人选择的法律和当事人属人法，这种法律适用原则也获得了 1978 年《海牙夫妻财产制法律适用公约》的认可。

1978 年《海牙夫妻财产制法律适用公约》发展了夫妻财产关系法律适用的规则，主要表现在两方面：其一，1978 年海牙《夫妻财产制法律适用公约》贯彻了意思自治的原则，根据该公约的规定，夫妻财产制受配偶双方婚前指定的国内法支配，指定的范围是：配偶一方的国籍国法、惯常居所地国法，和配偶一方婚后设定的第一个新惯常居所地国法律。虽然所指定的法律适用于夫妻的全部财产，但他们可以决定全部或部分不动产适用不动产所在地法。如果他们没有指定所适用的法律，则依配偶双方婚后设定的第一个惯常居所地国法律。其二，该公约也规定了最密切联系原则的适用。如果夫妻没有共同国籍，也未在同一个国家设有惯常居所的，其财产制应考虑各种情况后受与其关系最密切的国家的国内法支配。在婚姻存续期间，配偶双方还可以将他们的夫妻财产关系改受另一国法支配。

在各国、各地区关于夫妻财产关系法律适用的立法中，并未从字面上规定法院地法获得适用的情况，但在实践中，如果法律选择方法（如当事人选择的法律与属人法）与法院管辖权标准同一，仍会出现当事人选择的法律或属人法恰好正是法院地法的情况，法院地法可获得"隐性适用"。

---

① 在有的国家，如果当事人未选择法律，法院会推定当事人的意思所指向的法律。也有的国家采用其他的方法。如 1978 年《奥地利联邦国际私法法规》第 19 条规定，夫妻财产，依当事人的明示选择的法律，无此种协议选择的法律时，依结婚时支配婚姻的人身法律效力的法律。根据该法第 18 条，支配婚姻的人身法律效力的法律就是当事人共同属人法，即当事人的共同本国法。黄进：《中国国际私法》，法律出版社 1998 年版，第 227 页。

② 希腊、匈牙利、阿拉伯联合酋长国、约旦、多哥、突尼斯等。

二、法院地法在收养关系中的适用

收养，"是指收养人根据法律规定的条件和程序，领养他人的子女为自己的子女，从而使无父母子女关系的收养人与被收养人之间建立拟制亲子关系的法律行为"。① 收养关系不同于自然血亲关系，它是基于当事人的法律行为产生的，收养人按照法律规定的条件和程序实施收养行为——是原本没有自然直系血亲关系的收养人和被收养人之间产生父母子女关系的唯一纽带，收养行为的直接目的和效果就是创设身份关系，因而收养行为的性质属于民事身份法律行为。所以对于涉外收养实质要件和收养效力的法律适用，各国立法和各国际公约往往以收养的身份法性质为依据，确定当事人属人法为适当的收养准据法。对于收养形式要件的法律适用，考虑到收养需要按照收养地规定的程序和条件实施，因此在实践中各国立法普遍规定适用收养成立地法律。

（一）法院地法与收养实质要件的法律适用

在收养实质要件的法律适用中，多数国家规定应适用收养人和被收养人各自属人法或重叠适用收养人和被收养人双方的属人法。② 采用该法律选择方法的原因主要是，收养关系同时影响到收养人和被收养人的身份和利益，适用他们各自的或双方的属人法，既能实现收养人意欲收养的意图，同时也能满足被收养获得收养的可能；而且既然收养需同时满足收养人和被收养人属人法的要求，则在实践中能够避免或减少"跛足收养"情况的发生，即收养人所属国认定收养成立，而被收养人所属国却认为该收养无效的情况。

在收养实质要件的法律适用中，"法院地法"也具有适用空间，主要体现在英美等国的国际私法立法中。在英国，只要法院对涉外收养具有管辖权，就适用英国国内法确定收养的实质要件。如英国 1975 年《收养法》规定：只要收养申请人在英国有住所，被收养人或其父母或监护人在收养提出时在英国，英国高等及地方法院就有管辖权；但如果申请收养时被收养人不在英国，则只有高等法院有权颁布收养令。美国在扶养实质要件的法律适用问题上也以管辖权为依据，1971 年《美国第二次冲突法重述》第 289 条规定："法院适用其本地法决定是否准许扶养。"

---

① 齐湘泉：《涉外民事关系法律适用法》，法律出版社 2005 年版，第 146 页。

② 如 1966 年《波兰国际私法》第 22 条、1980 年《多哥家庭法典》第 711 条第 1 款、1982 年《土耳其国际私法和国际民事诉讼程序法》第 18 条第 1 款、1998 年《委内瑞拉国际私法》第 25 条。

　　由此可见，在英国、美国，法院对涉外收养所具有的管辖权，成为确立收养实质要件的准据法为"内国法"的依据。"内国法"实质就是"法院地法"，此时法院地法显然已成为英、美、瑞士收养实质要件的主要法律适用原则，法院地法获得适用的原因仍是"管辖权原则与法律选择方法的同一"。只不过此时对系属公式的表述直接以"内国法"的实质表述，而并非表述为"住所地法"等其他除法院地法之外体现收养实质要件与该准据法具有密切关系的系属公式。

　　究其根本，仍是因为英美国际私法立法以管辖权为核心，这就导致当英美国家法院确定其对涉外收养案件具有管辖权之后，经冲突法指引所确定的准据法就被锁定为具有管辖权的法院所在地法。从这种逻辑出发，既然已经识别了准据法为"内国法"，自然也就没有必要再将准据法表述为由其他确立管辖权的联结点构成的系属公式，那么"法院地法"就体现出受诉法院与诉请案件间的管辖关系。但是，这种表述及立法模式仅在确定管辖权为核心的国家中获得合理性，在那些以法律选择规则为冲突法核心的国家或地区中，仍应运用具体的、客观的联结因素表述所应适用的准据法（如住所地法），以体现案件与准据法之间所具有的密切联系。

　　（二）法院地法与收养形式要件的法律适用

　　"收养形式要件是指收养人、送养人将收养、送养的意愿表达于外部的法定方式，旨在确立并公示合法的收养关系，维护收养关系的稳定，同时防止不法收养。"① 根据各国立法规定，收养形式要件如是否需申请、公证或登记，应适用收养成立地的法律，主要目的是维护收养成立地收养关系的稳定和秩序，而少有国家立法明确规定适用"法院地法"。原因就在于，从收养成立地主权角度考虑，该国对其领土范围内的行为具有管辖权，因此适用收养行为地法也是国家主权的要求；况且只要收养行为完成，则收养成立地就成为客观连结因素，其不易更改，除非收养人对收养行为进行变更或撤销，因此识别"收养行为地法"是较容易和方便的。如此，在实践中便不存在以"法院地法"作为收养行为地法补充的可能性和必要。

　　只有一种情况可以法院地法获得隐性适用，如收养行为地位于法院地国境内，是法院行使管辖权的唯一依据，而管辖权依据与法律选择标准同一，这样收养行为地法便是法院地法。

　　————————

　　① 王洪：《婚姻家庭法》，法律出版社 2003 年版，第 281 页。

（三）法院地法与收养效力的法律适用

法院地法在收养效力的法律适用中承担了两种角色：

第一种，"内国法"是当事人属人法的补充，目的是尽量使收养效力有法可依，保护被收养人的抚养及成长。如1979年《匈牙利国际私法》第44条规定：收养的法律效果适用收养时收养人的属人法，如果养父母收养时的属人法不同，适用他们最后的共同属人法，如果未有共同属人法，则适用他们收养时的共同住所地法，如果没有共同住所地法，则适用法院地法或其他机构所在地法。

在这里"法院地法"担任补充角色是比较恰当的，原因有二：首先，在收养关系成立后，被收养人通常会随养父母共同生活，其生活所在地一般就是养父母的共同国籍国、最后共同国籍国、共同住所地，因此以上述共同属人法调整收养效力问题，能更加有效和便利保护被收养人的利益。其次，若无最有利于保护被收养人的法律，也不能因为无适当法调整原本已经存在的收养关系，就将收养效力弃之不理。这是因为被收养人与生父母的权利义务关系因收养而断绝（完全收养制国家）或松弛（不完全收养制国家），那么被收养人的权利在确定收养效力之前，就会处于一种不稳定状态以致直接受到损害。为避免这种情况发生，"法院地法"便成为调整收养效力的最后候补，实质是对"保护弱者原则"的灵活运用。

第二种，法院地法在收养效力中的适用与在收养实质要件中的适用相似。在以管辖权为核心的国家中，管辖权成为判断收养关系是否有效的依据，收养效力判断只能依据"内国法"。如1987年《瑞士国际私法》第77条第1款和第3款规定：在瑞士的收养，其条件依瑞士法律；在瑞士提起收养无效的诉讼，适用瑞士法律；在国外成立的收养关系，只有依瑞士法律无效的，才能确认其无效。

三、法院地法在扶养关系中的适用

扶养是在一定的亲属范围内，有经济能力者对生活困难者提供物质供养的责任。扶养关系只能发生在一定范围内的亲属间，亲属身份是扶养的前提，也是发生扶养的法律事实；而扶养关系则是亲属关系的法律后果或法律效力，所以扶养关系具有强烈的身份属性。由此，在涉外扶养案件中，扶养关系的法律适用原则主要是当事人的属人法。

由于扶养法律制度与一个国家的历史、文化、宗教传统以及道德习俗等密切相关，从而使得亲属之间的扶养，在不同国家有不同的处理方式，每个国家对扶养法律适用的立法也有不同的侧重点。有国家认为扶养制度的初衷在于保护弱者即被扶养人的利益，因此扶养关系应适用被扶养人（扶养权利人）的属人法；① 另外一些国家认为，确保扶养义务顺利实施的前提是扶养义务人有能力为被扶养人提供生活的条件，扶养义务人的权利义务理应依照扶养义务人的属人法确定。②

目前，随着国际社会对弱者权利的重视，国际社会立法中呈现出一种新的立法趋势——适用有利于被扶养人得到扶养的法律。在这种扶养法律适用的新趋势背景下，在扶养关系中适用法院地法的情形有两种：

（一）法院地法与当事人属人法

与扶养人相比，被扶养人总是处于相对的弱势，尤其是在经济条件和生活能力上。所以，有的国家从保护弱者的角度出发，规定扶养关系适用被扶养人的属人法，或以被扶养人的属人法为主，以其他的法律适用原则为辅，但一般体现对被扶养人的保护。目前国际社会的立法已呈现出不断细化扶养准据法、并在最大限度保护被扶养人利益的趋势，如1973年《海牙扶养义务法律适用公约》第4、5、6条规定：扶养义务由被扶养人习惯居所地法支配，如依该法被扶养人不得获得扶养，则适用扶养人和被扶养人的共同本国法，如依该法被扶养人仍不能获得扶养，则适用扶养请求受理机关的所在地法。

此处，"扶养请求受理机关所在地法"一般就是"法院地法"，"法院地法"是对当事人属人法的补充适用，但"法院地法"与该涉外扶养案件的关系不只表现在管辖权关系上，更重要的是体现了国际社会尽可能通过立法满足扶养要求的努力，此时在用尽当事人属人法之后适用"法院地法"自然就具备了适用的合理性。

（二）"法院地法"与对被扶养人最为有利的法律

对被扶养人最为有利的法律是扶养人或被扶养人的属人法之一，如果确定法院管辖权规则恰巧与法律选择规则同一，那么所适用属人法实质就是法院地法。例如1998年《突尼斯国际私法法典》第51条规定："扶养义务由权利人的本国法或住所地法支配，或者由义务人的本国法或住所地法支配。

---

① 如1939年《泰国国际私法》第36条第1款规定"扶养的义务，依扶养请求人的本国法"。又如1979年《匈牙利国际私法》第47条规定："亲属互相扶养的义务、条件、程序和方法，应依扶养请求权享有人的属人法确定。"

② 如1982年《土耳其国际私法和国际民事诉讼程序法》第21条规定："扶养义务适用义务人本国法。"

法官应适用其中对权利人最有利的法律。"如果法官确认对权利人最有力的法律是权利人的住所地法，而法院行使管辖权的依据正是权利人的住所位于法院所在国，则发生权利人住所地法、法院地法和对权利人最有利法律的同一。这种情况也有立法可证，如 1964 年《捷克斯洛伐克国际私法及国际民事诉讼法》第 24 条第 1 项规定："父母子女关系，包括扶养和教育，依子女的本国法。如子女居住在捷克斯洛伐克境内，只要对子女有利，就依捷克斯洛伐克法律。"

在这种情况下，"法院地法"得以适用的最主要原因就是尽可能满足扶养请求，确保"保护弱者权利"政策得以实现；当然法院与案件间的管辖权关系也必不可少，它不仅为适用"法院地法"提供了法律基础，而且也有利于保护被扶养人权利的实现。因此，"法院地法"就成为最有利于实现被扶养人权利的法律，对扶养关系适用"法院地法"就是恰当的。

四、法院地法在监护关系中的适用

"监护是指为保护无父母的未成年人，或虽有父母而不能对之行使亲权的未成年人，以及虽已成年而被宣告为无行为能力或限制行为能力人的人身和财产利益而设立的一种法律制度。"[①] 监护制度的目的是为缺乏自我保护和自我生活能力的人提供日常生活所必需的监督和照顾，保证被监护人进行最起码的社会生活，并防止他们的人身和财产陷入无人照顾而受侵害的风险之中。这是各国监护制度的立法指导思想，而且这种思想相应地也体现在各国、各地区以及国际公约关于监护法律适用的立法中，它们一般规定以被监护人的属人法[②]作为监护的准据法，以保障被监护人利益的实现。但是在以下几种特殊情况下，"法院地法"却是解决监护法律冲突的适当准据法，以下将分述之。

（一）"法院地法"与管辖权

在英国，对于涉外监护问题，英国法首先关注的仍是管辖权问题。一般情况，如果英国法院对某一涉外监护案件具有管辖权，该涉外监护案件的准据法则只能是英国法，因此确定管辖权是适用"法院地法"的唯一前提，

---

① 李双元：《国际私法（冲突法篇）》（修订版），武汉大学出版社 2001 年版，第 684 页。

② 如 1898 年《日本法例》第 2 条、1948 年《埃及民法典》第 16 条、1975 年《阿尔及利亚民法典》第 15 条、1978 年《奥地利国际私法》第 27 条第 1 款、1998 年《委内瑞拉国际私法》。英美等普通法系国家和一些南美洲国家规定适用被监护人的住所地法。如 1984 年《秘鲁民法典》第 2071 条第 1 款规定，监护和其他保护无行为能力人的制度，依无行为能力人住所地法。

这种"法院地法"适用的情况是国际私法立法中的特例，而并非普遍通说。例如《戴西和莫里斯论冲突法》规则 56 就指出：（英国）高等法院有权为未成年人任命监护人，或签发有关未成年人的保护令，只要该未成年人在诉讼程序开始时是英国公民，或其通常居所在英格兰或本人在英国。如果英国法院有权为未成年人指定监护人或签发保护令，也适用英国法。①

（二）"法院地法"与更有利于被监护人的法律

由于各国均以保护被监护人利益为立法指导思想，对应在国际私法立法中，涉外监护自然应该适用对被监护人有利的法律。

一般认为"被监护人属人法"是对被监护人较为有利的法律，但是如果依属人法设立的监护组织和监督不能充分保护被监护人利益时，则可以适用对被监护人利益更加有利的法院地法。如 1939 年《泰国国际私法》第 32 条第 3 款规定，在泰国具有住所或居所的外籍未成年人，依据其本国法所设立监护组织的监护不能充分保护未成年人利益时，依泰国法设定监护。1979 年《匈牙利国际私法》第 48 条第 3 款规定："监护人和被监护人之间的法律关系适用作出监护命令机关的本国法，如果被监护人居住在匈牙利，且匈牙利法律对被监护人比较有利，则应适用匈牙利法律。"此时，泰国法、匈牙利法恰是被监护人居所地法、法院地法和对被监护人较有利的法律，但匈牙利法律获得适用的核心理由只是匈牙利法律对监护人利益更加有利，而这也正是"法院地法"得以适用的唯一合理因素。

另外 1982 年《土耳其国际私法和国际诉讼程序法》第 9 条规定，监护及财产管理的设立和撤销，适用当事人本国法。但是，根据外国人的本国法律，监护及财产管理无法设立和撤销的，当事人若在土耳其有居所，可以依土耳其法律作出设立或撤销的判决。通过对该条文的分析，可以认为：首先，对于当事人在土耳其有居所的规定，体现了被监护人与土耳其（被监护人居所）具有某种密切联系，一方面成为土耳其法院行使管辖权的依据，另一方面也构成适用法院地法的原因（可理解为最密切联系原则的运用）。其次，该条规定也属于有利原则的具体运用，因为当"监护及财产管理无法设立和撤销"时，既不能依法设立权利保护被监护人的利益，又无法按照有利被监护人利益原则变更不适当监护权，此时土耳其法即法院地法则或许可以起到补漏的作用，成为有利被监护人利益的法律，为保护当事人利益

---

① ［英］J. H. C. 莫里斯主编：《戴西和莫里斯论冲突法》，李双元等译，中国大百科全书出版社 1998 年版，第 636 页。

提供了更进一层的保护。

综上所述，目前立法更倾向于对在法院地国有住所或居所的被监护人适用更有利于被监护人的法律。这是因为，被监护人在法院地国有住所或居所，表明被监护人利益与法院地国的经济及社会秩序息息相关，法院地国当然愿意为被监护人利益追求最适当法，也就是适用有利于被监护人利益的法律。如果相较其他相关法律，法院地法成为更有利被监护人的法律，则法院地法因此获得合理适用。

五、发展趋势小结

第一，关于夫妻关系。首先，对于夫妻身份关系，法院地法的补充地位由单纯当事人属人法的候补，演变为用尽最密切联系原则的补充，这种立法发展体现出对身份关系最适当法的追求，同时也为法院地法的合理适用寻找到充分依据，成为法院地法在夫妻身份关系法律适用中的新发展。其次，对于夫妻财产关系，法院地法仍处于补充地位，只是该补充地位随着当事人意思自治和最密切联系原则的引入有所不同，法院地法只获得"隐性适用"。

第二，关于收养、扶养及监护。随着国际社会对弱者利益保护的呼声日益强烈，保护弱者原则得到愈来愈多的适用，因此对这三类关系多适用对被收养人、被扶养人、被监护人更加有利的法律已成为立法趋势。此时法院地法适用的新情况表现为：其一，根据"保护弱者利益"原则，"法院地法"是更有利于保护弱者利益的法律；其二，法院地法成为用尽当事人属人法及其他适当法之后的补充；其三，在以管辖权为中心的国家，确定管辖权的标准与确定法律选择的标准同一，使法院地法获得"隐性适用"。

第七节　法院地法在继承关系中适用的新发展

一、"法院地法"在法定继承中的适用

法定继承，又称无遗嘱继承，"是指按照法律规定的继承人范围、继承人顺序、遗产分配原则的一种继承方式"。[①] 法定继承具有如下特点：第一，法定继承以一定的人身关系为基础，即依继承人与被继承人之间存在的血缘关系、婚姻关系和收养关系而确定；第二，法定继承人的范围、顺序和遗产

---

① 彭万林主编：《民法学》（修订版），中国政法大学出版社1999年版，第788页。

份额，各国均以强制性法律规范调整，除非死者生前依法将遗嘱方式予以变更，否则其他人都无权变更。① 这些特点不仅表现在国内法定继承关系中，也体现在涉外法定继承关系里。而且法定继承的这些特点，决定了各国在解决涉外继承纠纷中所采用的法律选择方法，应重点考虑法定继承关系中所体现的身份关系，重视被继承人的属人法对法定继承的重要作用。

（一）法定继承的一般法律适用

目前，据考察已有 50 个国家或地区对法定继承的法律适用问题进行了立法，立法差别主要体现在采用"区别制"还是采用"同一制"。

"区别制"，是指在涉外继承中，将遗产区分为动产和不动产，规定动产适用被继承人的属人法（国籍国法、住所地法、惯常居所地法等），不动产适用不动产所在地法，采用区别制的国家或地区共计 15 个。② "同一制"，是指将继承关系作为一个整体适用当事人的属人法，而不管遗产是动产还是不动产，采用同一制的国家或地区共计 35 个。③ 从立法实践观察涉外继承的法律适用，显然"同一制"在立法数量上远远超过"区别制"，成为国际立法主要采用的方法，究其原因主要有以下三点：

第一，"区别制"于实践不便。随着国际民商事往来的频繁，涉外继承案件所涉遗产很可能分布在两个或两个以上的国家，如果采用"区别制"就会出现被继承人的遗产受两个或两个以上国家法律支配的局面，因此使继承关系复杂化，在法律适用上遇到诸多麻烦，关键的是法律冲突依然存在。

第二，"同一制"可避免"区别制"上述缺陷。这是由于"同一制"体现了"总括继承"原理，④ 即不论遗产是动产还是不动产，也不论财产位于国内还是国外，对被继承人全部权利义务的继承均应适用同一个法律体系——被继承人属人法，这在制度上避免了采用"区别制"导致涉外继承分受不同法律体系支配的困境。因此，在实践中采用"同一制"可以使遗产继承准据法的确定较为简单方便、能有效避免法律冲突。

---

① 屈广清主编：《国际私法导论》，法律出版社 2005 年版，第 468 页。

② 中国、泰国、马达加斯加、中非、罗马尼亚、俄罗斯、英国、美国、哥斯达黎加、美国路易斯安那州、加拿大魁北克、保加利亚、朝鲜、加蓬、比利时。

③ 中国台湾、中国澳门、日本、韩国、约旦、阿拉伯也门共和国、阿拉伯联合酋长国、也门人民共和国、土耳其、蒙古、埃及、塞内加尔、多哥、突尼斯、波兰、白俄罗斯、法国、德国、意大利、希腊、葡萄牙、奥地利、瑞士、列支敦士登、智利、乌拉圭、阿根廷、秘鲁、巴拉圭、委内瑞拉、卡塔尔、斯洛文尼亚、哈萨克斯坦、西班牙、吉尔吉斯。

④ 肖永平：《国际私法原理》（第二版），法律出版社 2007 年版，第 220 页。

第三，"同一制"充分体现了法定继承关系的特点。如前所述，法定继承的基础是身份关系，而"同一制"统一规定法定继承适用当事人属人法，这体现了立法对法定继承中身份关系的重视，符合法定继承本质属性的要求。

（二）"法院地法"与"区别制"、"同一制"立法

从各国、各地区国际私法立法考察，只有两个采用"同一制"的国家立法规定涉外法定继承可以适用"法院地法"[①]——1972 年《塞内加尔家庭法》第 846 条和《阿拉伯也门共和国关于国际私法的若干规定》第 27 条。由此可不禁引发两点思考：第一，"法院地法"在采用"区别制"的立法中是否拥有适用空间？第二，"同一制"立法中为何仅两个国家规定法定继承适用"法院地法"，"法院地法"地位又如何？

1. "法院地法"与"区别制"立法

关于法定继承的法律适用，在采用"区别制"的 14 部立法中，并不存在适用"法院地法"的立法。但这是否说明"法院地法"在采用"区别制"国家的实践中无适用空间呢？事实上，尽管立法中不存在"法院地法"的表述，但在实践中，获得适用的准据法有可能与"法院地法"就是同一部法律。

首先，"区别制"立法从遗产性质着手，将遗产分为动产和不动产，并根据不同种类遗产的性质确定其相应的准据法，因此"区别制"的立法之基在于强调"继承的财产法性质"，[②] 所以关于法定继承的法律适用，"区别制"立法模式就与不动产物权的法律适用规则相统一，但动产物权的法律适用规则就不完全统一（区别制中动产继承基本上只适用被继承人属人法，而动产物权则适用所有人的属人法。这正是物权和继承两种关系的区别。继承是基于人身关系的财产关系，属人法是主要法律选择方法；物权不是基于人身关系的财产关系，所以属人法不是主要法律选择方法）。这是探讨"法院地法"与表述为其他系属公式的准据法关系的前提。

其次，对"区别制"的研究可以效仿之前对物权法律适用的研究方法，即根据不同物权性质，分别确定管辖权标准与法律选择标准的关系，如果管辖权与法律选择标准同一，则形成据其他连结因素（除法院地）所确定的

---

① 由于 1972 年《塞内加尔家庭法》第 848 条是关于遗嘱继承的规定，故此可以认为第 846 条是对法定继承的立法。

② 韩德培主编：《国际私法新论》，武汉大学出版社 1997 年版，第 349 页。

准据法与法院地法是同一部法律的情况。此处仅以不动产为例，具体分析及对于动产的法律适用情况参见"法院地法在物权关系中的法律适用"。

比如，对于不动产继承，由于涉及不动产物权转移，而采用区别制的国家公认对此应采用专属管辖原则，并且认为对于不动产继承应适用"不动产所在地法"，于是就形成管辖权与法律选择标准同一的状态，导致"不动产所在地法"就是"法院地法"，它们就是对同一个法律的两种表述。比较两种表述，由于"不动产所在地法"更能体现不动产物权与物之所在地的密切联系，且法律适用更加明确、适用结果可预见，因此法律适用规则应以"不动产所在地法"表述，而不能以只体现管辖权关系的"法院地法"替代。

2. "法院地法"与"同一制"立法

在"同一制"国家的立法和实践中，"法院地法"在涉外法定继承中的适用有以下几种情形：

(1) 以"法院地法"指称法定继承的准据法

1972 年《塞内加尔家庭法》第 846 条规定，法定继承应依次适用：配偶本国法、共同住所地法、共同居所地法、法院地法。从立法层递结构看，首先，法定继承应适用属人法，体现了法定继承之基身份关系的要求；其次，"法院地法"仅是无法确定被继承人属人法时的替代性措施，或称为补救性措施，"法院地法"是属人法的补充。

既然"法院地法"可以作为补救性措施得以适用，那么以"法院地法"表述应该适用的准据法是否恰当呢？由于法院在确定法律适用之前，已确定其对该案件具有管辖权，此时作为补救措施的"法院地法"，就体现出当无其他可供确定的密切关系之时唯一与案件具有一定关系的准据法，"一定关系"就是"诉讼关系"，因此以"法院地法"表述比较合理。

接下来的问题是，既然"法院地法"作为补充地位并以该表述形容准据法是恰当的，那为何在采用"同一制"的立法中，依该模式立法的仅有一个？虽然多数国家或地区立法中并未明确规定"法院地法"的适用地位，但是在实践中，尤其在依据冲突规范无法确定适当准据法时，"法院地法"仍有可能获得适用。一般，法院处理"无法确定适当准据法"问题时，有两种做法：其一，驳回诉讼请求，其原因在于，法院认为该案件与法院地国无关（无论与法院地国的物、还是法院地国的人）。其二，依据唯一具有诉讼关系所确定的"法院地法"进行判决，这也是法官判决涉外案件时适用法律"向内"倾向的体现。

（2）以"内国法"指代"法院地法"

第一种，《阿拉伯也门共和国关于国际私法的若干规定》第27条："继承、遗嘱以及其他因死亡而设立的处理措施，适用也门法律。"在上述讨论"同一制"优于"区别制"时，已说明根据法定继承的身份属性，涉外法定继承适用被继承人的属人法是较为恰当的；而这条规定无视法定继承的属性直接适用"法院地法"，体现出明显的向内倾向，因此这种立法不合理、且违背了国际私法发展潮流，目前已被多数国家所抛弃。

第二种，管辖权标准与法律选择标准均指向法院地。以1987年《瑞士联邦国际私法》为例，第86条第一款规定："被继承人死亡时最后住所地的瑞士法院对继承案件享有管辖权，并可采取必要的措施。"第90条第一款规定："被继承人死亡时的最后住所地在瑞士的，遗产继承适用瑞士法律。"由此可见，被继承人死亡时最后住所地成为确定管辖权和确定准据法的客观因素，而且两者同时指向瑞士法，此时"瑞士法"就是"法院地法"。这种情况下，两种表述可以互换。

二、"法院地法"在遗嘱继承中的适用

遗嘱继承是法定继承的对称，是指"继承人按照被继承人生前所立的合法有效的遗嘱进行继承的一种继承制度"。[1] 遗嘱继承具有以下特点：第一，遗嘱继承的前提是被继承人死亡和被继承人立有合法有效的遗嘱，而法定继承的前提只是被继承人死亡，因此遗嘱的合法有效就成为遗嘱继承显著的特征。如果遗嘱违反法律强制性规定（部分或全部地），则继承人不能按照违法的遗嘱进行继承行为，而只能部分或全部依照法定继承的规定进行继承。第二，"遗嘱是被继承人生前依法对其财产及相关事务进行处分和安排而于其死后发生效力的单方法律行为"，[2] 遗嘱的内容由被继承人按照自己的意志制定，包括遗嘱继承的范围、顺序、继承人的遗产份额，等等。

由此可见，遗嘱继承强调被继承人具有处理自己遗产的自由，继承人只能按照被继承人的意愿——合法遗嘱进行继承。在涉外遗嘱继承案件中，被继承人的意思表示（遗嘱）和遗嘱效力（形式有效性、实质有效性）问题，就成为判断涉外遗嘱继承关系的关键，因而在确定涉外遗嘱继承法律选择方法时，应充分考虑到当事人意思自治原则和行为有效性问题。

---

[1] 彭万林主编：《民法学》（修订版），中国政法大学出版社1999年版，第801页。

[2] 赵相林主编：《国际私法》，中国政法大学出版社2007年版，第307页。

（一）遗嘱继承的一般法律适用

在涉外遗嘱继承中，各国、各地区国际私法立法一般分别规定遗嘱能力、遗嘱方式（形式有效性）、遗嘱内容和遗嘱撤销的法律适用等问题，以下将简要介绍它们的法律适用规则。

1. 关于遗嘱能力的准据法

由于遗嘱能力属于立遗嘱人的行为能力问题，而行为能力又属于身份能力，因此应适用被继承人的属人法，对此，各国、各地区规定基本相同。①

2. 关于遗嘱方式和遗嘱内容的准据法

关于遗嘱方式和遗嘱内容的准据法确定，各国、各地区立法也有同一制和区别制的分别。② 采用"同一制"的国家一般规定，遗嘱方式应采用属人法或行为地法为准据法；③ 遗嘱内容以属人法为准据法。采用"区别制"的国家则规定，有关动产的遗嘱方式和遗嘱内容适用立遗嘱人的属人法，而有关不动产的遗嘱方式和遗嘱内容④则适用不动产所在地法。

3. 关于遗嘱撤销的准据法

对于遗嘱撤销的准据法，在国际私法立法中，各国或各地区的一般做法是，遗嘱的撤销适用发生撤销行为时遗嘱人的属人法。⑤

（二）"法院地法"的适用

从上述遗嘱继承的准据法来看，涉外遗嘱继承一般适用的法律是当事人属人法、行为地法以及不动产所在地法。遍寻各国、各地区国际私法关于涉外遗嘱继承的立法，有三部立法规定遗嘱的形式有效性问题可以适用法院地法：其一，明确规定可适用"法院地法"。1992年《罗马尼亚关于调整国际私法法律关系的第105号法》，第68条第3款规定："遗嘱的成立、改变、撤销，如果该法律行为符合形式要求即为有效，只要此种形式要求在遗嘱成

---

① 沈涓：《冲突法及其价值导向》（修订本），中国政法大学出版社2002年版，第271页。

② 赵相林主编：《国际私法》，中国政法大学出版社2007年版，第309页。

③ 具体有两类规定：其一，首先依据立遗嘱人的属人法，如果属人法认为遗嘱方式无效，但立遗嘱时所在地认为该方式有效，则依立遗嘱时所在地法。其二，属人法和立遗嘱时所在地法中，只要有一个国家的法律认为遗嘱方式有效，则承认该遗嘱方式有效。如1995年《意大利国际私法制度改革法》第48条："就形式而言，如果一项遗嘱依据遗嘱作成地国法、遗嘱人作成遗嘱时或死亡时的本国法，遗嘱人住所地法或居所地法在形式上是有效的，则该遗嘱应为有效。"

④ ［英］J. H. C. 莫里斯主编：《戴西和莫里斯论冲突法》，李双元等译，中国大百科全书出版社1998年版，第920—931页。

⑤ 1939年《泰国国际私法》第42条第1款："撤销全部或部分遗嘱，依撤销时遗嘱人住所地法。"

立、改变或撤销时或者在被继承人死亡时符合以下法律：被继承人本国法；被继承人住所地法；法律行为成立、改变或撤销地法；遗嘱中所涉及到的不动产的所在地法；法院地或实施遗产转让的机关所在地法。"其二，遗嘱或撤销遗嘱的形式可适用"内国法"，以"内国法"指代"法院地法"。1979年《匈牙利国际私法》第36条第2款："遗嘱依遗嘱人死亡时属人法。遗嘱或撤销遗嘱，如果依照匈牙利法或者下列各法为有效，在方式上即认为有效：遗嘱签署时或撤销时的行为地法，或者遗嘱签署时或撤销时或遗嘱人死亡时遗嘱人的属人法，或者遗嘱签署时或撤销时或遗嘱人死亡时遗嘱人的住所地法或惯常居所地法，或者在不动产继承的场合，不动产所在地法。"《阿拉伯也门共和国关于国际私法的若干规定》第27条："继承、遗嘱以及其他因死亡而设立的处理措施，适用也门法律。"

由此可知，判断遗嘱形式有效性的准据法有多个，而且"法院地法"也位列其中，那么接下来需要讨论的问题就是：法院地法何时方可获得适用，以及法院地法在遗嘱形式有效性法律适用中的地位。

1. "法院地法"与国籍国法、住所地法、不动产所在地法、行为地法

根据之前对继承特征的论述，"继承关系涉及到财产所有权关系、身份权关系以及债权关系"，尤其对于遗嘱继承，还应"充分考虑到当事人意思自治原则和行为有效性问题"。因此在确定遗嘱形式有效性问题时，仍应根据继承关系的特征确定可以适用的准据法。

（1）遗嘱继承体现身份关系

根据上述继承的特征，遗嘱继承体现了一定的身份关系，那么遗嘱形式就可适用当事人属人法——被继承人本国法、被继承人住所地法，这一点已被各国、各地区立法所公认。

（2）遗嘱继承体现财产所有权关系

涉及不动产的遗嘱继承形式，应适用不动产所在地法。这是因为，不动产往往是土地、房屋或其他对国家国民经济影响重大的物，那么从维护国家主权角度考虑，各国一般主张对不动产物权行使专属管辖权；而且，不动产所在地国对该不动产具有实际控制权，涉及不动产遗嘱之形式适用与不动产关系密切的不动产所在地法，便于不动产所在地国对判决的承认与执行。

（3）遗嘱继承应尊重行为地之行为准则和当事人意志

在实践中，当立遗嘱人在其国籍国或住所地国以外的国家订立遗嘱时，立遗嘱国出于维护该国社会秩序的需要，一般要求遗嘱方式应符合内国法规定；而且立遗嘱人在立遗嘱国之立遗嘱的法律行为，也暗示立遗嘱人愿意按

照当地法律规定的方式成立遗嘱，因此遗嘱形式适用立遗嘱行为成立地、改变遗嘱行为地或撤销遗嘱行为地的法律是较为合理的。

考察上述三种法律适用方法，确定遗嘱继承形式的法律选择分别是国籍国法、住所地法、不动产所在地法以及行为地法，选择的依据是国籍、住所、不动产所在地以及行为地这些客观事实或客观连结点。而且以上四种客观事实往往是各国、各地区行使司法管辖权的标准，因此实践中，国籍国法、住所地法，以及行为地法有可能是受理案件的法院所在地法；对于涉及不动产的遗嘱继承，由于管辖权标准和法律选择标准均唯一且同一，因此不动产所在地法就是法院地法。所以，遗嘱形式适用国籍国法、住所地法、不动产所在地法或行为地法，已经在很大程度上涵盖了法院地法适用的内容，只不过前者更能体现遗嘱形式与四种客观连结点的密切且本质联系，因此以国籍国法、住所地法、不动产所在地法或行为地法表述更加合理。

2."法院地法"的单独适用

根据上述罗马尼亚和匈牙利的立法，如果遗嘱形式符合"法院地法"的要求，则法院也可以认定该遗嘱形式有效，即"法院地法"可以单独作为判断遗嘱形式有效性的准据法，表现出立法对当事人意思自治的尊重，代表法院地法在遗嘱继承法律适用中的新发展。如此规定因为：

首先，"法院地法"作为判断遗嘱形式有效性的准据法，体现了国际社会"尊重被继承人意志、尽量使遗嘱有效、以促成被继承人生前处分财产的意愿得以实现的观念"。[1] 尤其在国籍国法、住所地法、不动产所在地法、行为地法都认为该遗嘱形式无效的情况下，法院地法的介入能从补遗的角度尽量使遗嘱有效。

其次，"法院地法"与"内国法"两种表述，应该更倾向"法院地法"。从字面上分析，"法院地法"是审理涉外民商事案件的法院所在地国家的法律，这种表述就体现了两点内容：其一，当事人自愿接受该审理案件的法院管辖，起诉方（原告）以直接起诉的方式、应诉方（被告）以应诉的方式接受管辖；其二，法院基于某种原因，确认法院所在地国对该涉外案件具利益关系，因而具有管辖权。所以，"法院地法"也体现了涉外遗嘱继承关系与法院地国的关系。尽管"内国法"也是以管辖权为依据所确立的，但从字面表述上，并不能看出"内国法"与涉外遗嘱继承关系的任何联系，因此使用"法院地法"具有明确性特征。

---

① 沈涓：《冲突法及其价值导向》（修订本），中国政法大学出版社 2002 年版，第 276 页。

三、发展趋势小结

对于法定继承的法律适用问题，各国的立法差别主要体现在对被继承财产采用"区别制"还是"同一制"问题上，根据研究发现，国际社会立法已出现采用"同一制"的立法倾向。在法定继承采用"同一制"的国家中，目前只有两个国家立法规定法定继承可适用法院地法，由此呈现出法院地法获得适用的新趋势：（1）合理适用之——法院地法作为对当事人属人法的补充和救济手段，应得充分重视和采纳。（2）不合理适用之——法院地法单独适用，应被批判和抛弃。（3）隐性适用之——管辖权标准与法律选择标准均指向法院地法。

对于遗嘱继承的法律适用问题，各国从尊重被继承人的意志出发，力求确认遗嘱有效，从而达成被继承人生前处分其合法财产及相关权益的愿望，因此在遗嘱效力的法律适用方面，就形成了扩大确认遗嘱效力法律选择范围的趋势，可选择适用的准据法包括国籍国法、住所地法、（遗嘱成立、改变、撤销）行为地法、不动产所在地法、法院地法。前四种准据法在管辖权标准与法律选择标准同一时，会涵盖法院地法的内容，与法院地法同一。但是，为了使遗嘱形式在更大程度上获得效力，"法院地法"也可以作为判断遗嘱形式效力的准据法，而且"法院地法"的表述比"内国法"更能体现出法院对案件的管辖关系，因此应该使用"法院地法"的表述方式。尽管目前世界各国立法中仅有三个国家采用该立法方式，但体现了法院地法在遗嘱继承法律适用的新发展。

第二章 亚洲国际私法在合同领域的新发展

　　亚洲国际私法成文法虽然产生较早，但主要是因袭欧洲大陆国际私法而来，如亚洲最早的国际私法成文法 1898 年的《日本法例》直接因袭了欧洲大陆最早的国际私法成文法之一 1896 年的《德国民法施行法》，而《日本法例》又直接为中国第一部成文国际私法 1918 年《法律适用条例》所承袭，① 后来，中国台湾有了对《法律适用条例》顺接并修改的 1953 年的《涉外民事法律适用法》，韩国有了直接承袭《日本法例》而制的 1962 年的《涉外私法》。所以，在很长一段时间里，亚洲国际私法既没能超出欧洲大陆国际私法而作创新的建树，也少有自己的特色，相应地，在合同领域，几个亚洲国家或地区的国际私法法规都呈现粗简状态。

　　直到近期，亚洲国际私法才有了异变。日本自 1898 年后多次修改《日本法例》，最近一次的修改重点是债的部分，2006 年 6 月新的《法律适用通则法》颁布，于 2007 年 1 月 1 日起施行。韩国随日本对亲属等部分的修改而对《涉外私法》进行了修制，颁布 2001 年《改正国际私法》，自 2001 年 7 月 1 日起施行。中国内地 1986 年颁布的《民法通则》第八章 "涉外民事关系的法律适用" 集中了主要的国际私法规则，2007 年 6 月最高人民法院又公布了《关于审理涉外民事或商事合同纠纷案件法律适用若干问题的规定》，于 2007 年 8 月 8 日起施行，2010 年 10 月又颁布了新法《中华人民共和国涉外民事关系法律适用法》。中国台湾耗时数年，对 1953 年《涉外民事法律适用法》进行修改，经数稿修订增删，终于 2010 年 4 月颁布新的《涉外民事法律适用法》。朝鲜人民民主共和国于 1995 年 9 月通过制定了《涉外民事关系法》。蒙古国于 1994 年 11 月通过《蒙古国民法典》，其中第 58 章的内容是若干国际私法规则，2002 年 1 月蒙古国颁布新的《蒙古国民法典》，其中第六编为 "国际私法"。在这几个国家或地区新的国际私法法规或司法解释中，合同领域的变化都较大，在当事人意思自治和最密切联系原则两个方面都有很大程度的纳入和完善，最能体现亚洲国际私法的发展。

---

　　① 参见沈涓主编《国际私法》第 3 章，社会科学文献出版社 2006 年版。

对这一领域的称谓，上述国家和地区的国际私法法规大多为"合同"，如韩国、中国内地、蒙古、朝鲜。而中国台湾 2010 年的《涉外民事法律适用法》第 20 条表述为"法律行为发生债之关系者"。与此相近的是日本国际私法法规的称谓，旧的《日本法例》称为"法律行为"，据日本国际私法学者解释，之所以采用"法律行为"而不是"合同"或"债"的措词，是为了避免法律行为范围上的遗漏，而且，在修改方案中，"法律行为"这一用语还将在修改后的新法中被沿用，[①] 果然，2006 年的《法律适用通则法》仍保留了"法律行为"的用词。

第一节　当事人意思自治原则

一、当事人选择法律的意思表示的确定

当事人意思自治原则是合同领域始终不变的支柱，亚洲国际私法自然没有例外。只是对于如何确定当事人选择准据法的意思表示，几部新的国际私法法规略有差异。在各国立法和司法实践中，确定当事人选择法律的意思表示有明示和默示两种依据。应该说，根据当事人的默示确定当事人对合同准据法的选择，虽然是秉承充分尊重当事人意愿的宗旨，但有时难免可能误解当事人选择法律的意思，更多代表了法官的意思，且可据以确定当事人默示选择法律意思的根据通常和后来确定合同与法律之间的最密切联系的标准相近，[②] 所以，在广泛纳入最密切联系原则并在立法上体现为特征性履行原则后，默示标准更显得没有必要。

在上述几个国家和地区的国际私法法规中，没有指明应根据明示还是默示的意思表示来确定当事人选择法律的意愿的有日本 2006 年《法律适用通则法》（第 7 条）、2002 年《蒙古国民法典》（第 549 条）、1995 年朝鲜人民民主共和国《涉外民事关系法》（第 24 条）。

日本有学者指出，此前的《日本法例》规定，法律行为当事人选择法律的意思不明时，适用行为地法，这种规定过于僵化，未给当事人意思表示及合同准据法的选择留下更多余地，故应该解释为当事人的意思包括明示和

---

① 引自日本早稻田大学法科大学院道垣内正人教授于 2005 年 3 月 16 日在中国社会科学院国际法研究中心所作讲座"日本新国际私法的立法"之内容。

② 参见沈涓《合同准据法理论的解释》，法律出版社 2000 年版，第 76—86 页。

暗示，① 这样又可就当事人的暗示生出许多选择法律的依据。但日本新的国际私法法规纳入了最密切联系原则和特征性履行原则，这两项原则足以在当事人没有选择法律的明白意思表示时从更宽泛的范围去确定合同准据法，因此已不必将立法未明定的当事人意思表示的确定根据扩大为暗示。日本新法的规定应可理解为根据当事人明示的意思确定合同准据法。② 但也有日本学者介绍，当初的修改方案有两个，第一是明确规定当事人对法律的选择必须是明示的，以排除默示标准；第二是不制定对默示选择合同准据法加以限制的规定，将问题交由法律解释解决。③ 现在看来，第二个方案最终被新法采纳。由此，新法虽然采纳了最密切联系原则，但当事人选择合同准据法的意思还是有可能被解释为包括明示和默示两种确定标准。

在此方面有鲜明态度的是中国内地、中国台湾和韩国的国际私法。

中国内地最高人民法院 2007 年的司法解释继早期对《涉外经济合同法》的司法解释的主张，再一次强调："当事人选择或者变更选择合同争议应适用的法律，应当以明示的方式进行。"（第 3 条）中国台湾 1953 年的《涉外民事法律适用法》还含糊其辞地用"当事人意思不明"（第 6 条第 2 款）作为判断当事人没有选择合同准据法的标准，"为贯彻关系最切原则，并减少本条适用上之疑义"，④ 新的《涉外民事法律适用法》已将判断当事人没有选择合同准据法的标准改为"当事人无明示之意思或其明示之意思依所定应适用之法律（即当事人明示选择的法律——引者注）无效"（第 20 条第 2 款）。

1962 年的韩国《涉外私法》关于确定合同准据法的规定完全照搬《日本法例》的内容，2001 年韩国颁布新的《国际私法》，其中合同部分先于日本作出了修改。但和后来日本新的《法律适用通则法》不同的是，日本新法基本沿用了旧法对当事人意思的确定方法，略有含糊，即没有指明确定的依据是当事人意思的明示还是默示，需要进一步解释，而韩国新法改正了这一含糊状况，对当事人选择合同准据法的意思的确定提出了明确的判断标准。

---

① 参见［日］黄轫霆《日本国际私法关于合同准据法的最新修改》，2007 年中国国际私法学会年会论文，2007 年 9 月。

② 同上。

③ 引自日本早稻田大学法科大学院道垣内正人教授于 2005 年 3 月 16 日在中国社会科学院国际法研究中心所作讲座"日本新国际私法的立法"之内容。

④ 引自中国台湾"司法院"关于"涉外民事法律适用法部分条文修正草案的说明"。

韩国 2001 年《改正国际私法》规定："合同适用当事者明示或默示选择的法律。但默示选择以能够通过合同内容或其他所有相关情况被合理认定为限。"（第 25 条第 1 款）这一规定所指出的承认当事人默示选择法律的条件是"能够通过合同内容或其他所有相关情况被合理认定"，这是一项需要由法官裁量的条件，法规没有进一步给出标准。在较多承认默示选择的英美法系国家的学说和判例中，可以用来推定当事人选择法律的暗示的标准通常是：仲裁协议或诉讼协议、合同缔结地或履行地、当事人国籍或住所或营业所、不动产所在地、合同中的术语、合同所用语言文字、合同形式、用以支付的货币、当事人一方是一国政府、使合同有效原则，等等。[1] 按照韩国国际私法法规的规定理解，这些条件都是可以从合同内容和其他相关情况中体现的。韩国学者也认为其中一些可以作为当事人默示选择合同准据法的理由。[2] 至少，韩国国际私法还是希望在充分尊重当事人意愿的同时能够避免对当事人意思作出"不合理"的认定。由此，韩国成为上述亚洲国家中唯一明确采用默示标准确定当事人选择法律意思的国家。

二、当事人选择法律的意思表示的限制

国际私法中存在一些限制当事人选择法律的意思自治的制度，主要有：当事人选择法律不能违反公共秩序；当事人选择的法律必须与合同有联系；当事人选择法律必须是善意和合法的；当事人选择法律不能排除强制性法律的适用，等等。[3] 在上述几个亚洲国家和地区的国际私法法规中，对当事人选择合同准据法的意思的限制有不同的态度。

蒙古国际私法法规和中国台湾新的国际私法对当事人选择法律的意思没有明确的限制条件。

朝鲜《涉外民事关系法》对当事人意思自治设置了较狭窄的限制：朝鲜自由经济与贸易地区内的外商投资企业的财产关系，包括以合同行为转移财产的关系，受朝鲜法律的支配（第 27 条）。

---

① Collins, Dicey and Morris on the Conflict of Laws, 1987, pp. 1182 – 1190; Sykes and Pryles, Australian Private International Law, 1987, pp. 548 – 549; Cheshire and North, Private International Law, 1979, pp. 203 – 206; Morris and North, Cases and Materials on Private International Law, 1984, pp. 443 – 501; Ehrenzweig and Jayme, Private International Law, 1977, pp. 17 – 18; Reese and Rosenberg, Cases and Materials on Conflict of Laws, 1984, pp. 574 – 578.

② 参见［韩］李好珽《国际私法》，经文社 1985 年版，第 284—286 页。

③ 参见沈涓《合同准据法理论的解释》，法律出版社 2000 年版，第 86—105 页。

　　中国内地先前的《涉外经济合同法》（第 5 条第 2 款）及其司法解释（第 2 条第 3 款）、1999 年的《合同法》（第 126 条）都对当事人意思自治作了限制：在中国内地境内履行的中外合资经营企业合同、中外合作经营企业合同、中外合作勘探开发自然资源合同必须适用中国法律，当事人选择外国法的协议无效。2007 年 6 月最高人民法院《关于审理涉外民事或商事合同纠纷案件法律适用若干问题的规定》更将这种限制扩大了范围，除了上述 3 种合同不允许当事人选择法律之外，还有下列合同也不允许当事人选择法律：中外合资经营企业、中外合作经营企业、外商独资企业股份转让合同；外国自然人、法人或者其他组织承包经营在中华人民共和国领域内设立的中外合资经营企业、中外合作经营企业的合同；外国自然人、法人或者其他组织购买中华人民共和国领域内的非外商投资企业股东的股权的合同；外国自然人、法人或者其他组织认购中华人民共和国领域内的非外商投资有限责任公司或者股份有限公司增资的合同；外国自然人、法人或者其他组织购买中华人民共和国领域内的非外商投资企业资产的合同；中华人民共和国法律、行政法规规定应适用中华人民共和国法律的其他合同。这样，中国内地国际私法法规中限制当事人选择法律的合同由原来的 3 种扩大到 8 种，甚至更多种，范围之大，实属罕见，当事人可以选择准据法的合同范围小得不尽合理，让人怀疑如此规定是否足够理智。而目前国际社会中在消费合同和劳务合同两个领域限制当事人意思自治的趋势，在中国内地 2010 年新的国际私法法规中得到了体现。台湾 2010 年新法规则因为缺失了对消费合同和劳务合同的涉及而显示出不尽先进之处。

　　早先的《日本法例》没有提出对当事人选择法律的限制。日本《法律适用通则法》作为新的立法，提出了具有先进意义的对当事人选择合同准据法的主张。日本新法主要在消费合同和劳务合同两个方面体现了这两类合同的特殊性对当事人选择法律的意思自治的影响。

　　国际社会中，对消费合同和劳务合同中当事人意思自治的效力有两种态度，一种是完全排除当事人意思自治，只适用消费者惯常居所地法和劳务提供地法；另一种是不完全排除当事人对法律的选择，而是在当事人选择的法律与消费者惯常居所地法和劳务提供地法两者中选择适用对消费者和劳动者有更好保护的法律，这是包括 1980 年罗马《国际合同义务法律适用公约》（第 5 条、第 6 条、第 7 条）在内的国际私法的主张。[①]

---

　　① 参见沈涓《合同准据法理论的解释》，法律出版社 2000 年版，第 101—103 页。

日本《法律适用通则法》参考了上述第二种主张，但又具有自己的特色。在这部新的法规中，消费合同和劳务合同原则上允许当事人选择准据法，但消费者和劳动者可以主张适用消费者惯常居所地法和劳务提供地法（第 11 条第 1 款和第 12 条第 1 款），也就是说，如果当事人双方选择了消费者惯常居所地法和劳务提供地法以外的法律，那么，消费者和劳动者的主张可以否定双方的法律选择。有人认为，这使当事人意思自治受到限制。① 这种说法似乎不够准确。应该说，由于既要充分尊重当事人的意思自治，又要尽量保护特殊合同关系中弱方当事人的利益，日本新法规是在消费合同和劳务合同中限制了与消费者和劳动者缔结合同的对方当事人的意思自治，而充分尊重了消费者和劳动者的意思自治。这一做法与上述 1980 年罗马公约等国际私法法规的精神相同，只是在具体操作上略有不同。1980 年罗马公约是将适用当事人选择的法律还是适用消费者惯常居所地法和劳务提供地法交由法官决定，而日本新法是将这一选择交由消费者和劳动者决定。两个决定者各有优势，作为司法者，法官的优势是对法律内容较当事人熟悉，而消费者和劳动者则最清楚自己的利益期望。

韩国《涉外私法》与《日本法例》相同，没有表示对当事人选择法律意思的明显限制，韩国新的国际私法法规对当事人意思自治提出了明确的态度，这种态度又与上述所有国家和地区不同，非常具有自己的特色。

韩国 2001 年《改正国际私法》有一项不好理解，但很有意义的规定："即使所有要素都仅仅只与某一国有联系，在当事者选择了该有关联的国家以外的其他国家的法律的情况下，只有该有关联国家的强行规定的适用才不得被排除。"（第 25 条第 4 款）这项规定涉及了 3 项原则在适用中的相互关系：当事人意思自治原则、最密切联系原则、强制性法律适用原则。这项规定一方面要表明的是：即使合同关系所包含的各种要素都表现出合同与某一国家法律有最密切的联系，但如果当事人选择了该与合同有最密切联系的法律以外的其他法律，则适用当事人选择的法律，不适用该与合同有最密切联系的法律（除非该法律中有应该适用的强制性规定），这一态度体现了对当事人意志的尊重，赋予了当事人意思自治原则高于最密切联系原则的适用效力。而这项规定另一方面要表明的是：即使当事人选择了与合同有最密切联系的法律以外的法律，但这一与合同联系最密切的法律中的强制性规定还是必须得

① 参见［日］黄轫霆《日本国际私法关于合同准据法的最新修改》，2007 年中国国际私法学会年会论文，2007 年 9 月。

到适用，这一要求可以被理解为对当事人选择合同准据法的意思自治的一项限制。从国际私法新近的发展趋势看，合同领域的强制性法律适用的作用主要是对合同关系中处于弱势地位的一方当事人的利益给予特殊保护，通常体现为对国际消费合同中的消费者和国际劳务合同中的受雇者的利益的保护。①

与这一规定相呼应，而且应该是参考了 1980 年罗马公约的内容，韩国 2001 年《国际私法》还规定，在消费合同和劳务合同中，当事人对法律的选择不能剥夺消费者惯常居所所在国家的强制性规定赋予消费者的保护和劳务提供地国家强制性规定赋予劳动者的保护（第 27 条第 1 款和第 28 条第 1 款）。

韩国 2001 年《国际私法》仅只提到当事人选择法律不能排除与合同有最密切联系国家的强制性法律的适用，以及不能排除消费者惯常居所地法和劳务提供地法对消费者和劳动者保护的强制性法律，没有提到其他限制。从这一限制可以看出韩国国际私法的两方面态度：一是，法规维护法律强行性的着眼点不是内国法律，而是与合同联系最密切的国家的法律，而且，法规认为不能排除适用的强制性法律可以推定是对消费合同和劳务合同中的弱方当事人赋予特殊保护的法律，因此，在这种态度下，以强制性法律的适用限制当事人意思自治便有很大合理性；二是，从法规要求当事人选择法律不能排除与合同联系密切的法律中的强制性规定的态度，可以看出法规并不要求当事人必须选择与合同联系密切的法律，"当事人选择了该有关联的国家以外的其他国家的法律"，只要不排除这一法律中的强制性规定，就不会被认为违反公共秩序，也不会被认为是不善意和不合法的。这两种态度表明韩国国际私法对当事人意思自治有着理智和开明的尊重。

第二节　最密切联系原则

一、最密切联系原则中的特征性履行

采用最密切联系原则是整个国际社会中国际私法新发展的标志，亚洲国际私法同样通过对这项原则的采纳来显明这一区域国际私法的发展，特别是在合同领域。

包含在最密切联系原则中的特征性履行理论是合同领域的立法对这项原

---

① 参见韩德培主编《中国冲突法研究》，武汉大学出版社 1993 年版，第 24—25 页。

则的最直接体现，是否设置依特征性履行理论确立的规则，已成为判断一部国际私法法规在合同领域是否完善的标准。为防止最密切联系原则完全由法官自由裁量而导致这种裁量权的滥用，也为了提高实践中最密切联系原则的可操作性，特征性履行理论完全有必要成为确定合同准据法的指导性理论，并体现于合同领域的立法规则中。① 在当事人没有选择合同准据法或者当事人的选择无效时，依最密切联系原则确定合同准据法成为大多数亚洲新的国际私法采用的方法，尽管立法对特征性履行理论的表现有详有略。

　　在此方面有些特别的是朝鲜国际私法。作为产生于 20 世纪 90 年代中期的新的国际私法法规，1995 年朝鲜《涉外民事关系法》多少还是受到了最密切联系原则的冲击，在属人法的确定（第 7 条、第 9 条）、外国法无法查明时准据法的确定（第 12 条）、结婚和离婚准据法的确定（第 36 条、第 37 条）等方面都纳入了最密切联系原则，但奇怪的是，在合同领域却找不到最密切联系原则的踪影。该法对确定合同准据法的主张是："财产的转移行为如买卖、运输或保险合同，受当事人共同选择的法律支配。如果当事人未选择法律的，适用财产转移行为发生地国家的法律。"（第 24 条）既不能说朝鲜新的国际私法法规没有采纳最密切联系原则，又不能说最密切联系原则是确定合同准据法所遵行的原则，这样的情况在同时期的国际私法法规中是少见的。

　　在采纳最密切联系原则的亚洲国际私法法规中，对特征性履行理论表现最弱的是中国台湾的新法。1953 年的《涉外民事法律适用法》是最密切联系原则未普及时期的产物，它只表示："当事人意思不明时，同国籍者依其本国法。国籍不同者依行为地法。"（第 6 条第 2 款前段）完全没有提及最密切联系原则，修改的必要性十分明显。② 新的法规顺应时代要求，对旧法作出改正："当事人无明示之意思表示或其明示之意思依所定应适用之法律无效时，依关系最切之法律。"（第 20 条第 2 款）这一修改已比旧法进了一大步，明确采纳了最密切联系原则。台湾新法进一步规定："法律行为所生之债务中有足为该法律行为之特征者，负担该债务之当事人行为时之住所地法，推定为关系最切之法律。但就不动产所为之法律行为，其所在地法推定为关系最切之法律。"（第 20 条第 3 款）这一规定显示台湾 2010 年新法也

---

　　① 参见沈涓《合同准据法理论的解释》，法律出版社 2000 年版，第 148—151 页。

　　② 参见王志文《涉外民事法律适用法之修正方向与建议》，载台湾玄奘大学法律学院编《两岸国际私法研讨会论文集》第 1 册，台湾伟大出版社 2005 年版，第 4 页。

采纳了特征性履行理论，但这项规定较为笼统，除了涉及不动产的合国外，没有为各种合同具体指定应适用的法律。如前所述，特征性履行理论在立法中的贯彻正是为了防止法院对具体案件个别裁量准据法的确定而演为裁量权滥用的可能性。台湾的新法似乎正好为这种担心留下了隐患。

蒙古国 1994 年和 2002 年新旧两个民法典中的国际私法法规在合同领域的内容差别不大，只是新法比旧法略微详细和明确。蒙古新的国际私法法规根据特征性履行理论，对多种合同的准据法作出了确定，包括买卖、租赁、保管、行纪、委托、运输、保险、借贷、赠与、保证、抵押、承揽、合资经营、证券交易和拍卖等合同（第 549 条第 4—7 款）。对于从买卖合同到抵押合同的各种合同，适用承担特征性履行义务的当事人住所地法或主要营业活动所在国法，在这些合同中，特征义务履行人是卖方、出租人、保管人、行纪人、委托人、承运人、被保险人、出借人、赠与人、保证人、抵押人。对承揽合同适用承揽地法或成果取得地法。对合资经营合同适用合资企业成立地法。对证券交易和拍卖合同适用交易或拍卖地法。最后，为防止缺漏，蒙古新法还规定，对于第 549 条未提及的其他合同，适用履行特征性义务的合同当事人的住所地或主要营业地国家的法律（第 549 条第 8 款）。在蒙古新法中，既有特征性履行的一般标准，也有例外考虑，还有防漏措施，应该是比较周全了。

中国内地最高人民法院 1987 年对《涉外经济合同法》所作的司法解释采纳了特征性履行理论，对 13 种合同确定准据法。1999 年中国内地颁布了《合同法》，同时宣布废止《涉外经济合同法》，对它的司法解释也一并被废止。除了最高人民法院对《涉外经济合同法》的司法解释之外，其他相关立法或司法解释虽然都纳入了最密切联系原则，但都没有作出依据特征性履行理论确定合同准据法的规定。因此，此后数年，中国内地国际私法法规不再有特征性履行理论的体现，对最密切联系的判断也失去了立法规则的导引和规约。

直到最高人民法院 2007 年 6 月公布《关于审理涉外民事或商事合同纠纷案件法律适用若干问题的规定》，这段空缺才得以弥补，特征性履行理论又在中国内地的国际私法中再次被确立。这一司法解释指出："人民法院根据最密切联系原则确定合同争议应适用的法律时，应根据合同的特殊性质，以及某一方当事人履行的义务最能体现合同的本质特性等因素，确定与合同有最密切联系的国家或者地区的法律作为合同的准据法。"（第 5 条第 2 段）这一段话表明三方面主张：（1）紧接其后的 17 种合同准据法的确定都遵行了最密切联系原则；（2）最密切联系原则不仅是司法解释中确定 17 种或更多合同准据法的依据，也是法院裁量确定合同准据法的依据；（3）判断最密切联系，既要根据合同的特殊性质，也要寻找最能体现合同本质的履行义务。

最新的司法解释对 17 种合同确定了准据法（第 5 条第 3 段）：（1）买卖合同，适用合同订立时卖方住所地法；如果合同是在买方住所地谈判并订立的，或者合同明确规定卖方须在买方住所地履行交货义务的，适用买方住所地法。（2）来料加工、来件装配以及其他各种加工承揽合同，适用加工承揽人住所地法。（3）成套设备供应合同，适用设备安装地法。（4）不动产买卖、租赁或者抵押合同，适用不动产所在地法。（5）动产租赁合同，适用出租人住所地法。（6）动产质押合同，适用质权人住所地法。（7）借款合同，适用贷款人住所地法。（8）保险合同，适用保险人住所地法。（9）融资租赁合同，适用承租人住所地法。（10）建设工程合同，适用建设工程所在地法。（11）仓储、保管合同，适用仓储、保管人住所地法。（12）保证合同，适用保证人住所地法。（13）委托合同，适用受托人住所地法。（14）债券的发行、销售和转让合同，分别适用债券发行地法、债券销售地法和债券转让地法。（15）拍卖合同，适用拍卖举行地法。（16）行纪合同，适用行纪人住所地法。（17）居间合同，适用居间人住所地法。这些合同大部分是原来对《涉外经济合同法》的司法解释所涉及的合同，但也有对新型合同的关注，如拍卖合同、行纪合同、居间合同等。在这些合同的准据法确定中，一般依据了特征性履行理论的非支付货币的义务为特征性履行义务的原则，但也有例外，应该是体现了上述第三种主张，都可理解为遵行了特征性履行理论。① 这种"一般"与"例外"搭配、结合来体现特征性履行理论的方法也为其他一些国家国际私法和 1985 年海牙《国际货物买卖合同法律适用公约》（第 8 条）所接受。前述蒙古 2002 年新法也属于这类国际私法。

韩国 1962 年的《涉外私法》在很多方面照搬了《日本法例》，2001 年韩国新的《国际私法》也是在日本对《日本法例》多次修改后随之修正更新的，比如，在亲属部分，韩国新法是紧随《日本法例》的修正而修改，但在债的部分，韩国对旧法的修改却走在了日本前面。在两个国家的旧法

① 参见沈涓《合同准据法理论的解释》，法律出版社 2000 年版，第 151—155 页。

中，都规定当事人选择法律的意思不明时，法律行为适用行为地法（《日本法例》第 7 条第 2 款，《韩国涉外私法》第 9 条第 2 款），都没有采纳最密切联系原则。但在韩国对旧法作出修改后，2001 年新法已先于日本纳入了最密切联系原则，确定在当事人没有选择准据法的情况下，合同应适用与该合同有最密切联系的国家的法律（第 26 条第 1 款）。

韩国新法在采用特征性履行理论时也是用了"一般"和"例外"结合的方法。一般情况下，转让合同中转让人的履行，租赁合同中提供物或权利以供使用的当事者的履行，委托合同、工作合同及其他类似的提供劳务的合同中劳务的履行，可以被视为特征性履行，承担这种履行义务的一方当事人的惯常居所地法或主事务所所在国家的法律或营业所所在国家的法律应被推定为与合同具有最密切联系的法律（第 26 条第 2 款）。作为例外，"对于以不动产权利为对象的合同，不动产所在国家的法律应被推定为与合同具有最密切联系的法律。"（第 26 条第 3 款）还可作为例外的是消费合同和劳务合同。当事人没有选择准据法时，消费合同应适用消费者惯常居所地法（第 27 条第 2 款）；劳务合同应适用劳动者在其境内日常提供劳务的国家的法律，劳动者不在某一国日常提供劳务时，适用雇用劳动者的使用者的营业所所在国家的法律（第 28 条第 2 款）。

韩国新法中的规定表明，特征性履行理论不是确定合同准据法的唯一标准。几乎在所有涉及不动产的关系中，不动产所在地的法律都被视为与法律关系具有最密切的联系，既然如此，以不动产为标的的合同就不必在不动产所在地之外去寻找更合适的准据法。至于消费合同，既然在当事人选择了法律的情况下都不能排除消费者惯常居所地法赋予消费者保护的规定的适用，那么，在当事人没有选择法律时，当然还是应该适用消费者惯常居所地法。对劳务合同的态度与对消费合同相似，只是连结点由惯常居所地改为日常提供劳务地或雇用者营业所所在地法。从最密切联系角度看，劳务合同与消费合同不同，消费合同争议往往以消费者的消费活动为中心，而这些活动通常发生于消费者惯常居所地，故该地与合同有密切联系。劳务合同争议往往以受雇者受雇进行的工作为中心，合同与受雇者工作地、特别是惯常工作地有密切联系，与受雇者惯常居所地不一定联系密切，尤其是受雇者的惯常居所地与惯常工作地不一致时，惯常居所地与合同的联系更不密切，所以，确定劳务合同适用受雇者惯常工作地法而不是其惯常居所地法，能够满足最密切联系原则的要求。由此可见，韩国新法对不动产合同、消费合同和劳务合同准据法的确定只是特征性履行原则适用的例外，但不是最密切联系原则适用的例外。①

日本对《日本法例》的最新修改重点在债的部分，其中一个重要原因是这部旧法在合同领域因为没有采纳最密切联系原则而落后，特别是落后于脱胎于自己的韩国 2001 年《改正国际私法》。于是，日本加紧脚步，通过修改《日本法例》而成新的《法律适用通则法》，和韩国及其他亚洲国家或地区国际私法一样，确定在当事人没有选择准据法时，合同适用与之有最密切联系的国家的法律（第 8 条第 1 款）。

日本新法对特征性履行理论的运用比较抽象和有限。它主张，仅有合同一方当事人承担特征性履行时，这一方当事人的惯常居所地法或营业所所在地法应被推定为合同的最密切联系地法（第 8 条第 2 款）。说它抽象，是因为它没有如前述蒙古、中国内地、韩国的新国际私法法规那样，依特征性履行理论，就各种具体合同指明应适用的法律，以此表明对"特征性履行义务"的确定。说它有限，是因为在合同双方当事人所承担的履行义务都体现了合同特征或都没有体现合同特征时，似乎就不能适用这项规定来确定合同准据法，那些合同的准据法如何确定，在新法中就找不到依据了。

日本新法对特征性履行理论适用的例外也作了规定，与韩国新法一样，涉及不动产合同、消费合同和劳务合同，而且规定的内容也与韩国新法相似。当事人未选择合同准据法时，以不动产为标的的合同推定不动产所在地法为最密切联系地法（第 8 条第 3 款）；消费合同适用消费者惯常居所地法（第 11 条第 2 款）；对劳务合同，劳务提供地法或劳务提供地无法确定时劳动雇用者营业所所在地法应被推定为最密切联系地法（第 12 条第 2 款、第 3 款）。

二、最密切联系原则中的法官自由裁量

除了特征性履行理论，法官在确定合同准据法方面的自由裁量制度是最密切联系原则对国际私法的另一大贡献，② 晚近国际私法都不同程度、不同范围地采纳了这一制度，是国际社会中国际私法最新发展的又一标志，亚洲

---

① 参见沈涓《韩国国际私法研究及与中国国际私法之比较》，载台湾玄奘大学法律学院编《两岸国际私法研讨会论文集》第 1 册，台湾伟大出版社 2005 年版，第 83—98 页。

② 参见沈涓《合同准据法理论的解释》，法律出版社 2000 年版，第 117—127 页；沈涓：《冲突法及其价值导向》（修订本），中国政法大学出版社 2002 年版，第 200—217 页。

新近国际私法同样如此。

各国国际私法法规和国际私法公约采用法官自由裁量的方法大致有两种：一种是作为整个国际私法法规的基本制度采用法官自由裁量，如 1988 年《瑞士联邦国际私法法规》（第 15 条），瑞士法规的这种方法对许多国家的国际私法法规产生巨大影响，为这些国家所接受和纳入，包括亚洲国家。另一种是将法官自由裁量作为合同领域的一项制度，如 1986 年《联邦德国国际私法》（第 28 条第 5 款），这种方法也对一些国家国际私法产生了影响，也有一些国家接受并采用，也包括亚洲国家。此外，国际合同领域两个重要的公约 1980 年罗马《国际合同义务法律适用公约》（第 4 条第 5 款）和 1985 年海牙《国际货物买卖合同法律适用公约》（第 8 条第 3 款）也采用了法官自由裁量制度。

就合同领域而言，法官自由裁量制度有着特殊的意义。一方面，这项制度内含的灵活性可以提高合同准据法选择的合理性，[①] 另一方面，这项制度又要受到当事人意思自治的限制。在以法官自由裁量制度作为整个法规的基本制度的国际私法中，当事人选择法律的情况是被排除在这项制度的适用范围之外的。在合同领域采用这项制度的国际私法中，它是被用于当事人未选择准据法的情况下的。

如前所述，1995 年朝鲜《涉外民事关系法》在合同领域没有采纳最密切联系原则，同样也找不到法官可以对合同准据法自由裁量的授权。但由于属人法的确定、外国法无法查明时准据法的确定、结婚和离婚准据法的确定等方面采纳了最密切联系原则，所以，朝鲜新的国际私法还是给法官自由裁量留下了余地。

包含于民法典中的 2002 年《蒙古国际私法》在合同领域采用了特征性履行理论，为多种合同确定了应该适用的准据法，此外，没有授权法官在这些规则之外裁量合同准据法。从整个蒙古新的国际私法法规看，几乎找不到其他采用最密切联系原则或法官自由裁量制度的规定。可以看出，蒙古国在采用法官裁量方面十分谨慎，基本上没有给法官裁量留下空间。

中国台湾对旧的《涉外民事法律适用法》修改而成的 2010 年新法虽然纳入了最密切联系原则和特征性履行理论，但主张对何为"特征性债务"授权法官进行裁量。有台湾学者认为，新法这样规定，是"要在'规则'及'方法'等二种取向之间，重新寻找一种新的平衡关系，并将涉外法律

---

① 参见沈涓《合同准据法理论的解释》，法律出版社 2000 年版，第 121—124 页。

关系的准据法的决定，从原来由立法者依逻辑判定，部分拉回到由法院依个案情形综合予以认定的新境界"。前述新法第 20 条采用的最密切联系原则是"典型而创新的例子"。① 由此可见，台湾新法显示了对法官裁量的最充分信任和倚赖，在当事人没有选择合同准据法的情况下，法官将发挥最大作用，对合同应该适用的准据法进行裁量。而且，这种对法官裁量的广泛授权将成为台湾新的国际私法法规最具新意的内容。从 1953 年的旧法完全没有在合同领域采纳最密切联系原则，到 2010 年新法不但采纳最密切联系原则，而且倚重法官意志来裁量与合同有最密切联系的法律，台湾国际私法的这一步似乎迈得太大了些。

日本《法律适用通则法》虽然在合同领域采用了特征性履行理论，但如前所述，新法对这项理论的运用比较抽象和有限，因此，在合同双方当事人所承担的履行义务都体现了合同特征或都没有体现合同特征时，如何确定与合同有最密切联系的法律，甚至如何确定哪一方当事人承担的义务是特征性履行义务，都需要由法官来解决。所以，日本新的国际私法法规也在合同领域给法官裁量留下了很大余地。

中国内地国际私法属于主要在合同领域采用法官裁量的类型。最高人民法院 2007 年的《关于审理涉外民事或商事合同纠纷案件法律适用若干问题的规定》在对 17 种合同依据特征性履行理论确定准据法之后，又指出："如果上述合同明显与另一国家或者地区有更密切联系的，适用该另一国家或者地区的法律。"（第 5 条第 4 段）这种采用法官裁量制度的方法应该是比较恰当的，既受制于预制规则的优先效力，不致破坏法律适用的稳定性和法律适用结果的可预见性，又可以灵活地纠正预制规则的偏差。

1962 年的韩国《涉外私法》和旧的《日本法例》一样，没有体现最密切联系原则，也没有对法官裁量的授权。而新的国际私法法规在此方面有了很大进步，使韩国成为这几个亚洲国家和地区中采用法官裁量制度最广泛的。韩国 2001 年《改正国际私法》表示："（1）如果本法指定应适用的准据法与相关法律关系之间仅具有极少的联系，而另一国家的法律与该法律关系明显存在最密切的联系，在此情况下，应适用该另一国家的法律。（2）第 1 项的规定在当事人合意选择了应适用的准据法的情况下不适用。"（第 8 条）这条规定表明，法官可以在法规所调整的所有法律关系范围内，

---

① 参见陈荣传《国际私法的新走向——鸟瞰涉外民事法律适用法修正草案》，载台湾玄奘大学法律学院编《两岸国际私法研讨会论文集》第 1 册，台湾伟大出版社 2005 年版，第 125—142 页。

依据最密切联系原则裁量不适用法规指定的准据法，而适用其他法律。但如果当事人已经选择了准据法，法官就不得裁量适用其他法律。不难看出，韩国 2001 年国际私法法规在制定过程中较多参考了 1988 年《瑞士联邦国际私法法规》，这条规定的内容与瑞士国际私法法规第 15 条的内容非常接近。

既然对法官裁量的授权范围是所有法律关系，自然也包括合同关系。在这里，对法官裁量权的主要限制是当事人意思自治。这是一个很重要的限制。限制的理由主要是：第一，当事人意思自治权和法官自由裁量权都是法律赋予的确定法律适用的权力，单从这一角度看，两种权力效力平等，故当事人意思自治权不应受到法官自由裁量权的排斥。第二，根据私法自治和契约自由的精神，应当给予当事人确定合同准据法的意思以充分的尊重，从这一角度论，当事人意思自治的效力应高于法官自由裁量的效力，当事人选择的法律应优先得到适用。第三，根据最密切联系原则，一般可以推定当事人选择的法律是与合同有最密切联系的法律，如果允许法官重新裁量准据法，就有可能适用与合同联系不密切的法律，破坏最密切联系原则。从这几方面看，不允许法官在当事人选择了法律的情况下另行裁量法律适用十分必要，如果不设此限制，法官有可能任意否定当事人选择法律的意志，依自己的意志确定合同准据法，那样不仅严重破坏了意思自治原则，还会因适用了不适当的法律而损害当事人利益。[1]

第三节　合同准据法确定中的反致制度

在国际私法中，反致制度的积极意义被一些国家肯定，[2] 特别是狭义的反致制度。但在合同领域，反致制度的运用有着特殊的意义。无论是反致还是转致，结果都是最先由法院地国家冲突规范指定的准据法没有被适用，而适用了其他的法律，这在有些情况下可能能够成就法律选择的合理要求，但在合同领域，却可能会造成对当事人意思自治和最密切联系原则的破坏。所以，很多国家对在合同领域采用反致制度都抱谨慎态度。

1995 年朝鲜《涉外民事关系法》没有关于反致的规定，或许这就反映了这部法规对反致的态度。

1994 年《蒙古民法典》中的国际私法部分没有关于反致的规定。2002

---

① 参见沈涓《合同准据法理论的解释》，法律出版社 2000 年版，第 126 页。
② 参见沈涓《冲突法及其价值导向》（修订本），中国政法大学出版社 2002 年版，第 11 章。

年新的民法典中对反致有了明确态度：若外国法律规定适用蒙古国法律，则适用蒙古国之法律。这项规定涉及所有法律关系，没有对合同关系作排除。这是较早的国际私法粗略之处，没有细致到在反致问题上对合同关系作出特别关照。

旧的《日本法例》有关于反致的规定，但限于当事人本国法对日本法的反致，并对婚姻关系作出了排除（第32条）。日本新的《法律适用通则法》承继了旧法对反致制度的规定，仍然限于当事人本国法对日本法的反致，也仍然在婚姻家庭关系中排除反致制度的运用（第41条）。对于合同关系，日本新法没有排除反致的规定。从其他国家国际私法看，在婚姻家庭关系范围中不采纳反致制度也是对待反致的态度之一。但作为最新的国际私法法规，日本新法应该在反致问题上顾及合同领域。

中国台湾2010年新法和旧法在反致问题上差别不大，直接反致、间接反致和转致在台湾国际私法中都采用，但限于当事人本国法对台湾法的反致和对其他国家法的转致（旧法第29条、新法第6条）。同样，作为新近法规，不应该缺乏反致制度对合同领域的涉及。

中国内地国际私法虽然一直没有将反致作为基本制度确立下来，但在最高人民法院早先对《涉外经济合同法》的司法解释和现在的司法解释中，都在合同领域排除了反致制度。在最高人民法院2007年的《关于审理涉外民事或商事合同纠纷案件法律适用若干问题的规定》中，第1条就指明：“涉外民事或商事合同应适用的法律，是指有关国家或地区的实体法，不包括冲突法和程序法。”这一规定提高了中国内地国际私法在合同领域的完善程度，防止了反致制度可能对当事人意思自治和最密切联系原则带来的影响。

韩国旧的《涉外私法》对反致制度的规定很单薄：“如果适用当事人本国法，而按照该当事人本国法应适用韩国法时，则适用韩国法。”（第4条）而2001年新的《国际私法》对此作了很大修正，又使韩国成为这几个国家和地区中在反致方面规定最丰富完善的国家。

首先，韩国新法对反致制度作了一般性规定：在依照本法确定外国法为应适用的准据法的情况下，如果根据该国法律应适用大韩民国法律，则适用大韩民国法律（有关确定准据法的法规除外）（第9条第1款）。这条规定反映了几方面信息：（1）可以接受其反致的对象从当事人本国法扩大到所有外国法，这是对反致制度的扩大适用。（2）此条只规定了直接反致，是对反致制度的有限适用，避免法律适用过程的繁杂。（3）规定了一次反致，也是为了使过程简化。

其次，韩国新法又在 6 种情况下排除了反致制度的适用（第 9 条第 2 款），其中有两种情况与合同准据法的确定有关：一是当事人合意选择了应适用的准据法的情况；二是依据本法确定了应适用的合同准据法的情况。前一种排除是要保护当事人意思自治，后一种排除是要保护最密切联系原则。

总之，在国际私法中，反致制度虽然有其存在的积极性，但在合同领域，这项制度却是应该被限制，甚至被排除的。在此方面，韩国 2001 年新的《国际私法》是亚洲国际私法中最值得推崇的。

第三章　韩国国际私法的新发展

第一节　韩国新国际私法概述

一、韩国新国际私法的产生

1962 年 1 月 15 日，韩国通过"法律第 966 号"公布了《涉外私法》，此后近 40 年间，除了根据 1999 年 2 月 5 日的《海难审判法》将第 47 条中的用语"海难救助"改为"海洋事故救助"之外，这部法律没有经过修改。[①] 其间，大法院的一些判决对《涉外私法》的内容有所修正，其中一些修正后来被新的国际私法采纳。[②]

在这 40 年中，国际社会发生了急剧的变化，有着巨大发展，电脑和因特网将世界连成一个整体。另一方面，在国际私法领域，追求实质适当性的新方法兴起，相关理论得到发展。1970 年以后，世界各国争相制定本国的国际私法，同时，海牙国际私法会议作为重心的国际私法统一运动也开展得十分活跃。在这种现状下，《涉外私法》处于相对落后的境况，准据法确定方式和内容上的不完善不能适应国际化时代，因而受到很多指责和非难。例如，家族法领域中，大部分以夫或父的单方本国法作为准据法，这种规定违反了宪法保证男女平等的原则。[③] 因此，修改 1962 年《涉外私法》已成为必需。从 1999 年 4 月开始，修改《涉外私法》的工作启动，到 2001 年 4

---

① 韩国法务部：《国际私法解说》，2001 年，第 3 页。

② 韩国大法院 1979 年 11 月 13 日宣告 78da1343 判决；大法院 1982 年 8 月 24 日宣告 81da684 判决；大法院 1990 年 4 月 10 日宣告 89da ka20252 判决；大法院 1992 年 7 月 14 日宣告 92da2585 判决；汉城地方法院东部地院 1995 年 2 月 10 日宣告 93ga hab19069 判决；大法院 1997 年 9 月 9 日宣告 96da47517 判决。

③ 韩国法务部：《国际私法解说》，2001 年，第 3 页；〔韩〕石光现：《2001 年改正国际私法解说》，芝山 2001 年版，第 3—5 页。

月，新的《国际私法》公布，7 月实行。

2001 年《韩国国际私法》的起草、制定经过了严谨、细致的过程，分为 5 个阶段：①

1. "涉外私法修改研究班"的成立和工作

1999 年 4 月，韩国法务部组织成立了"涉外私法修改研究班"，由法务部国际法务课课长及检察官、法官、教授、律师等共 9 人组成。1999 年 6 月 26 日至 2000 年 5 月 13 日，该研究班召开了 17 次会议。研究班所承担的工作主要是：对外国的立法和新理论等进行研究后，在研究会议上讨论存在争议的事项、决定修改方向和采取的方式，研究会议的结果是提出一个修改试案。

2. "涉外私法修改特别分科委员会"的成立和工作

2000 年 6 月 1 日，为正式开始修改《涉外私法》的工作，韩国法务部在法务咨询委员会中成立了一个"涉外私法修改特别分科委员会"，委员会成员由韩国国内国际私法领域造诣很深的学者和实务者等专家共 11 人组成，委员长由国立汉城大学校法科大学李好珽教授担任。委员会以研究班提出的修改试案为中心，对主要争议事项集中讨论，经过 14 次会议后，于 2000 年 11 月 4 日确定了修改试案。委员会在讨论过程中，对海牙国际私法会议各项公约、1980 年罗马公约等相关国际公约以及德国、瑞士、奥地利、日本等先进国家的立法进行了系统的、综合的研究，并结合韩国的实情，对研究班提出的修改试案采纳了相当的部分。此外，韩国民事诉讼法学会、家族法学会、商事法学会、海事法学会等相关学会的意见也被采纳，并在确定的修改试案中得到适当的反映。

3. 意见照会、立法预告及公听会

2000 年 11 月 6 日至 16 日，对《涉外私法》修改试案在政府部门和市民团体中实施意见照会。法务部的意见照会共邀请了 28 个机构和团体，包括法院行政处和外交通商部等政府机关、大韩律师协会等法律团体、经济正义实践联合和参与联队等市民团体。2000 年 11 月 17 日至 12 月 6 日，在官报及法务部网站上进行立法预告。为收集国民对修改试案的意见，2000 年 11 月 23 日举行公听会。

① 韩国法务部：《国际私法解说》，2001 年，第 4—8 页；[韩] 石光现：《2001 年改正国际私法解说》，芝山 2001 年版，第 5—11 页。

4. 确定法律修改案及提交国会

2000 年 12 月 4 日，在综合了有关机关的意见照会及公听会的结果后，法律修正案最终被确定。此后，经法制处审查（2000 年 12 月 5 日至 12 月 15 日）、党政协会（2000 年 12 月 6 日）、次官会议（2000 年 12 月 21 日第 51 次会议）、国务会议（2000 年 12 月 26 日第 52 次会议）以后，法律修正案于 2000 年 12 月 30 日经第 216 次会议（临时会）向国会提出。

5. 国会审议、表决及公布

向国会提出的涉外私法法律修正案于 2001 年 1 月 3 日被提交给国会中的"法制司法委员会"。由于法律修正案的第 6 章"亲族"中的相关内容与国会"妇女特别委员会"有关，所以，这部分内容于 2001 年 1 月 6 日提交"妇女特别委员会"。此后，经 2001 年 2 月 8 日第 217 次国会会议（临时会）第 1 次妇女特别委员会商定，为深入讨论，将法律修正案提交"关于家族及福利法案审查小委员会"。经 2001 年 2 月 13 日第 218 次国会会议（临时会）第 2 次小委员会审查后，于 2001 年 2 月 21 日在国会妇女特别委员会上对政府草案进行表决。2001 年 2 月 27 日第 218 次国会会议（临时会）法制司法委员会第 5 次委员会上商定，为进行深入讨论，法制司法委员会将涉外私法法律修正案提交法律审查第 1 小委员会。法律审查第 1 小委员会于 2001 年 3 月 6 日审议表决后，于 2001 年 3 月 7 日在法制私法委员会第 3 次委员会上作审查结果报告，对修正案进行逐条审查后，就修正部分进行了表决（有四个地方作了字句上的修正）。2001 年 3 月 8 日第 219 次国会会议（临时会）第 1 次本会议上通过了对涉外私法法律修正案的最后表决，国会表决完成后，于 2001 年 3 月 23 日将涉外私法法律修正案移送政府，于 2001 年 4 月 7 日经法律第 6465 号公布，2001 年 7 月 1 日实行。

二、韩国 2001 年国际私法的结构和内容

2001 年的《韩国国际私法》与很多国家国际私法不同的一点是：法规的内容基本上是法律选择规则，即主要是确定涉外民事关系应该适用的原则和准据法，除了第 2 条对国际裁判管辖作了原则性的规定以及第 27 条和第 28 条中涉及了消费者合同和劳务合同的管辖权的确定之外，没有有关涉外民事关系的管辖权的确定及司法协助和外国法院判决的承认和执行方面的规则。在韩国，现在这些规则主要设置在《民事诉讼法》、《民事执行法》、

《国际民事司法共助法》等法律及判例中。① 如果以 1988 年《瑞士联邦国际私法法规》的体例为标准，2001 年的《韩国国际私法》的体例就不够完整，但仅是法律选择规则就设置了 60 多条规定，应该是一个较为详细的法规了。

　　2001 年《韩国国际私法》共有 9 章和一条附则。② 第 1 章是"总则"，包括 10 条规定，分别是目的、关于国际裁判管辖、本国法、惯常居所地法、外国法的适用、准据法的范围、大韩民国法律的强制适用、准据法确定的例外、准据法确定中的反致、外国法的适用违反社会秩序等；第 2 章是"人"，包括权利能力、失踪宣告、行为能力、限定治产及禁治产宣告、交易保护、法人及团体 6 条规定；第 3 章是"法律行为"，仅有法律行为的方式和任意代理两条规定；第 4 章是"物权"，有物权的准据法、运输工具、无记名证券、移动中的物件、基于债权产生的约定担保物权、知识产权的保护 6 条规定；第 5 章是"债权"，包括当事者自治、确定准据法时的客观连结、消费者合同、劳务合同、合同的成立及有效性、事务管理、不当得利、不法行为、关于事后选择准据法的协议、债权的转让及债务的接收、通过法律所作的债权转移 11 条规定；第 6 章是"亲族"，共有婚姻的成立、婚姻的一般效力、夫妇财产制、离婚、婚姻中的亲子关系、婚姻外的亲子关系、婚姻外出生者的准正、收养及其解除、同意、亲子间的法律关系、扶养、其他亲族关系、监护 13 条规定；第 7 章是"继承"，有继承和遗嘱两条规定；第 8 章是"汇票、本票和支票"，包括行为能力、支票支付人的资格、方式、效力、原因债权的取得、部分接受及部分支付、为权利的行使和保全所为行为的方式、丧失及被盗、支票的支付地法 9 条规定；第 9 章是"海商"，有海商、船舶碰撞、海洋事故救助 3 条规定；最后是附则，包括施行日、准据法的适用时间的范围、关于国际裁判管辖的过渡措施、其他法律的修改 4 项规定。从 2001 年国际私法条文的题目可以看出，该法规所涉及的涉外民商事的范围比较广泛，内容比较系统、全面，是一部较为先进和发达的法规。

---

　　① ［韩］石光现：《2001 年改正国际私法解说》，芝山 2001 年版，第 17 页；［韩］金演、朴正基、金仁猷：《国际私法》，法文社 2002 年版，第 57—96 页；［韩］徐希源：《国际私法讲义》（新稿版），一潮阁 1996 年版，第 120—130 页；［韩］金容汉、赵明来：《国际私法》（全订版），正一 1992 年版，第 189—194 页。

　　② 2001 年《韩国国际私法》（中文）全文载于《中国国际私法与比较法年刊》（2003），法律出版社 2003 年版。

三、韩国 2001 年国际私法的改变和特点

1. 名称和体例的改变

韩国 1962 年法规的名称是"涉外私法"，但因为海牙国际私法会议和瑞士、奥地利、意大利等国都使用"国际私法"一词，这一用语已是国际上广泛通用的指代这一学科的名称，因此，新的法规以"国际私法"作为名称，舍弃了"涉外私法"的名称。①

1962 年涉外私法由总则、关于民事的规定、关于商事的规定 3 章构成，2001 年国际私法改为由总则、人、法律行为、物权、债权、亲族、继承、汇票本票和支票、海商 9 章构成，这样修改是为了把法规的内容划分得更细，也参考了德国民法施行法、瑞士国际私法、奥地利国际私法、意大利国际私法等。②

2. 男女权利观念的改变

旧的涉外私法中有关亲族关系的准据法的确定表现了男方属人法优于女方属人法的现象，③ 这种违反宪法保障的男女平等原则的现象受到了批判，④新的国际私法在此方面进行了修正，废除了男女不平等的规定，在亲族关系准据法的确定中体现了男女平等的观念，赋予夫妇双方的属人法以同样效力。⑤

3. "惯常居所"概念的引入

1962 年涉外私法中还没有惯常居所的概念，确定属人法时只有国籍、住所和居所的概念。由于现代国际私法中使用惯常居所概念已经成为一种国际潮流，许多国际私法的国际公约和大多数国家的国际私法都使用惯常居所作为确定属人法的最重要的连结点，所以新的国际私法响应这种潮流，引入了惯常居所的概念，⑥ 在继续适用本国法的同时，将惯常居所地法作为本国

---

　　① ［韩］石光现：《2001 年改正国际私法解说》，芝山 2001 年版，第 15 页；［韩］金演等：《国际私法》，法文社 2002 年版，第 49 页。

　　② ［韩］石光现：《2001 年改正国际私法解说》，芝山 2001 年版，第 15—16 页；［韩］金演等：《国际私法》，法文社 2002 年版，第 49 页。

　　③ 1962 年《韩国涉外私法》第 16—19 条、第 22 条。

　　④ 韩国法务部：《国际私法解说》，2001 年，第 12 页；［韩］石光现：《2001 年改正国际私法解说》，芝山 2001 年版，第 17 页；［韩］金演等：《国际私法》，法文社 2002 年版，第 49 页。

　　⑤ 2001 年《韩国改正国际私法》第 37—40 条、第 45 条。

　　⑥ 韩国法务部：《国际私法解说》，2001 年，第 12 页；［韩］石光现：《2001 年改正国际私法解说》，芝山 2001 年版，第 19 页；［韩］金演等：《国际私法》，法文社 2002 年版，第 50 页。

法的选择性和补充性的法律选择，广泛用于诸如确定当事者属人法及确定婚姻家庭、继承、债等法律关系的准据法和管辖权，其作用已经大于居所地法，甚至大于本国法。① 从如此大范围地运用惯常居所地法的情况看，2001年《国际私法》应该是一部体现当代国际私法发展趋势的先进法规。

4. "最密切联系原则"的引入和贯彻

最密切联系原则是国际私法中一项新的原则，在 70 年代以后被各国国际私法法规和国际私法公约广泛采用。1962 年涉外私法已经不适应国际私法发展的表现之一就是没有体现最密切联系原则，新的《国际私法》及时将这项原则引入并贯彻。② 新法规在确定当事人的本国法以及确定合同、婚姻效力等方面的准据法时采用了最密切联系原则，③ 同时，作为一般性原则，法规还规定了准据法确定的例外，即如果法规指定的准据法与法律关系联系不密切、而另一法律与法律关系具有密切联系，则作为例外，不适用法规指定的准据法，而适用该另一法律。④ 这种规定实际上是赋予法官依据最密切联系原则裁量法律关系应适用的准据法。运用法官的自由裁量权去挑选与合同联系最密切的法律适用于合同，是国际私法最大的发展，其意义在于打破传统国际私法选择和适用法律的僵化和不合理，在坚持法律选择规则的稳定性的同时，补充进法律适用的灵活性，提高法律选择方法对国际合同关系发展的适应性，也提高法律适用的合理性。⑤ 这项原则性规定适用于所有法律关系的准据法的确定，表明韩国新的《国际私法》已经以瑞士、奥地利等国《国际私法》为借鉴，积极引入并且在最广泛的范围贯彻了最密切联系原则。这一点使韩国《国际私法》走进了国际私法的前列。

5. 弹性连结原则的引入和扩大

弹性连结原则的出现和广泛运用是国际私法的重大改革和新的发展，这项原则的采用形式有三种，一是最密切联系原则的采用，二是任意选择性连

---

① 2001 年《韩国改正国际私法》第 3 条、第 4 条、第 14 条、第 26—29 条、第 32 条、第 37—39 条、第 41 条、第 42 条、第 45 条、第 46 条、第 48—50 条。

② ［韩］石光现：《2001 年改正国际私法解说》，芝山 2001 年版，第 18 页；［韩］金演等：《国际私法》，法文社 2002 年版，第 51 页。

③ 2001 年《韩国改正国际私法》第 3 条、第 26 条、第 37 条、第 38 条。

④ 2001 年《韩国改正国际私法》第 8 条。

⑤ 沈涓：《冲突法及其价值导向》（修订本），中国政法大学出版社 2002 年版，第 200—217页；沈涓：《论发展中的最密切联系原则》（论文），载《当代国际私法问题》，武汉大学出版社 1997 年版；沈涓：《合同准据法理论的解释》，法律出版社 2000 年版，第 108—130 页。

结因素的采用，三是有条件选择或依序选择或补充性连结因素的采用。①

　　虽然是 60 年代的法规，但韩国 1962 年《涉外私法》对弹性连结原则还是略有涉及，表现在几个方面：一是确定本国法和住所地法；二是对法律行为的方式指定了以确定该行为效力的法律为准据法之外，还规定法律行为方式的有效也可适用行为地法，但是，如果当事者的意思指定了确定法律行为的效力的法律时，则要依据该法确定法律行为方式的效力；三是确定法律行为的成立及效力的准据法；四是确定遗言方式的准据法。② 旧的《涉外私法》被认为只采用了任意选择性的连结因素，而没有采用有条件选择的连结因素，③ 其实，就上述第二方面规定的意思看，在确定行为效力的法律和行为地法之间是可以任意选择的，但在确定行为效力的法律和行为地法与当事人指定的法律之间则是有条件选择的，即如果当事人指定了法律，应该优先适用当事人选择的法律，只有在当事人没有指定法律时才能任意选择确定行为效力的法律或行为地法。

　　新的《国际私法》除了广泛采用最密切联系原则之外，还较多引入了任意选择的连结因素和有条件选择的连结因素，运用范围已经得到扩大，包括：本国法和惯常居所地法的确定以及法律行为方式、任意代理、不法行为、婚姻的成立和婚姻的一般效力、夫妇财产制、离婚、婚姻中的亲子关系、婚姻外的亲子关系、婚姻外出生者的准正、亲子间的法律关系、扶养、继承、遗嘱、票据和支票行为的方式、船舶碰撞等方面准据法的确定。④《韩国国际私法》的这一发展顺应了国际社会中国际私法的发展趋势，是《韩国国际私法》先进性的又一表现。

　　6. 当事人意思自治的扩大

　　当事人意思自治是当今国际私法中又一重要原则，且适用范围具有扩大的趋势。⑤ 1962 年《涉外私法》仅在缔结合同的法律行为的成立及效力和法律行为的方式两方面采用了当事人意思自治原则，⑥ 范围狭小。新的《国

---

　　① 韩德培主编：《中国冲突法研究》，武汉大学出版社 1993 年版，第 21—24 页；韩德培主编：《国际私法新论》，武汉大学出版社 1997 年版，第 34 页。

　　② 1962 年《韩国涉外私法》第 2 条、第 3 条、第 9 条、第 10 条、第 27 条。

　　③ ［韩］石光现：《2001 年改正国际私法解说》，芝山 2001 年版，第 18—19 页；［韩］金演等：《国际私法》，法文社 2002 年版，第 51 页。

　　④ 2001 年《韩国改正国际私法》第 3 条、第 4 条、第 17 条、第 18 条、第 32 条、第 36—42 条、第 45 条、第 46 条、第 49 条、第 50 条、第 53 条、第 61 条。

　　⑤ 韩德培主编：《中国冲突法研究》，武汉大学出版社 1993 年版，第 27 页。

　　⑥ 1962 年《韩国涉外私法》第 9 条、第 10 条。

际私法》在采用当事人意思自治原则时对适用范围作了扩大，不仅在合同领域充分发挥了当事人意思自治的作用，① 还在任意代理、事务管理、不当得利、不法行为、夫妇财产制、继承等领域采用了当事人意思自治原则，② 而且，法规还将当事人意思自治的效力扩大到两种法律选择的场合，一是最密切联系原则作为法规的基本原则被适用的时候，即前述准据法确定的例外情况，具体说是：如果法规指定的准据法与法律关系联系不密切，而另一法律与法律关系具有密切联系，则作为例外，不适用法规指定的准据法，而适用该另一法律，但这一规定不适用于当事人选择了准据法的情况，也就是说，即使法律关系与法规指定的法律以外的另一法律有更密切的联系，但如果当事人已经合法选择了准据法，那么就只能适用当事人选择的法律，而不适用与法律关系具有更密切联系的另一法律；二是接受反致的时候，即如果法规指定的外国法反致韩国法律时，韩国法院可以适用本国法律，但这项规定不适用于当事人选择了法律的时候，即如果当事人已经选择了准据法，则法院不能接受反致。③ 此外，法规还在确定消费者合同和劳务合同的管辖权方面赋予了当事人意思自治的权利。④ 两相比较，在采用当事人意思自治原则方面，新的法规较旧的法规有了很大发展，新的法规显然更符合国际社会中国际私法的发展趋势。

7. 接受反致的范围的扩大

1962 年《涉外私法》仅在适用当事人本国法的情况下接受直接反致，即当法规指定的当事人的本国法反致韩国法律时，韩国法院可以接受这种反致，适用内国法律，此外法规还在票据行为能力的法律选择上接受转致。⑤ 2001 年《国际私法》在反致方面的一个最大变化是扩大了接受反致的范围，新法规规定，只要法规指定应适用的外国法反致了韩国法律，韩国法院就可以接受这种反致，即所谓的外国法不限于当事人本国法。此外，新法规同样在涉及汇票、本票和支票的行为能力方面规定接受转致。⑥

8. 实体法内容的考虑

提高对应该适用的实体法的内容的考虑程度，是国际私法从"管辖的

---

① 2001 年《韩国改正国际私法》第 25 条。
② 2001 年《韩国改正国际私法》第 18 条、第 33 条、第 38 条、第 49 条。
③ 2001 年《韩国改正国际私法》第 8 条、第 9 条。
④ 2001 年《韩国改正国际私法》第 27 条、第 28 条。
⑤ 1962 年《韩国涉外私法》第 4 条、第 34 条。
⑥ 2001 年《韩国改正国际私法》第 9 条、第 51 条。

选择"到"结果的选择"的新发展，目的在于提高对民商关系中处于弱势地位的当事人利益的保护，其方法是通过直接关注相关实体法的内容，选择适用能给予当事人最好保护的实体法。① 1962 年《涉外私法》在选择实体法时没有表现出愿意考虑实体法内容的态度，体现进步的新的法规在多方面顺应了国际私法的发展，其中之一就是接受了"结果选择"的新观念，在保护儿童权益及社会和经济上处于弱势地位的当事人的权益的宗旨下，适当考虑了实体法的内容，倾向于选择有利于儿童和弱方当事人权益的实体法。② 法规在确定有关亲子关系准据法时，设置了较多可选择的连结点，目的在于适用一个最有利于保护子女权益的实体法；③ 在确定扶养准据法时，法规的意向是力图适用一个能使被扶养人从扶养人那里获得扶养的实体法；④ 在确定消费者合同和劳务合同准据法时，法规限制了当事人意思自治的效力，以保证赋予消费者和劳动者保护的强制性实体法规定能够得到适用。⑤

9. 国际公约的考虑

2001 年《国际私法》作为一部现代法规，在很多方面考虑了有关的先进国际公约的规定，并接受和纳入了这些规定，使之成为法规的部分内容。⑥ 法规在确定债、特别是合同之债的准据法时参考并容纳了 1980 年欧共体《关于合同义务法律适用公约》的相关规定；⑦ 在确定扶养准据法时参考纳入了 1973 年海牙《关于扶养义务法律适用公约》的相关规定；⑧ 在确定遗嘱准据法时参考纳入了 1961 年海牙《关于遗嘱方式法律适用公约》的相关规定；⑨ 在确定消费者合同和劳务合同管辖权时参考纳入了 1968 年欧共体《关于民商事案件管辖权及外国判决承认和执行公约》及海牙《民商

---

① 韩德培主编：《中国冲突法研究》，武汉大学出版社 1993 年版，第 24—25 页。

② ［韩］石光现：《2001 年改正国际私法解说》，芝山 2001 年版，第 19—20 页；［韩］金演等：《国际私法》，法文社 2002 年版，第 52 页。

③ 2001 年《韩国改正国际私法》第 40—42 条。

④ 2001 年《韩国改正国际私法》第 46 条。

⑤ 2001 年《韩国改正国际私法》第 27 条、第 28 条。

⑥ ［韩］石光现：《2001 年改正国际私法解说》，芝山 2001 年版，第 20—21 页；［韩］金演等：《国际私法》，法文社 2002 年版，第 52—53 页。

⑦ 2001 年《韩国改正国际私法》第 25—29 条、第 34 条、第 35 条。

⑧ 2001 年《韩国改正国际私法》第 46 条。

⑨ 2001 年《韩国改正国际私法》第 50 条。

事管辖权和外国判决公约》1999 年草案的相关内容。①

10. 国际裁判管辖规定的扩大和新设

早先韩国没有关于一国法院对国际民事事件进行裁判的权限的成文法规定，国际裁判管辖规则主要存在于判例中。② 1962 年《涉外私法》仅对限定治产和禁治产、失踪宣告、监护等非讼事件的国际管辖略有涉及。③ 国际民事诉讼的日益频繁、国际裁判管辖重要性的日益增大，使韩国立法者认为有必要在新的国际私法法规中以成文法形式对这一问题作出某些规定。④ 2001 年《国际私法》在第 1 章"总则"中规定了国际裁判管辖的一般原则，在"债权"一章中对消费者合同和劳务合同的国际管辖作了规定，⑤ 此外，旧法规中关于法院对失踪宣告及限定治产和禁治产实行管辖的原则仍被保留在新的法规中。⑥

11. 内容的补充和体制的完备

2001 年《国际私法》中有关国际裁判管辖、惯常居所地法、准据法确定的例外、权利能力、法人和团体、任意代理、运输工具、移动中的物件、基于债权产生的约定担保物权、知识产权的保护、债务的接收、通过法律所作的债权转移、消费者合同、劳务合同、准正等方面的条文是新设的规定，1962 年《涉外私法》中没有这些规定。此外，法规还对学术上存在争议、旧法规没有涉及的外国法的适用、准据法的指定范围、内国强制性法规的适用等问题作出了明确规定。这些新设的规定对国际私法法规的内容进行了补充，使法规的体制更加完备，确保了法律的安定性，也提高了当事人对法律适用的可预见性。⑦

---

① 2001 年《韩国改正国际私法》第 27 条、第 28 条。

② 韩国法务部：《国际私法解说》，2001 年，第 13 页；[韩] 石光现：《2001 年改正国际私法解说》，芝山 2001 年版，第 17 页；[韩] 金演等：《国际私法》，法文社 2002 年版，第 50 页；[韩] 徐希源：《国际私法讲义》（新稿版），一潮阁 1996 年版，第 120—122 页；[韩] 金容汉、赵明来：《国际私法》（全订版），正一 1992 年版，第 189—191 页。

③ 1962 年《韩国涉外私法》第 7 条、第 8 条、第 25 条。

④ 韩国法务部：《国际私法解说》，2001 年，第 13 页；[韩] 金演等：《国际私法》，法文社 2002 年版，第 50 页。

⑤ 2001 年《韩国改正国际私法》第 2 条、第 27 条、第 28 条。

⑥ 2001 年《韩国改正国际私法》第 12 条、第 14 条

⑦ 韩国法务部：《国际私法解说》，2001 年，第 13 页；[韩] 石光现：《2001 年改正国际私法解说》，芝山 2001 年版，第 16—17 页；[韩] 金演等：《国际私法》，法文社 2002 年版，第 51 页。

第二节　韩国新国际私法主要内容

2001 年《韩国改正国际私法》共有 62 条，本书仅就法规中的主要条文进行研讨。

一、总则

1. 目的和管辖

作为一个现代的新型法规，2001 年法规已经关注和借鉴了其他国家同类法律及相关国际公约的做法。韩国 1962 年《涉外私法》显然具有局限性，仅从主体来界定法律关系的涉外性，规定以确定有关在大韩民国的外国人及在外国的大韩民国国民的涉外生活关系的准据法为目的。[①] 2001 年的新法规不再只是调整主体涉外的关系，而是以调整所有涉外关系、对其行使法律上的国际管辖权为目的。2001 年的法规第 1 条规定："本法以确定对含有涉外因素的法律关系进行国际裁判管辖时应依据的原则和准据法为目的。"[②] 与旧法规相比，2001 年法规对法规目的的规定更为准确和明确，指出法规调整的对象是涉外法律关系，应该不仅包括主体涉外的法律关系，也包括其他形式的涉外关系，对调整范围的概括更全面，法规指明所确定的除了准据法之外，还有一般原则，使法院在行使国际管辖权时有了更多的法律依据。

从法规的内容看，调整对象包括了自然人和法人、法律行为、物权、债权、亲族、继承、票据、海商等多个方面，是广义的民事法律关系，可以看出，法规的目的是从广义上调整涉外民事关系，尽量使法规能够适用于更多的涉外民事关系。法规的这一目的与当前各国国际私法及国际私法公约的目的是一致的，即为本国法院和相关当事人指明广义的国际民事关系应适用的实体法。

与确定和适用实体法相关的一个问题是管辖权的行使。在 2001 年《国际私法》产生之前，韩国法院依循的对国际民事案件实行管辖的原则主要来自判例，[③] 虽然，2001 年《国际私法》新设了有关国际裁判管辖的规定，

[①] 　1962 年《韩国涉外私法》第 1 条。

[②] 　2001 年《韩国改正国际私法》第 1 条。

[③] 　韩国法务部：《国际私法解说》，2001 年，第 22 页；［韩］石光现：《2001 年改正国际私法解说》，芝山 2001 年版，第 31 页。

但除了第27条和第28条对消费者合同和劳务合同案件的管辖作了相对具体的规定之外，法规没有对其他各种国际民事案件的管辖进行规定，只是在第2条中就确定国际裁判管辖问题设置了一项原则性规定："（1）在当事人或纠纷案件与大韩民国有实质的关联的情况下，法院可以行使国际裁判管辖权。在这种状况下，法院将依据符合国际裁判管辖分配理念的合理原则判断是否存在实质关联。（2）法院应参考国内法的有关规定判断有无国际裁判管辖权，鉴于第1项规定的宗旨，国际裁判管辖的特殊性应被充分考虑。"

从这条原则性的规定中可以看到韩国国际私法确定国际民事关系管辖权行使的基本标准：一是当事人或纠纷案件与韩国有实质关联；二是判断实质关联的依据是符合国际裁判管辖分配理念的合理原则；三是充分考虑国际裁判管辖的特殊性；四是参考国内法中的相关规定判断国际裁判管辖权。这四项标准中前三项是观念层面的判断标准，即管辖权与国际民事关系的密切联系，第四项标准才可以实际指导国际裁判管辖权的确定。

在韩国法律观念上，可以考虑的实质关联一般有被告的住所、合同的实际债务履行地、不法行为地、营业所所在地等。另一方面，原告的国籍、被告临时滞留期间的送达等是被批评为实行广泛的过剩管辖的典型标准。因此，单纯存在涉外因素还不能明确认定具有实质关联。①

根据第2条的原则，韩国法院在确定国际裁判管辖时主要参考国内法中的相关规定，即韩国《民事诉讼法》中的规定。在韩国《民事诉讼法》中，确定管辖权的范围主要包括：一般管辖、合同事件的管辖、不法行为事件的管辖、营业所的管辖、财产所在地的管辖、当事人合意的管辖、应诉管辖、共同诉讼时的管辖、客观合并的管辖、保全处分时的管辖、家事事件的管辖等。② 由于这些管辖标准是韩国《民事诉讼法》中的规定，不属于韩国《国际私法》的内容，因此，在这里不作进一步研讨。

2. 属人法

2001年韩国国际私法在确定属人法时保留了旧的涉外私法中的国籍连结点，另外又新引进了惯常居所连结点，从整个法规看，惯常居所这一连结点的意义和适用范围大于国籍连结点。

法规第3条"本国法"解决的是本国法的确定及确定本国法时可能遇到的国籍冲突，其中不乏新的国际私法概念和原则的引入。这一条的内容

① ［韩］石光现：《2001年改正国际私法解说》，芝山2001年版，第38页。
② 同上书，第44—57页。

是："（1）应适用当事人本国法情况下，若当事人有两个以上国籍时，以与其具有最密切联系的国家的法律为其本国法。但是，其国籍中有一个是大韩民国国籍时，以大韩民国法律为其本国法。（2）当事人的国籍不能确认或当事人没有国籍时，适用其惯常居所所在国家的法律（以下称惯常居所地法），没有惯常居所时，适用其居所所在国家的法律。（3）在当事人具有国籍的国家各地区适用不同的法律时，适用该国法律的选择规则所指定的法律，没有这种规则时，适用与当事人有最密切联系的地区的法律。"

在自然人的多个国籍中如果有一个是内国国籍，则以内国法作为该自然人的本国法，这是各国的普遍做法。① 在自然人的多个国籍都是外国国籍时，以其中与该自然人具有最密切联系的国家的法律为其本国法，是最密切联系原则产生后国际私法中运用的最新的解决国籍积极冲突的方法。判断最密切联系的根据通常是自然人的惯常居所或其他相关情况。②

在解决国籍的消极冲突时，法规发挥了惯常居所这一连结点在确定属人法方面的作用，且超过了居所的作用。由此，惯常居所地法在法规中的作用基本被确立，是一个与自然人相关的最重要的准据法。

能够体现法规所涉详细这一特点的一个方面是法规注意到了一国内法律不统一的情况给本国法的确定造成的困难。在这种情况下，如果不能从这个国家法律本身找到解决困难的方法，那么，根据最密切联系原则，将该国内与当事人联系最密切的那个地区的法律作为其本国法应该是最合理和最便利的。

法规第 4 条"惯常居所地法"规定："在应适用当事人惯常居所地法的情况下，当事人没有惯常居所时，适用其居所所在国家的法律。"从这项规定可以看出，韩国新的国际私法已经完全抛开了住所的概念，直接采纳惯常居所地法为自然人的另一属人法。从实际意义上说，采用惯常居所的连结点确定自然人的属人法，会较少遇到困难，因为惯常居所的概念通常被理解为自然人"持续一定时间的经常的实际居住"③ 的处所，既然是实际居住，一个自然人一般只能实际居住在一个地方，这个处所是相对确定的，所以，以惯常居所连结点指引自然人的属人法，很少会遇到有关惯常居所的积极或消极冲突。

---

① 韩德培主编：《国际私法新论》，武汉大学出版社 1997 年版，第 94 页。
② ［韩］石光现：《2001 年改正国际私法解说》，芝山 2001 年版，第 60 页。
③ J. H. C. Morris, The Conflict of Laws, 1984, p. 35.

3. 准据法确定的例外

能够看出 1988 年《瑞士联邦国际私法法规》是 2001 年《韩国国际私法》制定时最重要的参照物的一个现象，是后者的第 8 条几乎照搬了前者的第 15 条的内容。瑞士国际私法第 15 条是一项在立法中确立和最广泛运用最密切联系原则和赋予法院自由裁量权的著名条文，此后的许多国家新制定或修改的国际私法都借鉴了这项规定，韩国便是其中之一。

韩国 2001 年《国际私法》第 8 条"准据法确定的例外"规定："（1）如果本法指定应适用的准据法与相关法律关系之间仅具有极少的联系，而另一国家的法律与该法律关系明显存在最密切的联系，在此情况下，应适用该另一国家的法律。（2）第 1 项的规定在当事人合意选择了应适用的准据法的情况下不适用。"这条规定使新的《国际私法》与旧的涉外私法相比有了根本性的发展。

与瑞士等国的立法宗旨一样，将最密切联系原则作为整个国际私法的基本原则，完成国际私法从"管辖权的选择"到"结果的选择"的转换，提高法律选择和法律适用的合理性，[①] 韩国新的《国际私法》也以此宗旨提高了自身的价值。

这项规定的第 2 项是对法官判断最密切联系的自由裁量权的限制，目的在于提高当事人意思自治的效力，基本理由是：当事人意思自治权与法官自由裁量权具有同等的效力；根据私法自治和契约自由的精神，当事人意思自治的效力应该高于法官自由裁量的效力；一般可以推定当事人选择的准据法是与法律关系具有最密切联系的法律。[②]

如前所述，同样借鉴自瑞士《国际私法》的做法，除了这项原则性规定外，新的《国际私法》还在合同准据法的确定等方面具体运用了最密切联系原则，其广泛程度已与瑞士《国际私法》基本相同。

4. 反致

将接受反致的范围从被指定的法律是当事人本国法的情况扩大到被指定的法律是任何法律的情况，是新的国际私法在发展反致制度的同时，通过在更广泛的范围接受反致，来扩大内国法的适用范围，这不仅是韩国，也是许多国家在国际私法发展到平等对待和适用内、外国法的阶段，希望寻求内、

① 沈涓：《冲突法及其价值导向》（修订本），中国政法大学出版社 2002 年版，第 200—217 页。

② 沈涓：《合同准据法理论的解释》，法律出版社 2000 年版，第 126—127 页。

外国法适用效力平衡的一种手段。但与很多国家不同的是，韩国《国际私法》对待反致的态度是比较理智的，似乎很注意不使接受反致的范围的扩大成为破坏法律选择合理性的原因，所以，对接受反致的做法加了一些限制。

法规第 9 条"准据法确定中的反致"规定："（1）在依照本法确定外国法为应适用的准据法的情况下，如果根据该国法律应适用大韩民国法律，则适用大韩民国法律（有关确定准据法的法规除外）。（2）在涉及下列情况中的任何一项时，第 1 项的规定不适用：（a）当事人合意选择了应适用的准据法的情况；（b）依据本法确定了应适用的合同准据法的情况；（c）依据第 46 条的规定确定了应适用的扶养准据法的情况；（d）依据第 50 条第 3 项的规定确定了应适用的遗嘱方式准据法的情况；（e）依据第 60 条的规定确定了应适用的船籍国法的情况；（f）此外，还有适用第 1 项的规定违反本法确立的宗旨的情况。"

这条规定有两点值得肯定：（1）第 1 项规定确立了一次反致原则，避免了循环指引的可能性，使法官在出现反致情况时可以找到裁量适用内国法的法律依据。（2）第 2 项规定限制在几种情况下接受反致，从内容看具有合理的考虑。在当事人选择了法律的情况下，接受反致无疑会破坏意思自治原则和法律适用的合理性；法规对合同准据法的确定体现了最密切联系原则，接受反致也会破坏这一原则的实现；在确定扶养准据法时，法规考虑了实体法的内容，力图使最有利于被扶养人的法律得以适用，接受反致可能使这一意图落空，并给被扶养人造成损害；法规在确定遗嘱方式准据法时给出了众多的任意选择的准据法，法官可以根据实际情况裁量适用其中能够使遗嘱有效成立的法律，似乎没有必要考虑反致问题，因为很可能被反致的内国法也是这些法律中的一个；确定适用船籍国法的都是海商问题，与船舶有特殊联系，这种特殊性表明这类问题最应该适用的是船籍国法，如果接受反致，可能会破坏法律适用的合理性；至于违反法规确立的宗旨时，接受反致更是与合理性直接冲突，毕竟接受反致不是只有扩大内国法适用这唯一的目的。

法规第 9 条第 2 项的规定是韩国《国际私法》独有的，其中传达出的细致、充分的考虑，使反致制度在有助于扩大内国法适用范围的同时，也有助于法律适用的合理，在很大程度上消弭了反致制度可能在实践中产生的弊害。

二、人

1. 权利能力和行为能力

韩国2001年《国际私法》对人的权利能力和行为能力都仅指定了人的本国法。法规第11条"权利能力"规定："人的权利能力依据其本国法。"第13条"行为能力"规定："（1）人的行为能力依据其本国法。当行为能力扩大到婚姻的行为时，也同样应适用当事人的本国法。（2）已经取得的行为能力不因为当事人国籍的变更而丧失或受限制。"

这两条规定是新的法规坚持本国法的一个体现，这种坚持使法规在关于人的权利能力和行为能力的准据法的确定方面方法比较单一，在实践中可能会造成一定后果。比如从最密切联系角度看，法规缺乏对人的惯常居所这一连结点的考虑；从某些行为的效力受行为地法的影响角度看，法规缺乏对行为地这一连结点的考虑。因为选择准据法范围的狭窄，实践中或许会不利于当事人的权利能力和行为能力被有效认可。

好在法规关于行为能力问题还有一条规定，可以弥补某些不足。法规第15条"交易保护"规定："（1）在为法律行为者和对方于法律行为成立当时在同一国家的情况下，虽然行为人依据其本国法为无能力者，但依据法律行为发生地国家法律为有能力者，则该行为人不能主张无能力。但如果对方在法律行为当时知道或应该知道行为人无能力，则行为人可以主张无能力。（2）第1项的规定不适用于由亲族法和继承法规定的法律行为以及涉及位于行为地国以外国家的不动产的法律行为。"这条规定可以被认为在保护交易的宗旨下对确定人的行为能力的准据法的范围作了适当扩大，有效地保护善意当事人在交易中的利益不致受到损害。

2. 失踪宣告和限定治产及禁治产宣告

这两方面通常不仅涉及准据法的确定，还涉及管辖权的确定。韩国《国际私法》第12条"失踪宣告"规定："外国人生死不明时，如果该外国人在大韩民国有财产，或存在应适用大韩民国法律的法律关系，或存在其他正当理由，法院可依据大韩民国法律对其作出失踪宣告。"第14条"限定治产及禁治产宣告"规定："法院可依据大韩民国法律对在大韩民国有惯常居所或居所的外国人作出限定治产或禁治产宣告。"

这两条规定有两个共同特点：一是都属于单边规则，即只规定韩国法院对外国人的失踪和限定治产及禁治产宣告；二是都将管辖权和法律选择联系起来考虑，依据同样的标准确定。

内国法院对外国人进行失踪或限定治产及禁治产宣告的必要性来自该外国人以及宣告后产生的法律关系与内国的联系，这成为确定管辖权和法律选择的一般依据。失踪宣告带来的一个直接效果是财产继承的开始，根据财产实行宣告管辖权是相对有效的选择；根据存在应适用内国法的情况来确定管辖，是寻求管辖和法律选择的统一；"其他正当理由"是一个需要法官裁量的依据，考虑的要件仍然是和内国的某种程度的联系。① 限定治产及禁治产宣告的后果往往和行为有关联，对待这个问题时，法规以惯常居所或居所作为判断标准，其原因应该仍是保护交易的需要，因为人的交易行为最多发生在自己有惯常居所或居所的地方。

三、法律行为的方式

韩国《国际私法》第 17 条"法律行为的方式"规定："（1）法律行为的方式应适用该行为的准据法。（2）尽管有第 1 项的规定，依据行为地法实行的法律行为的方式仍然有效。（3）合同当事人缔结合同时不在同一国家时，可以适用相关国家中任何一国的法律所指定的法律行为的方式。（4）代理人为法律行为的情况下，以代理人所在国家为基准，可以适用第 2 项规定的行为地法。（5）第 2 项至第 4 项的规定不适用于设定和处分物权及其他应登记的权利的法律行为的方式。"

这条规定为法律行为方式给出的准据法是较为充分的。以法律行为的准据法决定行为的方式固然有其合理性，但如果从行为地法对行为效力的影响以及尽量使行为方式合法有效的意图考虑，仅由法律行为准据法决定行为方式就有点单一和狭隘了，所以，将行为地法也指定为可任意选择的决定行为方式的准据法，一方面是遵循"场所支配行为"这一古老原则；另一方面也是顺应国际私法发展趋势，增强法律选择规则的软化程度，实现国际私法所奉行的尽可能使法律行为有效成立的基本政策。② 行为地法在适用中遇到的最大困难是行为地不确定，如行为地不明确或有多个行为地等情况，第 3 项所说的合同当事人缔结合同时不在同一国家就是这种情况，这时，指定所有相关国家法律为可任意选择的准据法，既避免了确定行为地的困难，又进一步扩大了法律选择的范围，可以更充分实现使法律行为有效的思想。

---

① ［韩］石光现：《2001 年改正国际私法解说》，芝山 2001 年版，第 98—99 页。
② 韩德培主编：《国际私法新论》，武汉大学出版社 1997 年版，第 245—247 页。

四、物权

1. 一般物权

物权一直是国际私法中少有争议的一个领域，尤其是一般物权的准据法的确定原则基本上稳定，"物之所在地法"是占主导地位的选择。① 韩国《国际私法》也无例外。

韩国新的《国际私法》第 19 条"物权的准据法"规定："（1）有关动产及不动产的物权或其他应登记的权利适用该标的物所在地的法律。（2）第 1 项规定的权利的取得、丧失和变更适用作为其原因的行为或事实完成当时该标的物所在地的法律。"作为一般物权对待，法规没有区分动产和不动产，都指定物之所在地法为准据法，这也是各国国际私法和有关国际公约采用的方法。实践中，确定不动产所在地法不会有困难，但确定动产所在地法有时会遇到难以确定物之所在地的困难，因为动产由其性质决定有可能会处于移动中，与地域的联系不固定，在不同时间，动产可能处于不同地域，从而处于不同所在地法的调整范围之内。因此，这条规定的第 2 项除了指明物之所在地法的一般适用范围之外，主要是为了解决动产所在地的确定问题，即从时间上限定动产所在地，在某个时间发生的有关动产物权的问题，适用当时该动产所在地的法律，即使后来动产移动了位置，也不影响准据法的确定。这种方法一方面可以在动产移动状态下坚持适用物之所在地法，另一方面可以解决动产所在地的确定问题。

2. 运输工具和移动中的物

虽然物之所在地法在确定物权准据法方面占优势，但并非适合于对所有物权关系都适用，某些特殊情境下的物权问题就不适宜适用物之所在地法，这种情况属于在物权领域适用物之所在地法的例外情况，主要是关于运输工具及移动中的物的物权问题。各国通常的做法是为这些特殊的物权确定物之所在地法以外的准据法。

韩国《国际私法》第 20 条"运输工具"规定："涉及航空器的物权适用该航空器国籍所属国的法律，涉及铁路车辆的物权适用该车辆运行许可国的法律。"对于航空器和铁路车辆这样的物而言，不断移动应该是它们经常的状态，显然难以适用物之所在地法。对此，国际上通常采取的方法是适用这些运输工具的国籍国法（或旗国法或标志国法）、登记国法或注册国法。

① 沈涓：《冲突法及其价值导向》（修订本），中国政法大学出版社 2002 年版，第 14 章。

韩国《国际私法》的做法与此基本相同。

韩国《国际私法》第22条"移动中的物件"规定："涉及移动中的物件的物权的取得、丧失和变更适用目的地的法律。"韩国的做法是国际上确定有关移动中物的物权准据法的一种，其他还有指定始发地法或发送地法、物于移动期间暂停某地时的所在地法等。

3. 知识产权的保护

韩国新的《国际私法》在增设的若干条文中有一条关于知识产权的简单规定，即第24条"知识产权的保护"："知识产权的保护适用侵害地的法律。"这条规定仅指定了知识产权侵权的准据法，未涉及其他。关于侵权，法规在"债权"一部分中涉及更多，其中也指定了行为地法，与这一条的内容相同。但其他未涉及的有关知识产权的问题就成为缺漏。

五、债权

1. 意思自治

"意思自治"是国际私法中确定合同准据法的首要原则，韩国2001年《国际私法》在确定合同准据法时明确采纳了这项原则，而不像1962年《涉外私法》那样，含糊地规定法律行为的成立及效力和法律行为的方式依据当事人想要适用的法律，而且，在适用意思自治原则时，新的法规还设置了一些更完善的方法。

新的法规第25条"当事者自治"规定："（1）合同适用当事者明示或默示选择的法律。但默示选择以能够通过合同内容或其他所有相关情况被合理认定为限。（2）当事者可以就合同的一部分选择准据法。（3）当事者可以根据本条或第26条的规定合意变更准据法。但是，合同缔结后所作的准据法的变更不影响合同方式的有效性和第三者的权利。（4）即使所有要素都仅仅只与某一国有联系，在当事者选择了该有关联的国家以外的其他国家的法律的情况下，只有该有关联国家的强行规定的适用才不得被排除。（5）有关当事者选择准据法的合意的成立及有效性准用第29条的规定。"

对于当事人选择法律的方式，各国都能接受的是明示的选择，对默示的选择各国态度不一样，有的国家不承认默示选择法律的效力，因为既然意思表示是不明确的，根据这种意思推定的准据法就很有可能不是当事人想要选择的法律，[①] 但仍有一些国家有条件地承认当事人对准据法的默示选择，韩

---

① 沈涓：《合同准据法理论的解释》，法律出版社2000年版，第76—78页。

国是其中一个。第 25 条第 1 项所指出的承认当事人默示选择法律的条件是"能够通过合同内容或其他所有相关情况被合理认定",这是一项需要由法官裁量的条件,法规没有进一步给出标准。在较多承认默示选择的英美法系国家的学说和判例中,可以用来推定当事人选择法律的暗示的标准通常是:仲裁协议或诉讼协议、合同缔结地或履行地、当事人国籍或住所或营业所、不动产所在地、合同中的术语、合同所用语言文字、合同形式、用以支付的货币、当事人一方是一国政府、使合同有效原则等等。① 按照韩国《国际私法》的规定理解,这些条件都是可以从合同内容和其他相关情况中体现的。韩国学者也认为其中一些可以作为当事人默示选择合同准据法的理由。②

关于当事人是否可以选择只适用于合同一部分的准据法,一些重要的国际公约给予了肯定回答,如 1980 年罗马《关于合同义务法律适用公约》和 1985 年海牙《国际货物销售合同法律适用公约》中都规定合同当事人可以自行选择适用于合同全部或部分的法律。③ 如前所述,韩国新的《国际私法》在起草时参考并纳入了有关国际公约的规定,法规第 25 条第 2 项就是一个例子。

对于合同当事人能否更改准据法的选择,除了英国等极少数国家之外,大部分国家都主张当事人可以更改准据法,上述 1980 年罗马公约和 1985 年海牙公约就有此规定。④ 韩国《国际私法》第 25 条第 3 项的内容显然又带有源自国际公约的痕迹。在这项规定中,当事人更改合同准据法的选择必须符合两个要求才有效力:一是合意;二是不影响合同方式的有效性和第三者的权利。第一个要求是符合意思自治本质精神的,当事人自由意志效力的合理性主要来自双方意思的共同性。第二个要求是为了保护善意第三人的权益。

第 25 条第 4 项的规定涉及了三项原则在适用中的相互关系:当事人意

---

① Collins, Dicey and Morris on the Conflict of Laws, 1987, pp. 1182 – 1190; Sykes and Pryles, Australian Private International Law, 1987, pp. 548 – 549; Cheshire and North, Private International Law, 1979, pp. 203 – 206; Morris and North, Cases and Materials on Private International Law, 1984, pp. 443 – 501; Ehrenzweig and Jayme, Private International Law, 1977, pp. 17 – 18; Reese and Rosenberg, Cases and Materials on Conflict of Laws, 1984, pp. 574 – 578.

② [韩] 李好珽:《国际私法》,经文社 1985 年版,第 284—286 页。

③ 1980 年罗马《关于合同义务法律适用公约》第 3 条;1985 年海牙《国际货物销售合同法律适用公约》第 7 条。

④ Jayme, The Rome Convention on the Law Applicable to Contractual Obligations (1980), in: International Contracts and Conflicts of Laws (Essays), 1990.

思自治原则、最密切联系原则、强制性法律适用原则。这项规定一方面要表明的是：即使合同关系所包含的各种要素的表现出合同与某一国家法律有最密切的联系，但如果当事人选择了该与合同有最密切联系的法律以外的其他法律，则适用当事人选择的法律，不适用该与合同有最密切联系的法律（除非该法律中有应该适用的强制性规定），这一态度体现了对当事人意志的尊重，赋予了当事人意思自治原则高于最密切联系原则的适用效力，与法规第 8 条第 2 项的规定相呼应。而第 4 项规定另一方面要表明的是：即使当事人选择了与合同有最密切联系的法律以外的法律，但这一与合同联系最密切的法律中的强制性规定还是必须得到适用，这一要求可以被理解为对当事人选择合同准据法的意思自治的一项限制。从国际私法新近的发展趋势看，合同领域的强制性法律适用的作用主要是对合同关系中处于弱势地位的一方当事人的利益给予特殊保护，通常体现为对国际消费合同中的消费者和国际劳务合同中的受雇者的利益的保护。[①] 根据韩国《国际私法》第 27 条和第 28 条的内容看，当事人选择合同准据法时不能排除强制性法律适用的情况正是在消费者合同和劳务合同的准据法的确定方面，第 25 条第 4 项的规定是与这两条规定相呼应的，也是韩国《国际私法》参考并采纳国际公约和多数国家在此方面的做法的结果。

　　第 25 条第 5 项指明当事人选择合同准据法的合意的成立及有效性适用第 29 条的规定。第 29 条"合同的成立及有效性"的规定是："（1）在合同有效成立的情况下，合同的成立及有效性根据依本法应适用的准据法判断。（2）在从所有相关情形看根据第 1 项的规定依准据法判断当事者行为的效力明显不合理的情况下，当事者可援用其惯常居所地法以主张其对合同的不同意。"根据这条规定的第 1 项，在当事人有效选择了合同准据法的情况下，合同的成立及有效性便应该由当事人选择的这个法律决定；当事人没有选择准据法时，应该依据法规通过其他标准确定的准据法决定合同的成立及有效性。第 2 项是赋予法官裁量权的规定，即如果法官认为依据应适用的准据法决定合同当事人行为的效力明显不合理时，可以裁量适用当事人的惯常居所地法，在此，法官需要判断的是适用准据法的结果是否"明显不合理"。

　　国际私法中存在一些限制当事人选择法律的意思自治的制度，这些制度虽然不是各国一致赞同和采用，但每项制度都在一些国家的国际私法中适

---

① 韩德培主编：《中国冲突法研究》，武汉大学出版社 1993 年版，第 24—25 页。

用。这些制度主要有：当事人选择法律不能违反公共秩序；当事人选择的法律必须与合同有联系；当事人选择法律必须是善意和合法的；当事人选择法律不能排除强制性法律的适用等等。① 公共秩序保留和当事人意思自治分别关注的是国家或社会的利益和个人的利益，对立性较强，因此，意思自治情况下实行公共秩序保留，需要有更多的慎重和更充分的理由；当事人在缔结合同时选择合同准据法，这样，从合同成立开始，合同始终受当事人选择的法律支配，当事人对合同准据法的选择就是为合同和被选择的法律之间创设了一种联系，在这个意义上，当事人选择的法律不可能是一个与合同没有联系的法律；对当事人选择法律的善意和合法的要求不应该仅仅是不能规避强制性法律的适用，更主要是避免当事人一方合法利益受到损害以及法律适用结果不公正；如果强制性法律以保护弱方当事人的利益为目的，对当事人选择法律的限制就显得必要，如果仅着眼于法院地国（内国）强制性法律的适用，以强制性法律的适用限制当事人意思自治只是为了排除外国法的适用，其必要性和合理性便值得怀疑。②

韩国《国际私法》第 25 条仅只提到当事人选择法律不能排除与合同有最密切联系国家的强制性法律的适用，没有提到其他限制。从这一限制可以看出韩国国际私法的两方面态度：一是，法规维护法律强行性的着眼点不是内国法律，而是与合同联系最密切的国家的法律，而且，如前所述，法规认为不能排除适用的强制性法律可以推定是对消费合同和劳务合同中的弱方当事人赋予特殊保护的法律，因此，在这种态度下，以强制性法律的适用限制

---

① Cheshire and North, Private International Law, 1979, pp. 201 - 202; American Law Institute, Restatement of the Law of Conflict of Laws, Second, 1971, Volume 1, pp. 562 - 579; Sykes and Pryles, Australian Private International Law, 1987, pp. 543 - 546; Chavan, Indian Private International Law, 1982, p. 175; Graveson, The Conflict of Laws, 1965, pp. 571 - 576; Morris and North, Cases and Materials on Private International Law, 1984, p. 445; Morris, The Conflict of Laws, 1980, pp. 216 - 217, 225, 278 - 281; Ramos, The Impact of the Hague Conventions on Portuguese Private International Law, Netherlands International Law Review, Issue 1, 1993; Collins, Dicey and Morris on the Conflict of law, 1987, pp. 1172 - 1173; Jayme, The Rome Convention on the Law Applicable to Contractual Obligations (1980), International Contracts and Conflicts of Laws (Essays), 1990; Pontier, The Justification of Choice of Law: A Liberal - Political Theory as a Critical and Explanatory Model, and the Field of International Consumer Transactions as an Example, Netherlands International Law Review, Issue 3, 1998; G - Tallon, The Influence of the Hague Conventions on Private International Law in France, Netherlands International Law Review, Issue 1, 1993; [英] 沃尔夫:《国际私法》, 法律出版社 1988 年版, 第 598—603 页; 陈隆修:《国际私法契约评论》, 台湾五南图书出版公司 1986 年版, 第 66—77 页。

② 沈涓:《合同准据法理论的解释》, 法律出版社 2000 年版, 第 86—106 页。

当事人意思自治便有很大合理性；二是，从法规要求当事人选择法律不能排除与合同联系密切的法律中的强制性规定的态度，可以看出法规并不要求当事人必须选择与合同联系密切的法律，"当事人选择了该有关联的国家以外的其他国家的法律"，只要不排除这一法律中的强制性规定，就不会被认为违反公共秩序，也不会被认为是不善意和不合法的。这两种态度表明韩国法规对当事人意思自治有着理智和开明的尊重。

2. 与合同有最密切联系的法律

当事人意思自治原则是合同领域确定准据法时优先适用的原则，但不是唯一的原则。在当事人没有选择法律或当事人的选择无效时，还需要根据其他标准确定合同准据法。当今国际私法中，除了意思自治之外，在合同领域占优势的确定准据法的原则是最密切联系原则，这项原则已经为绝大多数国家国际私法法规和国际私法的国际公约普遍接受，韩国也不例外。

韩国 2001 年《国际私法》第 26 条"确定准据法时的客观连结"规定："（1）在当事者没有选择准据法的情况下，合同应适用与该合同有最密切联系的国家的法律。（2）当事者依据合同为下列各项中任何一种履行行为时，合同缔结当时该当事者的惯常居所地法（当事者为法人或团体时其主事务所所在国家的法律）推定为与合同具有最密切联系的法律。但合同作为当事者的职业或营业活动而缔结时，当事者营业所所在国家的法律应被推定为与合同具有最密切联系的法律。（a）转让合同中转让人的履行；（b）租赁合同中提供物或权利以供使用的当事者的履行；（c）委托合同、工作合同及其他类似的提供劳务的合同中劳务的履行。（3）对于以不动产权利为对象的合同，不动产所在国家的法律应被推定为与合同具有最密切联系的法律。"

第 1 项在当事人意思自治之外确立了适用最密切联系原则确定合同准据法的方法。作为国际私法中新近产生的一项原则，最密切联系原则在运用于确定合同准据法时，不再是依据传统的方法，着眼于合同的行为地，而是关注于比较合同与各相关法律之间联系的密切程度，力图选择适用与合同联系最为密切的法律。这种观念上的改变是具有实质性意义的，强调的不是合同受其缔结地或履行地的法律管辖，而是适用哪一个法律可以获得最合适的结果。①

法官依据最密切联系原则裁量法律的适用，在加强了灵活性的同时，可

---

① 沈涓：《合同准据法理论的解释》，法律出版社 2000 年版，第 112—116 页。

能附带的不利后果是对法律适用的确定性和法律适用结果的可预见性的破坏。为克服这一缺陷，针对合同准据法的确定，又产生了"特征性履行理论"，即将最密切联系原则融入法律选择规则，以合同关系中承担特征性履行的一方当事人的有关法律作为合同准据法，这一法律被推定为与合同联系最密切的法律。因此，根据最密切联系原则确定承担特征性履行义务的当事人的有关法律为合同准据法，既体现了最密切联系原则的本质，又保证了法律适用的确定性和适用结果的可预见性。① 韩国《国际私法》和目前其他很多国家一样，在确定合同准据法时纳入了特征性履行理论。法规第 26 条第 2 项包含了两方面的内容：（1）韩国《国际私法》对几种合同认定了特征性履行，即转让合同中转让人的履行；租赁合同中提供物或权利以供适用的当事人的履行；委托合同、工作合同及其他类似的提供劳务的合同中劳务的履行。在合同双方当事人的义务的履行中，非支付货币的一方当事人承担的义务如提供货物或服务等被认为是特征性履行义务，比支付货币一方当事人承担的义务更能体现合同的特性，因此，像韩国这样认定特征性履行的国家是大多数。但根据最密切联系原则，这种认定不是绝对的，还有一些例外情况不能如此认定，② 如后面将看到的确定涉及不动产的合同和消费合同及劳务合同等合同的准据法的情况。（2）确定合同准据法的连结点是承担特征性履行的一方当事人的惯常居所地、主事务所所在地、营业所所在地，这些连结点所连结的法律被推定为与合同有最密切联系的法律。特征性履行理论关注的不是履行地与相关法律之间的联系，而是履行义务的人与相关法律之间的联系，运用这项理论去寻找的是和义务履行人有固定联系的场所，通常是自然人的惯常居所地或法人的营业所所在地等，这些场所是义务履行人活动的主要场所，包括缔结合同和履行合同的活动，与履行人有着非常密切的联系。而交货地等这些场所由于常常可能是当事人之间偶然性的选择，在合同关系中往往与合同之间仅有微弱的联系。③

---

① 沈涓：《合同准据法理论的解释》，法律出版社 2000 年版，第 148—151 页。

② Ehrenzweig and Jayme, Private International Law, 1977, p. 37; Sykes and Pryles, Australian Private International Law, 1987, p. 556; Matic, The Hague Convention on the Law Applicable to Contracts for the International Sale of Goods —— Rules on the Applicable Law, in: International Contracts and Conflict of Law (Essays), 1990; Jayme, The Rome Convention on the Law Applicable to Contractual Obligations (1980), in: International Contracts and Conflicts of Laws (Essays), 1990.

③ Matic, The Hague Convention on the Law Applicable to Contracts for the International Sale of Goods-Rules on the Applicable Law, in: International Contracts and Conflict of Law (Essays), 1990; 沈涓：《合同准据法理论的解释》，法律出版社 2000 年版，第 155—157 页。

第 3 项规定是特征性履行原则适用的例外，但不是最密切联系原则适用的例外。几乎在所有涉及不动产的关系中，不动产所在地的法律都被视为与法律关系具有最密切的联系，既然如此，以不动产为标的的合同就不必在不动产所在地之外去寻找更合适的准据法。合同不适用承担非支付货币义务履行的当事人有关的法律这样的例外情况还不止于不动产合同，后面将涉及的消费合同和劳务合同也属于这种情况。

3. 消费者合同和劳务合同

从保护弱者权益的观念出发，现在许多国家国际私法法规和国际私法公约都把消费合同和劳务或雇佣合同作为特殊的合同类型，专门规定准据法的确定规则。在参考了德国、瑞士、奥地利等国家的国际私法法规和 1980 年罗马《关于合同义务法律适用公约》、1999 年海牙《民商事管辖权和外国判决公约》草案等一些重要的国际公约后，① 韩国 2001 年《国际私法》也对消费合同和劳务合同给予了特别的重视。

法规第 27 条"消费者合同"规定："（1）在下列各项中任何一种因消费者职业或营业活动以外的目的缔结合同的情况下，即使当事者选择了准据法，仍不能剥夺消费者惯常居所所在国家的强制性规定赋予消费者的保护：（a）在合同缔结之前，消费者的对方当事者在消费者惯常居所所在国家或从该国以外地区进入该国、通过广告诱导消费者与其进行交易和其他职业或营业活动，且消费者已经采取了在该国缔结合同的必要步骤；（b）消费者的对方当事者已经在该国接受了消费者的预订；（c）消费者的对方当事者诱导消费者去外国提出预订。（2）当事者没有选择准据法时，尽管有第 26 条的规定，根据第 1 项规定所作的合同应适用消费者惯常居所地法。（3）尽管有第 17 条第 1 项至第 3 项的规定，根据第 1 项的规定所作的合同的方式应适用消费者惯常居所地法。（4）在根据第 1 项规定所作的合同的情况下，消费者还可在其惯常居所所在国家对对方当事者提起诉讼。（5）在根据第 1 项规定所作的合同的情况下，消费者的对方当事者针对消费者的诉求只能在消费者惯常居所所在国家提起。（6）根据第 1 项的规定，合同当事人可就国际裁判管辖以书面形式达成协议。但是，此协议只在下列各项中某一种相关情况下才有效：（a）纷争已经发生的情况；（b）消费者根据本条在另一法院提起追加管辖法院的请求被允许的情况。"

第 1 项的内容来自两个国际公约和公约草案：1980 年罗马《关于合同

---

① ［韩］石光现：《2001 年改正国际私法解说》，芝山 2001 年版，第 177—216 页。

义务法律适用公约》和 1999 年海牙《民商事管辖权和外国判决公约》草案。① 在消费合同中，当事人对法律的选择不能造成消费者惯常居所所在国家的强制性规定赋予消费者的保护被剥夺的结果，这是 1980 年《罗马公约》的态度，为联邦德国、奥地利②和韩国等国国际私法法规所接受。应该说，这种态度不是对当事人选择法律的完全排除，而是在两种情况下考虑当事人的选择：一是消费者惯常居所地法为消费者提供了优于当事人所选择的法律给消费者提供的保护，这时，应该适用消费者惯常居所地法，不适用当事人选择的法律；二是当事人选择的法律为消费者提供了优于消费者惯常居所地法为消费者提供的保护，这时，就不应该排除当事人选择的法律的适用。③ 因此，可以说，这项规定仍然肯定了当事人意思自治原则在消费合同准据法确定中的作用，只是这种作用受到了一定的限制。

第 2 项指明在当事人没有选择准据法时消费合同应适用消费者惯常居所地法，这是与第 1 项相衔接的，既然在当事人选择了法律的情况下都不能排除消费者惯常居所地法赋予消费者保护的规定的适用，那么，在当事人没有选择法律时，当然还是应该适用消费者惯常居所地法。根据一般情况推测，消费者与其惯常居所地联系最固定，对惯常居所地法也最为熟悉，故消费者惯常居所地法应该对消费者最有利，虽然有时候也有不同情况。

第 3 项仍然是力图在更大范围发挥消费者惯常居所地法的作用，以更好保护消费者，所以，在消费合同的方式上也同样指定了消费者惯常居所地法，而不是像一般法律行为的方式那样，适用行为准据法或行为地法。

第 4 项至第 6 项是确定消费合同案件管辖权的规则，内容来自 1999 年海牙《民商事管辖权和外国判决公约》草案。④ 前两项将消费者惯常居所指定为确定管辖权的标准，一方面仍然是更充分考虑消费者和其惯常居所地之间的密切联系，推定消费者惯常居所地国家法院会给消费者最好的保护；另一方面也是尽量使管辖权和法律适用能够达成一致。最后一项是允许消费合

---

① 1980 年《关于合同义务法律适用公约》第 5 条；1999 年《民商事管辖权和外国判决公约》草案第 7 条。

② 1986 年《联邦德国国际私法》第 29 条；1979 年《奥地利联邦国际私法法规》第 41 条。

③ Pontier, The Justification of Choice of Law: A Liberal – Political Theory as a Critical and Explanatory Model, and the Field of International Consumer Transactions as an Example, Netherlands International Law Review, Issue 3, 1998；沈涓：《合同准据法理论的解释》，法律出版社 2000 年版，第 101—103 页。

④ 1999 年《民商事管辖权和外国判决公约》草案第 7 条。

同当事人就管辖权进行合意选择，但规定的选择有效的条件显然有利于消费者。让当事人在纠纷发生以后选择法院，或许是因为争议产生前消费者对自己权益被侵害和请求权益保护的状况尚不知晓，即使选择了法院，也未必对消费者有利，争议产生后，消费者对自己权益被侵害及寻求保护的状况已明晓，这时作出法院选择应对消费者有利。或者，如果在纷争发生前选择法院，那么这协议中必须允许消费者保有在另一法院提起追加管辖权的请求权，这目的实际上和前一项条件的目的一样，还是让消费者在选择法院问题上占据主动地位。[①]

如前所述，整个韩国 2001 年国际私法中，除了第 2 条对国际裁判管辖作了原则性规定之外，只对消费合同和劳务合同案件的管辖权的确定作了规定，没有在其他领域涉及管辖权确定问题，从中可以看到韩国国际私法对国际民商关系中弱方当事人权益的保护的特别重视。

法规对劳务合同的规定与对消费合同的规定模式基本相同。法规第 28 条"劳务合同"规定："（1）劳务合同情况下，即使当事者选择了准据法，仍不得剥夺第 2 项的规定所指定的准据法所属国家的强制性规定赋予劳动者的保护。（2）当事者没有选择准据法的情况下，尽管有第 26 条的规定，劳务合同应适用劳动者在其境内日常提供劳务的国家的法律，劳动者不在某一国日常提供劳务时，适用雇用劳动者的使用者的营业所所在国家的法律。（3）劳务合同情况下，劳动者可在自己在其境内日常提供劳务或最后一次日常提供劳务的国家对使用者提起诉讼，劳动者现在或以前不在某一国日常提供劳务时，可在雇用劳动者的使用者的营业所现在或以前所在国家对使用者提起诉讼。（4）劳务合同情况下，使用者针对劳动者的诉求只能在劳动者的惯常居所所在国家或劳动者在其境内日常提供劳务的国家提起。（5）劳务合同当事者可就国际裁判管辖以书面形式达成协议。但是，此协议只在下列各项中某一种相关情况下才有效：（a）纷争已经发生的情况；（b）劳动者根据本条在另一法院提起追加管辖法院的请求被允许的情况。"

法规第 28 条和第 27 条一样，受到 1980 年罗马《关于合同义务法律适用公约》和 1999 年海牙《民商事管辖权和外国判决公约》草案及德国和奥

---

① 沈涓：《存异以求同　他石可攻玉——评海牙〈民商事管辖权和外国判决公约〉（草案）并比较中国相关法律》（论文），载《中国国际私法与比较法年刊》，法律出版社 2001 年版。

地利等国国际私法法规①的很大影响，内容直接来自这些国际公约和国内国际私法的规定。与第 27 条相同，第 28 条规定中前两项是确定合同的法律适用，后三项是确定合同案件的管辖权。在这两方面，两条规定对合同关系中处于弱势地位的当事人的权益的保护都是积极和周到的，确定法律适用和管辖权的标准都明显向弱方当事人倾斜。因此，第 28 条与第 27 条的规定方式相似，只是连结点由惯常居所地改为日常提供劳务地。从最密切联系角度看，劳务合同与消费合同不同，消费合同争议往往以消费者的消费活动为中心，而这些活动通常发生于消费者惯常居所地，故该地与合同有密切联系。劳务合同争议往往以受雇者受雇进行的工作为中心，合同与受雇者工作地、特别是惯常工作地有密切联系，与受雇者惯常居所地不一定联系密切，尤其是受雇者的惯常居所地与惯常工作地不一致时，惯常居所地与合同的联系更不密切，所以，确定劳务合同适用受雇者惯常工作地法而不是其惯常居所地法并由受雇者惯常工作地法院管辖受雇者提起的诉讼，能够满足最密切联系原则的要求。但这不免使人有一种担心，即由受雇人惯常工作地法院管辖案件是否有利于保护受雇人权益，当受雇人惯常工作地与其惯常居所地不同时，这种担心更有必要。② 好在法规采纳了 1999 年海牙《民商事管辖权和外国判决公约》草案的方法，在雇主起诉受雇人案件中仍将受雇人惯常居所作为首要的确定管辖权的连结点。

4. 事务管理、不当得利和不法行为

因事务管理、不当得利和不法行为产生的债的关系，不是基于当事人的合意，而是根据一方当事人的行为而产生，其权利义务的内容不由当事人双方约定，而是由法律规定，因此是一种法定之债。

事务管理在国际私法中也叫无因管理。韩国 2001 年《国际私法》第 30 条"事务管理"规定："（1）事务管理适用管理实行地的法律。但在事务管理依据当事者之间法律关系实行的情况下，事务管理应适用该法律关系的准据法。（2）从清偿其他人的债务中获得的请求权适用该债务的准据法。"认为管理实行地的法律与事务管理关系联系最密切，是大多数国家的看法。

法规第 31 条"不当得利"规定："不当得利适用得利发生地的法律。

① 1980 年《关于合同义务法律适用公约》第 6 条；1999 年《民商事管辖权和外国判决公约》草案第 8 条；1986 年《联邦德国国际私法》第 30 条；1979 年《奥地利联邦国际私法法规》第 44 条。

② 沈涓：《存异以求同　他石可攻玉——评海牙〈民商事管辖权和外国判决公约〉（草案）并比较中国相关法律》（论文），载《中国国际私法与比较法年刊》，法律出版社 2001 年版。

但在不当得利发生自依据当事者之间法律关系的履行的情况下，不当得利应适用该法律关系的准据法。"适用不当得利发生地的法律调整不当得利情况下的债的关系，也是大多数国家的做法。和事务管理一样，如果不当得利源于当事人之间一定的法律关系，那么事务管理和不当得利都要适用该法律关系的准据法，因为很显然，这种情况下的事务管理和不当得利与其作为依据产生的法律关系的联系更为密切，而与行为地的联系相对较弱。

法规第 32 条"不法行为"规定："（1）不法行为适用行为实施地的法律。（2）尽管有第 1 项的规定，在不法行为发生当时加害者和被害者于同一国家有惯常居所的情况下，不法行为应适用该国法律。（3）存在于加害者和被害者之间的法律关系因不法行为而受到侵害时，尽管有第 1 项和第 2 项的规定，仍应适用该法律关系的准据法。（4）在根据第 1 项至第 3 项的规定某一外国法应被适用的情况下，如果关于对被害者适当赔偿的性质不明确或该请求权范围本质上超出了对被害者适当赔偿的必要程度，则由不法行为导致的损害赔偿请求权将不被认可。"前两项与大多数国家国际私法的方法一样，为了避免不法行为与行为地之间的偶然联系而导致法律适用不合理的情况，在可能的条件下适用当事人共同惯常居所地法，不适用行为地法。第 3 项与确定事务管理和不当得利的准据法方法相同，当这三种债从属于另一法律关系时，应适用该法律关系准据法。第 4 项的规定是要求对损害赔偿请求权的认可重叠适用作为准据法的外国法和作为法院地法的内国法，因为对被害者适当赔偿的性质是否明确以及该请求权范围是否本质上超出了对被害者适当赔偿的必要程度，显然是要依据韩国有关法律判断。

除了上述三条规定分别对事务管理、不当得利和不法行为的准据法作出确定之外，法规还有一条规定对这三方面准据法的确定普遍适用，即第 33 条"关于事后选择准据法的协议"："尽管有第 30 条至第 32 条的规定，当事者仍可在事务管理、不当得利和不法行为发生后根据合意选择大韩民国法律作为准据法。但第三者的权利不得因此被影响。"这是一条采行当事人意思自治原则的规定，将这项原则引入非合同之债准据法的确定，是 20 世纪中期以来国际私法的新发展。① 既然是单方当事人的行为产生的债的关系，选择法律的协议也就不可能在法律关系产生之前或当时达成，但从尽量尊重

---

① 韩德培主编：《国际私法新论》，武汉大学出版社 1997 年版，第 316—317 页。

当事人意志宗旨出发，仍然可以赋予当事人在债的关系发生之后选择法律的权利。① 这一条规定参考自《瑞士联邦国际私法法规》的两条规定，一条是："当事人可以在侵害事件发生后任何时候约定适用法院地法。"另一条是规定不当得利之债当事人可协商决定适用法院地法。② 与此有类似规定的还有罗马尼亚、加拿大魁北克、意大利、突尼斯、德国、白俄罗斯等国家和地区的国际私法法规。③ 不过，这些国家主要是在确定侵权行为之债时采用了当事人意思自治原则，韩国《国际私法》更将这项原则扩大到事务管理和不当得利方面的准据法的确定。

在合同之债领域适用当事人意思自治原则与在非合同之债领域适用这项原则有着不同的要求。从韩国《国际私法》第33条的规定看，当事人选择法律的条件有三点：第一，合意，这一要求是共同的；第二，当事人对准据法的选择被限定于法院地法（作为内国法的大韩民国法律），这种限制似乎是各国通例，究其原因，可能是早先许多国家国际私法要求侵权之债要重叠适用行为地法和法院地法，这一做法被认为过于严苛，会导致有关各国对案件管辖权的争夺、会使应适用的法律更不确定，④ 因此逐渐为各国抛弃，改革的结果是不强行规定重叠适用行为地法和法院地法，而是在行为地法之外允许当事人选择法院地法，这无疑是更理智的做法；第三，由于是法律关系发生后所作的法律选择，如果因此影响到第三者的既定权利显然是不合理和不公正的，因此对第三者权利的不影响也是当事人选择法律的前提条件。

在上述韩国和一些国家的方法之外，国际私法中还存在另外两种用以确定侵权之债准据法的方法，一是适用与侵权之债有最密切联系的法律；⑤ 二是适用对受害人有利的法律。⑥

---

① 沈涓：《冲突法及其价值导向》（修订本），中国政法大学出版社2002年版，第256—257页。

② 1988年《瑞士联邦国际私法法规》第132条、第218条。

③ 1992年《罗马尼亚关于调整国际私法法律关系的第105号法》第112条、第114条、第118条；1994年《加拿大魁北克国际私法》第3128条；1995年《意大利国际私法制度改革法》第63条；1998年《突尼斯国际私法典》第72条；1999年《德国关于非合同债权关系和物权的国际私法立法》第42条；1999年《白俄罗斯国际私法》第1130条。

④ 韩德培主编：《国际私法新论》，武汉大学出版社1997年版，第315—316页。

⑤ 1979年《奥地利联邦国际私法法规》第48条第1项；1982年《土耳其国际私法和国际诉讼程序法》第25条第3项；1996年《列支敦士登关于国际私法的立法》第52条第1项；1999年《德国关于非合同债权关系和物权的国际私法立法》第41条。

⑥ 1979年《匈牙利关于国际私法的第13号法令》第32条第2项；1982年《南斯拉夫社会主义联邦共和国法律冲突法》第28条第1项。

六、亲族

1. 婚姻和夫妻财产制

亲族是当事人的属人法占主导地位的领域，这在所有国家的国际私法中都基本一致。韩国国际私法也莫能例外。

韩国 2001 年《国际私法》第 36 条 "婚姻的成立" 规定："（1）婚姻的成立要件应根据各当事者的本国法确定。（2）婚姻的方式依据婚姻举行地法或者当事者一方的本国法。但如果婚姻在大韩民国举行，当事者一方为大韩民国国民，则婚姻方式依据大韩民国法律。"

虽然大多数国家认为婚姻成立的实质要件应该由当事人属人法决定，但仍有少数国家认为应该依据婚姻举行地法确定婚姻成立的实质要件，而发展的趋势是，越来越多国家的国际私法采取了选择适用当事人属人法和婚姻举行地法的方法，选择的标准是有利于婚姻的有效成立，具有代表性的是德国和瑞士国际私法法规的规定，即：婚姻实质要件依据当事人属人法，若依据属人法婚姻无效、而依据婚姻行为地法婚姻有效，则适用婚姻行为地法；或者，婚姻实质要件依据婚姻行为地法，若依据行为地法婚姻无效、而依据当事人（一方）属人法婚姻有效，则适用当事人属人法。[①] 韩国《国际私法》在制定第 36 条时虽然参考了德国和瑞士的相关规定，[②] 但其第 1 项仍然仅指定当事人本国法为婚姻成立要件的准据法，并没有顾及婚姻行为地法。

对婚姻的方式，法规第 2 项在属人法之外还指定了婚姻举行地法，可以选择适用，这也是很多国家的做法，其目的仍然是为了使婚姻有效，避免"跛足婚姻"的产生。在婚姻于韩国举行、当事人一方又是韩国人的情况下，无论是从行为地还是当事人国籍来看，这种婚姻都与韩国法有密切联系，也符合法规所指定的属人法和行为地法的选择范围，因此适应韩国法是较为合理的。可能遇到的问题是，这种婚姻能否在非韩国国民的另一方当事人国籍所属国被认为有效，如果该国法律规定内国人在外国结婚，婚姻方式也必须依据内国法的规定，婚姻的效力就很难在内国被认可；如果该国法律规定婚姻方式可以选择适用婚姻举行地法或当事人一方属人法，婚姻的效力将会被有关两国都认可。

法规第 37 条是关于 "婚姻的一般效力" 的规定："婚姻的一般效力依

---

① 1986 年《联邦德国国际私法》第 13 条；1988 年《瑞士联邦国际私法法规》第 44 条。

② ［韩］石光现：《2001 年改正国际私法解说》，芝山 2001 年版，第 255—260 页。

顺序适用下列各项被指定的法律：（1）夫妇的同一本国法；（2）夫妇的同一惯常居所地法；（3）与夫妇有最密切联系的地方的法律。"据韩国学者解释，因为考虑到除了夫妇财产制、夫妇间的扶养之外，还应该有其他所有有关关系，包括夫妇间日常家事代理权等，所以这一条文没有使用"婚姻的身份上效力"作为标题，而是使用了"婚姻的一般效力"这样的标题。①

根据婚姻关系的人身性，指定夫妇的本国法和惯常居所地法是合理的，但实践中会遇到夫妇双方没有同一国籍和不在同一国家有惯常居所的情况，使得夫妇同一本国法或同一惯常居所地法不能适用，最后应该适用的是与夫妇有最密切联系的法律，对这项需要法官判断的法律适用规则，法规没有给出据以判断的依据，但法规参考了德国法，其中提示可考虑的依据包括共同的单纯住所、最后的共同惯常居所、当事人设定的共同国籍、当事人意图的共同惯常居所、婚姻缔结地等。② 这样看来，法规确定的婚姻一般效力的准据法的范围是相当宽泛的，涉及了几乎所有可能与婚姻有关的法律，在这样的范围内，婚姻的一般效力应该很容易在法律上被确认。与韩国旧的《涉外私法》中"婚姻的效力依据丈夫的本国法"的规定③比较起来，新的《国际私法》的进步是步伐远大的。旧的《涉外私法》的规定后来一直受到很多批评，被认为违背男女平等的原则，改变这一规定已经是势在必行。④ 新的规定应该是直接受到日本国际私法的启发和引导。《日本法例》原来规定婚姻的效力适用丈夫的本国法，1989 年修改后的《日本法例》则规定：婚姻效力，如果夫妻双方具有相同的本国法，适用共同本国法；无共同本国法时，如果夫妻具有共同惯常居所地法，则适用共同惯常居所地法；既无共同本国法也无惯常居所地法时，适用与夫妻有最密切联系的地方的法律。⑤ 可以看到，韩国国际私法和日本国际私法在此方面的发展路径如出一辙。

与婚姻一般效力相关的一个问题是夫妇财产制，法规第 38 条对"夫妇财产制"作了规定："（1）关于夫妇财产制应准用第 37 条的规定。（2）在夫妇合意选择了下列各项法律中的某一个时，尽管有第 1 项的规定，夫妇财产制应适用该被选择的法律。但是，只有在以书面形式制订并有日期和夫妇的签名盖章或署名的情况下，该协议才具有效力。（a）夫妇中一方国籍所

---

① ［韩］石光现：《2001 年改正国际私法解说》，芝山 2001 年版，第 261 页。

② 同上书，第 266 页。

③ 1962 年《韩国涉外私法》第 16 条第 1 项。

④ ［韩］李好珽：《国际私法》，经文社 1985 年版，第 325—326 页。

⑤ 1989 年《日本法例》第 14 条。

属国法；（b）夫妇中一方惯常居所地法；（c）夫妇财产制涉及不动产时，该不动产所在地法。（3）依据外国法的夫妇财产制在涉及大韩民国所为法律行为及在大韩民国的财产方面不能对抗善意的第三者。在这种情况下，不能适用该夫妇财产制时，涉及与第三者关系的夫妇财产制应适用大韩民国法律。（4）尽管有第3项的规定，但如果依据外国法制订的夫妇财产制合同在大韩民国登记，则可以用来对抗第三者。"韩国《国际私法》的这条规定的前两项也和第37条的规定一样，几乎照搬了《日本法例》的内容。①

第1项指明夫妇财产制准用第37条规定，这就是说，调整夫妇财产制的法律的范围也同样很广泛，而在其他国家国际私法中，除了下面将提到的当事人选择的法律之外，通常只为夫妇财产制指定当事人的属人法。这项规定中指定的法律加上第2项规定指定的当事人选择的法律，夫妇财产制的准据法的范围更大于婚姻一般效力准据法的范围。同样，比较旧的《涉外私法》只规定"夫妇财产制依据婚姻当时丈夫的本国法"，② 新的法规在此方面有着很大发展。

第2项是依据当事人意思自治原则确定夫妇财产制的准据法，这种将夫妇财产制视为一种特殊的契约而引入当事人意思自治原则的做法，为一些国家国际私法法规和国际公约所采取。韩国《国际私法》在此方面不仅参考了日本国际私法法规，同时还参考了1978年海牙《关于婚姻财产制的公约》的有关规定，其中都采纳了当事人意思自治原则。③ 夫妇财产制与一般财产契约的区别在于夫妇财产制的人身性基础，所以，将当事人选择法律的范围限定于属人法和不动产所在地法，符合这种以人身关系为基础的财产关系的性质。此外，与前述第25条规定合同当事人可以明示或默示选择法律不同的是，在选择夫妇财产制准据法时，当事人的合意必须是以书面形式明确表达才有效，这或许是在夫妇财产制方面引进意思自治时较合同领域更严格的又一表现，因为毕竟不是一种单纯的契约关系。

对于离婚，韩国国际私法法规也和很多国家国际私法法规的规定有差别。法规第39条"离婚"规定："关于离婚准用第37条的规定。但如果夫妇中一方在大韩民国有惯常居所且为大韩民国国民，则离婚适用大韩民国法律。"韩国法规的这条规定仍然受到日本国际私法的重大影响，与日本法规

---

① 1989年《日本法例》第15条。

② 1962年《韩国涉外私法》第17条第1项。

③ 1989年《日本法例》第15条；1978年海牙《关于婚姻财产制的公约》第3—14条。

的条文内容基本相同。①

　　一般国家国际私法法规为离婚指定的准据法通常是属人法和法院地法，特别是法院地法，在离婚准据法的确定中占有重要地位。但韩国《国际私法》似乎不主张赋予法院地法太多优势，只在当事人一方具有韩国国籍并且在韩国有惯常居所时，才主张适用作为法院地法的韩国法律，这种情况下适用法院地法，应该被理解为因为离婚案件与法院地国有密切联系，而不仅仅是因为案件在法院地国审理，这样的观念显然比离婚案件在某国审理就应该适用该国法律的观念更具有合理的意义。②

　　第 37 条是韩国《国际私法》中调整婚姻关系的主要规定，在婚姻一般效力、夫妇财产制和离婚多个方面都起到重要的作用，如前所述，这是因为以属人法结合最密切联系原则是调整婚姻关系的很好方法。因此，在法院地法之外，韩国《国际私法》更主要地是对离婚问题适用属人法（夫妇同一本国法和同一惯常居所地法）和与夫妇有最密切联系的法律，法院地法只是特定情况下适用的准据法。

　　2. 亲子关系

　　与旧的《涉外私法》比较，新的韩国《国际私法》在亲子关系方面的规定也有许多发展。和其他国家国际私法比较，韩国新的《国际私法》在此方面的做法也已经处于前列。

　　法规第 40 条是有关"婚姻中的亲子关系"的规定："（1）婚姻中的亲子关系的成立依据子出生当时夫妇中一方的本国法。（2）在第 1 项情况下，夫在子出生前死亡时，其死亡当时本国法视为其本国法。"在亲子关系方面，韩国法规继续参考了日本法规的规定，这一条也直接来自日本法规的内容。③ 比较其他国家国际私法法规中指定的生母之夫的本国法、生父的住所地法、父母的共同属人法、父母各自的属人法、子女属人法、支配婚姻效力的法律等，④ 韩国法规的规定显然具有更大的选择余地，也更具合理性。韩国学者解释第 1 项的规定是一项选择性规则，⑤ 即可以选择适用父或母任何一方的本国法，合乎情理的推定是：从中选择一个有利于亲子关系成立的法

律。除了日本国际私法法规，奥地利国际私法法规也是韩国国际私法法规制定这条规定时的主要参考物。① 奥地利法规规定，子女婚生地位适用配偶双方属人法，属人法不同，适用其中更有利于子女为婚生的法律。② 奥地利法规中这种有利于子女的观念被韩国法规第40条所吸纳，但韩国法规规定的内容较奥地利法规的内容更简洁。

关于"婚姻外的亲子关系"，法规第41条规定："（1）婚姻外的亲子关系的成立依据子出生当时母的本国法。但父子间的亲子关系的成立还可依据子出生当时父的本国法或子的现在惯常居所地法。（2）认知除了可适用第1项指定的法律外，还可适用认知当时认知者的本国法。（3）在第1项情况下，如果父在子出生前死亡的，死亡当时的本国法视为其本国法，在第2项情况下，如果认知者在认知前死亡的，死亡当时的本国法视为其本国法。"

有利于亲子关系的成立，应该是韩国《国际私法》在调整亲子关系时的主导思想，体现在给予亲子关系准据法较大的选择范围。第40条的内容已经表现出了较其他国家国际私法法规有更大选择余地的特点，第41条继续显明了这一特点，对婚姻外的亲子关系的成立所给出的准据法的选择除了父或母的本国法，还有子的惯常居所地法，认知的准据法更在此之上又增加了认知当时认知者的本国法。另一条关于准正的规定也是在父或母本国法或子的惯常居所地法中选择有利于准正成立的法律，即法规第42条"婚姻外出生者的准正"："（1）关于婚姻外出生子的地位变更为婚姻中出生子的情况应适用准正要件事实完成当时父或母的本国法或子的惯常居所地法。（2）在第1项情况下，父或母在准正要件事实完成之前死亡的，死亡当时的本国法视为其本国法。"

3. 收养、扶养和监护

和有关扶养和监护的规定相比，韩国《国际私法》对收养的规定较为简单。第43条"收养及其解除"指出："收养及其解除适用收养当时养父母的本国法。"旧的《涉外私法》对收养的成立要件和收养的效力分别确定准据法，③ 新的《国际私法》对收养单一适用一个准据法，并使收养和解除收养在适用法律上一致。

法规第46条对"扶养"的规定比很多国家国际私法法规的规定都要周

---

① ［韩］石光现：《2001年改正国际私法解说》，芝山2001年版，第283页。
② 1979年《奥地利联邦国际私法法规》第21条。
③ 1962年《韩国涉外私法》第21条。

详，其内容是："（1）扶养的义务适用扶养权利者的惯常居所地法。但如果根据该法扶养权利者不能从扶养义务者那里获得扶养，则适用当事人的共同本国法。（2）如果一项离婚在大韩民国完成或被认可，尽管有第 1 项的规定，离婚当事人之间的扶养义务应依据适用于离婚的法律。（3）旁系血亲之间或姻亲之间存在扶养义务的情况下，扶养义务者可基于根据当事人的共同本国法没有这种义务而向扶养权利者主张请求，没有共同本国法时可基于根据扶养义务者的惯常居所地法没有这种义务而向扶养权利者主张请求。（4）在扶养权利者和扶养义务者都是大韩民国国民且扶养义务者在大韩民国有惯常居所的情况下，扶养适用大韩民国法律。"

国际私法在扶养方面的晚近发展趋势是由适用扶养义务人的属人法转而适用扶养权利人的属人法，并对弱方当事人实行倾斜保护。[①] 具有代表性的是 1973 年海牙《关于扶养义务的法律适用公约》，德国、瑞士、日本等国在参加这一公约后，都直接把公约的规定编入本国的国际私法法规，[②] 同样，已经批准参加这一公约的韩国，也将公约的有关内容编入了新的国际私法法规，那就是第 46 条第 1 项的内容。公约及纳入公约内容的国家认为，一般情况下，扶养权利人惯常居所地法能够给予扶养权利人保护，但为了防止偏差，在扶养权利人依据这一法律不能获得扶养时，以当事人的共同本国法作为补救。

韩国《国际私法》第 48 条"监护"规定："（1）监护适用被监护人本国法。（2）对在大韩民国有惯常居所或居所的外国人的监护，如果有下列各项情况中的一种，适用大韩民国法律：（a）尽管根据该被监护人本国法存在监护开始的原因，但无人履行监护义务或应履行监护义务的人实际上不能履行其义务的情况；（b）已在大韩民国作出限定治产或禁治产宣告的情况；（c）有其他保护被监护人的紧急需要的情况。"

根据监护制度保护被监护人权益的宗旨，在国际监护问题上一脉相承地适用被监护人属人法，是大多数国家的做法。第 2 项仍然是为了体现对被监护人的保护，防止监护制度在对外国人监护上的遗漏。这项规定来自所参考的日本国际私法法规，[③] 但比日本法规增加了一项需要法官裁量的弹性条

① 韩德培主编：《国际私法新论》，武汉大学出版社 1997 年版，第 347 页。
② 1986 年《日本关于扶养义务准据法的法律》；1986 年《德国民法施行法》第 18 条第 1—5 项；1988 年《瑞士联邦国际私法法规》第 49 条、第 83 条。
③ 1989 年《日本法例》第 24 条。

款，即"有其他保护被监护人的紧急需要的情况"，目的应该是进一步防杜保护被监护人方面的遗漏。

七、继承

1. 法定继承

制定有关确定法定继承准据法的规定时，韩国参考了德国、瑞士、意大利等国国际私法法规以及1989年海牙《关于死者遗产继承准据法公约》，① 内容体现了此方面的最新发展。

韩国《国际私法》第49条"继承"规定："（1）继承适用被继承人死亡时其本国法。（2）尽管有第1项的规定，但被继承人通过适用于遗嘱的方式明示指定了下列各法中的某一个时，继承应适用该法：（a）指定当时被继承人的惯常居所地法。但这一指定只有在被继承人直到死亡时仍在这一地方保有其惯常居所的情况下才有效。（b）涉及不动产的继承时该不动产所在地法。"

各国国际私法中，有关法定继承的法律适用有区别制和同一制两种方法，采行区别制的国家的国际私法对动产遗产和不动产遗产分别确定准据法，采行同一制的国家的国际私法对无论动产或不动产遗产只确定一个准据法。目前，采行同一制的国家较采行区别制的国家稍多。韩国新的《国际私法》维持了旧的《涉外私法》的同一制，② 在这条规定的第1项为继承指定了被继承人死亡时本国法。

韩国及其他采用同一制确定继承准据法的国家的方法有几点应该肯定的地方：第一，继承是以人身关系为基础的法律关系，适用属人法符合继承关系的性质；第二，适用被继承人的属人法便于被继承人所属国家对其遗产的控制；将继承关系作为一个整体，适用一个法律进行调整，一方面可便利于实践中对准据法的确定和具体适用，另一方面可避免因适用多个不同法律而引起的同一关系中的法律冲突给当事人利益造成损害。同一制在实践中可能遇到的问题是，当被继承人在其属人法所属国家以外的国家遗留了不动产时，适用其属人法作出的判决不被承认和执行。因此，一些采用同一制的国家在同一制外又对位于内国的外国人的不动产遗产适用内国法，这种方法实际上类同于采用区别制，也会有区别制的弊病。更好的方法是从国际继承案

---

① ［韩］石光现：《2001年改正国际私法解说》，芝山2001年版，第317—320页。

② 同上书，第316页—317页。

件的管辖权的确定入手解决这一难题，即各国确定对位于内国的不动产继承案件实行专属管辖，无论对继承关系适用什么法律，因为判决将在内国承认和执行，就不会存在判决不被承认和执行的问题。①

旧的《涉外私法》没有指明继承所适用的被继承人的本国法是什么时间的本国法，在被继承人一生先后有多个国籍的情况下，旧法规对此方面的时际冲突便缺乏解决方法。新的《国际私法》明确指出继承适用的是被继承人死亡时的本国法，解决了确定准据法时可能遇到的时际冲突。

第2项是根据当事人意思自治原则确定继承准据法的规则。在继承领域纳入意思自治原则，是国际私法的新近发展，已经体现在一些国家的国际私法法规中，如德国、瑞士等国国际私法法规和1989年海牙《关于死者遗产继承准据法公约》中。② 参考了这些国家国际私法法规和1989年海牙公约的韩国国际私法法规及时接应了这一新发展，有限制地允许被继承人选择继承准据法。被继承人惯常居所地法是被继承人的属人法的一种，依据第1项的主张，被继承人如果选择其惯常居所地法，应该是符合确定继承准据法的精神的。在将被继承人的选择限制在其惯常居所地法时，还进一步要求这一惯常居所必须有连续性，即从被继承人选择时直到其死亡时，这一居所一直是其有效的惯常居所，也就是说，选择法律时的惯常居所和死亡时的惯常居所是同一个，如果选择法律时的惯常居所和死亡时的惯常居所不是同一个，被继承人对法律的指定就是无效的。韩国法规的这一限制似乎有些严格。其他采取意思自治原则的国家的国际私法法规和1989年海牙公约允许被继承人选择法律的范围要更大一些，通常是被继承人指定法律时或死亡时的本国法或惯常居所地法。在被继承人惯常居所地法之外，法规还允许被继承人对不动产的继承选择不动产所在地法。这是对第1项确认的同一继承制的重要补充。适用被继承人选择的不动产所在地法，一方面是尊重了当事人的意愿，另一方面也可以解决判决在不动产所在地的执行问题。

———————

① 沈涓：《冲突法及其价值导向》（修订本），中国政法大学出版社2002年版，第263—270页。

② 1972年《塞内加尔家庭法》第848条；1986年《联邦德国国际私法》第25条；1988年《瑞士联邦国际私法法规》第90条、第91条；1992年《罗马尼亚关于调整国际私法法律关系的第105号法令》第68条；1994年《加拿大魁北克国际私法》第3098条；1996年《列支敦士登关于国际私法的立法》第29条；1999年《白俄罗斯国际私法》第1133条、第1135条；1989年海牙《关于死者遗产继承准据法公约》第5条、第6条。

2. 遗嘱

由于遗嘱继承以最充分地尊重立遗嘱人处分自己的财产的意志、最大限度实现立遗嘱人意愿为前提，因此，国际私法在确定遗嘱准据法方面的发展趋势是增加可选择适用的准据法的数量，尽量使遗嘱能为法律认可为有效，特别体现在对遗嘱方式的认可。韩国国际私法在此方面与国际私法发展的趋势基本一致。

韩国《国际私法》第50条"遗嘱"规定："（1）遗嘱适用遗嘱当时遗嘱者的本国法。（2）遗嘱的变更或撤回适用变更或撤回当时遗嘱者的本国法。（3）遗嘱方式适用下列各项中任何一个法律：（a）遗嘱者遗嘱当时或死亡当时国籍所属国家的法律；（b）遗嘱者遗嘱当时或死亡当时的惯常居所地法；（c）遗嘱当时行为地法；（d）涉及不动产的遗嘱的方式时，该不动产所在地法。"

第1项中的"遗嘱"应该指的是遗嘱的成立和效力，包括立遗嘱能力、遗嘱内容的有效性等。① 因为涉及身份能力，各国通常为遗嘱的实质效力指定立遗嘱人的属人法。确定准据法时，当立遗嘱人国籍或住所或惯常居所有变化时，仍然要遇到属人法的时际冲突。基于一项法律行为应该自始有效的观点，一些国家主张适用立遗嘱时属人法；基于遗嘱的效力只有在立遗嘱人死亡时才开始发生效力的观点，另一些国家主张适用立遗嘱人死亡时属人法。事实上，单一适用立遗嘱时或死亡时属人法，都不是尽量使遗嘱有效的最好方法。所以，还有一些国家的做法也许更值得肯定，那就是在立遗嘱时和死亡时的属人法中选择适用能认可遗嘱效力的那一个法律。在此方面应该被推荐的条文是奥地利国际私法法规中的一项规定："立遗嘱的能力和遗嘱、继承契约、或抛弃继承的契约的有效性的其他要件，依死者为该法律行为时的属人法。如该法不认为有效，而死者死亡时的属人法认为有效时，以后者为准。"② 韩国法规虽参考了奥地利法规的这一内容，但没有采纳这一方法。③

决定一份遗嘱效力的因素除了实质性效力外，还有形式上效力。20世纪60年代以前，遗嘱方式准据法的范围并不宽泛，通常是在立遗嘱人立遗嘱时属人法和立遗嘱行为地法之间选择使遗嘱有效的法律。60年代以后，

---

① ［韩］石光现：《2001年改正国际私法解说》，芝山2001年版，第321—322页。

② 1979年《奥地利联邦国际私法法规》第30条第1项。

③ ［韩］石光现：《2001年改正国际私法解说》，芝山2001年版，第323页。

遗嘱方式准据法的范围有了充分扩大，这种发展体现在 1961 年制定、1967 年生效的海牙《关于遗嘱处分方式法律冲突公约》中。这部公约为遗嘱方式指定的可以选择适用的准据法有：立遗嘱行为地法；立遗嘱人作出处分时国籍所属国法或住所地法或惯常居所地法；立遗嘱人死亡时国籍所属国法或住所地法或惯常居所地法；涉及不动产时的不动产所在地法。[①] 此后，参加该公约或受到该公约影响的国家在后来制定的法律中都借鉴了公约的规定，确定了同样广泛的准据法选择范围，有的国家甚至将范围扩大至法院地法，即遗嘱方式符合法院地法规定也可生效。[②] 可以看出，韩国法规这一条第 3 项完全纳入了 1961 年海牙公约的上述内容。

_____

① 1961 年海牙《关于遗嘱处分方式法律冲突公约》第 1 条。
② 1979 年《匈牙利关于国际私法的第 13 号法令》第 36 条；1982 年《南斯拉夫社会主义联邦共和国法律冲突法》第 31 条。

第四章　美国法律选择中的新发展
——《外国人侵权请求法》诉讼中的法律选择

美国《外国人侵权请求法》（The Alien Tort Claims Act，简称 ATCA）规定："对外国人仅基于所实施的违反万国法或者美国缔结的条约提起的任何侵权民事诉讼，联邦地方法院具有初始管辖权。"①《外国人侵权请求法》根源于 1789 年《司法法》（The Judiciary Act of 1789）② 第 9 条，经过几次修订后成了现在的版本。《外国人侵权请求法》虽然只有短短的一个条文，但

---

① 英文原文是：The district courts shall have original jurisdiction of any civil action by an alien for a tort only, committed in violation of the law of nations or a treaty of the United States. 28 U. S. C. § 1350 (2000). 如果将 only 一词作假设理解，则该条款也可以翻译为："若所实施的侵权行为违反万国法或者美国缔结的条约，联邦地方法院对外国人据此提出的任何民事诉讼即有一审管辖权。"从该条款的历史来看，"only" 一词还是修饰 "tort" 的，所以本书还是将该条款翻译为 "对外国人仅基于所实施的违反万国法或者美国缔结的条约提起的任何侵权民事诉讼，联邦地方法院具有初始管辖权"。该条款有时被称为《外国人侵权法》（Alien Tort Statute，简称为 ATS）。See, e. g., *Argentine Republic v. Amerada Hess Shipping Corp.*, 488 U. S. 428, 432 (1989). 有时又被称为《外国人侵权请求法》（Alien Tort Claims Act，简称为 ATCA），see, e. g., H. R. Rep. No. 367, 102d Cong., 2d Sess. 3 – 4 (1991), reprinted in 4 U. S. C. C. A. N. 84, 86 (1992)；*Benjamins v. Brit. Eur. Airways*, 572 F. 2d 913, 916 (2d Cir. 1978), cert. denied, 439 U. S. 1114 (1979). 甚至还被直接称为《外国人侵权法》（Alien Tort Act (ATA))，see, e. g., *Aldana v. Del Monte Fresh Produce, N. A., Inc.*, 416 F. 3d 1242, 18 Fla. L. Weekly Fed. C 696 (11th Cir. (Fla.) Jul 08, 2005) (NO. 04 – 10234)。有学者认为，如果认为第 1350 条并没有创设诉因，那么 Alien Tort Statute 就比 Alien Tort Claims Act 更准确。See Curtis A. Bradley, *The Alien Tort Statute and Article III*, 42 Va. J. Int'l L. 587 (2002). 自从 2004 年后，使用 ATS 这一称谓的学者更多了。为了全书统一的需要，本书使用《外国人侵权请求法》（ATCA）来论述。另外，考虑到 "law of nations" 一词在历史上的特殊含义，所以本书统一翻译为 "万国法" 而非 "国际法" 或 "国际公法"。关于《外国人侵权请求法》上 "万国法" 一词的内涵与外延，详细的讨论可以参见美国学者的论述。See Michael T. Morley, *The Law of Nations and the Offenses Clause of the Constitution：A Defense of Federalism*, 112 Yale L. J. 109 (2002). See also, Genc Trnavci, *The Meaning and Scope of the Law of Nations in the Context of The Alien Tort Claims Act and International Law*, 26 U. Pa. J. Int'l Econ. L. 193 (2005).

② 该法的正式名称是 "An Act to Establish the Judicial Courts of the United States"，翻译为《司法机关法》也是可以的，只是考虑到学界的惯常译法，本书也翻译为《司法法》。对该法的更多解说，可以参见美国国会图书馆的说明，http：//www. loc. gov/rr/program/bib/ourdocs/judiciary. html (last visited May 6, 2009).

是在长期的实践中，影响越来越大。在裁决《外国人侵权请求法》诉讼时不可避免地会出现法律选择问题，然而《外国人侵权请求法》本身又没有规定法律选择规则以及可适用的法律。同时，联邦最高法院也没有提供指引，而各个巡回法院又没有统一的标准。正如第二巡回法院所承认的，对于法律选择问题，各个巡回法院之间存在很大的分歧。① 另外，当事人对于法律选择问题也常常是不清不楚的，所以法院也会要求当事人对于法律选择问题提交分析意见。② 当然，最没争议的恐怕属于程序问题优先适用法院地法。

美国联邦最高法院曾经指出，如果一部制定法被认为是管辖权性质的，那么为了让该法的目的尽可能地实现，就允许法院创设相应的实体联邦普通法。③ 一个成功的《外国人侵权请求法》请求的关键是法院必须决定适用行为发生地法、法院地法还是国际法。④ 这个决定是极其重要的，因为法院所适用的法律决定了该《外国人侵权请求法》的请求是否能够通过审前动议（pretrial motions）。⑤ 此外，法律选择问题影响了在国外对《外国人侵权请求法》判决的执行。⑥

有学者认为，对于国际法规范及其是否被违反，法院适用国际法，而对于诉讼主体资格和诉讼时效问题则适用国内法。至于救济，法院参考对于涉及侵犯国际人权的请求作出金钱判决的联邦普通法。⑦ 下面，我们从《裁判规则法》与《第二次冲突法重述》的指引、侵权行为地法的适用、诉因的法律适用、帮助与教唆责任的标准、国际法的适用与内容的查明、损害赔偿数额的法律适用、诉讼时效的法律适用等方面来论述。

---

① *Wiwa v. Royal Dutch Petroleum Co.*, 226 F. 3d 88, 105 n. 12 (2d Cir. 2000).

② See *Tachiona v. Mugabe*, 216 F. Supp. 2d 262, 269 (S. D. N. Y. 2002).

③ *Textile Workers v. Lincoln Mills of (Ala)*, 353 U. S. 448 (1957).

④ 有学者探讨了行为地法以及国际法作为裁判规则的可能性及其利弊，Ralph G. Steinhardt & Anthony D'Amato (eds.), *The Alien Tort Claims Act*: *An Analytical Anthology*, Transnational Publishers, 1999, pp. 88 – 94.

⑤ See Jeffrey Rabkin, *Universal Justice*: *The Role of Federal Courts in International Civil Litigation*, 95 Colum. L. Rev. 2120, 2142 (1995).

⑥ See Edward A. Amley, Jr., *Sue and Be Recognized*: *Collecting* 1350 *Judgments Abroad*, 107 Yale L. J. 2177, 2190 – 2191 (1998).

⑦ Note, *Alien Tort Claims Act Litigation*: *Adjudicating on "Foreign Territory"*, 30 Suffolk Transnat'l L. Rev. 101 (2006).

第一节　《裁判规则法》与《第二次冲突法重述》的指引

关于《外国人侵权请求法》诉讼中的法律选择问题，必须考虑以下几点标准：第一，行为发生地和结果损害地以及当事人居住地的法律可能是相关的，可以用来解决特定的问题，只要该法在实质上与联邦普通法的原则和国际法一致，并且提供了与《外国人侵权请求法》目的和相关的国际规范相一致的救济；第二，如果外国当事人居住地法与美国联邦法或国际法相冲突，或者没有提供合适的救济，或者不足以矫正违反国际法的该行为，那么可以根据联邦法和法院地所在的州法或国际法的原则提供相应的救济；第三，如果适用联邦或者法院地法，原告的某些请求得不到支持，则可以适用允许相应救济的外国法；第四，如果部分请求不能得到国际法的支持，而可以通过援引外国法而适用外国法的救济。①

在上面所说的这四点标准基础上，法院在具体的案件中要考虑《裁判规则法》（The Rules of Decision Act）、《第二次冲突法重述》、相关判例的指引，同时，也要考虑相关的国际法规则。

一、《裁判规则法》的指引

在决定《外国人侵权请求法》诉讼中的法律适用问题时，联邦法院在适用国际法、联邦法和州法之间选择。② 然而，这样的选择受到《裁判规则法》以及相关判例的约束。《裁判规则法》规定："除非《宪法》或者国际条约或者国会立法另有规定，则美国法院在民事诉讼中应适用各州法律。"③ 该法源于1789年《司法法》第34条的规定，现在的版本仅是个别用词更新了一下，实质上没有任何改变。

对于《裁判规则法》所指的"法律"的含义，国会没有明确界定，所以在实践中就一直存在分歧。在1842年的 Swift v. Tyson 案中，④ 斯托雷法官作了详细论述，之后一直被各级法院所引用遵循，直到1938年联邦最高

---

① See *Tachiona v. Mugabe*, 234 F. Supp. 2d 401 (S. D. N. Y. 2002).

② Symeon C. Symeonides, *Choice of Law in the American Courts in* 2002; *Sixteenth Annual Survey*, 51 Am. J. Comp. L. 1, 47 (2003).

③ 28 U. S. C. § 1652 (2000).

④ 41 U. S. (16 Pet.) 1 (1842).

法院在 Erie Railroad Co. v. Tompkins 案中认定"不存在联邦一般普通法"。①
Swift v. Tyson 案涉及的是一起汇票承兑的诉讼，斯托雷认为：

> 在一般的意义上，很难说"法律"一词就包括州法院的判决，州
> 法院的判决最多是何谓法律的证据，其本身绝不是法律……法院的判
> 决经常被法院本身重新考虑、推翻以及限制，不管其本身是有缺陷的
> 还是没有根据抑或错误的。一州的法律通常被理解为指的是立法机关
> 通过的法案和规则以及长期形成的具有法律约束力的习惯。就联邦最
> 高法院而言，我们一直将第34条解释为其适用限于各州的法律，严
> 格地说就是各州的制定法以及有权机关对涉及当地权益的解释。我们
> 从来没有认为第34条适用于或用来适用于一般性的独立于各州当地
> 的制定法或习惯法……毫无疑问，各州裁判机构作出的裁决有权而且
> 将得到我们的注意与参考，但是它们本能提供我们要受其约束的实体
> 规则或者最终权威……对于涉及合同或其他商业性的文件，联邦法院
> 不应局限于各州法院的判决，而应从商业领域中的一般原理和原则中
> 寻找。②

Swift v. Tyson 案之后，联邦法院的权限不断扩大，甚至还被认为具有制
定联邦普通法的权力。由于联邦普通法的不明确和变化多端，法官的自由裁
量权过大，不利于保护当事人和社会大众的正当预期，还容易导致当事人挑
选法院，所以该案一直广受非议。最终，1938 年联邦最高法院在 Erie Rail-
road Co. v. Tompkins 案中推翻了 Swift v. Tyson 案。在 Erie 案中，最高法院认
为，执行国际法的主要责任在于联邦政府。在 Erie 案之前，所接受的观念
是普通法，包括国际法，是被发现的。③ 现在，最高法院认为，在法院需要
在新的背景下宣布或者制定一个普通法原则的大多数案件中，法律是被制定
或者创立的，并且否认了存在任何联邦"一般"普通法（federal "general"
common law）。这样，Erie 案将法律实证主义注入美国宪法理论中。

也就是说，在 Erie 案后，联邦法院一般首先必须适用州法来解决各州

---

① 304 U. S. 64, 77 - 78 (1938).
② 41 U. S. (16 Pet.) 1, 12 (1842).
③ *Black & White Taxicab & Transfer Co. v. Brown & Yellow Taxicab & Transfer Co.*, 276 U. S. 518,
533 (1928).

界定的诉因而引起的法律问题。① 在 1964 年的 Banco National de Cuba v. Sabbatino 案中，② 最高法院再次确认了国际法作为联邦法被并入，承认了联邦普通法。在该案中，原告古巴国民银行要求获得一船糖卖出后的收益，这批糖是古巴政府从一家美国公司征用来的。被告认为，原告无权获得收益，因为征用违反了支配国家对外国人的责任的国际习惯法。在正常情形下，古巴的征用会被视为外国的"国家行为"，对其合法性美国法院是不会质疑的。联邦最高法院认为，对于违反国际习惯法的国家行为而言，国家行为理论没有例外，而且根据有争议的国际习惯法标准来裁判外国征用行为的合法性将侵犯总统处理外交关系的宪法特权。为了避免"司法部门和行政部门冲突的可能性"，法院认定，"在没有条约或者其他明确的协定控制法律原则时"，国家行为理论阻却了司法部门对于古巴征用行为的合法性的判断。法院认定国家行为理论是拘束各州的联邦普通法规则。法院援引 Erie 案作为不存在类似国家行为理论的规则。国家行为理论后来作了一些修正后被联邦法院用在《外国人侵权请求法》诉讼中以确立私人、国家之间的行为，从而根据《外国人侵权请求法》对案件作出裁判。

目前，联邦法院仍然继续在某些领域制定普通法。在著名的 Kimbell Foods 案中，联邦最高法院采用了两步分析法。③ 首先，法院应决定是否应适用联邦法还是按照《裁判规则法》的要求适用州法。如果不适用《裁判规则法》，则第二步是决定应采用哪些规则作为联邦规则，州的规则是否应作为联邦规则并入。之后，各级法院都沿用此判断分析方法。④ 也就是说，除非存在其他特殊事由，否则一般都推定适用州法。⑤

在《外国人侵权请求法》诉讼中，几乎所有法院都认定，如果没有明确的裁判规则时则适用联邦裁判规则，⑥ 少数法院利用州法来决定联邦规则

---

① See William R. Casto, *The Federal Courts' Protective Jurisdiction over Torts Committed in Violation of the Law of Nations*, 18 Conn. L. Rev. 467, 477 (1986). But see G. Edward White, *A Customary International Law of Torts*, available at http：//law. bepress. com/uvalwps/uva_ publiclaw/art34 (last visited September 3, 2008).

② *Banco National de Cuba v. Sabbatino*, 376 U. S. 398 (1964).

③ See, e. g., *United States v. Kimbell Foods, Inc.*, 440 U. S. 715, 726 – 727 (1979).

④ See, e. g., *Atherton v. FDIC*, 519 U. S. 213, 217 – 220 (1997); *O'Melveny & Myers v. FDIC*, 512 U. S. 79, 83 – 86 (1994).

⑤ See, e. g., *Semtek Int'l Corp. v. Lockheed Martin Corp.*, 531 U. S. 497, 508 (2001).

⑥ See, e. g., *Wiwa v. Royal Dutch Petroleum Co.*, 226 F. 3d 88, 105 n. 12 (2d Cir. 2000); *Corrie v. Caterpillar, Inc.*, 403 F. Supp. 2d 1019, 1027 (W. D. Wash. 2005); *Xuncax v. Gramajo*, 886 F. Supp. 162, 179 – 180 (D. Mass. 1995).

的内容。① 在 Sosa 案中，最高法院依靠 Erie 案的裁决，认为作为一般原则的例外，《外国人侵权请求法》上的万国法属于可以通过私人请求而执行的联邦普通法的特别部分。② 在《外国人侵权请求法》诉讼中，联邦法院灵活运用普通法至少有两个理由。第一，《外国人侵权请求法》是符合《宪法》的有效立法，这样，联邦法院的合适角色就是解释立法并阐述"法律是什么"。③ 第二，国际习惯法是联邦普通法的一部分，因而联邦法院可以通过法学家的著述以及各国的实践来解释国际习惯法。④

二、《第二次冲突法重述》的指引

《第二次冲突法重述》规定了联邦法院在认定法律选择问题上所应遵循的原则，⑤ 第 6 条规定：

> 法院在宪法的限制下，就法律选择应遵循本州成文法的规定。如果没有上述成文法，法院在选择准据法时应考虑下列因素：州际和国际制度的需要；法院地的相关政策；其他利害关系州的相关政策以及在解决特定问题时相关各州的利益；对正当期望的保护；特定法律领域所依据的基本政策；结果的确定性、可预见性和一致性；应适用的法律易于确定和适用。⑥

相关的评论指出，这里所列出的因素不是包罗万象的，而且每一因素都

---

① See, e. g. , *In re Estate of Ferdinand E. Marcos Human Rights Litig.* , 978 F. 2d 493, 503 (9th Cir. 1992) (赞同地方法院利用内国法来裁定《外国人侵权请求法》诉讼的结果，而根据传统的冲突法原则一般都是适用损害地法)；*Adra v. Clift*, 195 F. Supp. 857, 866 (D. Md. 1961) (适用州法，但是没有明示这样做是否构成创设新的联邦普通法抑或州法通过 RDA 而得以适用). 类似的，在 *Unocal* 案中，多数意见虽然认为要受国际法约束，但是仍然适用州法作为联邦普通法的裁判规则。See *Doe v. Unocal Corp.* , 395 F. 3d 932, 949 & n. 25 (9th Cir. 2002) (采用国际法作为裁判规则，但也承认在不同的事实上可能采用不同的规则).

② *Sosa v. Alvarez – Machain*, 124 S. Ct. 2734 (2004) .

③ *Marbury v. Madison*, 5 U. S. (1 Cranch) 137, 177 (1803) .

④ See *The Paquete Habana*, 175 U. S. 677, 700 (1900) .

⑤ See *Restatement (Second) of Conflict of Laws* § 6 (1971)；see also *Doe v. Unocal Corp.* , 395 F. 3d 932, 949 (9th Cir. 2002)；*Cruz v. United States*, 387 F. Supp. 2d 1057, 1070 (N. D. Cal. 2005) .

⑥ *Restatement (Second) of Conflict of Laws* § 6 (2)；see also *Restatement (Second) of Conflict of Laws* § 6 (1) .

没有优于其他因素。① 关于侵权的法律选择，第 145 条规定，与侵权行为的争议有关的当事人的权利和责任，由与该争议的产生和当事人有最重要联系的那个州的法律来确定。② 在确定何为最密切联系法必须考虑损害发生地法；导致损害发生地的行为地法；双方当事人的住所、居所、国籍、法人所在地以及营业地所在地法；双方当事人关系最集中的地方的法律。③

在 Unocal 案中，多数法官认为，根据《第二次冲突法重述》，每一个因素都倾向于适用国际法。④ 然而，法院在经过各种考虑后适用了法院地法。第一，州际和国际制度的需要。在 Unocal 案中，多数法院特别强调对违反强行法的行为提供救济的国际制度的需要。这样，他们就推论出既然国内法必须符合强行法规范，那么任何国内法如果违反了强行法则是无效的。结果，法院指出，由于国内法需要真实反映国际强行法规范，因此适用国际法不会造成任何损害。第二，法院地的政策。在考虑这个因素时，法院的并存意见和多数意见都指向了《外国人侵权请求法》中所体现的为侵犯国际人权的受害人提供救济的联邦政策。

第二节　侵权行为地法的适用

一、法院适用外国法并不影响管辖权的行使

对于法律选择问题，一般是利用国际习惯法来确定事项管辖权，而将法律选择问题留给地方法院。⑤ 此外，法院适用外国法并不影响管辖权的行使。正如有法院所指出的，如果认为要考虑法律选择的因素以决定原告是否可以根据《外国人侵权请求法》对涉嫌参与暗杀萨尔瓦多主教的前安全部门领导提起诉讼，法院要援引萨尔瓦多的法律，但不能因此而使《外国人侵权请求法》的目的落空。⑥

在 Adra v. Clift 案中，⑦ 法院也是将管辖权问题和法律选择问题分开处理

---

① See *Restatement（Second）of Conflict of Laws* § 6 cmt. c.

② *Restatement（Second）of Conflict of Laws* § 145（1）.

③ *Restatement（Second）of Conflict of Laws* § 145（2）.

④ See *Doe v. Unocal Corp.*, 395 F. 3d 932, 949（9th Cir. 2002）.

⑤ 630 F. 2d 876, 889（2d Cir. 1980）.

⑥ *Doe v. Rafael Saravia*, 348 F. Supp. 2d 1112（E. D. Cal. 2004）.

⑦ 195 F. Supp. 857, 860 – 861（D. Md. 1961）.

的。首先，法院认定利用伪造的护照将小孩带离黎巴嫩以逃避执行黎巴嫩的监护令违反万国法，从而可以行使《外国人侵权请求法》上的管辖权。然后，在作出监护判决时，法院考虑但最终忽略了黎巴嫩法以及其他法律渊源，而是采用马里兰州的法律作为裁判规则。虽然法院适用所在州的法律，但是拒绝说明这样做是构成了创造新的联邦普通法还是由于《裁判规则法》的存在而适用州法。① 爱德华兹（Edwards）法官认为，Adra 案的做法仅在有些情况下才是合适的。② 在 Taveras v. Taveras 案中，法院采用了 Adra 案的两步分析法，但是认为监护问题没有达到 Sosa 案所要求的违反万国法的程度，否则联邦法院就成了国际家庭法院了。然而，这样的问题可能在满足 Sosa 案的要求时出现。③

在马科斯案中，地方法院则根据传统的法律选择原则适用侵权行为的损害地法，这也得到了第九巡回法院的赞同。④

二、适用行为地法的考虑因素

在决定是否要将行为地法作为裁判规则时，首先要考虑美国国内是否存在可以适用的成熟的联邦法，其次要考虑联邦在统一相应的规则上的利益是否超过了行为地国。⑤ 如果将行为地法并入了，则只要原告证明存在违反国际法的情形，法院就有了管辖的利益，但是原告的损害赔偿请求是否能够得到支持就严格地取决于行为地的侵权实体法。⑥

在没有立足于国内法或国际法的诉因时，大多数法院将适用指向行为地法的法律选择规则。⑦ 在 Unocal 案中，法院也可以选择适用损害发生地

---

① *Adra v. Clift*, 195 F. Supp. 857, 866 (D. Md. 1961).

② *Tel - Oren v. Libyan Arab Republic*, 726 F. 2d 774, 788 (D. C. Cir. 1984) (Edwards, J., concurring).

③ See 397 F. Supp. 2d 908, 913 - 16 (S. D. Ohio 2005).

④ See *In re Estate of Ferdinand E. Marcos Human Rights Litig.*, 978 F. 2d 493, 503 (9th Cir. 1992).

⑤ Paul J. Mishkin, *The Variousness of "Federal Law"：Competence And Discretion in The Choice of National and State Rules for Decision*, 105 U. PA. L. REV. 797 (1957).

⑥ Ralph G. Steinhardt & Anthony D'Amato (eds.), *The Alien Tort Claims Act：An Analytical Anthology*, Transnational Publishers, 1999, p. 95.

⑦ Human Rights Committee, International Law Association (British Branch), *Report on Civil Actions in the English Courts for Serious Human Rights Violations Abroad*, reprinted in 2001 Eur. Hum. Rts. L. Rev. 129, 140 (2001).

法。① 不过，一般而言，法院不大喜欢适用行为地法，因为觉得行为地法不完善不足以提供救济。② 正如参议院所指出的，一般而言，委员会承认在大多数情形下根据本法开始诉讼就是原告用尽当地救济的表面证据。③

如果外国对侵犯人权的行为规定特赦或者其他责任免除或限制，法院地国就认为该请求不能得到主张。在 Wiwa 案中，④ 原告指出了适用国内侵权法的另外一个问题：当地的国内法可能根本不承认这些事实构成侵权行为。经过一个摆样子公审后，尼日利亚政府处决了 Ken Saro-Wiwa 和 John Kpuin-en，如果根据尼日利亚法，尼日利亚政府的审判和处决是合法的，适用尼日利亚的国内法可能被迫认定根本就不存在任何侵权行为。类似地，一国法律制度也可能不承认政府官员所实施的一些酷刑或者任意拘禁行为构成侵权。

对此问题，有学者在 1981 年就提出，将传统的冲突法理论适用于《外国人侵权请求法》的侵权案件是不合适的，因为在适用传统的冲突法理论时很少考虑到国际社会的利益。⑤ 当然，有时一个相关法域的利益超过国际社会的利益。⑥

在 Doe v. Unocal 案中，对于地方法院适用国内法，有学者提出了批评，认为法院这样做是不顾国际法和国内法制度之间的根本差异。⑦ 之后，上诉法院认为由于国际法是联邦普通法，所以法院拒绝将州的法律作为可能的裁判规则。⑧

第三节　诉因的法律适用问题

关于诉因的法律适用，有学者认为应适用联邦普通法。按照这种观点，

---

① *Doe v. Unocal Corp.*, 395 F3d 932, 948 (9th Cir 2002).

② *Sarei v. Rio Tinto*, *PLC*, 456 F. 3d 1069, 1090 (9th Cir. 2006).

③ S. Rep. No. 102-249, 9-10 (1991).

④ See *Wiwa v. Royal Dutch Petrol. Co.*, No. 96 CIV. 8386, 2002 WL 319887 (S. D. N. Y. Feb. 28, 2002).

⑤ See Richard A. Conn, Jr., *The Alien Tort Statute: International Law as the Rule of Decision*, 49 Fordham L. Rev. 874, 885 (1981).

⑥ See Richard A. Conn, Jr., *The Alien Tort Statute: International Law as the Rule of Decision*, 49 Fordham L. Rev. 874, 885 (1981).

⑦ See Andrew Ridenour, *Doe v. Unocal Corp.*, *Apples and Oranges: Why Courts Should Use International Standards to Determine Liability for Violation of the Law of Nations under the Alien Tort Claims Act*, 9 Tul. J. Int'l & Comp. L. 581, 597-98 (2001).

⑧ See *Doe v. Unocal Corp.*, 395 F. 3d 932, 948 n. 23 (2002).

"在《外国人侵权请求法》诉讼中，存在独特的联邦利益来支持创设一个统一的联邦普通法体系，从而方便执行此类请求。"确实，对于原告根据《外国人侵权请求法》提出的请求，法院发挥作用的关键是"对于违反国际习惯法的行为提供国内普通法的救济"。有些法院甚至认定国际法与万国法是互换的，因而是联邦普通法的一部分。事实上，制定《酷刑受害人保护法》是将 Filartiga 案对万国法被并入美国法的认定法典化。①

有学者认为，不应适用联邦普通法，而应适用国际法或者外国法。但是这样一个问题没有解决，那就是许多国家不承认违反国际法是产生诉因的侵权，所以原告只好以国内法上的诉因为基础来提起诉讼。例如，原告提出的请求不是国际法上的草率处决、酷刑或者任意拘禁，而可能是国内的侵权行为，例如非法致死、殴打或者非法监禁。对此，有法官和学者认为，不应该将这些请求放在国内法的基础上，相反，在侵犯国际人权基础上的请求意味着其提高了谴责和关注。伍德洛克（Woodlock）法官指出：②

　　一个侵犯国际人权的行为不应被降格为"不过是一起普通的国内侵权"。这不仅是一个形式主义或者赔偿的数额或者种类的问题，而是在美国制定法上对这些不当行为的恰当定性问题：这些人类公敌所实施的行为违反了强行法（国际法的强制规范）。从这点上来看，国内侵权法不足以捍卫这样的价值。

在一个脚注中，法官指出：

　　例如，我质疑适用国内的非法致死立法来解决草率处决或者"失踪"的合理性。类似地，我怀疑有任何国内法来充分地解决种族灭绝罪。③

在美国，《外国人侵权请求法》和其他相关立法对侵犯国际人权规定了诉因，而其他国家没有一部比得上的立法。在有的国家，此类请求可以根据

---

　　① Nancy Morisseau, *Seen But Not Heard: Child Soldiers Suing Gun Manufacturers under The Alien Tort Claims Act*, 89 Cornell L. Rev. 1263, 1298 (2004).

　　② *Xuncax v. Gramajo*, 886 F. Supp. 162, 183 (D. Mass. 1995).

　　③ *Xuncax v. Gramajo*, 886 F. Supp. 162, 183 n. 24 (D. Mass. 1995).

国际习惯法直接提起；然而，此类诉讼可能要求复杂且昂贵的程序条件。例如，在英国，证明根据国际习惯法所享有的诉权要求提交广泛的记录，这很可能是耗时、昂贵而且难以完成的。① 这样，民事请求必须作为伍德洛克（Woodlock）法官所说的"普通的国内侵权"而提起诉讼，这个限制为Wiwa案诉讼中为双方各自作证的专家所承认，被告认为这对于不方便法院问题是没有什么关系的，而原告坚持认为改变审判地将不能把违反国际法定性为侵权行为，从而剥夺原告请求的全部范围。

联邦法院在两种情形下可以行使普通法的权力：第一，联邦法院在国会授权的基础上制定裁判规制；第二，联邦法院在涉及"独特的联邦利益"的案件中创设并适用联邦普通法。② 联邦最高法院进一步指出，在涉及美国的权利与义务、州际和国际争议或者与外国关系以及海事案件时，联邦法院可以创设适用联邦普通法。③ 在《外国人侵权请求法》诉讼中，由于涉及违反万国法或者美国的条约，进而可能影响美国与外国的关系，所以适用联邦普通法是比较合适的。

第四节　损害赔偿数额的法律适用

一、Filartiga 案的损害赔偿以及学者的评价

在 Filartiga 案中，为了确定赔偿的数额，尼克森（Nickerson）法官将案件分配给治安法官约翰·卡登（John Caden）。卡登认为，关于赔偿问题，应该适用巴拉圭法，不允许进行惩罚性赔偿，以免有鼓励挑选法院的嫌疑。④ 对此，尼克森法官不大同意。尼克森法官从相互尊重的原则出发，引用《第二次冲突法重述》第 6 条第 2 款规定，适用利益分析来决定裁判规则，选择了混合的裁判规则而非单一的规则。尼克森法官认为，必须指向国

---

① Human Rights Committee, International Law Association (British Branch), *Report on Civil Actions in the English Courts for Serious Human Rights Violations Abroad*, reprinted in 2001 Eur. Hum. Rts. L. Rev. 129, 159 (2001).

② *Texas Industries, Inc. v. Radcliff Materials, Inc.*, 451 U. S. 630, 640 (1981).

③ *Texas Industries, Inc. v. Radcliff Materials, Inc.*, 451 U. S. 630, 641 (1981).

④ 这种观点得到个别学者的支持，认为在《外国人侵权请求法》诉讼中，法律选择的不同，可能会导致原告挑选法院。See Gary Clyde Hufbauer, *The Supreme Court Meets International Law: What's the Sequel to Sosa v. Alvarez – Machain?*, 12 TULSA J. COMP. & INT'L L. 77, 77 (2004).

际法来确定所要适用的实体法原则，当然也要考虑巴拉圭的利益，前提是不违反国际法或者美国的公共政策。为此，尼克森法官认定，对于违反国际法的救济首先要看巴拉圭法的规定，从而就大部分赔偿项目都适用了巴拉圭法。然而，至于惩罚性赔偿，《巴拉圭民法典》并没有规定，尼克森法官认为，为了宣告禁止酷刑的国际目标，授予惩罚性赔偿是合适的，因而直接将国际法作为裁判规则。① 对于尼克森法官的分析和判决，克瑞思腾森（Christenson）教授是赞同的，他认为，习惯国际人权法、法院地法、相关的外国法代表了不同的政策和利益，而所有这一切都应有助于在美国法院的人权诉讼的政策。②

在 Filartiga 案中，地方法院认定巴拉圭法应作为认定补偿性损害赔偿的准据法，因为巴拉圭与侵权行为具有最密切联系。③ 然而，在考虑惩罚性赔偿时，法院又故意忽视巴拉圭法，因为巴拉圭法不允许惩罚性赔偿。这样一来，对于损害赔偿金的认定，实际上不存在任何既定的规则来指引美国法官的判决。

二、补偿性赔偿

在有的案件中，法院判决被告要承担损害赔偿责任，而且对于原告的补偿性赔偿（Compensatory Damages）应与其所受的伤害相称。例如，在 Mushikiwabo v. Barayagwiza 案中，法院裁决被告向酷刑受害人的每位亲属赔偿支付 50 万美元的补偿性赔偿金。④ 在 Cabello v. Fernandez-Larios 案中，法院对于法外处决判决 300 万美元的补偿性赔偿金；⑤ 在 Tachiona v. Mugabe 案中，法院对于法外处决判决 250 万美元的补偿性赔偿金以及向每名酷刑受害人赔偿 100 万美元。此外，法院曾经还作出过这样的判决，即比原告所请求的赔偿额还高。⑥ 在 Arce v. Garcia 案中，陪审团裁决被告向三名原告赔偿 5460 万美元。⑦

---

① *Filartiga v. Pena - Irala*, 577 F. Supp. 860（E. D. N. Y. 1984）.

② Gordon A. Christenson, *Customary International Human Rights Law in Domestic Court Decisions*, 25 Ga. J. Int'l & Comp. L. 225, 251（1995 - 1996）.

③ 577 F. Supp. 860, 863 - 64（E. D. N. Y. 1984）.

④ *Mushikiwabo v. Barayagwiza*, No. 94 Civ. 3627, 1996 WL 164496（S. D. N. Y. Apr. 9, 1996）.

⑤ See, e. g., *Cabello v. Fernandez - Larios*, 402 F. 3d 1148（11th Cir. 2005）.

⑥ *Tachiona v. Mugabe*, 216 F. Supp. 2d 262（S. D. N. Y. 2002）.

⑦ See *Arce v. Garcia*, 434 F. 3d 1254, 2006 WL 13218（11th Cir. Jan. 4, 2006）.

三、惩罚性赔偿

惩罚性赔偿是用来惩罚、威慑被告以及其他人将来不再实施同样的行为，所以为了达到此目标，法院必须明确国际社会对于酷刑的否定以与赔偿额相适应。为了确定惩罚性赔偿的数额，法院必须考虑到行为的性质等多种因素。如果希望减少赔偿额，则被告应举证证明其资产状况及其合法来源。① 对于多次实施非法行为的，惩罚要比初次实施的人重。② 在不少案件中，法院都曾经作出过惩罚性赔偿的判决。③ 有学者认为，不应适用法院地法来支配惩罚性赔偿。④

在 Marcos 案中，法院地的程序规则适用于确认在菲律宾的受害人、保存 Marcos 遗产的衡平救济以及遗留的诉讼（survival of action，指的是受害人死亡后仍然继续存在的有关人身伤害的诉讼，它并不随着提出诉讼请求的当事人的死亡而消灭），而菲律宾法则用来支持惩罚性赔偿。⑤ 还有，在 Abebe-Jira v. Negewo 案中，法院判决被告向遭受酷刑的每一名原告支付 30 万美元的惩罚性赔偿金；⑥ 在 Mehinovic v. Vuckovic 案中，法院判决被告向每名原告支付 2500 万美元的惩罚性赔偿金；⑦ 在 Tachiona v. Mugabe 案中，

---

① See *Filartiga v. Pena - Irala*, 577 F. Supp. 860, 866（E. D. N. Y. 1984）.

② *Mechinovic v. Vuckovic*, 198 F. Supp. 2d 1322, 1360（N. D. Ga. 2002）（quoting *BMW of N. Am. , Inc. , v. Gore*, 517 U. S. 559, 576 - 77（1996）），declined to follow by *Aldena v. Del Monte Fresh Produce, N. A. , Inc.* , 416 F. 3d 1242（11th Cir. 2005）.

③ See, e. g. , *Cabello v. Fernandez - Larios*, 402 F. 3d 1148（11th Cir. 2005）; see also *Hilao v. Estate of Ferdinand Marcos*, 103 F. 3d 767, 779 - 82（9th Cir. 1996）; *Abebe - Jira v. Negewo*, 72 F. 3d 844, 846 - 48（11th Cir. 1996）; *Mechinovic v. Vuckovic*, 198 F. Supp. 2d 1322, 1358 - 60（N. D. Ga. 2002）; *Tachiona v. Mugabe*, 216 F. Supp. 2d 262（S. D. N. Y. 2002）; *Mushikiwabo v. Barayagwiza*, No. 94 Civ. 3627, 1996 WL 164496, at ∗3（S. D. N. Y. Apr. 9, 1996）; *Xuncax v. Gramajo*, 886 F. Supp. 162, 197 - 200（D. Mass. 1995）; *Paul v. Avril*, 901 F. Supp. 330, 335 - 36（S. D. Fla. 1994）; *Todd v. Panjaitan*, No. CV - 92 - 12255 - PBS, 1994 WL 827111, at ∗1（D. Mass. Oct. 26, 1994）; *Forti v. Suarez*, No. 87 - 2058 - DLJ（N. D. Cal. Apr. 25, 1990）; *Quiros de Rapaport v. Suarez - Mason*, No. C87 - 2266 JPV（N. D. Cal. Apr. 11, 1989）; *Filartiga v. Pena - Irala*, 577 F. Supp. 860, 864 - 867（E. D. N. Y. 1984）.

④ See Richard B. Lillich, *Damages for Gross Violations of International Human Rights Awarded by US Courts*, 15 Hum. Rts. Q. 207（1993）.

⑤ 25 F. 3d 1467（9th Cir. 1994）.

⑥ *Abebe - Jira v. Negewo*, 72 F. 3d 844, 846 - 48（11th Cir. 1996）.

⑦ *Mehinovic v. Vuckovic*, 198 F. Supp. 2d 1322, 1358 - 60（N. D. Ga. 2002）.

法院对被告的法外处决行为和酷刑行为分别向原告支付 500 万惩罚性赔偿金;① 在 Mushikiwabo v. Barayagwiza 案中，法院要求被告向受害人的每一名亲人支付 100 万美元惩罚性赔偿金以及向酷刑受害人支付 500 万美元赔偿金;② 在 Todd v. Panjaitan 案中，法院要求被告支付 1000 万美元惩罚性赔偿金;③ 在 Forti v. Suarez 案中，法院要求被告支付 300 万美元惩罚性赔偿金;在 Quiros de Rapaport v. Suarez-Mason 案中，法院要求被告向受害人的遗孀支付 1000 万美元惩罚性赔偿金并向受害人的母亲和姐妹支付 500 万美元惩罚性赔偿金。④ 在 Flatlow v. Iran 案中，地方法院法官为了显示自己的爱国主义，作出的裁决比原告所请求的还多一亿美元。⑤

第五节　诉讼时效的法律适用

一、诉讼时效的期限

《外国人侵权请求法》本身并没有规定诉讼时效，联邦最高法院也没有相关的判例作出指引。不过，联邦最高法院曾经在其他诉讼中指出，除非有更密切相关的法律或者联邦利益所要求，不然联邦法院一般都应适用所在的州的诉讼时效规定。⑥ 所以，在《外国人侵权请求法》诉讼中，联邦法院也基本遵循同样的指引。有法院曾经指出，如果联邦立法的诉因没有直接可以适用的时效规定，那么联邦法院应指向类似的州或联邦法律来借用时效法规。⑦ 通常情况下，法院都是借用最合适的时效，⑧ 传统上都是法院所在的

---

① *Tachiona v. Mugabe*, 216 F. Supp. 2d 262 (S. D. N. Y. 2002).

② *Mushikiwabo v. Barayagwiza*, No. 94 Civ. 3627, 1996 WL 164496, at ＊3 (S. D. N. Y. Apr. 9, 1996).

③ *Todd v. Panjaitan*, No. CV－92－12255－PBS, 1994 WL 827111, at ＊1 (D. Mass. Oct. 26, 1994).

④ *Rapaport v. Suarez－Mason*, No. C87－2266 JPV (N. D. Cal. Apr. 11, 1989).

⑤ M. O. Chibundu, *Making Customary International Law through Municipal Adjudication: A Structural Inquiry*, 39 VA. J. INT'L L. 1069, 1110 n. 139 (1999) (citing *Flatlow v. Iran*, 999 F. Supp. 1, 34 (D. D. C. 1998)).

⑥ *North Star Steel Co. v. Thomas*, 515 U. S. 29, 35 (1995).

⑦ *Nat'l Coalition Gov't of the Union of Burma v. Unocal, Inc.*, 176 F. R. D. 329, 359 (C. D. Cal. 1997).

⑧ See *In re World War II Era Japanese Forced Labor Litig.*, 164 F. Supp. 2d 1160 (N. D. Cal. 2001).

州的法律。如果侵权行为发生在国外，法院甚至还可以参考该国的诉讼时效。① 在一些案件中，法院就适用所在的州或其他州的相似的诉讼时效。在 Tel-Oren v. Libyan Arab Republic 案中，法院就是适用所在州的哥伦比亚特区的法律，认为涉讼的行为是故意侵权，适用 1 年的诉讼时效，而非过失侵权的 3 年时效。② 在 Forti v. Suarez-Mason 案中，加利福尼亚北区地方法院适用了加利福尼亚州对于人身损害诉讼所规定的 1 年的诉讼时效。③

当然，现在好像越来越多的法院都倾向于将《酷刑受害人保护法》上规定的 10 年诉讼时效适用于《外国人侵权请求法》诉讼中。④ 在 Papa v. United States 案中，第九巡回法院认为，既然《外国人侵权请求法》并没有规定具体的时效，则应适用最相近的立法并且比较详细地解释了其中的缘由：

与《外国人侵权请求法》类似，《酷刑受害人保护法》促进了人权的保护，有助于美国执行保护人权的义务。此外，《外国人侵权请求法》和《酷刑受害人保护法》二者在达到这些目标时采用了类似的机制，即民事诉讼。《酷刑受害人保护法》的条文增加到《外国人侵权请求法》中，进一步表明了这两部立法之间的紧密关系。所有这些因素都指向于为《外国人侵权请求法》借用《酷刑受害人保护法》上的时效规定。同时，根据《外国人侵权请求法》提起诉讼的现实以及提供救济的联邦利益也都要求采用一个统一的、普遍的时效规则。与《酷刑受害人保护法》类似，《外国人侵权请求法》所要保护的受害人遭遇的行为的性质倾向于排除在美国法院短期内提起诉讼。因此，地方法院采用加利福尼亚州的时效规则是不对的，而应采用《酷刑受害人保护法》上规定的 10 年时效规定。⑤

---

① See *Forti v. Suarez – Mason*, 672 F. Supp. 1531, 1548 – 49（N. D. Cal. 1987）. 该案比较全面地讨论了诉讼时效问题，值得关注。See also, *Xuncax v. Gramajo*, 886 F. Supp. 162, 192（D. Mass 1995）.

② *Tel – Oren v. Libyan Arab Republic*, 517 F. Supp. 542（D. D. C. 1981），aff'd 726 F. 2d 774（D. C. Cir. 1984）.

③ See *Forti v. Suarez – Mason*, 672 F. Supp. 1531, 1549（N. D. Cal. 1987）.

④ See *Papa v. United States*, 281 F. 3d 1004, 1012—1013（9th Cir. 2002）；*Cabello v. Fernandez – Larios*, 402 F. 3d 1148, 1153（11th Cir. 2005）；*Jean v. Dorelien*, 431 F. 3d 776, 778 – 779（11th Cir. 2005）；*Doe v. Islamic Salvation Front*, 257 F. Supp. 2d 115, 119（D. D. C. 2003）；*Manliguez v. Joseph*, 226 F. Supp. 2d 377, 386（E. D. N. Y. 2002）；*Cabiri v. Assasie – Gyimah*, 921 F. Supp. 1189, 1194 – 96（S. D. N. Y. 1996）.

⑤ See *Papa v. United States*, 281 F. 3d 1004, 1012（9th Cir. 2002）.

在 Ivanova v. Ford Motor Company 案中，法院适用了《酷刑受害人保护法》所规定的 10 年时效。① 在 Deutsch v. Turner Corp 案中，第九巡回法院借用了《酷刑受害人保护法》的 10 年时效。②

二、诉讼时效的衡平中止

（一）衡平中止（equitable tolling）的实践

由于考虑到原告所面临的困难，不少法院都考虑过诉讼时效的中断和中止的问题。③ 如果因发生了当事人不能控制甚至谨慎也无法避免的特别情形，那么衡平中止就是合适的。④ 所谓的横平中止指的是，如果被告的非法行为阻碍了原告及时地提起诉讼，那么诉讼时效将停止计算。当然，原告必须证明存在这样的特别情形。⑤ 根据最高法院的判例，在下列情形下允许诉讼时效的衡平中止：请求人收到不合适的通知、委任代理人的未决动议或者法院使得原告认为其已经实施了所要求的一切行为。⑥ 最常见的情形是被告的不当行为是原告不能及时提出请求的促成因素。否则，法院也不大愿意允许衡平中止。⑦

在 Forti v. Suarez-Mason 案中，原告指出自己由于害怕人身安全不能得到保障所以不能及时行使权利，法院最终认定原告超过诉讼时效而提起诉讼是因为超出了原告控制范围的情形，所以同意诉讼时效的衡平中止。⑧

在 Hilao v. Marcos 案中，在马科斯执政期间原告担心受到报复而不敢提出请求，第九巡回法院认为这是原告所不能控制的特别情形，所以允许诉讼时效衡平中止。⑨ 法院同时认定，当地法院不能救济也是适用衡平中止的理由。⑩ 在 Doe v. Unocal 案中，法院认为，由于被告的非法行为妨碍了原告提出请求以及存在原告所不能控制的特别情形使得原告不能及时提出请求，所

① See *Ivanova v. Ford Motor Company*, 67 F. Supp. 424, 462（D. N. J. 1999）.
② See *Deutsch v. Turner Corp*, 317 F. 3d 1005, 1028（9th Cir. 2003）.
③ See, e. g. , *Arce v. Garcia*, 434 F. 3d 1254, 1265（11th Cir. 2006）.
④ *Sandvik v. United States*, 177 F. 3d 1269, 1271（11th Cir. 1999）.
⑤ *Justice v. United States*, 6 F. 3d 1474, 1479（11th Cir. 1993）.
⑥ *Baldwin County Welcome Ctr. v. Brown*, 466 U. S. 147, 151（1984）.
⑦ See *Irwin v. Dep't of Veterans Affairs*, 498 U. S. 89, 96（1990）.
⑧ See *Forti v. Suarez－Mason*, 672 F. Supp. 1531, 1549（N. D. Cal. 1987）.
⑨ *Hilao v. Estate of Marcos*, 103 F. 3d 767, 771（9th Cir. 1996）.
⑩ *Hilao v. Estate of Marcos*, 103 F. 3d 767, 773（9th Cir. 1996）.

以诉讼时效也应衡平中止。① 在 Cabello v. Fernandez-Larios 案中，侵权行为发生在 1973 年，但是诉讼直到 1999 年才开始，第十一巡回法院确认了地方法院认定的 10 年时效，但是认为考虑到案件的事实背景，诉讼时效应被衡平中止。② 在 Jean v. Dorelien 案中，第十一巡回法院认为威胁报复足以支持衡平中止。③

在 In re Agent Orange Prod. Liab. Litig. 案中，法院认为越南原告当时不能求助律师也不知道危险所在，所以对于这样特殊的情形就不应有诉讼时效的限制。同时，法院认为，有必要根据国际习惯法承认战争罪和反人类罪没有诉讼时效限制。④

在实践中，被告出于各种考虑，可能放弃诉讼时效的抗辩。例如，在针对瑞士银行第二次世界大战中强迫劳动的《外国人侵权请求法》诉讼中，瑞士银行就放弃诉讼时效的抗辩，以免证据开示程序对其造成不利影响。⑤

相反，在涉及日本第二次世界大战期间强迫劳动的诉讼中，法院就拒绝适用衡平中止。法院认为，由于诉讼是在加利福尼亚提起的，所以审查了加利福尼亚州的人身伤害法所规定的 1 年的诉讼时效。同时，鉴于强迫劳动和酷刑的相似性，那么《酷刑受害人保护法》与诉讼中所涉及的《外国人侵权请求法》相似。既然受害人最迟在 1945 年就已经知道损害的发生，然而却是在 1999 年和 2000 年开始诉讼，已经超过了 10 年的诉讼时效，而且不存在衡平中止的事由，所以法院以超过诉讼时效为由撤销了诉讼。⑥

在 Iwanowa v. Ford Motor Co. 案中，⑦ 法院也是认为，原告一直有机会对被告的虚假陈述或者隐瞒行为提起诉讼，然而被告却一直没有提起诉讼，因此，不存在适用衡平中止的事由。当然，针对德国、奥地利、瑞士等国相关公司的第二次世界大战索赔诉讼虽然被撤销了，但是受害人还是通过企业设

---

①　*Doe v. Unocal Corp.*, 963 F. Supp. 880（C. D. Cal. 1997）.

②　*Cabello v. Fernandez - Larios*, 157 F. Supp. 2d 1345（S. D. Fla. 2001）.

③　See *Jean v. Dorelien*, 431 F. 3d 776, 780 - 81（11th Cir. 2005）.

④　See *In re Agent Orange Prod. Liab. Litig.*, 373 F. Supp. 2d 7, 63（E. D. N. Y. 2005）.

⑤　Burt Neuborne, *Preliminary Reflections on Aspects of Holocaust - Era Litigation in American Courts*, 80 Wash. U. L. Q. 795, 806 n. 29（2002）.

⑥　164 F. Supp. 2d 1160（N. D. Cal. 2001）. See also, Russell A Miller, *Much Ado, But Nothing*: *California's New World War II Slave Labor Law Statute of Limitations and Its Place in the Increasingly Futile Effort to Obtain Compensations from American Courts*, 23 Whittier L. Rev. 121（2001）.

⑦　*Iwanowa v. Ford Motor Co.*, 67 F. Supp. 2d 424（D. N. J. 1999）.

立的基金等途径获得了一些赔偿。①

(二) 衡平中止的解释

对于《外国人侵权请求法》诉讼中的诉讼时效衡平中止问题，我们可以参考《酷刑受害人保护法》的相关规定。对于《酷刑受害人保护法》上的诉讼时效问题，美国参议院的解释是虽然有 10 年的诉讼时效的规定，但是也要考虑所有的衡平中止原则以公正地维护原告的权利，包括但不限于下列可以衡平中止的情形：被告不在美国或不受美国管辖或因豁免而不能被起诉期间的，可以中止诉讼时效；原告被拘禁或不能提起诉讼期间的，诉讼时效也应中止；被告隐瞒自己的下落或者原告不能发现侵害人的身份时，诉讼时效也应中止。②

在认定诉讼时效的衡平中止事由上，各个法院甚至同一法院的立场不尽相同。这一点，从 Arce v. Gonzales 案可以看出，该案一波三折，比较有代表性。③ 1979—1983 年间，萨尔瓦多军方对 Gonzales 及其同伴 Juan Romagoza Arce 和 Carlos Mauricio 施以酷刑，之后他们三人加入美国国籍，1999 年 5 月 11 日，Arce 与 Gonzalez 在美国佛罗里达中区地方法院对两名萨尔瓦多军官 Jose Guillermo Garcia 和 Carlos Eugenio Vides-Casanova 提起民事诉讼，要求根据《外国人侵权请求法》和《酷刑受害人保护法》获得补偿性和惩罚性赔偿。1999 年 12 月 22 日，Mauricio 作为原告加入。2000 年 2 月 28 日，三名原告在佛罗里达南区地方法院对两名萨尔瓦多军官被告提起民事诉讼。最终，陪审团认定被告要承担责任并且裁定被告向原告赔偿 5460 万美元。被告不服，上诉至第十一巡回法院。虽然第十一巡回法院在 1998 年的一个案件中曾经指出，衡平中止决定了诉讼时效什么时候开始计算、停止以及在酷刑受害人可以提起诉讼期间延长的时间，④ 但是第十一巡回法院于 2005 年 2 月 28 日撤销了原告的请求，认为原告的请求超过了《外国人侵权请求法》和《酷刑受害人保护法》上的时效。撤销的原因在于法院比较严格地解释衡平中止，认为自由宽松的衡平中止将对美国法院的统一性有所侵蚀。2005

---

① See Michael J. Bazyler, *The Holocaust Restitution Movement in Comparative Perspective*, 20 Berkeley J. Int'l L. 11, 23 – 24 (2002); Burt Neuborne, *Preliminary Reflections on Aspects of Holocaust – Era Litigation in American Courts*, 80 Wash. U. L. Q. 795, 799 (2002).

② S. Rep. No. 102 – 249, 10 – 11 (1991).

③ *Arce v. Garcia* (*Arce I*), 400 F. 3d 1340, 1343 (11th Cir. 2005), vacated, 434 F. 3d 1254, 1256 (2006).

④ *Ellis v. Gen. Motors Acceptance Corp.*, 160 F. 3d 703, 706 (11th Cir. 1998).

年 8 月 25 日，第十一巡回法院又以诉讼时效衡平中止的自由宽松解释为由而主动撤销了自己先前作出的判决，认为虽然已经超过了 10 年，但是由于内战以及萨尔瓦多军方禁止提起诉讼等的影响，所以诉讼时效应衡平中止。最终，法院同意了原告的诉讼时效衡平中止的要求。2006 年 1 月 4 日，第十一巡回法院确认了地方法院的赔偿判决。

三、诉讼时效的未来

有学者认为，鉴于根据《外国人侵权请求法》提起的侵权诉讼与各州的侵权诉讼不一定一一对应甚至存在重大差异、许多受害人不愿意或不能及时提出请求、超过诉讼时效起诉的事由的复杂性、法院的沉重负担以及未来对环境侵权等新型侵权的诉讼的出现，有必要修改《外国人侵权请求法》，增加一个条款，规定 10 年的诉讼时效，但是种族灭绝等行为除外。①

我们认为，目前修改《外国人侵权请求法》的时机并不成熟。如果现在修改《外国人侵权请求法》，增加诉讼时效的规定，那么在修改的过程中，很可能又给跨国公司等反对《外国人侵权请求法》诉讼的团体一个机会，很有可能会限制《外国人侵权请求法》的适用范围。与其冒着《外国人侵权请求法》被限制的风险，不如就一动不动，不对《外国人侵权请求法》的诉讼时效作任何修改。就算不增加诉讼时效的规定，联邦法院在司法实践中也会慢慢发展出相应的普通法规则，一样能满足需要。

综上所述，从目前的司法实践来看，各个法院都越来越倾向于尽量不以超过诉讼时效为由而撤销案件，相反，在解释诉讼时效及其衡平中止时，都倾向于自由宽泛地解释，尽量不让原告获得救济的希望和选择落空。此外，在可以预见的将来，《外国人侵权请求法》的诉讼时效也不可能有成文法的规定。毕竟《外国人侵权请求法》牵扯面很广，牵一发而动全身。

第六节 国际法的适用与内容的查明

一、帮助与教唆责任的标准

在很多《外国人侵权请求法》案件中，原告要求联邦法院适用国际法

---

① David E. Chawes, *Time Is Not on Your Side: Establishing A Consistent Statute of Limitations for the Alien Tort Claims Act*, 27 Seattle U. L. Rev. 191, 218 – 231 (2003).

来认定帮助与教唆、共谋（accomplice）以及替代（vicarious）责任。在涉及公司责任的案件中，Unocal 案最有代表性，[①] 涉及公司是否能根据《外国人侵权请求法》承担帮助与教唆外国政府侵犯人权的责任，而这个问题是《外国人侵权请求法》诉讼一直必须面对的。[②]

虽然 Unocal 声称自己没有强迫工人劳动，也没有直接参与特定的侵犯人权的活动，法院仍然认定有证据表明 Unocal 注意到与其项目有关的这些侵犯人权的行为会发生，而且 Unocal 从中受益，但是对于 Unocal 参与该项目及其对侵犯人权的知悉与收益是否足以构成帮助与教唆责任则存在争论。[③]

2002 年 9 月，第九巡回法院概括了公司潜在责任的标准，法院最终依靠国际法渊源来解决公司的帮助与教唆责任，[④] 认为如果被告提供了"对犯罪具有实质影响的实际协助或者鼓励"则要承担责任。[⑤] 在创立帮助与教唆标准时，第九巡回法院主要依 Prosecutor v. Furundzija 案，[⑥] 根据第九巡回法院的说法，Furndzija 案清楚地阐释了"国际刑法上的帮助与教唆行为（the actus reus of aiding and abetting）要求存在对犯罪的实行具有实质性影响的实际的协助、鼓励或者道德支持（moral support）"。[⑦] 在审理 Unocal 案中，多数法官决定采用国际标准却将"道德支持"排除责任标准之外。[⑧] 多数意见认为，认为选择国际法还是国内法并不重要，因为任何一种选择导致实质上

---

① See, e. g., *Doe v Unocal*, 395 F. 3d 932, 947 (9th Cir 2002).

② 很多学者主张利用《外国人侵权请求法》来对公司在海外的行为提起诉讼。See, e. g., Marisa Anne Pagnattaro, *Enforcing International Labor Standards: The Potential of the Alien Tort Claims Act*, 37 Vand. J. Transnat'l L. 203, 205 (2004); Igor Fuks, *Sosa v. Alvarez - Machain and the Future of ATCA Litigation: Examining Bonded Labor Claims and Corporate Liability*, 106 Colum. L. Rev. 112, 112 (2006). 这被称为《外国人侵权请求法》诉讼的第二波。See Curtis A. Bradley, *Customary International Law and Private Rights of Action*, 1 Chi. J. Int'l L. 421, 421 (2000). 有学者将根据《外国人侵权请求法》对恐怖主义的诉讼称为第三波。See Julian G. Ku, *The Third Wave: The Alien Tort Statute and the War on Terrorism*, 19 Emory Int'l L. Rev. 105 (2005). 至于第一波，当然是以 *Filartiga* 案为代表。

③ See 963 F. Supp. 880 (C. D. Cal. 1997); 27 F. Supp. 2d 1174 (C. D. Cal. 1998; 2002 U. S. App. LEXIS 19263.

④ *Doe v. Unocal Corp.*, 395 F. 3d 932, 947 (9th Cir 2002).

⑤ 2003 U. S. Dist. Lexis 4083 (S. D. N. Y. 2003).

⑥ IT - 95 - 17/1 - T (Dec. 10, 1998), reprinted in 38 I. L. M. 317 (1999). 电子版判决书可以参见 http://www.icty.org/x/cases/furundzija/tjug/en/fur - tj981210e.pdf (last visited May 13, 2009).

⑦ *Doe v. Unocal Corp.*, 395 F3d 932, 950 (9th Cir 2002).

⑧ Note, *Alien Tort Claims Act Litigation: Adjudicating on "Foreign Territory"*, 30 Suffolk Transnat'l L. Rev. 101, 136 (2006).

类似的判决规则。① 在判决书的脚注中，法院还提到了《美国法典》第1983 条的近因测试（proximate cause test）。② 法院认为，私营机构的侵权行为（如海盗、种族灭绝、奴役、战争罪）并不要求国家行为，要求的是私人行动者对其行为会导致实施种族灭绝这样的行为的预见性，而此外的所有其他的违反国际习惯法的行为要求存在国家行为，因而要求私人当事人控制国家行动者作为近因的前提。

对此，莱恩哈特法官提出了自己的并存意见，批评了多数法官对国际法的利用和解释，主张适用联邦普通法。③ 首先，莱恩哈特（Reinhardt）法官批评了多数法官对国际标准的修订，认为如果多数意见期望得出国际法以及前南国际刑事法庭的标准是具有说服力的结论，那么就必须接受全部的标准，而不是接受部分标准而舍弃其他不合心意的标准。④ 此外，莱恩哈特法官怀疑这个标准"未经国际法学家明确其具体的范围前是否能确定的为我们所用"。莱恩哈特法官认为，这个标准是"新奇的"（novel pointed），而且多数法官意见所依赖的是特别国际法庭的意见，而它们并没有创立一般国际法。⑤

莱恩哈特法官进一步指出，在 Unocal 案中，多数意见在解释国际案例时犯了一个关键的错误，因为法院没有认识到这些案例涉及的是被指控实施"帮助与教唆"行为的政府官员而非私人行动者。另外，在 Unocal 案中，法院援引了国际法委员会制定的《危害人类和平及安全治罪法草案》以及《国际刑事法院罗马规约》作为论据，但是前者一直没生效，后者一直为美国所拒绝，不具有说服力，不能作为存在一般国际法的证明。⑥

莱恩哈特法官认为，在国家行动者明显实施了违反国际法的行为时，近

---

① Doe v. Unocal Corp. , 395 F. 3d 932, 948 n. 23（9th Cir 2002）.

② Doe v. Unocal Corp. , 395 F. 3d 932, 954 n. 32（9th Cir. 2002）.

③ See Doe v. Unocal Corp. , 395 F. 3d 932, 963（9th Cir 2002）（莱恩哈特（Reinhardt），J. , concurring）. 也有学者反对多数法官的意见。See, e. g. , Recent Cases, *Ninth Circuit Uses International Law to Decide Applicable Substantive Law under Alien Tort Claims Act*, 116 Harv. L. Rev. 1525, 1525 – 1526（2003）.

④ See Doe v. Unocal Corp. , 395 F. 3d 932, 970（9th Cir 2002）（莱恩哈特（Reinhardt），J. , concurring）.

⑤ See Supplemental Brief for the United States of America as Amicus Curiae in Doe v. Unocal Corp. 1 – 28（2004）; see also Andrea Bianchi, *International Decision*: Ferrini v. Federal Republic of Germany, 99 Am. J. Int'l. L. 242（2005）.

⑥ Note, *Alien Tort Claims Act Litigation*: Adjudicating on "Foreign Territory", 30 Suffolk Transnat'l L. Rev. 101, 137（2006）.

因不应该是一个问题，私人行动者的责任则源于国家行动者的行为，非国家
行动者仅对不要求国家行为的少数违反国际法的行为直接负责。然而，如果
侵权行为是由国家行动者实施的，则私人行动者的责任派生于国家行动者的
责任。因此，援引强行法规范是没必要的。① 同时，莱恩哈特法官主张应由
传统的侵权法原则来认定 Unocal 的责任，主要是侵权法上的第三人责任原
则：合营（joint venture）、② 代理（agency）③ 和极其漠视（reckless disre-
gard）。④

纽伦堡审判确立了个人的刑事责任，1948 年《灭种罪公约》明确禁止
共犯实施灭绝种族的行为，前南国际刑事法庭和卢旺达国际刑事法庭以及
《罗马规约》也都禁止共犯行为。⑤ 根据美国之前的判例，如果帮助和教唆
实施某些违反国际法的行为可能要负刑事责任。⑥ 但是适用于公司，则面临
一些实际问题，例如谁知悉、知悉的程度。⑦ 在 Unocal 案，法院认为，根据
国际判例，公司必须明知或应知其行为会实质上地协助犯罪行为。⑧ 也有法
院持类似看法，在考虑《外国人侵权请求法》上的公司共犯问题时适用国
际法作为裁判规则。⑨

在 Sosa 案后，美国政府向第九巡回法院提交了一份文件，认为不应认
定 Unocal 承担责任，因为国际法上对于帮助与教唆责任并没有一致的标准。
对此，原告表示反对。然而，在法院解决这些具有争议的问题前，当事人在

---

① *Doe v. Unocal Corp.*, 395 F. 3d 932, 963, 976 (9th Cir. 2002) (Reinhardt, J., concurring).

② 在联邦普通法中，合营方应对其他合营方的行为负责。*Doe v. Unocal Corp.*, 395 F. 3d 932, 970 (9th Cir. 2002) (Reinhardt, J., concurring).

③ 代理的要件是：第一，本人声明代理人为其工作；第二，代理人接受代理承诺；第三，双方当事人都认为本人控制代理人。See *Bowoto v. Chevron Texaco Corp.*, 312 F. Supp. 2d 1229, 1239 (N. D. Cal. 2004).

④ 极其漠视分为两类：客观的漠视指的是如果负有作为义务的行为人在损害危险极大或者已知时却不履行义务，主观的漠视要求被告实际上知悉实质上的危险。See *Doe v. Unocal Corp.*, 395 F. 3d 932, 974 (9th Cir. 2002) (Reinhardt, J., concurring).

⑤ See Daniel Diskin, *The Historical and Modern Foundations for Aiding and Abetting Liability under the Alien Tort Statute*, 47 Ariz. L. Rev. 805, 825 – 827 (2005).

⑥ See, e. g., *Kadic v. Karadzic*, 70 F. 3d 232, 239 (2d Cir. 1995).

⑦ Philip A. Scarborough, *Rules of Decision for Issues Arising under The Alien Tort Statute*, 107 Colum. L. Rev. 457, 479 (2007).

⑧ *Doe v. Unocal Corp.*, 395 F. 3d 932, 950 – 951 (9th Cir. 2002).

⑨ See, e. g., *Mehinovic v. Vuckovic*, 198 F. Supp. 2d 1322, 1344, 1355 – 1356 (N. D. Ga. 2002).

2004 年 9 月全部和解了。①

在 Presbyterian Church of Sudan v. Talisman Energy Inc. 案中，纽约南区地方法院在 Unocal 案的意见基础上列出了一个更加详细的标准，认为为了证明被告帮助与教唆违反国际法，原告必须证明：

本人（the principal）违反了国际法、被告知道该违法行为、被告意图协助该违法行为而且存在具体的协助行为、被告的行为对犯罪的完成具有实质性的影响、被告知道其行为协助了该违反行为。②

对此，必须注意两个问题：第一，必须证明公司明知自己的行为；③ 第二，对公司责任的执行标准仍然存在争议。因此，在《外国人侵权请求法》诉讼中选择适用国际法必须面对两个问题，即如何决定公司是否知悉以及国际法上的责任标准。

共同行为测试被认为是判断共谋责任的主要标准，④ 它专门讨论了个人与政府一致行动而实施违反国际法的行为的情形。⑤ 其中，主观上的认知和意图（Knowledge and intent）就特别关键了，如果被告不知其行为或东道国的行为侵犯了其他人的人权，那么就不应承担责任。⑥ 另外，有学者还提出了共谋（conspiracy）、引诱（instigation）、促成（procurement）这三种理论来作为帮助与教唆责任的替代形式。⑦

有学者建议采用国际法标准来认定公司责任，尤其是前南国际刑事法庭

---

① 对于帮助与教唆责任问题，有学者作了专门的论述。See Paul L. Hoffman & Daniel Zaheer, *The Rules of the Road*：*Federal Common Law and Aiding and Abetting under the Alien Tort Claims Act*，26 Loyola L. A. Int'l & Comp. L. Rev. 47 (2003).

② *Presbyterian Church of Sudan v. Talisman Energy Inc.*，453 F. Supp. 2d 633, 668 (S. D. N. Y. 2006).

③ See, e. g., *Arthur Andersen LLP v. United States*，125 S. Ct. 2129, 2135—2136 (2005).

④ *Aldana v. Fresh Del Monte Produce, Inc.*，305 F. Supp. 2d 1285, 1304 (S. D. Fla. 2003), aff'd in part, vacated in part, 416 F. 3d 1242 (11th Cir. 2006).

⑤ *Doe v. Unocal Corp.*，110 F. Supp. 2d 1294, 1307 (C. D. Cal. 2000), aff'd in part, rev'd in part, 395 F. 3d 932 (9th Cir. 2002).

⑥ Lucien J. Dhooge, *A Modest Proposal to Amend the Alien Tort Statute to Provide Guidance to Transnational Corporations*，13 U. C. Davis J. Int'l L. & Pol'y 119, 134 (2007).

⑦ Tarek F. Maassarani, *Four Counts of Corporate Complicity*：*Alternative Forms of Accomplice Liability under the Alien Tort Claims Act*，38 N. Y. U. J. Int'l L. & Pol. 39 (2005 – 2006).

的实践。① 也有学者反对在《外国人侵权请求法》诉讼中适用国际法的，认为在《外国人侵权请求法》诉讼中适用国际法扭曲了联邦法院的功能，使联邦法官作为国际请求的裁判员了。②

在 Burnett v. Al Baraka Inv. & Dev. Corp. 案中，③ 法院适用另外的帮助与教唆责任标准来认定私人行动者的责任：第一，被告协助的当事人必须实行造成损害的不当行为；第二，被告在提供协助时必须知悉其在整个非法或者侵权行为中的作用；第三，被告必须知悉而且实质上协助了主要的侵权行为。法院继而根据《第二次侵权法重述》来认定是否存在实质的协助。帮助与教唆责任的另一标准是《第二次侵权法重述》第 876 条的规定，④ 第876（b）条规定，如果明知他人的行为构成了违反义务并且实质性地协助或者鼓励他人如此行为，则要承担因此而对第三人造成的损害的责任。

总之，在针对公司的《外国人侵权请求法》诉讼中，法院将适用什么样的标准是不明确的。大多数法院遵循 Unocal 案而适用帮助与教唆的国际刑事标准；⑤ 其他法院将帮助与教唆作为《外国人侵权请求法》上的一个单独请求而非标准来认定责任的程度，从而撤销原告的请求；一些法院适用侵权法的原则作为共谋的标准。此外，《第二次侵权法重述》第 876 条规定了一个未来或许可以用的标准。

二、国际法内容的查明

在 Corrie v. Caterpillar，Inc. 案中，法院适用联邦普通法。⑥ 在 Xuncax v. Gramajo 案中，法院将国际法作为联邦普通法来适用。⑦ 然而，《联邦证据

① See Justin Prociv, *Incorporating Specific International Standards into ATCA Jurisprudence: Why the Ninth Circuit Should Affirm Unocal*, 34 U. Miami Inter – Am. L. Rev. 515 (2003); Andrew Ridenour, *Doe v. Unocal Corp., Apples and Oranges: Why Courts Should Use International Standards to Determine Liability for Violation of the Law of Nations under the Alien Tort Claims Act*, 9 Tul. J. Int'l & Comp. L. 581 (2001).

② See, e. g., *Recent Cases, Ninth Circuit Uses International Law to Decide Applicable Substantive Law under Alien Tort Claims Act*, 116 Harv. L. Rev. 1525, 1525 – 26 (2003).

③ *Burnett v. Al Baraka Inv. & Dev. Corp.*, 274 F. Supp. 2d 86 (D. C. Cir. 2003).

④ *Restatment (Second) of Torts* § 876 (1977). See also Daniel Diskin, *The Historical and Modern Foundations for Aiding and Abetting Liability under the Alien Tort Statute*, 47 Ariz. L. Rev. 805, 832 (2005).

⑤ Daniel Diskin, *The Historical and Modern Foundations for Aiding and Abetting Liability under the Alien Tort Statute*, 47 Ariz. L. Rev. 805, 834 (2005).

⑥ *Corrie v. Caterpillar, Inc.*, 403 F. Supp. 2d 1019, 1027 (W. D. Wash. 2005).

⑦ *Xuncax v. Gramajo*, 886 F. Supp. 162, 179 – 80 (D. Mass. 1995).

规则》（Federal Rules of Evidence）和《联邦民事程序规则》（Federal Rules of Civil Procedure）都没有提到在美国法院证明国际习惯法的方法或者要求。《联邦民事程序规则》第44.1条承认利用专家证人来证明外国法，但没有提及国际法的证明。在实践中，美国法院一般都是承认专家证人对国际习惯法的内容和适用的证言。[1]

联邦最高法院曾经指出：

查明国际法内容应求助于文明各国的习惯和惯例，作为证据，则要求助于皓首穷经的法学家的著作。司法机关不是关注这些著作所论述的法律应该是什么，而是法律实际上是什么。[2]

因此，就美国国内而言，学者的意见不是国际习惯法的权威渊源，而是国际法律规范的存在及其内容的间接证据。[3]

由于没有普遍接受的国际习惯法规则的权威文本，国内法法院不但要决定案件的结果，也要认定国际社会已经作为法律所接受的政策和规则。因此，专家证人就要证明国际习惯法规则的形式、内容以及在本案事实中如何适用。基本上在所有的诉讼中，每一方当事人都会找对自己有利的专家证人，因此法院在认定相关的国际法规则时必须非常谨慎。此外，还要注意不要干涉行政部门的外交政策和事务。

霍夫曼（Hoffman）教授曾经提到，在他代理的一起案件中，做了充分的准备来证明国际习惯法，并且还找了相关的专家证人，结果法官根本不感兴趣，并对国际习惯法规则是否存在抱着怀疑的态度。[4] 因此，他认为，为了证明国际习惯法，必须求助于更易获得的渊源，例如专家证言、将习惯法规则法典化的条约、国际组织的决议等。有学者认为，《美国对外关系法（第三次）重述》已经列明了要遵守国际习惯法规则，在实际诉讼中，法官会遵从《美国对外关系法（第三次）重述》的规则，这样就不用提出直接的广泛的国家实践的证据了，避免了法官阅读和分析众多文件的麻烦，也有

---

[1]　Harold G. Maier, *The Role of Experts in Proving International Human Rights Law in Domestic Courts: A Commentary*, 25 Ga. J. Int'l & Comp. L. 205, 209 (1995/1996).

[2]　175 U. S. 677, 700 (1900).

[3]　Harold G. Maier, *The Role of Experts in Proving International Human Rights Law in Domestic Courts: A Commentary*, 25 Ga. J. Int'l & Comp. L. 205, 211 (1995/1996).

[4]　See Paul L. Hoffman, *The "Blank Stare Phenomenon": Proving Customary International Law in U. S. Courts*, 25 Ga. J. Int'l & Comp. L. 181, 181–182 (1995/1996).

助于当事人的理解。①

在实践中，法院一般都不大愿意接受国际习惯法的。在 Forti v. Suarez-Mason 案中，② 法官就拒绝承认存在禁止残忍、不人道或有辱人格的待遇或处罚的国际习惯法规则。在 United States v. Alvarez-Machain 中，也是如此。③ 当然，在 Abebe-Jiri v. Negewo 案中，法官起初不愿意审理，后来经过律师的说服，才同意适用国际人权法。④ 在 Trajano v. Marcos 案中，⑤ 法官也接受了适用国际习惯法。此外，还有一些案件也采纳了专家证人的证言，适用了国际法。⑥

对于美国法官适用国际法，学术界也有心存疑虑的。有学者认为，作为国际人权民事诉讼的领导者，美国负担着重责，⑦ 审理这些复杂事项的法官应精通与人权相关的国际法的各个方面。⑧ 虽然美国法院有机会促进国际人权法，但是评论者已经注意到法院看似没有准备好来面对这个巨大的任务。⑨ 法院适用国际法规范作出判决一方面给联邦地方法院审理《外国人侵权请求法》诉讼的能力带来威胁；另一方面是强迫联邦法院成了审理国际

---

① Bruno Simma & Philip Alston, *The Sources of Human Rights Law*: *Custom*, *Jus Cogens*, *and General Principles*, 12 AUSTL. Y. B. INT'L LL. 82 (1992); Paul L. Hoffman, *The "Blank Stare Phenomenon"*: *Proving Customary International Law in U. S. Courts*, 25 Ga. J. Int'l & Comp. L. 181, 183 (1995/ 1996)..

② *Forti v. Suarez - Mason*, 672 F. Supp. 1531 (N. D. Cal. 1987), modified, 694 F. Supp. 707 (N. D. Cal. 1988).

③ 112 S. Ct. 2188 (1992). Hoffman 教授对在该案中证明国际习惯法的努力及其失败有详细描述。See Paul L. Hoffman, *The "Blank Stare Phenomenon"*: *Proving Customary International Law in U. S. Courts*, 25 Ga. J. Int'l & Comp. L. 181, 185 – 186 (1995/1996).

④ *Abebe - Jiri v. Negewo*, No. 1: 90 – cv – 2010 GET (N. D. Ga., Aug. 20, 1993).

⑤ *Trajano v. Marcos*, 978 F. 2d 493 (9th Cir. 1992), cert. denied sub nom., *MarcosManotoc v. Trajano*, 113 S. Ct. 2960 (1993).

⑥ *Xuncax v. Gramajo*, 886 F. Supp. 162, 179 – 180 (D. Mass. 1995); *Ortiz v. Gramajo*, No. 91 – 11612, 1995 U. S. Dist. LEXIS 5307 (D. Mass. April 12, 1995); *Todd v. Panjaitan*, No. 92 – 12255 (D. Mass. Oct. 26, 1994); *Paul v. Avril*, No. 91 – 399 – CIV (S. D. Fla. June 30, 1994).

⑦ See Charlotte Ku & Christopher J. Borgen, *American Lawyers and International Competence*, 18 Dick. J. Int'l L. 493, 501 (2000).

⑧ See Karen Knop, *Here and There*: *International Law in Domestic Courts*, 32 N. Y. U. J. Int'l L. & Pol. 501, 501 (2000).

⑨ See Charlotte Ku & Christopher J. Borgen, *American Lawyers and International Competence*, 18 Dick. J. Int'l L. 493, 514 (2000).

请求的裁判机构,扭曲了法院的角色。①

　　不幸的是,批评者注意到美国法官对日益相互依赖的世界缺乏了解和正确的评价。② 即使在不必适用国际法时,美国法院也在不断的适用国际法。这使国际法的内涵复杂化了,而且打破和削弱了国际法发展中的和谐与进步。③ 具体到个案,有学者对于 Unocal 案提出了批评,认为法院根据《外国人侵权请求法》解释帮助和教唆责任,这充分地表明授权美国联邦法官利用一个模糊的框架解释以及界定国际法是存在天然的风险的。因此,有必要让美国联邦法院的法官精通国际法。④

小　结

　　《外国人侵权请求法》诉讼都是国际私法案件,在主体上,每一个案件中至少有一方是外国人,这自然就存在法律选择问题。《外国人侵权请求法》诉讼涉及的是侵权请求,虽然《外国人侵权请求法》本身以及最高法院都没有为法律选择作出指引? 但并不意味着法院就可以任意适用法律。在实践中,美国法院根据《裁判规则法》、《第二次冲突法重述》等来决定法律适用。令人遗憾的是,在诸多的《外国人侵权请求法》诉讼的判决书中,法官可能认为《外国人侵权请求法》诉讼并不比一般的侵权案件特殊,对于法律选择问题的分析都比较简略。这样一来,对于《外国人侵权请求法》诉讼中的法律选择问题,就不能很好地进行总结分析。

　　由于侵权行为地位于美国领域外,美国联邦法院虽然会适用侵权行为地法,但是这以影响管辖权的行使为前提,而且要考虑到当地法律的实体内容,进行利益衡量,以至于实际上经常排除侵权行为地法的适用或者重叠适用法院地法。在诉因的法律适用问题上,美国联邦法院基本上是适用联邦普

---

　　① Recent Cases, *Civil Procedure – Choice of Law – Ninth Circuit Uses International Law to Decide Applicable Substantive Law under Alien Tort Claims Act. – John Doe I v. Unocal Corp.*, *NOS.* 00 – 56603, 00 – 57197, 00 – 56628, 00 – 57195, 2002 *WL* 31063976 (*9th Cir. Sept.* 18, 2002), 116 Harv. L. Rev. 1525 (2003).

　　② Charlotte Ku & Christopher J. Borgen, *American Lawyers and International Competence*, 18 Dick. J. Int'l L. 493, 501 (2000).

　　③ See Karen Knop, *Here and There: International Law in Domestic Courts*, 32 N. Y. U. J. Int'l L. & Pol. 501, 516 – 517 (2000).

　　④ Note, *Alien Tort Claims Act Litigation: Adjudicating on "Foreign Territory"*, 30 Suffolk Transnat'l L. Rev. 101, 139 (2006).

通法，偶尔也会考虑外国法和国际法。

　　原告在美国根据《外国人侵权请求法》提起诉讼，一般都是希望获得损害赔偿金。对于损害赔偿问题，除了传统的法律选择规则以外，美国法院还会根据法院地法来作出惩罚性赔偿的判决。对于诉讼时效问题，法院一般都是类推适用《酷刑受害人保护法》，适用 10 年的诉讼时效。针对《外国人侵权请求法》诉讼中被告身份的特殊、案件事实的特殊以及原告所遭遇的实际困难，美国法院依据其国内法，经常认定允许诉讼时效的衡平中止，尽量不让原告的请求因时效的原因而被撤销。

　　在《外国人侵权请求法》诉讼中，经常涉及国际法的适用及其内容的查明。在实践中，法院一般都不大愿意接受国际习惯法，学界和实务界对此也存在争论。如果确定要适用国际法，美国法院一般都是承认专家证人对国际法的内容和适用的证言。

下　编

第五章 外国判决承认与执行方面的最新发展

国际私法新发展的表现有相当一部分呈现在程序法领域。在外国判决的承认与执行方面，无论是观念上还是程序上，发展趋势都最为明显，并分别体现在国内法和国际公约两个层面。

第一节 外国判决承认与执行方面最新发展的表现

外国判决承认与执行方面的理论问题，归根结底是关于判决在国家之间的流动问题，即是在以自由流动为目标，并在理论、立法和司法上给予充分保障，还是以有限制的流动为前提在理论、立法和司法上设置保障措施之间的分歧。毫无疑问，外国判决承认与执行法律制度是一项程序法律制度，应当以国际层面程序的统一、秩序等程序性价值为导向。因此，判决于程序上在国家之间的自由流动就成为外国判决承认与执行方面理论研究的终极目标。那么，在这一目标之下哪些新的理论、哪些新的法律文件是外国判决承认与执行方面的最新发展，以及判断的标准又是什么？

1986 年悉尼第 12 届国际比较法大会上，德国学者弗雷德里希·雍格（Friedrich Juenger）指出，"如今仅仅很少的国家真正地遵循自由、理性的基本原则。在大多数国家中仍然充斥着民族主义的幽灵，相互的不信任以及根深蒂固的教条主义"。[①] 他在这三个方面一针见血地指出了外国判决承认执行法中存在的问题和障碍，即对主权原则和互惠原则的绝对和刻板要求、各国法院之间的相互不信任以及在承认外国判决时对公共秩序保留条款的教条适用。因此，解决这三个方面的问题就成为对外国判决承认与执行方面最为棘手的理论问题，同时也成为这方面最新发展的判断标准。经过对这三个方面的进一步解读，可以认为作为外国判决承认与执行方面的最新发展应当

[①] Juenger, The recognition of money judgments in civil and commercial matters, AmJCompL 36 (1988), S. 4.

主要有几个方面的表现：

1. 作为国际程序法组成部分的外国判决承认与执行法律制度应当独立于传统的国际私法理论拥有自己独立的价值导向。

2. 作为民事实体权利载体的外国判决，一定程度上反映全球范围内民事生活的共性，并没有过多地涉及国家之间的政治关系。因此，应当对司法主权原则和互惠原则进行去政治化的技术处理。从理论上讲，外国判决承认与执行法律制度不应当成为处理国际关系的工具。

3. 作为各国法院相互信任的基础，在决定是否承认外国判决的时候，应当将各国的司法程序是否具有等价性作为主要的参考依据。

4. 作为承认外国判决的模式和条件，应当禁止实质性审查、放弃冲突法审查，并且摒弃公共秩序保留条款的教条主义，而在个案中进行灵活适用。

第二节　外国判决承认与执行方面理论的最新发展

在厘清何为外国判决承认与执行方面的最新发展这一先决问题之后，接下来看外国判决承认与执行法律制度各理论问题的最新发展。

一、外国判决承认与执行法律制度的法律属性及价值导向

如果要正确理解并对待外国判决承认与执行法律制度，合理规划其的未来发展，就必须明确这一法律制度的法律属性和价值导向。

（一）外国判决承认与执行法律制度的法律属性

在很长一段时期内，国际程序法都被认为是国际私法不可或缺的附属物，[1] 这是因为从程序法适用的法院地法原则来看，这是一个未被写明的冲突规范。但事实上，国际民事程序法与以冲突法为主要内容的国际私法有很大的差异。首先，一般国家都会坚持法院地法这一程序法的适用原则，仅仅在很少的地方涉及对其他国家程序法律制度的间接适用（例如对外国法院送达等程序性行为的审查），实质上并不存在对具体法律制度的选择适用，而国际私法是以准据法的选择为主要内容；其次，国际程序法倾向于民事程序秩序在国际层面上的统一、有序，并实现国际层面上的程序正义，而国际私法更倾向于平等的适用各个国家的民事实体法律规范，并实现个案中的实

---

① Nassbaum, Deutsches IPR, 1932, S. 378.

体正义；再次，在司法实践中国际程序法相对于国际私法经常居于优先地位。例如，当一个国家的内国法院要自己适用冲突规范，那么必须这个法院有国际程序法上的国际审判管辖权。不仅如此，德国学者沙克（Schack）教授认为居于冲突法之前的还有内国的或者已经被承认的外国法院判决。例如，一个外国人，他在国内离婚或者在其他第三国的离婚是否有效或者是否还能再次结婚，对于这个问题人们不能够再依赖外国的婚姻法来回答，而是直接借助国际程序法判断是否应当尊重该外国判决的效力来回答。从本质上讲，国际私法和国际程序法分别规范着两个不同的法律领域，国际私法利用冲突规范解决实体法律适用问题，而国际程序法解决程序法律问题。因此，如果要正确理解并对待国际程序法律制度，并且在国际层面上要形成稳定、可预期的民事程序法律秩序，那么就必须将国际程序法从国际私法中分离出来，给国际程序法以独立价值导向。外国判决承认与执行法律制度是国际程序法的重要组成部分，它的理论研究应当是以统一、有序地解决各国在外国判决承认与执行程序中的程序问题为着眼点，而不是以实现个案的实体正义为着眼点。

（二）外国判决承认与执行法律制度的价值导向

就如同沙克教授所言，"国际"并不是国际民事程序法的法律渊源，而是国际程序法的法律任务，[1] 从大的方面讲，国际程序法是对私人利益的协调，国家利益仅仅是在边缘地带很少被触及。[2] 因此，人们不应当政治性地对待国际程序法，不应当将司法领域里的正义置于不必要的国际政治与国际关系的障碍之中。这样，国际程序法中的主权原则、互惠原则不应当过多打上政治烙印。从小的方面讲，德国学者沃尔弗拉姆·亨克尔（Wolfram Henkel）在他的文章当中表明了自己对民事诉讼法发展趋势的观点："最新的理论发展表明，传统诉讼法当中的自由主义成分已经淡化，在民事诉讼法中居于核心地位的不再是对个体公民利益的保护，而是为了公共利益而保障法的和平的国家的秩序职能。告别传统的权利保护请求权这一自由主义的学说，那么传统诉讼法中的，就只剩下国家的秩序任务。"[3] 由此出发，国际程序法立法、司法以及理论研究的目标必然是一个国际的、尽可能统一的、简单

---

[1] Schack, Internationales zivilverfahrensrecht, 2006, S. 1.

[2] Schack, Internationales Zivilprozeβrecht, 2006, S. 20.

[3] 沃尔弗拉姆·亨克尔：《程序规范的正当性》，转引自米夏埃尔·施蒂尔纳编《德国民事诉讼法学文萃》，赵秀举译，中国政法大学出版社 2005 年版，第 4 页。

的以及可操作的对民事纠纷的民事程序性解决方案。毫无疑问，外国判决承认与执行法律制度也应当坚持程序正义优先原则，并且以国际范围内判决在国家之间统一、有序地自由流动为价值导向。是以，该制度也应当致力于解决承认和执行外国判决时的程序性问题，应当尽可能地将实体法问题剔除出国际程序法讨论的范畴之内交给冲突法解决。诚然，在一些国家还将审判国[①]法官是否适用了正确的实体法律规范作为承认条件来看待。但是，在现代的国际程序法立法以及司法实践中，许多国家的法律制度和国际性公约都放弃了冲突法审查，例如德国国际私法和欧盟《布鲁塞尔条例》，它们面对实体正义在现实中仅仅是相对存在的实际情况（各个国家对实体正义的理解都是不同的，这一点表现在各国不同的实体法律规定上）成功地将国际程序法从国际私法中分离出来。外国判决在有些时候在审判国适用"错误"的实体法律规范的情况下也会得到承认也显示了国际程序法相对于国际私法的优先地位。外国判决承认与执行法律制度也因此在国际层面上获得了自己独立的价值定位，那就是程序性的秩序价值，即用确定的程序正义诉求在世界范围内最大限度地实现相对的实体正义。这是对外国判决承认与执行法律制度的基本认识的转变，在此基础之上，这一制度的立法、司法以及理论研究在全球范围内被大幅度地向前推进。

二、对承认外国判决原因的认识

早在 1831 年，普鲁士学者米特迈尔（Mittermaier）就这样解释对外国判决的承认，即承认国坚持，"外国的法官同本国的法官一样的诚实和聪明"。[②] 近现代的"一事不再理"、"既得权说"、"债务说"等理论均是以这种思想为基础，并从外国判决的效力以及民事权利内容入手来解释承认外国判决的原因。但从总体来讲，这些认识都没有从外国判决承认与执行法律制度的国际程序法性质入手解释承认外国判决的原因。

一个民事纠纷要得到正确的处理需要两个必备的因素，即正确的民事实体法和民事程序法，因此，对民事纠纷的处理也应当分别沿着实体法和程序法两条路径加于考虑。在国际私法范畴内也是如此，即从冲突法和国际程序

---

① 本书统一将作出外国民商事判决的法院所在的国家称为"审判国"，将被申请承认与执行外国民商事判决的国家称为"承认国"，这种称谓均来自德国国际私法学界学者的著述。

② Mittermaier, Von der Vollstreckung eines von einem ausländischen Gerichte gefällten Urteils, AcP 14 (1831), S. 95.

法。对不同国家的民事程序法而言，1955 年德国学者瑙耶豪斯（Neuhaus）在其《国际程序法和国际私法》一文中写道："对于国际程序法而言，在法治国原则治下的世界各国的程序法原则上是具有等价性的。"① 这不是说程序法的规定只具有技术性而可以忽视其个性化特征而进行自由置换，而是更多地涉及各国民事程序制度在整体上的等价性（Gleichwertigkeit der Rechtspflege），即判决都是审判国法院基于公平正义的原则在查明案件真实情况的基础上依据冲突法选出的民事实体法对民事争议作出的判决。正是因为这一原因，在外国法院已经就民商事争议作出判决的情况下，承认国法院不会再次进行审判，目的是为了节约司法资源和避免矛盾判决，并保障民事权利在国际层面上的安全性。所以，承认外国判决的前提首先是所有国家的民商事司法都具有等价性的原则，否则任何一个国家都不会放弃对案件行使自己法院的司法审判权，这一点对于国家之间平等的进行法律交往至关重要。也即是说，对国际民商事争议，人们放弃适用自己的法律并且放弃在内国法院展开审判程序，这是因为人们相信案件在外国进行审判也会得出在内国审判等价的结果。从这意义上讲，国际程序法中的管辖权制度所作的工作就仅仅是从全世界范围内的整体角度上将民商事争议根据个案情况依据公平正义的原则分配给各个国家的内国法院。这样，从程序等价性和符合公平正义原则的管辖权制度中得出的当然的逻辑结果就一定是接受并承认外国民商事判决，因为承认国法院在承认程序中肯定得出的结果就是外国审判法院会如同自己一样很好地管辖和审判案件。因此，司法程序的等价性在国际程序法当中是具有中心地位的前提，它是各国法院相互信任的基础，也是判决承认与执行法律制度去政治化的主要依据，没有这一点就既不会有独立的承认与执行法律制度，也不会有国际法律交往。无可否认，各个国家的程序制度在事实上因为自己独特的发展历史而各具差异，并且各个国家民事诉讼制度个性化发展本身就是对民事诉讼理论发展的促进，不能够简单地否定各个国家民事程序制度之间的个性化差异。在各具差异的各国程序法律规定面前，判断等价性的标准只能是程序是否能够得出符合正义要求的审判结果。这只能是一个通认的最低标准——法治国原则，即判决必须是法院在双方当事人在机会和地位对等地对抗当中得出结果。只要符合这一点，原则上认为国家之间程序法律制度具有等价性。

---

① Neuhaus, Internationales Zivilprozessrecht und internationales Privatrecht, RabelsZ 20（1955），S. 229.

简言之，在司法主权原则的背景之下，承认外国判决的真正原因来自程序而不是权利本身。因为各个国家的民事实体法在短时间之内仍然会存有巨大的差异，各国法院对于实体正义的理解也必然存在巨大的差异，所以不可能在民事实体法的范围内对承认外国判决的原因给出答案。因此，用程序法去解决实体法问题才是现阶段最佳的解决方案。

三、承认的法律性质

在理论上对承认的法律性质进行界定的核心问题实质上就是程序法的承认和冲突法的承认之间的辨析，这是学术界长久以来争论的一个重要问题。

从理论上讲，外国判决是不会通过承认变成承认国法院自己的判决，因为它没有经过承认国的审判程序，所以它仍然是外国判决。正因为如此，如果外国判决生效后在审判国被撤销，那它也会因此在承认国中失去法律效力。在这一点上，德国学者克格尔（Kegel）教授来得更为直接，他认为承认外国判决是按照审判国的法律来判断外国判决的效力，审判国的法律规定决定既判力的人、物范围。① 很明显，教授是将对外国判决的承认定性为一个承认国法院的司法程序性行为，即程序法的承认欧洲大陆的法学家普遍认同对承认行为的这种定位。事实上，承认与执行法律规范在法律属性上也绝对是国际民事程序法的一部分。尽管一些学者认为在适用公共秩序保留条款的时候涉及对外国民事判决实体内容的判断，但左右承认结果的也是仅仅是承认外国判决所产生的后果（即对外国判决的承认是否违反内国的基本法律制度和基本的法律原则），即要不要接受外国判决在内国所产生的法律上的效果，这和在庭审程序中要不要采纳一些证据的问题在本质上并无区别。事实上，对公共秩序保留条款的适用也要视案件与内国联系的紧密程度来决定。承认是一个程序性司法行为是欧洲理论界的一个共识，这也是外国判决承认与执行沿着国际程序法轨道向前发展的重要理论基础。

（一）对冲突法的承认的批判

与上述观点相对，产生较大争议的是冲突法的承认，即承认国法院在承认外国判决的程序中也审查审判国法院对案件的实体法律适用。早在 1912 年齐特曼（Zieltmann）教授就撰文认为，在承认程序中，不能够抽象的追溯到审判国所适用的具体法律规定，是否承认实际上是对一个外国司法行为

---

① Kegel/Schurig, Internationales Privatrecht, 2004, S. 1061.

的结论，冲突规范并不能解决这一问题。① 这一观点的逻辑结果就是，对外国判决的承认不应当是一个法律适用的过程，不应当忽视外国司法机关已经就法律争议作出裁判的事实，法律适用更不应当成为审查的对象。

一直以来，在是否应当进行冲突法审查的问题上产生较大分歧的主要是对身份权等形成判决的承认。在这一领域，传统的诉因地法理论（lex causae Theorie）或者实体法理论占据主导地位。② 根据诉因地法理论，无论主体法律关系的产生和变更是因为自然事实，如出生、死亡，或者因为法律事实，如离婚、判决，都应当接受同一法律制度的规范，即诉因地法律。因此，在承认外国判决的程序中，承认国法院依据自己对诉因地法的理解，按照自己国家的冲突规范审查审判国是否适用了正确的准据法。如果诉因地国是承认国且审判国法院没有适用承认国的实体法律规范，这时不能够因为适用了错误的准据法而武断地拒绝承认；今天的趋势是借助公共秩序保留条款，看外国判决被承认后在内国产生的实际法律效果是否违反了公共秩序，并由此来判断是否拒绝承认该外国判决。这无疑是一种更为精准的判断，诉因地法在此没有直接的法律意义。

但是，如果外国判决是非诉因地国的第三国做出，诉因地法就会起到绝对的法律意义，因为承认与否很大程度上取决于诉因地法律的态度。③ 如果夫妻双方的诉因地国也承认第三国的离婚判决，那么第三国判决在承认国中也不会成为问题。这里有一种"平行有效"的理论观点，即如果按照承认国的观点审判国适用了错误的准据法，那么外国判决意味着至少在审判国出现了与诉因地国家法律关系相平行的依据外国判决产生的法律关系，这两种法律关系是平行有效的。④ 在一般情况下，承认国都会与倾向于与诉因地法保持一致而拒绝承认外国判决。但是，在无法判断是否需要保持与诉因地法保持一致的情况下，一致性不能超过当事人程序利益的保护，后者具有优先地位。同时，外国判决已经在审判国发生法律效力，并且可能会产生进一步的法律关系的变动，回溯到法律适用并且要求与诉因地法保持一致可能本身就缺乏可行性的实践意义。

程序法的承认和冲突法的承认之间的争论实际上涉及国际程序法的独立

---

① Zitelmann, IPR II, 1912, S. 769.

② Habicht, IPR nach dem EGBGB, 1970, S, 142；Jonas, JW 1936, S. 283；Melchior, RabelsZ 45 (1981), S. 642；Süβ, Die Anerkennung ausländischer Urteile, FS Rosenberg, S. 252.

③ Schwenn, Reform des internationalen Ehrrechts, S. 147.

④ Heldrich, Internationale Zuständigkeit und anwendbares Recht 1969, S. 110.

性问题。如果进行冲突法审查，那么对外国判决的承认除了依据承认与执行法中的承认条件之外，还必须依据内国法中的冲突规范，其审查的结果将导致在结果上对程序法的承认的修正，冲突规范也因此相对于承认与执行法来讲具有优先地位。相反，一些国家（如瑞士、德国，等等）取消了冲突法审查在一定程度上意味着在承认外国判决的时候适用了外国的冲突规范，承认与执行法作为国际程序法的一部分相对于以冲突法作为主要内容的狭义国际私法拥有了优先地位。

（二）对实质性审查的禁止

在对承认的法律性质进行正确界定之后，紧接着产生的问题就是在外国判决承认与执行程序中要不要禁止承认国法院对民事实体争议进行实质性审查，这也是外国判决承认与执行法律制度的核心理论问题之一。

作为等价性当然的逻辑结果应当是在承认程序中禁止就判决所依据的事实以及判决的内容进行具体审查，也就是所谓的实质性审查禁止（révision au fond, review as to its substance, riesame del merito）。实质性审查禁止也是对承认的程序性行为性质进行认定的当然结果，它要求既不对事实的确定（包括认定事实的证据），也不对法律适用以及外国判决的结果进行具体审查。基于等价性的信任不仅仅延伸到审判国的程序之上，而且也延伸到了外国判决的内容之上。实际上，法治国观念、程序正义理论已经植根于各个国家的程序法中，在审判国法院已经就案件进行审理之后，承认国法院已经没有必要对案件进行再一次的审理或近似于审理的实质性审查。此外，实质性审查禁令原因还在于承认与执行法的目的当中，首先是促进国际法律交往，其次是实现承认申请人在审判国判决中获得的民事权利。作为国际程序法的重要部分，承认与执行法首先是服务于国际法律交往，在价值上它相对于在个案中对个体公民利益的保护居于优先地位。这种秩序价值主要表现在国际判决的一致性、承认结果的可预见性以及权利的安全性上。实质性审查禁止恰恰作为避免矛盾判决的最为有效的工具，并且在一定程度上保障了法律和权利的可预见性。

尽管在身份判决上还存在争议，但是在财产判决的承认程序中禁止承认国进行实质性审查却已经成为各个国家的基本共识，例如，1988 年《瑞士国际私法典》第 27 条明确地禁止了实质性审查。法国法院在 1964 年的判例中，明确放弃对外国财产法判决的实质性审查。① 比利时尽管对身份法放弃

---

① Cass. 1.7, 1964 – Munzer – , J. C. P. 1964 II 13590.

了实质性审查，但是对财产法案件因为执行法中的规定明确地还坚持进行实质性审查。①

四、外国判决的内国效力

本质上讲，被国内法院承认并不是外国法院判决本身，而是外国法院判决的效力。对于在外国已经发生法律效力的民商事判决的内国效力来讲，无论是判决客观的效力内容还是主观的效力范围，承认即意味着它们都会在内国发生法律效力。这时，具有理论和实践意义的是，外国民商事判决获得内国效力的具体方式和时间，以及它的哪些程序性和实体法上的效力会出现在内国，并且哪些国家的法律制度对这些效力来讲是起决定性作用的。事实上，这些问题的解答都主要取决于承认国所采用的具体承认模式或方式。就欧洲大陆各主要国家来讲，存在两种不同的模式，即不经任何民事程序而自动承认外国民商事判决，或者经承认国特定的法律程序承认外国民商事判决。这两种模式的理论依据是两个不同效力学说，前者的依据是效力延伸学说（Wirkungserstreckungslehre），后者的依据是地位等同学说（Gleichstellungslehre）。

（一）地位等同学说

在外国民商事判决的内国效力的问题上，欧洲大陆的学者没有接受来自英美法方面的"既得权说"和"债务说"，而是在司法主权框架之下首先发展出了给予外国民商事判决与国内判决等同地位的学说。1893 年，德国学者海德艾克尔（Heidecker）在其《外国民商事判决实体既判力》一文中首先提出应当给予外国民商事判决以于国内判决等同地位的理论，并加以详细论述。② 其后，该学说一直得以延续，直到 1984 年，德国学者纳格尔（Nagel）教授在其出版的《国际程序法》中还依然坚持这种学说。③

地位等同学说基本思路是将外国民商事判决与内国相应的判决平等对待，在经过审查后给予外国民商事判决原始的内国效力，就像是平等地对待各个国家的民事实体法一样。④ 尽管等同对待原则在国际关系中是一个非常健康的法律原则，但是在事实上，适用这一学说得到的麻烦将会比解决的问

---

① C. J. Art. 570.

② Heidecker, über die Materielle Rechtskraft ausländischer Urteile, ZZP 18（1983），S. 468.

③ Nagel, IZPR, 2. Aufl. 1984.

④ Reu, Anwendung fremden Rechts, 1983, S. 86.

题还要多。① 因为，人们仅仅是因为外国民商事判决与相应的内国判决有相同的内容才给予等同对待。如果一个外国民商事判决与此相反从内容和效力上都与相应的国内判决或者国内法律制度不一致，那么等同地位就会被排除。其结果是该判决不会被承认，并且不会获得内国效力。很显然，这是一种越俎代庖的做法，国家法院无视当事人的具体需要而否定了判决的内国效力。

比地位等同学说更进一步的是转化理论和效力赋予理论，可以说，这两者是对地位等同学说的具体细化，涉及具体的操作问题。转化理论，即经过特殊的法院程序将外国民商事判决变成承认国的内国判决。尽管从实体内容上讲，它还是一个外国民商事判决，但外国民商事判决通过承认已经变成了内国的法律文件。② 效力赋予理论，即将承认外国民商事判决的程序定位成为赋予承认国内国判决效力的程序，外国民商事判决是基于承认国法院的可执行宣告程序或其他程序被赋予了内国效力。尽管转化理论和效力赋予理论从形式上最为符合司法主权的要求。但是，鉴于外国民商事判决已经在外国发生既判力，这两个理论都忽视了民事法律争议已经在国外被确定的基本法律事实。通过内国的转化或者效力赋予对外国民商事判决的效力进行减损或者增加都无法解释法院在对法律争议不通过审判程序赋予与内国判决相同的法律效力的原因，也人为地割离了世界范围内原本统一的民事生活。

无论是地位等同学说、转化理论还是效力赋予理论，它都是在否认外国民商事判决内国当然效力的前提下建立起来的。它们在刻板遵循主权原则之外还追求承认外国民商事判决之后国内外判决在内国的一致与平衡，从这方面讲，它具有积极意义。必须承认，地位等同理论是以一个等量性的思想为基础。如果外国民商事判决被相同对待了，那么仅仅是因为它符合一个内国法院判决的观点而已，内国法院无需就此再作出相应的判决。

与此相对，萨维尼很早之前就已经提倡，人们能够仅仅在下列的意义上理解审判国的判决，即审判国法官宣判时的意义。③ 外国民商事判决诞生于审判国的法律制度之下，并且借助管辖使其最为接近法律争议的实有内容。

---

① Peter Gottwald, Grundfragen der Anerkennung und Vollstreckung ausländischer Entscheidungen in Zivilsachen, ZZP 103 (1990), S. 263：教授在文中是以"学说"来定位"效力延伸"和"等同地位"理论的。

② Reinl, Anmerkungen zum Verfahren der Anerkennung ausländischer Ehe gemäβ Art. 7 § 1 FamRÄndG 1961, FamRZ 1969, S. 455.

③ Von Savigny, System des heutigen römischen Rechts VIII, 1849, S. 260.

因此，不符合目的的是，判决随后在承认国加入了与审判国不同的效力，以此达到与内国相应的民事判决的等同地位，这些新加入的效力可能是在进行审判程序时还没涉及的效力。① 如此相悖的是，当事人在承认国提起诉讼时可能并不知道，这些效力是什么，以及对这些新的效力，他们有哪些救济手段和途径，或者这些救济是否能够有效地救济自己的民事程序和实体权益。例如，一个外国的抚养判决在承认国加入了新的内容，抚养人承担了与审判国法律相比更进一步的实体负担，对他来讲，这是一项在审判程序进行时预料之外的风险承担。在国际范畴内，如果一个判决需要在多个国家内被承认，甚至被执行，适用地位等同学说之后该判决会在不同的国家内得到不同的实体结果。这与外国民商事判决的实体公正无关，各个承认国对外国民商事判决公正的不同理解使得同一外国民商事判决在其内国得到的不同的实体结果都被认为是公正的，但是其内容却不尽相同。判决本身是从审判国的法律出发，却在不同国家得到不同的法律效力，这对于法律的稳定性和可预测性来讲，无疑是致命性的。作为对地位等同学说的批判，德国学者海普廷（Hepting）教授举了一个特别直观的例子：外国的法定收养（Dekretadoptio）判决，其形成效力的具体内容与德国的法律制度不相一致。如果外国收养只有比德国法小的效力，那么通过承认它将在内国获得其审判国得不到的效力内容。②

（二）效力延伸学说

效力延伸学说，简单地说，外国民商事判决在其审判国发生法律效力的同时也自然而然在承认国内国发生法律效力，仅仅是在有特殊情况下（例如与内国公共秩序相违背），才对它在内国发生法律效力进行阻隔。这一学说具体的立法模式，不是以承认条件，而是以承认的排除事由出现，其所追求的是判决效力在国际层面上的平衡与一致性。也正是因为这个原因，许多多边含有外国民商事判决承认与执行内容的国际公约都采纳了这一理论。例如，《布鲁塞尔条例》第33条的出发点就是效力延伸学说。③

无可否认，效力延伸学说缺点是会有一些承认国不熟知的效力会随着对外国民商事判决的承认在内国有效。但是，在外国已经发生法律效力后，其

---

① Müller, Zum Begriff der Anerkennung von Urteilen in §328 ZPO, ZZP 1966, S. 204; Jayme, Schwache Adoption durch deutsche Annehmende im Ausland – Anerkennung oder Transformation? IPRax, 1983, S. 170.

② Hepting, Anerkennung und Substitution schwacher Auslandsadoptionen, StAZ 1986, S. 305.

③ Coester – Waltjen, Das Anerkennungsprinzip im Dornröschenlaf?, FS Jayme 2004, S. 121.

效力自然延伸至内国，这样在世界范围内仅仅一次性的被赋予既判效力、形成效力等等判决效力，避免了对判决效力的二次宣告，从而在最大限度上避免了矛盾判决和矛盾效力。① 效力延伸学说造成的困难是有时很难查明和适用外国法，并且适用于对外国民商事判决效力具体内容的确定。对于所有的来自世界各地的外国民商事判决来讲，都必须寻找相应的判决"原产国"的法律规定。因此所导致的对于内国法和外国法的比较和争论不可避免，并且承认和执行法院或国家机构未必就能够对判决所依据的外国法律制度有正确的认识。对内国法律制度来讲存在危险的是，如果外国民商事判决在审判国拥有比承认国相应判决更多的效力内容。因此，对效力延伸必须设置一个上限，即仅仅是那些内国法律承认的判决效力才能够被承认。尽管如此，效力延伸学说仍然是最符合国际程序法有利于国际法律和判决交往理论。这一学说首先在德国得到了绝大多数学者的认同，他们在这一学说的基础上发展出积累理论（Kumulationstheorie），进而成为通行理论。② 在奥地利，外国民商事判决的内国效力是根据效力延伸还是赋予了与内国判决相同的地位至今还在争论中。③ 但可以肯定的是，外国民商事判决在内国具备的首先是来自审判国法律规定的判决效力，只是在重大事项（例如，违反内国公共秩序）上才会受到承认国内国法律的限制。④ 法国只允许有关身份权的外国民商事判决采纳效力延伸学说。对关于财产法案件的外国民商事判决来讲，原则上需要在可执行宣告程序中对其进行承认，而是否外国民商事判决在宣告之前就已经在法国国内发生法律效力至今依然存在疑问。⑤ 在先前的意大利，外国民商事判决通过磋商程序（Delibationsverfahren）被赋予了与内国判决地位等同的判决效力，这里没有效力延伸，而仅仅是一个效力赋予。但是自1996 年 12 月 31 日该程序被取消之后，意大利也采用效力延伸学说以及自动承认方式。

---

① Schack, Internationales Zivilverfahrensrecht, 2006, S. 278.

② Martiny, Handbuch des Internationalen Zivilverfahrensrechts, III/1, 1984, S. 7; Peter Gottwald, Grundfragen der Anerkennung und Vollstreckung ausländischer Entscheidungen in Zivilsachen, ZZP 103 (1990), S. 261ff.

③ Martiny, Handbuch des Internationalen Zivilverfahrensrechts, III/1, 1984, S. 164.

④ Hoyer, Die Anerkennung ausländischer Entscheidungen und ihre Vollstreckung im Inland, JBl. 1982, S. 638.

⑤ Alexandre, Les effets des jugements étranders indépendandts de l'exéquatur: Trav. Com. fr. d. i. p, 1979, S. 51 – 61, 转引自 Martiny, Handbuch des Internationalen Zivilverfahrensrechts, III/1, 1984, S. 165.

效力延伸学说在英美法系国家中被广泛认同，只不过形式与大陆法系有所不同。在英国，对外国支付判决的执行是通过 "action upon the foreign judgment" 来执行，这样，对效力延伸问题的讨论就不会那么的尖锐。外国民商事判决尽管在内国有既判力（res iudicatia）。但是它依据债务说对于内国来讲是一项新的义务，并不引起诉因的竞合。法院受外国民商事判决的约束，不能够另外作出的判决，尽管可以受理一个新的诉讼，但是也得受承认的外国民商事判决的效力和内容的约束，也即是说具备了形式既判力。1982年《民事管辖权和判决法令》已经取消了不合并规则（non-merger rule）。根据新的法律，相同的当事人就相同的法律争议可以在外国民商事判决不具备承认能力或者不具备可执行性的情况下提起新的诉讼。① 对于执行，承认外国民商事判决意味着对这项义务的确认，为外国民商事判决的执行还需要一个新的履行（或执行）之诉，② 这实际上起到与德国和其他国家的可执行宣告程序在功能上的平衡作用。③ 在美国，外国民商事判决发生既判效力无需特别的程序。④ 尽管在司法实践上，法官坚持外国民商事判决在内国不能拥有超过审判国法律规定的效力的原则，但是在理论上，学者们还是摇摆于效力延伸和地位等同理论之间，⑤ 特别是将外国民商事判决的效力限制于承认国法律规定的尺度之内。⑥

（三）两种学说的折中适用

上述两种学说并非完全分野，在司法实践中还存在的可能是，将效力延伸学说和地位等同学说结合起来，但是仍然是以效力延伸学说为基础，并对外国判决的效力设置限制。有的时候人们更加愿意在国际条约框架内，或者国家之间存在相互承认的惯例的情况下承认判决效力的不受限制的延伸。但是，这一点没有考虑到，根据所涉及的国家不同承认相同的判决效力或者不承认，或者鉴于相同的国家而决定，是否判决在国际条约的框架内获得，或者仅仅根据自主的法律予以承认。这些判决在一个主观性权利保护体系中不

---

① Stone, The Civil Jurisdiction and Judgments Act 1982: Int. Comp. L. Q. S, (1982), S. 477 – 491.

② Diwan, Indian and English private International Laws, Bombay 1977, S. 603.

③ Homburger, Recognition and Enforcement of Foreign Judgements – A New Yorker Reflechts on Uniform Acts, AM. J. Comp. L. 18 (1970), S. 376.

④ Peterson, Die Anerkenung ausländishcer Urteile im amerikanischen Recht, 1964, S. 245.

⑤ Peterson, Die Anerkennung ausländischer Urteile im amerikanischen Recht, 1964, S. 27 – 77.

⑥ Von Mehren, Private Inverstors Abroad, S. 727 – 729.

能被证明是正确的。可用的看上去仅仅是一个统一的界限界定：仅仅是那些在内国完全不知道的判决效力或者与公共秩序相违背的，并且不能够因此与国内的法律制度融合的判决效力统一不被承认。

对于效力延伸理论来讲，无论是法学理论界还是实务界都认为如果根据审判国的法律，外国民商事判决的效力超过了在承认国内国熟知的判决效力，那么对该判决的效力就有必要进行限制。以已经成为德国学术界通说的积累理论为例，外国民商事判决的效力延伸到内国，但是其效力的延伸以承认国内国相应判决的效力为限制。① 积累理论是以法律比较为基础的，对此，应当熟知两个国家法院判决的效力。由此出发，将外国民商事判决的效力与内国的一个可比较的判决进行配比，并且对外国民商事判决效力进行适应性剪裁。如果外国民商事判决本身拥有内国判决所不具备的效力，那么这个对内国民事法律秩序来讲是未知的效力的延伸将被拒绝。② 积累理论在最大的限度上避免了当事人在承认国中的得到那些他们不可预知的结果（不同于等同地位理论的结果），这些结果是在原先判决的效力范围之内。但是，这一对效力延伸学说进行的修正就像效力相同地位理论一样，会导致外国民商事判决在国际层面上的不一致。这里存在例外情况，就是判决的形成效力，因为即使是在国外，形成判决已经作出就已经发生了法律效力，成为既有的法律事实。此外，与"积累理论"相类似的是所谓"相对效力延伸"理论，即指外国民商事判决的效力通过内国公共秩序保留来修正外国民商事判决的效力，仅仅允许外国民商事判决中不与内国公共秩序相矛盾的效力部分延伸至内国。③

哪里是效力延伸的界限，特别是关于实质既判力的界限是很有争议的。在既判效力的范围内，事实确认和先决的法律关系一再的被禁止在内国发生法律约束力，但是这样的延伸在英美法是很正常。④ 这种情况所引发的危险在身份和婚姻法方面表现得尤为突出，外国民商事判决被承认，如果该判决包含错误的事实认定，或者这些事实确认被随后在内国的审判案件中作为既

---

① Geimer, Internationales Zivilprozeβrecht, 2001, S. 450.

② Ibid.

③ Peter Gottwald, Grundfragen der Anerkennung und Vollstreckung ausländischer Entscheidungen in Zivilsachen, ZZP 103 (1990), S. 263; Susanne Dornblüth, Die Europäische Regelung der Anerkennung und Vollstreckbarerklärung von Ehr-und Kindschaftsentscheidungen, 2003, S. 31.

④ Susanne Dornblüth, Die Europäische Regelung der Anerkennung und Vollstreckbarerklärung von Ehr-und Kindschaftsentscheidungen, 2003, S. 32.

有的法律事实来对待，那么就会因为欠缺法律控制而导致错误的事实在内国发生法律约束效力。例如，如果外国民商事判决离婚，内国就离婚后财产分割进行的审判程序。内国程序不允许对外国民商事判决和其所认定的事实区别对待。英美法在这里普遍采取的方式是给予当事人对这样的不真实的事实确认在内国的救济手段，即允许他们在内国新的诉讼程序中对外国民商事判决所认定的事实加以抗辩。外国身份和婚姻判决所引起的麻烦还远不止于此。在离婚案件中，诉因地法律一般会根据内国的冲突法而被适用于实体法律争议中。一些国家要求承认这些外国民商事判决效力的前提是，外国民商事判决在诉因地国家被做出，或者诉因地国家承认审判国作出的判决。因此，首先外国民商事判决效力的范围不能够超过诉因地法律所规定的范围。这种观点认为，既判力与主观实体法律基础是不可分离地紧紧交织在一起的。① 这样，在确定将外国民商事判决延伸至内国的时候，诉因地法律就承认承认国法律之外的对审判国判决效力的限制。

总而言之，效力延伸理论更加符合国际民事法律交往的趋势，以及在世界范围内民事主观权利的实现，但是对效力延伸进行必要的限制也是各个国家普遍的做法。有鉴于此，在效力延伸基础之上发展出的积累理论无疑是最好的选择。

五、承认外国民商事判决的条件

（一）承认外国判决的条件的倾向性设置

无条件的承认外国判决在实践当中是不存在的。② 这里体现了承认条件的限定作用和控制功能。就承认条件的立法模式来讲，有积极和消极的承认条件之分。积极承认条件，即承认前提，即在什么条件下国家承认外国判决（例如 1958 年的《海牙抚养承认公约》中仅仅表述了承认条件）；消极的承认条件，即承认障碍，即在什么条件下拒绝承认外国判决，换句话说，承认仅仅是在法律规定的拒绝原因出现的时候才被排除（例如《布鲁塞尔公约》第 27、28 条和《德国民事诉讼法》第 328 条都采用消极承认条件模式）。这一区分，不是人们仅仅根据法律规定在措辞上的差别进行的，而是人们鉴于条件的意义和解释，以及对它们的审查和举证责任来进行的。就承认前提

---

① Susanne Dornblüth, Die Europäische Regelung der Anerkennung und Vollstreckbarerklärung von Ehr - und Kindschaftsentscheidungen, 2003, S. 32.

② 莱奥·罗森贝克：《证明责任论》，庄敬华译，中国法制出版社 2002 年版，第 67 页。

来讲，外国法院判决在承认之前是假定不被承认的，只有在条件满足后才能够被承认；而承认的阻碍则恰恰相反，在法律规定的拒绝原因出现之前，外国判决假定是被承认的。两者在承认倾向性上的差别一目了然，这种倾向性也当然地影响到了对承认条件的解释和具体操作上。作为带有倾向性的法律规定，它对国际法律交往的象征和总体上的指引意义巨大。应当讲，基于司法程序的等价性以及对外国法院判决的基本信任，承认国不应当对外国法院再有所疑问，这样的逻辑结果就是，如果没有相反的事实，并且这些事实不是承认法院，而是申请承认的相对人提出，那么外国判决就应当被承认。另一方面，承认申请人，一般情况下是在外国得到的有利判决的债权人，他所获得的判决已经经过一次审判程序的审查，所以在公信力和在符合公平正义的程度上较未经过争诉的民事争议来得更高一些，不再适合作为未产生判决效力的法律事实来对待。因此，也应当由申请人的程序相对人承担举证责任，排除对外国判决的承认。

（二）审判法院必须具有管辖权

1858 年德国吕贝克上诉法院就已经得出这样的结论：通过承认与执行法，人们几乎不能阻止外国作出判决，但是可以控制，是否外国判决是以不被我们认同的管辖权为基础。[①] 如果判决想要在外国主权领土之内发生法律效力，首先需要的就是其行使直接管辖权的司法行为得到承认国的肯定。对于外国的直接管辖权，承认国仅仅能够间接地，在承认条件的框架内加以规范，[②] 而规范的标准就是间接管辖权。在间接管辖权方面的理论研究的争议主要在于对一般条款或是镜像原则两种模式的区分。

1. 一般条款

作为"遵守规范"的直接管辖权规范而言，康德式的先验理论绝对适应不了直接管辖的复杂情况，仅仅规定几项间接管辖并不能够带来国家之间在管辖权问题上的相互性。所以，英美法系国家都纷纷以一般条款来应对这种复杂情况，即如果国家对权利争议有足够的联系，那么就享有直接管辖权。[③] 其原因是，国家对自己国家内的被告的保护是随着国内联系而增加的，即如果案件的国内联系越多，那么被告需要保护的程度越高。以一般规

---

① Martiny, Handbuch des Internationalen Zivilverfahrensrechts, III/1, 1984, S. 280.

② Makarov, Internationale Zustaendigkeit auslaendischer Gerichte, RabelsZ 34 (1970), S. 704.

③ Peter Gottwald, Grundfragen der Anerkennung und Vollstreckung ausländischer Entscheidungen in Zivilsachen, ZZP 1990, 273ff. 276; Basedow IPRax 1994, 184, 186.

范来确定直接管辖权是将判断是否具有直接管辖权的任务交给了法官。

在整个国际法律交往当中，法律的确定性、可预见性是首先要追求的目标。很显然，一个总体性的一般条款并不能够承担这一功能。所以，在一方面继续保留直接管辖权的一般规范的同时，英国自 1971 年的承认离婚和分居法令（Recognition of Divorces and Legal Separations Act）开始逐步引入具体的间接管辖权规范，借此避免通过一般条款被引发的法律的不确定性和不可预见性。这样的立法模式看似恰当地从直接管辖权和间接管辖权规范两方面维护自己国家和国民的利益。但是它忽视了其他国家的反应，因为这种立法的利己主义倾向忽视了管辖权规范的规范目标，即在国家层面上对不同国家的司法领域进行划分。当一个国家依据与案件的联系行使了直接管辖权却得不到英国承认的时候，无法解释为什么就同一情况而言，自己的法院可以直接管辖，而其他国家却不可以。这种从间接管辖反映到直接管辖的正当性要求无法使英国自己行使直接管辖权的行为满足正当性要求。

2. 镜像原则

镜像原则源自于《德国民事诉讼法》第 328 条第 1 款第 1 项的法律规定，即"依据德国法律，该外国法院所属的国家的法院无管辖权"。① 具体而言，就是将德国的直接管辖权制度映射到外国的直接管辖权之上，就是在判断外国法院是否具有间接管辖权的标准时德国自身的直接管辖权制度。除了德国之外，意大利、② 墨西哥、③ 奥地利④和西班牙⑤也同样适用的是镜像原则。

镜像原则给原被告之间在管辖权上的基本利益对立引入了一个以公正为导向的解决方法。在镜像原则之下，外国判决获得内国效力，实际上是根据内国的观点在对被告进行了充分的管辖权保护的情况下完成的。一般情况下，内国被告都会因为知晓本国的管辖权规定而不会在一个不可期待的法院地应诉，并且借助镜像原则国家法院也间接地履行了对内国被告的司法保障义务。在间接管辖权规范化的道路上，镜像原则以自己的直接管辖权规范作为尺度对被告进行保护。只要有不同的直接管辖权规范存在，人们就不能够假设，外国给予被告内容相同的管辖权上的保护，就像内国所坚持的一样。

---

① 《德意志联邦共和国民事诉讼法》，谢怀栻译，中国法制出版社 2001 年版，第 328 条。
② 1995 年意大利《民法典施行法》第 64 条 I lit. a。
③ 墨西哥《商事法典》第 1347 - A 条。
④ 奥地利《执行条例》第 80 条第 1 项。
⑤ LEC 第 954 条。

就镜像原则的价值来看，它在不同的法院地的司法公正拥有保障的基础上支配当事人，平衡原被告的利益格局。它是关于国家之间平等对待的问题，即将自己的标准适用于其他人，内国法官也可以像是自己审判一样的审查外国法院的国际管辖权，这有利于国家之间的法律交往和完成管辖权分配任务。国家立法者能够对国际管辖权的有效范围在一个平等的尺度之下自如地确定直接管辖权，因为它同样适用于间接管辖权。尽管两者在国际民事程序是在不同的阶段和不同的国家中进行，但是能够形成相互补充的规则体系，他们同样解决什么时候法律争议以足够的联系指向一个审判法律争议的法院。在这里，镜像原则中的直接管辖权的设定标准在国家之间分配管辖权的同时，也将统一标准适用到了外国判决的承认当中。

镜像原则的优点也在维护法律安全中可以看到。无论哪种管辖权规则，它所提出的都是解决原告和被告之间的管辖权利益对立的方案。与具体的解决方案相对，每一个从总体上抽象解决利益冲突的方案，最终会由于立法者抽象的立法与个案中出现的具体情况不同而使适用法律规范的结果出现不稳定。此外，一般性条款（作为镜像原则的替代选择）造成了管辖结果不可预测，从而导致法律缺乏足够的安全性。镜像原则正是基于这种认识，在将对管辖权的审查委托给内国法官的同时，也给予了内国法官一个他在对内国案件行使管辖权时依据的相同标准。这样，以德国为例，以其民事诉讼法中具体的内国管辖权规范为目，以第 328 条第 1 款第 1 项为纲，既提供了具体的、可操作的审查标准，而且也满足了以约束自己的标准约束他人的正义要求。这种规范化的解决方案远比一般条款所带来的抽象化解决方案要安全和明确得多，而且还具有最大限度的可预见性。

（三）对审判法院审判程序的最低公正性要求

在承认与执行外国判决的时候，承认与执行法官都会毫无例外的对审判国的审判程序的公正性给予足够的审查。程序上的公正性关注的是外国法院的审判程序是否能够得出公正的，可以允许其效力延伸到内国的外国判决。民事程序法展现出的则是各个国家特有的世界观、社会观和生活观，甚至是特定的意识形态和政治哲学。① 所以，对于民事程序的具体设置，各个国家之间无疑存在巨大的个性化差异，而这种差异足以使原本公正的外国判决被阻碍在国境线上而得不到承认。这一思考的起点无非是出于对自己国家的公

---

① 鲁道夫·瓦瑟尔曼：《社会的民事诉讼》，转引自米夏埃尔·施蒂尔纳编《德国民事诉讼法学文萃》，赵秀举译，中国政法大学出版社 2005 年版，第 58 页。

民可能会在一个自己毫无所知，并且有可能不尽"公正"审判程序前接受法院裁判的忧虑。

在各国存在巨大差异的民事程序法面前，程序公正性要求只能在对被告人程序权利进行保障的最低限度上进行要求。① 在民事诉讼中，当事人相对于法院来讲是权利一方，他可以自由地安排诉讼的进展，但是必须对自己的诉讼行为承担责任，是以，因为最低公正性要求造成的"公正赤字"由于当事人的自由和自决有了最好的补充。作为判断标准，至少外国判决应当是在一个对抗性的程序中被做出，双方当事人就民事争议各自举证并进行辩论，最终得出判决。对此，首先要面对的就是缺席判决，世界主要国家的法律制度主要是保障被告人的法定听审权（rechtliches Gehör），审判国程序的合法性，或者符合程序性公共秩序等方面规定程序的最低公正要求。《德国民事诉讼法》第328条第1款第2项保护被告人的法定听审权，实际上是保障被告人能够获悉民事程序的进行。《瑞士国际私法典》第24条第2款a将传唤合法性要求归入到程序性公共秩序之中。② 法国对外国程序的合法性进行审查，并且特别强调对被告法定听审权的保护，并且认为在下列三种情况下该权利被损害，外国判决不能够被承认，即被告根本不知晓程序，没有给他设置适当的应诉期限，或者出于其他的原因无法有效地行使抗辩权。③《比利时民事程序法典》第570条规定最低标准是对抗辩权的维护，缺席判决因为被告没有能够进行足够的抗辩而被拒绝承认。西班牙则完全排除对缺席审判的承认（《西班牙民事执行法》第954条）。在英国，根据1933年的外国判决法令，对外国缺席判决的承认是以及时传唤，以至于被告能够行使抗辩权为前提。在美国，合法的传唤是依照审判国的法律来审查，也是以被告即使得到正确的通知为前提。

1. 程序的最低公正性要求与公共秩序之间的关系

程序公正与公共秩序之间的关系集中地体现在德国国际私法的改革之中。按照《德国民事诉讼法》第328条承认条件的设置，审判国的程序一般情况下是不需要审查的，特别严重的程序瑕疵都被认为是违反了德国的公

---

① Geimer, Nichtanerkennung ausländischer Urteile wegen nichtgehöriger Ladung zum Erstprozeβ, NJW 1973, 2138; Bernstein, Prozessuale Risiken im Handel mit den USA, Konflikt und Ordnung, FS Ferid, S. 78.

② Kaufmann, Enforcement of United States Judgments in Switzerland, WuR 35 (1983), S. 233.

③ Einmahl, Die Vollstreckung ausländischer Zahlungsurteile in Frankreich und die Verbürgung der Gegenseitigkeit, RabelsZ 33 (1969), S. 123.

共秩序。而《德国民事诉讼法》第 328 条第 1 款第 2 项的关于法定听审权的规定，它原先被作为是特别强调的公共秩序的适用案件来看待，仅仅是在 1986 年德国国际私法改革中才成为独立的承认条件。[①] 其原因是，一方面，尽管与程序性公共秩序在含义上非常相近，但是还是不能将法定听审权看作是特殊的公共秩序保留条款，因为这一权利主要是服务于被告，其有权利行使或不行使。[②] 借助对公共秩序的习惯认知，公共秩序恰恰是一个法律制度中不可放弃的要求部分。承认国要承认的，至少应当是一个符合一定的程序基本要素的司法程序中得出的外国判决。所以，对法定听审权的保障不是关于一个例外性质的公共秩序保留条款，而是关于一个积极的承认条件。另一方面，公共秩序因涉及公共利益，所以一般情况下是由政府或以政府名义进行审查，将其不作为公共秩序，而是单独作为承认条件可以避免一个没有必要的政府名义的公共秩序审查。[③] 这符合《布鲁塞尔公约》第 27 条第 2 项的立法趋势。

2. 程序的最低公正性要求可以承担互惠原则的制度功能

人们不能奢望原告在获得有利的外国判决之后在内国重新提起诉讼。这促使立法者，在某些领域内，至少是家庭法和人身权方面，放弃了将互惠原则作为承认的条件。互惠原则作为古老的承认条件，承担着协调国家之间关系的制度功能。德国学者布鲁门维茨（Blumenwitz）教授这样评论德国承认与执行法上的互惠原则，"我们承认一个外国判决仅仅是在他们也同样承认德国的判决的情况下。这一条款乍一看除了国家利益外还实现了国家之间的平等，这似乎是理性的考虑。但是互惠要求几乎不是一个适合实现这一目标的工具。如果双方都在等待对方迈出第一步，即使是承认国陷入了一个非走不可的境况之中。但是更糟糕的是，承认国为了这个颇有问题的高压手段宁愿牺牲当事人的利益"。[④] 毫无疑问，在判决承认上的司法合作能够给参与其中的国家都带来巨大的利益，并且互惠原则使当事人的利益成为国家利益

---

① Geimer, Grundfragen der Anerkennung und Vollstreckung ausländischer Urteile im Inland, JuS 1965, S. 478; Schütz, Zur internationalen Zuständigkeit aufgrund rügeloser Einlassung, ZZP 90 (1977), S. 73.

② Martiny, Handbuch des Internationalen Zivilverfahrensrechts, III/1, 1984, S. 375.

③ Beitzke, Vorschlöge und Gutachten zur Reform des duetschen internationalen Personen -, Familien -, und Erbrechts, 1981, S. 237.

④ Blumenwitz, Das Vergeltungsrecht nach der Streichung von Art. 31 EGBGB aF, in FS Ferid 1988, S. 39 – 48.

的牺牲品。因此，对存有国家利益的国家之间相互关系的控制必须通过一个存有当事人利益中的公正程序控制所代替。尽管互惠原则出于法律政策的考虑还有存在的必要，但是不应当在持有形式的和狭隘的尺度，因为乐于承认的行为属于国际司法交往基础的行为方式，所以应当将更加具有可操作性的程序的最低要求承担互惠原则在程序方面的制度功能。可以说，在剔除国际政治因素的情况下，在最低程序公正要求的基础上构建的国际民事司法合作的基础平台之上，国家完全可以放弃对互惠的要求。

（四）不存在矛盾判决

因为缺乏一个超国家的立法和协调机构，所以在世界范围内不可能完全避免平行诉讼和相互矛盾的判决出现。来自国际条约和国家法律制度中关于管辖权的法律规定虽然在一定程度上避免了平行诉讼的出现，但是仍然无法避免出现多个相互矛盾的判决。一方面，国家在审判时有可能没有注意到其他国家已经开始的诉讼程序和已经作出的裁判；另一方面，内国法院也有可能在获悉其他国家的诉讼程序和判决之后有意识地通过自己的诉讼程序和判决阻止对外国判决的承认。在世界范围内，首先关注矛盾判决问题的是许多国际条约，例如 1973 年海牙《抚养执行公约》第 5 条第 4 项，1970 年海牙《离婚承认公约》第 9 条，1971 年海牙《执行公约》第 5 条等都做出了详细的规定。一般的做法是，如果外国判决与内国法院就相同的当事人和相同的争议标的作出的已经发生既判力的判决不相一致，那么判决将得不到承认。① 同样的，如果国家已经承认了一个符合承认国承认条件的第三国判决，那么外国判决也得不到承认。在有些情况下，如果第三国的已经生效的判决符合国家承认的条件，也会阻止对审判国判决的承认。其思考的出发点是，对外国判决的承认不允许与一个在内国或者在外国已经作出的判决相矛盾，并且威胁到法的安定性和权利的安全性。② 在国家法层面上，一部分国家认为矛盾的判决是公共秩序保留条款的应有内容，如奥地利、③ 法国④以

---

① Beitzke, Anerkennung und Vollstreckung ausländischer gerichtlicher Entscheidungen in der Bundesrepublik Deutschland, JurA 1971, S. 42; Riezler, Internationales Zivilprozeβrecht und prozessuales Fremdenrecht, 1949, S. 547.

② Riezler, Internationales Zivilprozeβrecht und prozessuales Fremdenrecht, 1949, S. 547.

③ Matscher, Der Vorbehalt ausschlieälicher Zuständigkeit imösterreichen Recht – Systemfragen der Anerkennung ausländischer Entscheidungen, JBl. 1979, S. 249; Heller, Die Anerkennung einander widersprechender ausländischer Entscheidungen, ZfRV 1982, S. 164.

④ Einmahl, Die Vollstreckung ausländischer Zahlungsurteile in Frankreich und die Verbürgung der Gegenseitigkeit, RabelsZ 33 (1969), S. 131.

及 1986 年国际私法改革前的德国。① 另外一些国家则将其规定为一个独立
与公共秩序的承认条件，如波兰（《波兰民事诉讼法》第 1146 条）、意大利
（《意大利民事诉讼法》第 797 条），以及《德国民事诉讼法》第 328 条第 1
款第 3 项。在美国，对此存在很大争论的是，在相同的当事人和相同的争议
标的的判决矛盾中是不是最新的判决是最至关重要的。② 英国法虽然不承认
一个关于相同当事人和相同争议标的时间上较后的外国判决，但理论上尚不
清楚的是，它是被作为一事不再理还是作为公共政策问题来对待。

1. 对矛盾判决的解决方案

对于如何解决判决冲突，在世界范围内主要有三个原则：时间优先原
则，即时间在前的判决优先；last-in-time rule 原则，即新判决优先原则；内
国判决无条件优先原则。

（1）时间优先原则。优先原则"Prioriätsgrundsatz"是大陆法系国家普
遍采取的一项原则。出于法律的安全和可期待性的考虑，较早作出的内国判
决能够排除外国判决的承认。③ 例如，在内国驳回诉讼的判决之后，外国就
同一当事人和同一标的履行判决就不能够被承认和执行。对于"优先"的
确定，有提起诉讼、判决作出、判决生效三个时间点可供选择。矛盾判决涉
及既判力的冲突，即外国判决的效力是否与内国判决的效力相冲突。所以，
通常情况下以相互矛盾的两个判决发生法律效力的时间来确定哪一个判决处
于优先地位。对于未决诉讼问题，国际通行的做法是将其作为一个独立的承
认阻碍进行确认，将对外国民事程序的控制提前，避免以程序和判决速度作
为确认优先地位的标准。尽管从时间顺序上应当外国判决享有优先权，但是
因为涉及既判力的确定，内国判决最终发生法律效力。剥夺先前外国判决的
优先地位的原因学者将其归因于程序当事人在程序中的行为自负。④ 矛盾判
决绝对是站在国际法律交往的对立面之上。优先原则是一项"亲承认"的
原则，它最大限度地解决了国际判决一致性的问题。这一原则的优点在于，

---

① Martiny, Handbuch des Internationalen Zivilverfahrensrechts, III/1, 1984, S. 445.

② Lenhoff, Die Anerkennung und Vollstreckung ausländischer Urteile in den USA, RabelsZ 19
(1954), S. 240.

③ Riezler, Internationales Zivilprozeβrecht und prozessuales Fremdenrecht, 1949, S. 531; Matscher,
Der Vorbehalt ausschließlicher Zustβndigkeit imösterreichen Recht – Systemfragen der Anerkennung
ausländischer Entscheidungen, JBl. 1979, S. 250; Heller, Die Anerkennung einander widersprechender
ausländischer Entscheidungen, ZfRV 1982, S. 164.

④ Matscher, Die Anerkennung und Vollstreckung gerichtlicher Entscheidungen im Verhältnis
ZwischienÖsterreich und Groβbritannien, JBl. 1963, S. 294.

对于一个国家内败诉的原告来说，徒劳的是在其他的国家中尝试提起新的诉讼去获得诉讼的胜利。这一原则着眼于国际民事程序的秩序利益，并指引当事人谨慎的选择对法律争议有管辖权的国家的内国法院提起诉讼。

（2）最后判决的优先原则（last-in-time rule）。这一原则来自美国，其出发点是后作出的判决对原先判决所存在的潜在改善。[①] 克格尔将最后的判决描述成"最后的命令是神圣的"。[②] 因为，最后作出的判决有可能是在考虑到之前所有的情况下作出的判决，并且也极有可能是参考了之前所有的判决，以及那些判决所产生的法律效果之后做出的，所以可能最能体现个案中公平正义的法律观念。但是这一观点忽视了，最后作出判决的法院本身就是基于对法律争议的不同认知而作出判决，并不一定是对先前判决所有情况的"又"一次总结性描述。同时，这一原则对当事人为获得有利判决在外国重新提起诉讼来说无疑也是一种激励，这对于国际民事法律秩序来讲无疑是一项破坏大于建设的制度建构。美国的不方便法院规则在阻止这一激励效应上虽然起到了一定的作用，但也仅仅是给予法院在当事人耗费大量人力、财力提起诉讼之后，为驳回诉讼寻找的理由而已。尽管这一原则存在巨大的缺陷，但是它对于关于抚养费的判决而言，却总是适用。

（3）内国判决无条件优先，即判决的国籍原则，只要是承认国法院作出的判决就具有优先地位，即使它是在外国判决作出后，按照外国判决发布的判决；即使没有顾及先前外国的未决诉讼而开始诉讼程序。这一原则坚持狭义自我保护观点，如今很少被国家采用。

2. 对未决诉讼的解决方案

如果在相同当事人之间的相同的争议标的已经在其他国家的内国法院中已经进入审判程序，而审判国内国法院在可能并没有注意到的情况下管辖并审判了该案件，这样就产生了相互平行的未决诉讼。对于解决未决诉讼之间的平行方式，国际上通常是适用不方便法院、最先受理与承认预期规则三种方式，其中最先受理原则成为一种较为通行的做法。以英国为例，先前的诉讼法理论将未决诉讼问题通常被当作不方便法院的一个附属问题来处理，先受理法院并不一定得到英国法院的支持。在 Du Pout 一案中，英国法院认为，英国法院比伊利诺斯州法院受理在先，这并不具有决定性，在援引不方便法院规则之后，法院中止了本国的诉讼。但是在随后的司法实践中，英国

---

① Schack, Internationales Zivilprozeβrecht 2004, S. 219.

② Kegel/Schurig, Internationales Privatrecht, 2004, S. 1064.

接收了最先受理原则。① 出于法律可预期和安定性的考虑，为了维护国际民事程序的秩序利益，必须从一而终的适用其中的一种方式解决平行诉讼问题，因为法律对程序当事人具有潜在的指引作用。此外，平行未决诉讼的解决方案还涉及前述矛盾判决的时间优先原则的前置控制阀问题。

如果平行的未决诉讼产生了相互矛盾的判决，并且承认国的法院首先受理诉讼，那么承认国就不承认外国判决，这一结论是在外国程序未尊重承认国法院已经就法律争议开始诉讼程序的法律事实的基础之上做出的判断。② 相反，如果外国的未决诉讼在随后内国程序开始时没有被尊重，那么内国的未决诉讼并不阻碍承认的进行。这一原则也被许多的国际判决所认同，如1973 年海牙《抚养执行公约》第 5 条第 3 项，1971 年海牙《执行公约》第5 条。它独立被确立，并且不仅仅表现为公共秩序的适用案件。③ 这一规则是很必要的，否则因为先前开始的程序的当事人将因为随后开始，但是早结束的程序，而能够持有一个以有效判决既判力为内容的异议。内国的程序性公共秩序不允许依赖于诉讼程序和作出判决的速度，而使内国的程序受到外国程序的排挤。当事人在承认国进行的未决诉讼将通过在外国的法院提起的诉讼遭到搁置。对此提出异议的是德国联邦法院的观点，它认为，内国的相反的未决诉讼并不损害外国判决的既判力效力，因此不能作为承认障碍来看待，④ 但是这一观点对国际法律交往没有什么好处。德国学者巴赛道（Basa-dow）教授在他的文章中提出的问题，即是否与第三国的既判力一样，第三国的未决诉讼也能够构成承认的障碍还有待司法实践的论证。⑤ 但无可争辩的是，与两个外国的平行诉讼的结果即矛盾判决不同，两个外国的未决诉讼不能够成为承认的障碍。因为，并不因为存在内国的未决诉讼而使内国的程序性公共秩序受到冲击。未决诉讼原则上通过诉讼的提起的时间来决定，但

---

① 崔勇、徐随：《海牙管辖权公约（草案）条件下的未决诉讼》，载《现代法学》2003 年第 6 期，第 168 页。

② Mitzkus, Internationale Zuständigkeit im Vormundschafts – , Pflegschafts – , und Sorgerecht, 1982, S. 396；Habscheid, Zur Berücksichtigung der Rechthängigkeit eines ausländischen Verfahrens, RabelsZ 31（1967），S. 258.

③ Basadow, Parallele Scheidungsverfahren im In – und Ausland, IPRax 1983, S. 279；Niedermann, S. 70.

④ Hoyer, Eherechtreform vonÖsterreichern vor deutschen Gerichten, FamRZ 1978, S. 301.

⑤ Basadow, Parallele Scheidungsverfahren im In – und Ausland, IPRax 1983, S. 279；Matscher, Der Vorbehalt ausschließlicher Zuständigkeit imösterreichen Recht – Systemfragen der Anerkennung ausländischer Entscheidungen, JBl. 1979, S. 250.

具体标准则是由各国程序法直接规定。例如，根据德国的法律，未决诉讼是根据诉讼文书送达程序相对人的时间来决定，即使是向外国送达。此外，平行的未决诉讼是指两个都是诉讼程序而言，如果内国的程序是调解其他程序而不是诉讼程序，那么与国外的诉讼程序并不构成平行诉讼。

（五）不违反承认国的公共秩序

作为传统理论中承认外国判决的条件，公共秩序保留条款方面的发展趋势是对公共秩序保留条款就个案进行灵活运用。

与内国公共秩序相矛盾的不是外国判决本身的内容，而是承认国法院承认外国判决的结果产生了与承认国的实体和程序法律规定的公正原则有了无法让人接受的偏差。其隐含的意义与冲突法中适用公共秩序一样，即本国法院不能够作出与自己国家基本法律制度和原则相违背的判决。这与冲突法适用公共秩序时判决实质上是否在内国真正发生法律效力，以及在承认外国判决时外国法院作出违反本国基本法律制度和原则无关。

对于公共秩序保留条款的适用，几乎所有国家都采取克制的态度。首先，各国在审查时不再仅仅只就法律制度之间的差异进行模糊控制，而是在个案中利用外国判决与国内联系的紧密程度进行个性化的精准控制，因为它决定了承认外国判决的结果与内国公共秩序冲突的程度，并且左右了审查的结果。其次，出于法的安定性、可预见性以及权利的安全性的考虑，通常情况下，公共秩序保留条款仅仅作为例外的情况被辅助性的适用，它作为承认外国判决的条件承担着"紧急制动器"的功能。[1] 尽管各个国家都在公共秩序审查时对实质性审查禁令作了例外处理，但这种例外情况也是在被软化的情况才被允许，即必须是对公共秩序在保障最基本的正义要求的基础上进行狭义解释之后才被允许。这也是德国学者将《德国民事诉讼法》第328条第1款第4项将对公共秩序的审查作为实质性审查禁令例外情况的前提条件。[2] 同时，公共秩序保留条款被限制地适用也符合对国际判决一致性的追求。[3] 最后，对模糊控制公共秩序的做法深恶痛绝的学者也对限制公共秩序保留条款的适用不遗余力。[4] 一方面，公共秩序因为所涉及的法律部门不同被分为实体性公共秩序和程序性公共秩序。对前者而言，尽管作为实质性审

---

[1]　Herbert Roth, Kommentar Zivilprozessordnung（§328），2006，S. 56.

[2]　Kegel/Schurig, Internationales Privatrecht, 2004, S. 1066.

[3]　Dölle, Deutsche Landerreferate, S. 398.

[4]　Kropholler, Internationles Privatrecht, 2006, S. 246.

查禁令的例外情况，但它还是与国内联系挂钩，并作为适用的限制。对于后者，在公共秩序理论发展中，程序性公共秩序存在软化，并且呈现出社会化和国际化的趋势，适用的尺度愈加严格，其目的在于程序本身意味着秩序、法的安定性和可预见性，以及权利的安全性。程序公正的最低保障以维护国际民事司法合作的名义被引入程序法，成为独立的承认条件，逐步取代和排挤对公共秩序保留条款的适用。另一方面，出于承认外国判决对内国公共秩序所造成的潜在的冲击的考虑，审查一般由政府，或者至少以政府的名义由法院进行。在一些公共秩序的原有内容陆续成为独立的承认条件后，公共秩序审查已经逐渐成为承认外国判决时的一般审查事项，举证责任由被申请人承担。同时，对公共秩序的审查必须是在承认与执行法的框架以内，这也是对公共秩序保留适用进行限制的一种表现。例如在《德国民事诉讼法》第328 条的框架内审查公共秩序，其他如法定听审权和管辖权的规定就限制了公共秩序保留的再次被适用，因为这两个条款排斥了公共秩序保留条款的适用，《布鲁塞尔条例》更是明确禁止在管辖权问题上适用公共秩序保留条款。[1] 所以，关于承认外国判决的条件规定得越细致，那么公共秩序保留条款适用的范围就越小，对外国判决的承认就越具有可操作性和可预见性。因此，公共秩序保留条款在外国判决承认与执行程序中的适用有一定的条件。

　　1. 公共秩序保留的尺度依据民事法律争议与内国联系的密切程度确定

　　判断是否需要适用公共秩序保留条款阻止对外国判决的承认是根据其是否能够给内国的公共秩序造成不能承担的法律后果。承认外国判决本身意味着外国法院替代内国法院对民事争议作出裁判，之所以如此是因为外国法院与民事法律争议可能具有的更加密切的联系，更加适合对其作出裁判。由此，可以看到，在承认外国判决时对公共秩序保留的需求小于内国法院直接审判时对公共秩序保留的需求。按照德国学者乌普尔曼（Wuppermann）教授的观点，在承认外国判决时适用公共秩序保留必须存在内国联系。[2] 如果外国判决本身与内国不存在任何联系，那么它就不会对内国的民事法律秩序造成任何的影响，也就不会给适用公共秩序保留条款留下任何的空间。如果存在内国联系，那么对内国民事法律秩序的影响也会随着联系的紧密程度而相应的变化。确切地讲，与内国联系的越紧密，外国判决与内国法律秩序的

---

[1]　Herbert Roth, Kommentar Zivilprozessordnung（§ 328），2006，S. 56.

[2]　Wuppermann, Die Deutsche Rechtsprechung zum Vorbehalt des ordre public im IPR seit 1945 vornehmlich auf dem Gebiet des Familienrechts, 1977, S. 30.

关系就越密切，那么适用公共秩序保留条款的可能性就会越大；联系越小，那么对外国判决的承认对内国的影响就会越小，外国判决的效力就越容易被承认国所承担。① 事实上，法律争议有越少的内国联系，与承认国基本原则之间的距离就越远，这恰恰说明了管辖权规范与承认规范相互呼应的体系效应。

对内国联系的判断标准而言，德国学者马汀内（Martiny）教授给出了一个大致的参考标准："如果承认外国判决仅仅是作为内国审判的先决问题，那么内国联系是最弱的；被承认的外国判决是作为内国诉讼的主要内容出现，那么内国联系次之；如果被承认的外国判决将要在内国执行，那么内国联系就最强。"②

2. 对公共秩序的审查必须依个案进行

除了国内联系之外，公共秩序保留条款的适用还应当视个案的具体情况而定，而不是简单地将审判国和承认国的法律规定进行横向的比较。③ 无论是实体公共秩序还是程序公共秩序，实际上是审判国的程序和判决在结果上是否符合承认国关于公平正义的观点。这一点对程序公共秩序的要求更加严格，尽管审判国的某一程序规定违反了承认国的公共秩序，但是该条款的适用的结果在个案中对程序和实体正义并无影响，那么对这一条款的适用不能阻止对外国判决的承认。

总体而言，公共秩序保留作为承认障碍，仅仅是被限制性地适用，并且充当补充的角色。作为兜底性条款，所有的承认障碍从理论上都可以返回公共秩序保留的适用上来，但是公共秩序的内容和保留条款适用范围不容扩张，否则公共秩序保留条款将摧毁整个承认与执行法体系。④

（六）互惠原则

在互惠原则问题上的理论发展主要集中在对形式互惠批判和对实质互惠的提倡之上。

1. 对形式互惠的批判

形式互惠主要是指国家之间存在关于相互承认判决的国际条约。从理论渊源上讲，形式互惠最早来自"国际礼让学说"，其核心内容是以对方承认

---

① Kropholler, Internationales Privatrecht, 2006, S. 246.

② Martiny, Martiny, Handbuch des Internationalen Zivilverfahrensrechts, III/1, 1984, S. 465.

③ Riezler, Internationales Zivilproβrecht und prozessuales Fremdenrecht, 1949, S. 545.

④ Schepke, Die Vollstreckung ausländischer Zivilurteile, 1935, S. 26.

自己国家判决的司法行为作为自己承认对方判决的条件。对于这种目的论,
美国法学界在批判时指出,互惠原则很难达到鼓励外国承认和执行美国法院
判决的目的。① 德国科夫勒(Kropholler)教授认为这简直就是一种幻想。②
远在他乡的外国法院即使是倾听到承认国的内国法院在拒绝承认其判决时的
互惠要求,也无法在其承认承认国的法院判决时起到更大的作用。如果仅以
无形式互惠关系为由而拒绝承认外国判决,必将导致国际平行诉讼的大量产
生,无论是从国家角度还是从当事人角度,均有悖于诉讼的经济原则,可能
也会产生大量的矛盾判决。我国最早对此提出批判的是著名国际私法学家李
浩培先生。他指出:"互惠原则的适用对外国裁判的承认和执行是不合理也
不可行的。理由是:第一,现在各国在承认和执行外国裁判的问题上所适用
的互惠原则实质上是报复原则,即由于外国不承认和不执行己国的裁判,所
以己国也不承认外国的裁判,以示报复。但是这种报复的对象却完全是错误
的,因为报复的结果受损害的不是裁判做出国,而是在外国诉讼中胜诉的个
人。而这个胜诉人有时还是拒绝承认和执行国的本国国民。第二,期望以报
复迫使裁判做出国也承认和执行己国的裁判,这种期望在很大程度上是会落
空的,因为对裁判做出国来说,不承认和执行它的法院的裁判对它不会有重
大的损害。第三,查明他国是否在同一程度上承认和执行己国的裁判是很困
难的,从而这个条件很难实行。"③ 客观的讲,互惠作为报复或者胁迫其他
国家承认自己国家判决的工具应当是在假设国家之间本身就存在互惠关系的
基础之上才能发挥出最大的制度功能,否则以此作为拒绝承认其他国家判决
的理由不仅仅不符合私人私法利益的实现,也无法实现国家利益的最大化。

除了从目的论角度批驳形式互惠,德国法学家普特法尔肯(Puttfarken)
教授还认为互惠原则是专制的和违反宪法的。④ 同样作为原告的德国人,因
为获取的判决的国家不同而遭到差别对待,这不符合《德国基本法》第3
条"法律面前人人平等"的宪法精神。实际上,形式互惠的纯私法目的是
以一个典型的事实状态作为前提,要承认的外国判决总是对外国人有利的,
并且总是要在承认国执行,而被执行人总是承认国的民事主体。这一点和互
惠原则产生和兴盛时期的社会、经济历史背景以及当时的国际程序法的基本

---

① 马守仁:《美国对外国法院判决的承认与执行》,《中国国际法年刊》1994 年卷,第 263 页。

② Kropholler, IPRax (2001), S. 630.

③ 李浩培:《国际民事程序法概论》,法律出版社 1996 年版,第 140 页。

④ Puttfarken, Zur Anerkennung und Vollstreckung ausländischer Urteile deutscher Kläger – verfassungs-widrige Gegenseitigkeit, RIW 1976, S. 149.

音调是一致的。

在没有国际条约保障互惠关系的条件下，实质互惠原有的思维也在发生着转变。2006 年 5 月 18 日，德国柏林高等法院作出承认中国江苏省无锡市中级人民法院民商事判决的判决，驳回了申请人承认与执行仲裁裁决的请求。这一判决成为第一宗德国法院承认中国法院判决的案例。德国柏林高等法院的法官承认无锡中院判决最重要的依据是《德国民事诉讼法》第 328条第 1 款第 5 项关于互惠原则的规定。判决书在叙述适用互惠原则的理由时指出：

> 由于中、德之间不存在相互承认与执行法院判决的国际条约，那么具体司法实践就成了处理案件的依据。如果双方都等待对方先迈出一步，自己再跟进给予对方互惠的话，事实上永远不可能发生相互间的互惠，互惠原则也只能是空谈而已，这种情况并不是立法者和执法者所希望的。为了在没有签订国际条约的情况下不阻止相互承认与执行法院判决的向前发展，要考虑的是，如果一方先走出一步，另一方会不会跟进。按现在国际经贸不断发展的情况，中国有可能是会跟进的。①

无疑德国法院对中国法院判决的承认迈出了中德互惠关系的第一步，这种将互惠关系的压力转加给审判国的做法正是国际民事司法合作的趋势。

事实上，在全球一体化趋势使得民事判决呈现出与原有单向性不同的你中有我、我中有你的样态，不能仅仅从是否存在国际条约和承认司法实践来判断是否国家之间具有互惠关系已经成为世界范围内各个国家的共识。互惠保障要求的来源应当来自对其他国家的民事程序中承认与执行法规定和承认程序公正的担忧。

2. 新的互惠保障原则

新的互惠保障原则，即放弃对互惠关系的纯形式判断，转而在对外国判决质量作出判断的基础上作实质性判断，实质上是否认将国际条约或者国家法律规定作为对于外国司法的信任担保。② 这是对互惠原则去政治化并推进国际民事司法合作的最新发展。

---

① Urteil des Kammergerichts Berlin vom 18. 05. 2006，Aktenzeichen 20 Sch 13/04，转引自马琳《析德国法院承认中国法院民商事判决第一案》，载《法商研究》2007 年第 4 期，第 151 页。

② Basedow，StAZ 1983，233，240.

　　原有的互惠原则缺乏与审判国判决质量的任何的联系，在割裂国家之间民事生活的同时也阻碍了国际民事法律交往。因此，对其内容必须建立起一套实质性的替代方案，这一方案不能仅仅替代原有互惠原则的内容，而且要剔除原有互惠原则中与时代不相符的因素。首先，在替代方案中，不能将"报复"目的作为互惠保障的内容常设下来。互惠原则在历史上的主要内容就是作为城市国家之间的相互之间报复的依据。这种措施应当如措施一样以"次"为单位，并且成为例外适用的情况，而不能成为互惠保障原则的主要内容。其次，应当从外国判决本身的质量出发进行实质性互惠保障的考量，并在法律制度上积极运用管辖权、公共秩序以及程序最低公正性要求等规范完成互惠原则的制度功能。本质上，如果坚持仅仅适用互惠原则，那么就是对承认与执行法当中其他原则的专制，在这一"大哥"级原则的阴影中，其他的原则完全没有可以施展自己制度功能的余地。对于多样化的经济交往和民商事正义来讲，这种一般性的处理方式无疑是灾难性的。外国判决承认与执行法律制度具体化、细致化、规范化的趋势不可阻挡，破除互惠原则的封锁对于国家，对于当事人来讲都是具有巨大的诱惑力的。互惠原则应当承担的是更加重要的任务，扮演更加重要的角色，依据互惠原则，审判国和承认国之间的承认的条件应当具有对等性，不是从数量上，而是从质量上进行考察，即同一案件审判国承认承认国判决的条件不能从实质上明显的难于承认国承认审判国的条件。所以，将互惠原则转化成互惠保障的新的模式所发挥的功能实质上是将承认与执行法中其他条件的判断结果与互惠原则政治功能予以接通。

　　德国学者马·巴尔（v. Bahr）教授认为，事实上，不是要不要互惠原则的问题，而是如何适用该要求的问题，带有政治色彩的互惠原则绝对是当事人的一项负担和国际合作的障碍。在主权不可侵犯以及国际民事法律交往要求的双重夹击之下，互惠原则的出路只能是制度化和国际程序法化。德国学者普菲佛尔（Pfeiffer）教授认为："对互惠要求在法律政策上的批评主要是基于互惠要求的估算特征，这一要求与大度的国际法律交往是相对的。对它来讲，缺乏与审判国判决质量上的任何联系，对互惠关系的判断应当更加的倾向于对国家之间实体性互惠保障的判断。"

第三节　海牙国际私法会议的立法工作

　　在两次世界大战之间，海牙国际法协会（International Law Association）

对外国判决承认问题发起了冲击，在其成立 30 周年报告中关于外国判决承认部分的报告的主要内容就是全面展示对该问题全面、深入研究的成果。[①]其在 1925 年举行的第五次大会更是致力于制定一个统一的外国判决承认和执行规则。同时，国际法学院（Institut de droit international）结合皮尔雷特（Pillet）教授的草案在 1924 年发布了国际条约和国家法典的原则。[②]尽管如此，一个关于外国判决承认与执行问题的多边公约在那时也很难达成，至少1929 年华沙《国际航空运输公约》就没有接受统一的承认规则。究其原因，是因为当时的国际形势的主流是对峙，而非合作。因此，当时关于承认执行问题的公约主要是双边性质或地区性的条约，例如 1932 年 3 月 16 日生效的，丹麦、挪威、瑞典、冰岛和芬兰的斯堪的纳维亚《外国判决承认与执行公约》。

第二次世界大战之后，最引人注意的多边条约是 1958 年的《纽约公约》和 1968 年的《布鲁塞尔公约》。除此之外，多边条约出现了三个主要趋势：（1）制定的大多是关于承认某一类型判决的特殊公约；（2）将承认作为一系列统一民事法律领域中公约的附属事项来对待；（3）地区性地解决承认与执行问题有了长足的进步，其中欧洲取得的成就尤其引人注目。

一、海牙《民商事管辖权及外国判决公约》制定工作的介绍

1992 年 5 月，参加海牙国际私法会议的美国代表团提议制定《民商事管辖权及外国判决公约》。美国代表团的建议是：（1）从规定适当的管辖法院和排除不适当的管辖法院正反两个方面将案件分配给各个国家的内国法院，并在此之上制定一个宽泛的管辖权。（2）采取适当的措施确保适当的外国管辖法院作出的判决能够被承认和执行。美国代表团的观点是以管辖权为核心的，实际上有一定的道理，因为对管辖权的确认是法院审理工作的前提和基础，在外国法院管辖权不适当时，缔约国法院可以拒绝承认和执行外国判决。在管辖权之外，在承认条件之中，依据案件的情况具体的适用公共秩序、互惠原则等承认条件实际上都是在要求适当的法院管辖。在美国人眼中，在适当法院形式管辖权之后得出的判决理所应当的就应当获得在其他国家中的判决效力，归根结底，这是"债务说"、"既得权说"等一系列国际私法理论的反映。

---

① International Law Association, 30th Report, Haag 1921, Vol. Ⅰ, S. 15.

② Entwurf von Institut de droit international 1923, S. 173.

美国的这一建议立即得到了已经对 1971 年《承认与执行公约》① 失去信心的各国与会者的响应。同年 10 月海牙国际私法会议设立了工作小组对此进行讨论。1993 年 5 月，海牙国际私法会议第 17 次大会决定，正式将这一问题列入工作议程，并于 1994 年 6 月和 1996 年 6 月两次召开会议，讨论了相关议题。1996 年 10 月海牙国际私法会议第 18 次大会正式形成决议，将制定该公约的工作列入第 19 次大会的日程。根据该项决议，海牙国际私法会议设立的专门委员会在 1997 年 6 月至 1999 年 10 月分别召开了五次会议，对公约的具体规定进行了深入的磋商并初步达成共识。1999 年 10 月 30 日专门委员会通过了《民商事管辖权及外国判决公约》（Convention on Jurisdiction and Foreign Judgments in Civil and Commercial Matters）的草案，供海牙国际私法会议第 19 次大会讨论。之后，国际私法会议相继举行了五次非正式磋商，期间，各主要与会国家对草案绝大部分内容存在十分严重的分歧。在中国等国的强烈要求下，2000 年 5 月举行的"总务与政策特委会"决定推迟第 19 次大会以及决定将公约起草分为两个阶段，工作方式也作了相应的改革。第一阶段外交大会于 2001 年 6 月召开，会上，欧美国家立场十分对立，难以妥协，欧洲国家希望制以混合公约以统一世界范围内的民商事管辖权规则，消除管辖权方面的不确定性，将欧洲模式推而广之；而美国则建议所谓的"一般性经济活动管辖权"，从世界经济霸主的角度扩张管辖权。这样，按原计划召开第二阶段外交大会并达成一个普遍接受的公约从实质上已经不可能，公约的制定工作陷入僵局。

二、制定公约中的主要观点

（一）审判管辖权方面

在关于新公约的海牙特委会讨论中，大多数国家已倾向于制定类似于欧洲公约的双重公约，即是将缔约国法院在审理国际民事诉讼时管辖权的规范和缔约国之间相互承认与执行对方法院判决的规范合为一体的公约。与此相对，美国建议制定一个有适当、不适当两方面确认的主观管辖权，并不涉及严谨、周延的管辖权制度。借此，美国人想要的是一个具有任意性的、对过度管辖权不加限制的管辖权制度，并且输出他们的关于刑事损害赔偿的经常带有经济政治目的动机的案件。这样几乎完全以"拳头"和"实力"作为

---

① 期间，买卖合同的《选择管辖权公约》虽然在 1958 年 4 月 15 日公布，但是始终没有生效。1971 年 2 月 1 日公布的《外国民商事判决承认与执行公约》仅仅在荷兰、葡萄牙、塞浦路斯适用。

管辖权标准的管辖权制度并不是其他国家所想要的，在公约的制定过程中也很自然地得不到支持。实际上，国际民事程序法主要包括管辖权和承认与执行两个方面的法律制度，而制定统一的关于审判权的公约是制定关于外国判决承认与执行统一公约的基础，只有在统一的审判管辖权规范前，各个国家才有可能坐下来认真考虑承认与执行问题。尽管欧洲的不审查审判管辖权的规定有其独特的政治、经济和文化背景，不可以直接复制，但是统一采取德国式的镜像原则，将各国管辖权规定相对的固定下来也满足承认与执行法律制度对管辖权制度的要求。但是，海牙公约在讨论中并没有考虑镜像原则的立法模式。

（二）程序最低公正性要求方面

在关于程序正义或最低公正性要求讨论中，各国均认为应对此条件作出规定，但对规定方式却有分歧。美国认为应当采取模糊控制的方式，由法官来具体判断外国审判程序是否满足最低公正性方面的要求。这与美国"正当程序"的概念相一致，这样的抽象概念是一种程序沙文主义的表现，并无实际的操作性，也暗含了对其他国家法官的不信任。大陆法系国家的代表认为这类概念含义模糊，不是从程序的统一、有序为目标，他们主张具体列举被告在诉讼程序中应受保障的权利，适用明确的法律规范明确审判程序的公正性标准。实际上，在原被告的利益格局中，必须明确地有倾向性，即倾向于被告人或者倾向于原告人。灵活、模糊的概念和规范只能使国际程序法律秩序呈现出混乱状态，这样的法律规定实际上就等于没有规定。在司法实践中，类似"正当程序"的模糊规定很可能被败诉方滥用，浪费司法资源，也可能成为具有地位的国家的经济工具。同时，在模糊控制中，承认国判断审判国的司法公正性会进一步造成缔约国之间司法的不信任，加大国际法律交往的困难。[①]

（三）协议管辖权公约

在挫折之中，海牙国际私法会议也在积极地寻找替代品。作为会议的成果，2005 年 6 月的第 20 届外交大会上，《协议管辖权公约》（Convention an Choice Court Agreements）被发布出来。作为 2001 年《法院管辖权和执行公约》草案的残留物，实际上是在最小范围内协调各方利益之后的妥协物，与原来制定公约的计划相去甚远。德国学者沙克教授认为这个公约相当小

---

① 胡斌：《田妮十字路口的海牙管辖权公约》，2001 年中国国际私法年会论文。

气，就相当于毫无用处。① 从内容上看，它仅仅涉及法院协议管辖（第 1 条 I），并且带有大量的例外情况（第 2 条、第 21 条）。此外，在第 19 条中允许缔约国保留，即尽管已经有当事人协议选择了法院，法院也可以不受理，因为其觉得缺乏国内联系。沙克教授认为，这个公约最终向法律的确定性发射了"鱼雷"。② 至此，海牙国际私法大会就不再能通过更为先进法律规定接近欧盟的立法模式。是否两者会就此分道扬镳，现在还未尝可知，但是欧洲的学者已经提出该公约是进步还是退步的疑问。③

三、外国判决承认与执行法律制度的应有内容

在将外国判决承认与执行法律制度的传统理论和欧盟统一法理论，以及欧盟统一法不同时期法律文件的比较研究当中可以得出这项法律制度的应有内容。

（一）承认方式

在承认的方式上，应当明确适用自动承认的承认方式，并采取拟制承认方式，即在没有出现相反的法律事实的情况下，外国判决已经在承认国发生法律效力。无论是出于对外国判决既判效力的尊重，还是鉴于外国判决在外国已经发生法律效力的法律事实，民事争议都已经不再适合在承认国内国法院再一次进行裁判。这一方面可以避免同一法律争议得到不同内容的判决，避免矛盾判决的出现；另一方面有助于维护法律和权利的安全性、稳定性和可预见性。

在承认外国判决效力的方式上，应当抛弃了传统的效力延伸或地位等同理论，采纳积累效力理论。鉴于前面的自动承认的承认方式，在承认外国判决效力的时候，必然是从效力延伸理论出发，在不需要内国法院承认和执行的时候，外国判决在内国的效力内容依据审判国的法律来确定。如果需要内国法院的承认和执行，那么以内国法律制度作为外国判决内国效力的上限。

（二）承认条件

在承认条件上，应当采用消极条件的立法模式，即公共秩序，矛盾判决、间接管辖权、听审权保障等等条件应当作为排除承认的条件，并且由被

---

① Schack, Internationales Zivilverfahrensrecht, 2006, S. 278.

② Ibid.

③ Rühl, Das Haager Übereinkommen über die Vereinbarung gerichtlicher Zuständigkeiten: Rückschritt oder Fortschritt? IPRax 2005, S. 410.

申请人承担举证责任，否则承认国法院有义务承认该判决的效力。在具体条件中，首先应当排除互惠要求，因为对外国民事商事判决的承认和执行仅仅是在很少的情况下涉及国家利益，国家利益应当较少的干涉一般的民事交往。与一般的互惠要求相反，应当将互惠保障设定在对程序性规范，诸如程序当事人的程序权利保障的要求之上。其次，应当明确禁止实质性审查，这也是世界范围内各个国家民事程序法的一般性要求。再次，应当取消冲突法控制，对外国判决的承认与执行的审查不应当溯及外国法院对准据法的适用阶段，应当信任外国法院能够适用正确的民事实体规范。最后，应当控制公共秩序保留条款的适用，它的教条适用和泛化滥用一直是阻碍外国判决承认与执行的主要因素。在这里，应当将公共秩序分为程序性公共秩序和实体性公共秩序，并且应当是在明显与内国基本的法律原则和观念相违背的情况下才可以考虑适用。同时，公共秩序应当是在个案中被审查，并且受到民事争议与内国联系程度的严格限制。

总之，外国判决的承认与执行是程序法律制度的应有部分，应当在程序法的框架内被解决。所以，应当突出对外国法院在审判程序中程序当事人权利义务保障上面的审查，而不是纠缠于各种实体诉求和利益纠葛之中。

三、承认与执行的救济

在对承认与执行的法律救济上，应当将救济程序和救济途径置于承认外国判决的决定之后，即所谓救济后置的立法模式。在对外国判决的承认程序中，一般的承认法理论要求救济随着对外国判决的审查同时进行。但事实上，这一方面降低了外国判决对债务人的突袭效果，可能会使随后的执行陷入困难；另一方面，随着救济进行审查本身会造成与实质性审查禁令的矛盾，这样无异于承认国内国法院在承认外国判决时对民事法律争议进行再一次的审判。与一些国家立法者将内国民事主体视为需要国家保护主体不同，后置的法律救济将是否提出法律救济的权利交给程序当事人可以有效地发挥他们的能动性，而且可以促使他们参加外国法院的审判程序，这无疑也会促进国际民事司法合作。

总而言之，外国判决承认与执行法律制度的应有内容必须以"国际"为着眼点，以促进国际民事司法合作为目标。在统一的国际民事法律争议解决机制中，任何参与其中的国家和民事主体都会因此而受益。

四、外国判决承认与执行法律制度的全球化发展趋势：对中国的启示

　　欧洲统一法的立法和司法模式有其独特的政治和法律背景，不可以直接复制。但是它昭示了外国判决承认与执行法的发展趋势，那就是用程序正义替代有效的在个案中的民事实体正义诉求。在经济全球一体化的情况之下，每一个参与其中的国家法律体系都会无可避免地遇到与其他国家法律制度相互融合的情况。在未出现统一立法和司法协调机制的情况下，这些融合存在自发性和不确定性的特点，大部分出现在双边条约之中，但是整体的趋势是法院之间越来越信任，越来越相互依赖，作为经济全球化的助力。国际程序法正朝着一体化、协调化的方向进行发展。

　　对于中国这个正在逐步发挥巨大政治、经济影响的地区性大国而言，谋求在建立地区民事法律争议解决机制的主导地位将有助于进一步发挥我们在各个方面的影响，尤其是在经济交往方面。在我国《民事诉讼法（2007 年修正）》的规定中，互惠要求、公共秩序保留还占据主导地位。[①] 在改革开放初期，这些很好的发挥了适度保护内国民事主体的功能，但是随着经济的发展，越来越多广泛和频繁的民商事交往要求降低这种类似于"贸易壁垒"的保护。在德国柏林高等法院率先承认我国无锡中院的判决之后，我们应当考虑在没有国际条约或国内法律互惠条款的情况下，并且是在具备各项承认条件的情况下率先承认外国判决，这不是简单的在法律政策上的判断，而是应当在制定全面而科学的外国判决承认和执行法律制度的情况下作出的情形判断。

---

① 见《中华人民共和国民事诉讼法（2007 年修正）》第 28 章。

第六章　国际商事仲裁程序法中意思自治原则的新发展

国内学者普遍认为，依当事人意思自治原则决定仲裁适用的程序法，在国际范围内已得到了普遍接受，各国仲裁法一般都承认当事人有权选择仲裁适用的程序法，似乎当事人选择仲裁程序法是确定国际商事仲裁程序法的主要途径。但在实践中，当事人明确选择仲裁程序法的情形十分罕见，对这一现象应如何解读？另外，国际商事仲裁程序法的选择适用是否与依当事人意思自治原则决定仲裁程序法适用的概念相等同，当事人通过选择仲裁地的方式决定仲裁程序法的方式是否属于国际商事仲裁程序法的选择适用？国际商事仲裁程序法的选择适用是否真正是国际商事仲裁立法的主流？当事人选择非仲裁地的仲裁程序法时，该程序法的适用与仲裁地程序法的适用是什么关系？这些都是本章要探讨的问题。

第一节　国际商事仲裁程序法选择适用概说

一、国际商事仲裁程序法选择适用的概念

"一国境内的仲裁遵照另一国程序法的概念，已经成为许多理论探讨的主题。例如，仲裁在瑞士进行，但通过当事人的约定，可能须依照德国的程序法，因为瑞士法律可能规定，仲裁当事人可以使仲裁程序依据其选择的程序法。"[①] 这种根据有关立法规定，当事人通过明示或默示的方式决定仲裁应当适用什么仲裁程序法的意思自治过程称为国际商事仲裁程序法的选择适用。一般来说，当事人选择适用的仲裁程序法既可能是仲裁地的仲裁程序法，也可能是非仲裁地的仲裁程序法；既可能是国内法，亦可能是国际法。如果把当事人所能选择的仲裁程序法限定为仲裁地法，仲裁程序法就没有选

---

① ［英］艾伦·雷德芬、马丁·亨特等：《国际商事仲裁法律与实践》，林一飞、宋连斌译，北京大学出版社 2005 年版，第 92 页。

择的余地，也就谈不上什么仲裁程序法的选择适用了。

国际商事仲裁程序法选择适用的对象一般是特定的法律体系，它能赋予国际商事仲裁裁决以法律效力。从这个意义上说，仲裁规则的选择适用与仲裁程序法律规范的选择适用①不属于国际商事仲裁程序法选择适用的范畴。但在理论上，我们很容易将两者混为一谈。例如，有学者在论及当事人选择的仲裁程序法时，谈到"各国仲裁机构的仲裁规则对当事人的意思自治权几乎都作出了肯定性的规定。其具体条文措辞虽有所不同，但都允许当事人根据情况对所要适用的规则作出改动，并尊重这一改动"。② 这一论据用以论证仲裁程序确定中意思自治的重要地位当然非常恰当，但无论仲裁规则如何规定，它本身只是当事人之间的契约，与当事人对具有法律强制力的仲裁程序法的选择是两个不同的概念，自身有效性来源于法律的契约不能成为仲裁裁决的效力来源。还有的学者先把仲裁程序法定义为支配仲裁的法律，并严格区分了仲裁程序法与仲裁规则两个概念的不同含义，但在论及仲裁程序法的确定时却把其与仲裁规则的确定相提并论。③ 更多的学者将仲裁内部程序法律规范的选择与仲裁程序法的选择相提并论。例如，高菲博士把当事人在临时仲裁与机构仲裁两种情形下对仲裁程序法的选择权利进行区分，认为"在临时仲裁条件下，当事人享有选择仲裁程序法或规则的权利应该说是完全的和充分的，唯一的限制是不得违反仲裁庭或仲裁进行地国家法律对仲裁的有关强制性规定"，而"在机构仲裁条件下当事人享有的选择仲裁程序法或仲裁规则的权利是不完全的和不充分的。不仅受到仲裁庭地国家法律有关仲裁的强制性规定，而且受到有关仲裁机构仲裁规则的限制"，这里与仲裁规则相提并论的仲裁程序法指的就是仲裁程序规范，因为国家立法意义上的仲裁程序法的选择适用是不可能受仲裁规则制约的。④ 实际上，前文已述，仲裁程序法律规范、仲裁规则与仲裁程序法之间有严格区别，而当事人对三者选择的差异也非常明显：首先，当事人选择的仲裁程序法是支配整个仲裁的法律，而当事人选择的仲裁规则与仲裁程序法律规范仅支配仲裁的具体操

---

① 我们有时不得不为汉语的模糊性感到惋惜，在西文中 curial law; lexi arbitri; the law of arbitration 通常指支配仲裁的仲裁（程序）法；the procedural law of arbitration 实际上也可翻译为仲裁程序法，但它更多表达广义仲裁程序法的概念，即指所有调整仲裁程序事项的法律规范；至于 arbitral rules，已经约定俗成为民间性的仲裁规则，则没有什么疑问。

② 韩健：《现代国际商事仲裁法的理论与实践》，法律出版社 2000 年版，第 258 页。

③ 同上书，第 248—259 页。

④ 高菲：《中国海事仲裁的理论与实践》，中国人民大学出版社 1998 年版，第 251 页。

作程序,^① 如在 Union of India v. McDonnell Douglas^② 案中，仲裁协议明确约定伦敦仲裁但程序上依照 1940 年的印度仲裁法，英国法院认为，该法律选择并非仲裁程序法整体意义上的选择，而只是仲裁的具体程序，即"内部行为"（internal conduct）应适用印度法。其次，当事人选择的仲裁程序法是具有强制性的法律，而仲裁规则仅是任意性的契约，当事人对仲裁程序法的选择一旦作出，仲裁庭所适用的仲裁规则亦不得违反支配仲裁的仲裁程序法中的强制性规则，除非当事人作出相反意思表示。^③ 再次，有的国家立法虽然规定当事人可以选择仲裁地以外的仲裁程序法律规范，但这种立法选择与仲裁程序的选择并无区别。所以，此类外国仲裁程序法的选择与仲裁规则的选择适用并无二致，也不属于真正意义上的仲裁程序法的选择适用。例如，英国《1996 年仲裁法》第 4 条规定："非强制性规定允许当事人约定适用；当事人可约定适用仲裁机构的规则或提供可对该事项作出决定的方式；适用于当事人约定的法律是否英国之外的法律并无实质意义。"很明显，英国仲裁法将当事人选择的外国仲裁法与民间性的仲裁规则或其他对仲裁程序作出决定的方式相等同，尽管选择内容可能属于外国仲裁法范畴，却并不具有"法律"的性质，而受英国仲裁法中强制性规则的制约。所以，即使当事人选择外国仲裁程序法律规范作为仲裁的具体程序规则，依然不影响英国程序法中强制性规则决定仲裁地在英国的仲裁裁决的效力。总之，仲裁规则与仲裁程序法律规范的选择属于当事人在仲裁中程序自治的范畴，与支配整个仲裁的仲裁程序法的选择是不同的。

当事人对具体仲裁程序的确定与仲裁程序法的确定也不可等同。有学者在论及当事人选择的仲裁程序法时认为："在缺乏当事人明示选择时，仲裁规则一般并不指明仲裁适用的程序法，但常设仲裁机构仲裁多赋予当事人决

---

① 如《国际商会仲裁规则》仅包括有关概念解释的一般规定、开始仲裁程序、仲裁庭、仲裁程序、裁决以及费用等具体的仲裁程序事项，不包括有关仲裁程序法的适用范围、仲裁协议、仲裁地、法院对仲裁的支持与监督等事项；而适用于仲裁的国内法绝大部分仍然是涉及普遍的事项（例如需要平等对待当事人），而不涉及详细的程序规则。参见［英］艾伦·雷德芬、马丁·亨特等：《国际商事仲裁法律与实践》，林一飞、宋连斌译，北京大学出版社 2005 年版，第 87 页。

② See［1993］1 Lloyd's Rep. 48.

③ 实践中很少当事人选择仲裁程序法的情形，也未出现过仲裁规则与当事人选择的非仲裁地国仲裁程序法相抵触的案例，所以像当事人选择的仲裁程序法的强制性规则与仲裁规则冲突时，两者效力孰为优先的问题或许只是个"伪问题"。实践中，当事人一般明确选择仲裁规则，仲裁规则反而对仲裁程序法的确定有所限制，当事人或仲裁庭一般根据仲裁规则来调整对仲裁程序法的确定。

定仲裁程序的优先权力……"这显然是将两者相混淆的观点。① 实际上，具体仲裁程序的确定只是仲裁程序法所调整的一个问题，就如同我们在涉外合同中需要确定合同整体的准据法的同时，也需确定法律适用条款或协议管辖条款等某些相对独立的合同条款的准据法，我们在确定仲裁程序法时，有时也需要确定具体仲裁程序的准据法。例如，我国台湾地区《仲裁法》第 19条规定："当事人就仲裁程序未约定者……"明确规定仲裁程序可有单独的准据法，但仲裁程序的准据法不能等同于仲裁程序法。一般来说，具体仲裁程序的确定一般有三个途径：其一，确定仲裁程序法，由仲裁程序法的有关规定规范仲裁的具体程序事项，这是实践中运用较少的一种途径；其二，根据已确定的仲裁程序法的规定，由当事人选择适用具体的仲裁程序法律规范或仲裁规则，尤其是选择相关仲裁规则确定仲裁程序，这是绝大多数仲裁实践所采用的方式；其三，由当事人自己决定仲裁程序进行的方式，这种办法通常与上述第二种途径结合使用。②

值得注意的是，国际商事仲裁程序法的选择适用与国际商事仲裁程序法确定中的意思自治也不能完全等同。③ 仲裁程序法的选择适用只是依意思自治原则确定仲裁程序准据法的一种方式，而且是运用较少的一种方式。在更多情形下，当事人通过对仲裁地的选择来确定仲裁程序法。此时，当事人的意思虽是仲裁程序法适用的决定性因素，但并不属于当事人对仲裁程序法的选择，因为当事人所意图选择的法律之所以能够适用，根本原因在于仲裁地法的适用具有强制性，当事人只不过选择了仲裁地，这种情况仍属于仲裁地法的直接适用，而非仲裁程序法的选择适用。④ 至于具体的仲裁程序应适用什么法律，国际通行的做法是依当事人的意思自治，无论仲裁规则还是仲裁地以外其他国家的相关仲裁程序法，都可以由当事人通过程序自治选择适用，当事人甚至可以决定具体程序如何进行，但它通常受制于仲裁程序准据

---

① 朱克鹏：《国际商事仲裁的法律适用》，法律出版社 1999 年版，第 72 页。

② 此处所指的当事人选择仲裁程序规则或决定仲裁程序进行的方式包括作为当事人代理人的仲裁员或仲裁庭决定仲裁程序应适用什么规则进行或如何进行的情形。

③ 不少国内学者将依当事人意思自治原则确定仲裁程序法等同于当事人选择适用仲裁程序法，如朱克鹏博士在论及当事人选择的仲裁程序法时，认为"依当事人意思自治原则决定仲裁适用的程序法，在国际范围内已得到普遍接受，各国仲裁法一般都承认当事人有权选用适当的仲裁规则"。这里明显混淆了两个概念，首先当事人有权选用适当的仲裁规则与当事人选用适当的仲裁程序法不同；其次，依当事人意思自治确定仲裁程序法的范畴大于当事人直接选择仲裁程序法。

④ 但这也说明，绝对属地主义的仲裁地法的适用也融入了很多的意思自治因素，关于仲裁地法的适用与仲裁程序法选择适用之间的融合趋势，下一章将有详细论述。

法中的强制性规定。①

二、国际商事仲裁程序法选择适用的理论

对于国际商事仲裁程序法的选择适用，理论上存在"否定论"与"肯定论"两种截然对立的观点。"否定论"认为，尽管当事人可以选择仲裁实体问题所适用的法律，也可以就某些具体仲裁程序及仲裁协议所适用的法律进行选择，但他们不能选择支配仲裁的程序法，除非以选择仲裁地的方式间接地选择仲裁程序准据法。② "肯定论"则认为，仲裁本身就是一种受各国法律保护的当事人自愿选择的解决争议的方式，对于仲裁在哪里进行、适用什么法律、使用什么样的语文等，当事人均可作出约定。在国际商事交易实践中，各国法律既然允许当事人选择合同适用的法律和仲裁解决争议的方法，当然也可以就仲裁应当适用的法律作出约定。③

"否定论"的理由主要有两点。首先，受仲裁本地化理论的影响，按照国际法上的国家主权和属地管辖原则，在一国进行的仲裁，该国的仲裁法理所当然地应予适用，因为仲裁裁决的效力来源于仲裁地的法律。④ 由于仲裁地法强制适用，当事人对仲裁程序法的选择适用就没有理论基础。其次，"否定论"一般主张仲裁的本质属性是司法性，仲裁员所享有的每一权利或权力由国内法赋予或来源于国内法体系，仲裁是国家出于公共利益需要而授权仲裁员在其领域内行使部分国家独有的判案的司法权力。因此，仲裁员在适用仲裁程序法时不能比法官有更大的自由，国际商事仲裁最好必须适用仲裁地的程序法，从而对当事人和仲裁员的自主权作出较大的限制。⑤

对此，主张"肯定论"的学者提出了反驳：首先，如果说法院在诉讼中适用法院地的程序法是出于方便与经济的话，在仲裁过程中，由于仲裁员常常不是在自己本国进行仲裁，而是被当事人任命前往另一作为仲裁地的国家进行仲裁，有时，仲裁员自己也被授权选择某一外国作为仲裁地，在这种情况下，仲裁员对仲裁地法往往不太熟悉，因此，国际民商事诉讼中因便利

---

① 当然，本章虽以讨论严格意义上的国际商事仲裁程序法的选择适用为主，但有关仲裁程序具体确定的其他意思自治方式，本章单辟一节"国际商事仲裁中的程序自治"加以论述。

② 赵秀文：《国际商事仲裁及其适用法律研究》，法律出版社 2002 年版，第 96 页。

③ 同上书，第 103 页。

④ William W. Park, *The Lex Loci Arbitri and International Commercial Arbitration*, International and Comparative Law Quarterly, 1983（4），p. 23.

⑤ 宋连斌：《国际商事仲裁管辖权研究》，法律出版社 2000 年版，第 12 页。

而适用法院地程序法的理由在国际商事仲裁中便不具有重要意义了。相反，同样从便利角度考虑，却导致了另一结果，认为当事人或仲裁员应该有权选择仲裁地法以外的仲裁程序法。① 其次，仲裁具有契约性质，仲裁协议是私人契约，仲裁员的管辖权限来自当事人契约约定，仲裁员不是法官，不是以国家的名义作出裁决，因此，基于契约自由原则，当事人应有权选择仲裁程序法，至少在一定条件限制下，当事人有权作出这种选择。②

　　显然的是，"肯定论"得到更多学者的赞同。就国内仲裁理论界而言，几乎所有学者都认为选择仲裁程序法是当事人正当的权利。如韩健教授认为，在国际商事仲裁中，当事人的意思自治通常分两个阶段进行。一个阶段是授权当事人解决可适用于争议的实体法问题，另一个阶段就是授权当事人解决可适用于仲裁的法律问题。③ 在国际仲裁界，学者们尽管承认由当事人在 A 国仲裁却选择 B 国仲裁法作为仲裁程序准据法在实践中极不合理，甚至无法进行，但都未在理论上否定其存在的可能性。例如，香港著名仲裁员杨良宜先生认为，"……矛盾的是，在双方意愿为准，或'当事人自决'（party autonomy）原则之下，要是合约真的如此订明（仲裁地在 A 国选择 B 国仲裁法），要去否定它可也不容易，只能怪双方订约糊涂"。④ 英国法院在 Peruvian Insurance 案⑤中尽管否定了"明确约定仲裁位于秘鲁但依照英国程序法"的合同条款的效力，但也说明，涉及选择外国程序法的情形，尽管在实践中有难以克服的困难，但在理论上也不存在任何理由，可以排除当事人对仲裁应在某地进行或在 X 国进行但受 Y 国法律约束作出约定。任何此类约定的限制和含义在各种文献里已经得到许多阐述。⑥

　　可以认为，"否定论"之所以否定当事人选择仲裁程序法的权利，并非简单顾及当事人选择非仲裁地仲裁程序法可能给仲裁带来的实际困难，很大程度上是片面从仲裁的司法权论和本地化理论出发，把仲裁员简单类比为法官，

　　① 肖永平编著：《中国仲裁法教程》，武汉大学出版社 1997 年版，第 251 页。
　　② 韩健：《现代国际商事仲裁法的理论与实践》，法律出版社 2000 年版，第 256 页。
　　③ 同上书，第 256—258 页。
　　④ 杨良宜：《国际商务仲裁》，中国政法大学出版社 1997 年版。第 156 页。
　　⑤ 在该案中，合同约定仲裁地位于秘鲁但依照英国法。上诉法院干脆将合同解释为约定仲裁在伦敦依英国法进行，从而拒绝对当事人明确约定仲裁程序法的效力作出判断。本案英国法院认为，无论如何，在 X 国进行仲裁但受英国程序法拘束的仲裁，不会授权英国法院对在 X 国进行的仲裁行使管辖权。See Naviera Amazonia Peruana SA v Compania Iernational de Peru, (1988) 1 Lloyd's Rep. 116.
　　⑥ ［英］艾伦·雷德芬、马丁·亨特等：《国际商事仲裁法律与实践》，林一飞、宋连斌译，北京大学出版社 2005 年版，第 93 页。

将仲裁程序视为诉讼程序，因此程序问题绝对适用法院地（仲裁地）法。实际上，司法权论对仲裁的性质有误判。"从国际商事仲裁的起源看，它是14世纪地中海沿岸商人社会发展起来的一种自治制度，可以说，商事仲裁是商人社会自律的产物，为避免诉讼程序的烦琐、僵硬、拖沓以及昂贵，仲裁的实体法和程序法的适用都与诉讼有显著差别，诉讼程序的强制性与仲裁的契约性并不相容，仲裁程序法的选择适用正是当事人行使仲裁契约处分权的表现。"① 另外，绝对的本地化理论也不符合仲裁自治的要求。虽然根据国家主权原则中的属地管辖原则，仲裁地法理所当然调整在仲裁地进行的仲裁程序，但由于各国普遍认同意思自治原则是仲裁的基本原则，仲裁本身是一种民间性的争议解决活动，仲裁地国完全可能让渡一部分立法管辖权，认可当事人选择的其他法律适用于本国的仲裁。例如，德国法院曾经只受理申请撤销依其程序法作出的裁决，尽管仲裁地在德国，到1986年德国才将仲裁地增加为法院撤销裁决的管辖基础。极端情况下，仲裁地在德国而适用外国仲裁程序法，德国法院可宣告裁决不能执行，虽然它不能撤销裁决。② 事实上，仲裁所涉及的客观属地性因素绝非仲裁地一个，还有仲裁协议签订地、仲裁听审地等其他属地连结点，依属地管辖原则，这些国家也完全可以行使立法管辖权，但实践中几乎没有哪个国家基于这些因素，强制仲裁程序必须适用它们的法律。当然，仲裁地是国际商事仲裁中极其重要的连结因素，不可与其他属地因素同日而语，但从仲裁的自治性来看，当事人对仲裁程序法的选择至少不应为仲裁地所禁止。所以，从理论上看，当事人选择仲裁程序法与仲裁的契约属性相契合，也符合国际商事仲裁所普遍遵循的意思自治原则。但这并非说大张旗鼓地鼓吹、宣传当事人选择仲裁程序法的"肯定论"就无可反思之处，极端"肯定论"至少给人们造成这样一种印象：当事人选择仲裁程序法似乎是确定仲裁程序法的第一路径或首要原则，也是仲裁庭确定仲裁程序准据法的主要方式之一，这恐怕与现实情形并不相吻合。仲裁程序法的适用大体上也就是适用仲裁地法与当事人选择的法律两种情形，实际情况更多的是将仲裁地法的适用与当事人意思自治结合起来。通常在讨论国际商事仲裁程序法的适用问题时，容易将仲裁地等属地因素完全归入客观性连结点的范畴，也即固定不变，不随当事人意思改变而变化的连结点；而意思自治作为当事人主观思想活动对现实的改造，它常常是不稳定的、易变的。从这个角度来

---

① 宋连斌：《国际商事仲裁管辖权研究》，法律出版社2000年版，第17页。
② 同上书，第219页。

看，仲裁地和当事人的意思自治在仲裁程序法的确定中似乎天然具有矛盾性，学者们也因而将其视为相互排斥的连结点。似乎仲裁适用当事人选择的仲裁程序法就代表仲裁本身向更自由、更国际化的方向发展；而适用仲裁地法则意味着过于强调仲裁的属地性，从而不利于仲裁方便、灵活特性的发挥。实际上，国际私法选法论的一个永恒价值追求就是力图达到确定性与灵活性这对矛盾的统一：一方面，法律适用应尽量保障公平，而在无明显一方为弱势当事人的情形下，当事人自己选择的法律通常被认为具有天然的公平性；但另一方面，当事人的意思自治也不能无限制扩张，意思自治本身有其法律边界。现代仲裁法在程序法的确定上广泛地将意思自治原则与仲裁地法的适用结合在一起，仲裁地这一客观连结点中就包含了相当的主观因素，可以说，国际商事仲裁中的仲裁地已经被充分软化了。

第二节　国际商事仲裁程序法选择适用的立法与司法实践

究竟国际立法对国际商事仲裁程序法的选择适用持何种态度，国内理论界几乎都异口同声地认为当事人可以选择支配仲裁程序的法律，这已被多数国家和地区所承认。① 对这一结论，我们应历史的对待。实际上，20世纪八九十年代国际商事仲裁法有一个重新立法的潮流，不少国际商事仲裁较为发达的国家都重新修订了本国的国际商事仲裁立法。② 因此，我们在考察各国立法对当事人选择国际商事仲裁程序法的态度时，应区分前后两个阶段。此外，国际商事仲裁程序法适用问题不仅在国内立法中有所反映，在一些较为普遍的国际公约，尤其是《纽约公约》中，也有一些条款反映各国对当事人选择仲裁程序法的基本立场，我们在考察立法时，也应注意国际公约的有关规定。

一、若干国家仲裁法修订前的情况③

（一）1999年以前的希腊仲裁法

在采用《示范法》以前的希腊仲裁法，并不区分国内仲裁与国际仲裁。

---

① 例如，韩健教授认为："当事人可以选择支配仲裁程序的法律，已被多数国家和地区所承认，除了各国在做法上略有差异或多少作出一些保留外，在世界上几乎已得到公认。"朱克鹏博士也认为："在各国国内立法和司法实践中，依意思自治原则决定仲裁适用的程序法，这种做法十分普遍。"

② 各国为适应现代国际商事仲裁发展的需要，实现仲裁立法的现代化，纷纷修订旧的仲裁法或颁布新的仲裁法，具体参见朱克鹏《国际商事仲裁的法律适用》，法律出版社1999年版，第18页。

③ Georgios Petrochios, *Procedure Law in International Arbitration*, Oxford University Press, 2003, pp. 47–64.

权威的希腊仲裁法学者认为仲裁国籍国法应是仲裁程序法，而当事人选择哪国仲裁程序法，则该程序法所属国为国际商事仲裁的国籍国。一言以蔽之，当事人选择的仲裁程序法从整体上调整国际商事仲裁。根据学者观点，希腊法仅在当事人选择希腊仲裁法为仲裁程序法时方可适用，否则即使仲裁地在希腊，希腊仲裁法和希腊法院也不得干预仲裁活动。由于实践中当事人一般仅选择仲裁实体，也就是主合同所应适用的法律，而很少选择仲裁程序适用的法律，法院在司法实践中一般推定当事人选择的仲裁程序法，就是仲裁进行地的法律，如果仲裁为机构仲裁的话，也就是仲裁机构所在地；在少数案件中，希腊法院有时也推定当事人选择的法律为裁决作出地法律，而根据希腊法律规定，裁决作出地也可由当事人选择。

选择适用希腊仲裁法将导致希腊法院有权支持与监督相关仲裁活动。因此，即使仲裁地不在希腊，如果希腊法院认为当事人选择适用了希腊仲裁法，那么该仲裁裁决将不能在希腊予以承认与执行，当事人只能在希腊启动裁决的撤销程序。很明显，这可能导致仲裁地法与希腊法之间的冲突。有的仲裁庭根据仲裁地法规定，认为仲裁应适用仲裁地法，而仲裁地法有时并非仲裁进行地与裁决作出地，这时将不可避免地与希腊的立法与司法管辖权产生冲突。一个相关案件曾上诉至希腊最高民事法院，该案是有关希腊法院是否有权确认一个仲裁协议的无效，而基于该仲裁协议的仲裁裁决已在伦敦作出。下级法院认为，除非裁决作出地英国质疑仲裁协议，希腊法院无权推翻仲裁协议的有效性，但最高法院的一个审判庭推翻了这一结论，后来同一法院的另一审判庭却在审理中得出了与下级法院相同的看法。最高全体委员会（full bench）用一些模糊的判词协调了最高法院不同部门的观点。它主张仲裁裁决的效力受仲裁程序法的支配；而且从裁决在伦敦作出这一事实可以推断出当事人选择英国法作为仲裁程序法。相反，如果当事人选择希腊作为仲裁地，则希腊仲裁法支配该仲裁，希腊法院也取得支持和监督该仲裁案件的管辖权。法院认为，仲裁法天然具有程序性，当事人对仲裁法的选择通常由当事人对仲裁地点的选择来标识，仲裁程序法也应支配仲裁协议，仲裁协议的准据法并没有独立存在的基础。该案例说明，希腊法院将裁决作出地作为标记当事人仲裁程序法选择的决定性因素。这可视为希腊仲裁法在国际商事仲裁的国际性与确定性之间寻求平衡的一种努力。

尽管希腊司法实践采取了比较务实的态度，希腊理论界仍然几乎毫无例外地支持所谓的"法律选择"标准。然而，司法实践似乎从未完全接受这种学说理念，甚至有法官大声呼吁应肃清这种理论的影响。其主要成果就是

《希腊民事诉讼法》第 898 条第 1 款与第 902 条第 2 款的 a 项，这两个条文赋予希腊上诉法院对裁决在其管辖范围内作出的仲裁以管辖权。根据希腊法，在仲裁程序法的适用及希腊法院的管辖权上，国内仲裁案件与国际商事仲裁案件并无差别，只要裁决在上诉法院管辖区域作出，有关该仲裁裁决的救济事项都应由该法院管辖，且应适用希腊仲裁程序法（法院在审理仲裁程序问题时适用法院地法），这实际上就是仲裁法律适用上的"地域标准"。所以，希腊在采用《示范法》前虽然未发展出完善的"仲裁地"概念，但已在司法实践中初具雏形。

可见，虽然学术界一般主张应完全适用当事人选择的仲裁程序法，但实践中当事人明示选择仲裁程序法的情形实在罕见，法院不得不依据某些客观标志推定当事人意图，这种推定有时反而还导致僵化的地域标准的适用，因为法院为追求仲裁程序法适用的稳定性与可预见性，通常直接确定裁决作出地，而较少考虑当事人的意思。所以，在希腊，学说上的"当事人选择仲裁程序法"最终实际演变成适用裁决作出地法这一单一地理场域的仲裁程序法，这不能不说是理论与实践之间的一个悖论。

（二）1998 年以前的德国仲裁法

1998 年以前的德国仲裁法通过对仲裁"国籍"的定义，来间接规定德国法的适用范围。德国《民事诉讼法》第 1044 条第 1 款规定：裁决的国籍完全取决于仲裁适用的程序法。德国法院因而认为依据德国法作出的裁决是德国裁决，而适用哪国仲裁程序法，完全取决于当事人的选择。德国法院1956 年时也只受理申请撤销依其程序法作出的裁决，即使仲裁地在德国，直到 1986 年，德国才将仲裁地增加为法院对仲裁实施司法管辖的基础。所以，从理论上讲，即使仲裁地点在德国以外，当事人也能选择德国法支配仲裁；相应的，德国法也不会干涉仲裁地在德国境内，但当事人选择适用外国仲裁法的仲裁。对于后一种情形，实践上并不会产生积极冲突，因为这只关涉到德国一国的法律秩序，最多产生立法管辖上的消极冲突，即可能没有任何国家对相关仲裁主张管辖权，使当事人对裁决异议无法诉诸司法解决，但毕竟不会损害不同国家立法管辖权之间的礼让关系；对前一种情形，德国对仲裁地在德国领域外的仲裁实施立法管辖则可能与他国基于领域标准而对仲裁活动的管辖相冲突，因而实践中，德国法院为了避免引起冲突，将不得不注意该仲裁地国对当事人选择适用仲裁地以外国家的仲裁法持何种态度，即便如此，如果该外国法院采取领域标准，德国法院也不会把仲裁地位于其他国家，但所选仲裁法为德国法的仲裁视为本国仲裁。当然，德国法院虽然理论上将当事人选择德国仲裁法的仲裁都当作本国仲裁，但实践上并未将其完全等同于内国仲裁那样实施司法监督，这也是到目前为止德国并无任何撤销此类仲裁裁决案例的原因，所以德国法如此规定也不过一纸空文罢了。实际上，德国法院往往对实行"地域标准"的国家采取反致态度，如果该外国法院对此种情形下的仲裁案件基于领域标准主张管辖权，德国法院将尽量协调自己的管辖权，以避免产生冲突；如果当事人没有明示选择法律，而且有外国法院认为其属该国裁决，德国法院通常不再推定当事人所意图选择的法律，而直接将其视为外国裁决。

可见，在仲裁地位于德国领域外，而当事人选择德国仲裁法的情形下，只有相关外国法院允许仲裁地在本国的仲裁选择适用外国仲裁程序法，德国法的适用与德国法院的管辖权才能真正实现。所以，仲裁程序法的适用完全取决于当事人的选择只是理论上的理想状态，它不仅要求不同国家立法保持一致，而且要求不同法院在推定当事人意思时也要得出相同结论，否则实践中难以发挥真正作用。

（三）1981 年以前的法国仲裁法

法国 1981 年前的法律并未规定法国仲裁的立法与司法管辖范围。根据法国判例，通常认为，法国仲裁法仅在当事人选择法国仲裁法作为仲裁程序法时，才予以适用；法国法院也相应得只对适用法国仲裁法的仲裁行使管辖权。但该立法在实践中很难实施，因此法国法院创造性地发展了一系列的做法，可以归结为两个原则。第一原则是仲裁协议的准据法与仲裁程序法相互保持独立。仲裁程序法是控制整个仲裁的法律，它由法院通过判断当事人的选择加以确定。第二原则是当事人明示选择的仲裁程序法必须得到法院尊重。

但在当事人没有明示选择仲裁程序法的情形下，法院一般通过一些客观标志推定当事人的仲裁程序法选择。首先，当事人是否在仲裁协议中援引某个国家的仲裁程序法规范，如有关仲裁庭组成、裁决作出等程序性事项是依某国法律内容，则推定该国仲裁法为仲裁程序法。其次，如没有上述标志，法院一般通过裁决作出地、管理仲裁的仲裁机构所在地以及仲裁听审地等来确定当事人意图。这一做法使国际商会的有关仲裁规则与法国的司法实践相当协调。根据 1955 年《国际商会仲裁规则》第 15 条规定，国际商会下的仲裁庭应明确遵从仲裁进行地的仲裁程序法，因而，国际商会在巴黎作出的裁决将被认为当事人选择适用法国仲裁程序法。在修订后的 1975 年《仲裁规则》中，虽既未明确禁止，也未直接规定仲裁庭应适用仲裁进行地的仲裁法,但法国法院也认为仲裁听审地在法国本身就足以证明当事人选择了法国仲裁法。然而,巴黎上诉法院的两个判决却推翻了这一立场。在著名的戈塔肯案和 Aksa① 案中,争议的焦点在于国际商会有关外国当事人之间的仲裁裁决虽在法国作出,但有关该裁决的撤销程序是否可在法国提起,法国法院有不同看法。巴黎上诉法院认为,尽管案件裁决地都在法国,但这不能作为当事人选择法国仲裁法的标志。因为从这两个案件的仲裁过程看,仲裁庭并未在任何一处适用了法国仲裁法,而且法国法院也并非支配该仲裁的方便法院,而仲裁裁决无论从哪个角度看都与法国法律秩序有任何联系,双方当事人都是外国人,主合同也在外国履行。最终巴黎上诉法院驳回了当事人撤销裁决的申请,且未指示哪国法院有撤销该裁决的管辖权。不少学者从这两个案件中推出了法国"非国内化"仲裁的司法实践,实际上,法国法院之所以不在该案中推定任何法律适用,根本原因在于按照法国惯常实践,推定结果只能是当事人选择了法国仲裁法,法国法院也因此具有撤销仲裁裁决的管辖权,但如依常例受理,该案又与法国无任何利益关系,巴黎法院的受理只是浪费本国司法资源而已,结果只能造成该案当事人无法寻求撤销裁决的救济,是典型的"拒绝司法"的行为,② 这与法国理论界所标榜的仲裁国际化理念是背道而驰的。③ 另外,值得注意的是,裁决登记地一般不能作为法院推定当事人默示法律选择的依据。这从 1981 年法国修订仲裁立法前夜所处理的最后一个案例中可以看出。在 Coure de Cassation④ 案中,法院并不愿推定一个仲裁地点在比利时的仲裁选择了法国法作为仲裁程序法,尽管双方

---

① Quote from Georgios Petrochios, *Procedure Law in International Arbitration*, Oxford University Press, 2003, p. 53.

② See A. J. van den Berg, *Annulment of Awards in International Arbitration*, *in International Arbitration in the 21st Century: Towards "Judicialization" and "Uniformity"*? Journal of International Arbitration, 1993 (3), p. 139.

③ 该案例再次说明,仲裁非国内化理论并非仅仅强调当事人意思自治,根本目的还在于使仲裁摆脱任何国内法的控制。因而有学者以国际商事仲裁中的当事人意思自治倾向论证仲裁非国内化理论的合理性,至少是不充分的。实际上,从本案可以看出,法国所谓的仲裁非本地化,不仅否定的是仲裁地法的适用,也把仲裁程序法适用中的推定当事人选择意图的努力也否定了。实际上,法国法院也应明白在绝大多数案件中,当事人明确选择法国法作为仲裁程序法的情形并不多见,当事人的法律选择意图往往隐藏在重重幕后,法国法院的意图或许在于国际商事仲裁体制的法律适用应尽力摆脱仲裁地法的束缚,从而体现国际商事仲裁的国际性,意图虽然可能是好的,但造成不公正的结果令人遗憾。

④ 2 www.lefigaro.fr/france/20061009. WWW000000370 _ affaire _ adidas _ la _ cour _ de _ cassation_ annule_ l_ indemnisation_ d.

当事人合意选择在法国法院登记仲裁裁决。

（四）1996 年之前的英国仲裁法

英国《1996 年仲裁法》颁布前，英国仲裁法的适用范围既未在成文法明确规定，也未在判例中有清晰体现。因此，英国普通法基本上以冲突规范确定仲裁法具体条文如何适用，这些冲突规范在指引准据法时，一般遵循以下原则：

首先，任何仲裁均需从属于某个特定法律体系的立法与司法管辖。正如英国法官在 Black Mellant v. Hellinki Technicki 案[①]中所阐述："我们的法律哲学不会承认与任何国家都没有联系的浮动仲裁。"其次，仲裁协议准据法与仲裁程序法明确区分，英国法院原则上对以英国仲裁法为程序法的案件具有管辖权。这一原则在 With Worth Street Estates[②] 案中得以确立。在该案中，由于当事人没有明示选择仲裁程序法，绝大多数法官认为"仲裁听审地"系仲裁协议的履行地，因而该地与仲裁有最密切联系。对此，威尔伯福斯（Willberforce）法官表示了反对意见，他认为当事人所意图适用的法律通常与仲裁听审地并无太多关联。例如，在一个国际商会仲裁案中，法院须判断仲裁协议的效力，在仲裁协议中，当事人约定仲裁在瑞典进行，但仲裁程序法约定为苏黎世法，另外当事人又在仲裁协议中明确说明，"此仲裁协议系英国法意义上的仲裁协议"。法院的问题在于应适用哪国法律判断仲裁协议的效力。慕斯提（Mustill）法官认为该仲裁协议应受仲裁协议本身的准据法的支配，而不受仲裁程序法的影响。他的推理过程是这样的：当事人在仲裁协议中援引英国法显然表明英国法院对仲裁协议本身所产生的争议具有排他性管辖权，所以与其将该措辞视为对仲裁协议准据法的选择，还不如说是对仲裁协议管辖权的选择。因此，不论仲裁协议准据法为何，是否为英国法，英国法院都应对此实施管辖。他进一步认为，该仲裁协议约定仲裁地为苏黎世，实际上选择了该地法律控制仲裁程序，当事人已明确表达出仲裁受该地程序法支配的意愿。而且，法院也发现主合同准据法（依英国法规定，主合同准据法与仲裁协议准据法应一致）也并非英国法，但即使当事人明确表示仲裁协议准据法为英国法，英国法院也不会对在外国进行的仲裁程序行

---

① Quote from Georgios Petrochios, *Procedure Law in International Arbitration*, Oxford University Press, 2003, p. 62.

② Georgios Petrochios, *Procedure Law in International Arbitration*, Oxford University Press, 2003, p. 62.

使管辖权，因为仲裁适用的程序法与实体法是不同的。从该案可以看出，英国 1996 年仲裁法颁行之前的司法实践中已经发展出"法律意义上仲裁地"的雏形，并且以该仲裁地作为英国仲裁程序法适用的标准。

二、若干国家新修订国际商事仲裁立法后的基本态度

（一）英国《1996 年仲裁法》

有关英国《1996 年仲裁法》对当事人选择仲裁程序法的态度，我国不少学者认为英国《1996 年仲裁法》第 4 条明确规定了当事人有选择仲裁程序法的自由。例如，邓杰博士认为："显然，不管实践中是什么情况，英国承认当事人享有选择仲裁程序法的自由权的态度，至少在立法上是十分明确的。"[①] 赵秀文教授对此观点也表示赞同，"即便在以保守而著称的英国，当事人也可以自由地选择仲裁地点，特别是仲裁程序法，而该法可以独立于合同准据法和仲裁协议的支配法律。"[②] 这种观点的理由主要在于《1996 年仲裁法》第（3）款、第（4）款分别规定："当事人可以约定适用仲裁机构的规则或提供对某一事项作出决定的方式"；"适用于当事人上述约定的法律是否英格兰和威尔士或北爱尔兰法律，并无实质意义"。

事实上，对英国仲裁法的相关规定，我们应全面考察。首先，《1996 年仲裁法》第 4 条的完整规定是这样的："（1）本编之强制性规定列于附录 1，当事人之相反约定不影响其效力；（2）本编之非强制性规定允许当事人约定适用，如没有约定，则适用本编规定；（3）当事人可约定适用仲裁机构的仲裁规则或提供可对该事项作出决定的方式；（4）适用于当事人上述约定的法律是否英格兰和威尔士或北爱尔兰法律并无实质意义；（5）有关本编之非强制性规定之事项，如选择适用英格兰、威尔士或北爱尔兰之外的法律，则应等同于当事人对该事项作出约定之协议。"从该条规定我们可以看出，有关当事人自由约定的范围，仅限于非强制性规定所调整事项，而非国际商事仲裁程序法的整体可由当事人选择适用，也就是说，《1996 年仲裁法》只是明确规定了当事人可对仲裁的某些程序事项选择适用的法律，而对当事人能否对仲裁地在英国的仲裁选择适用他国仲裁法没有规定。第 4 条的第 4 款与第 5 款可以对此进一步佐证：从第 4 款来看，当事人选择的法律既可以是仲裁地的仲裁法，也可以是仲裁地以外的其他仲裁法，因为当事人

---

① 邓杰：《伦敦海事仲裁制度研究》，法律出版社 2002 年版，第 438 页。

② 赵秀文：《国际商事仲裁及其法律适用》，北京大学出版社 2002 年版，第 96 页。

选择哪国法律不具有实质意义。然而，从第 5 款可以看出，当事人选择仲裁地法与选择非仲裁地法在意义上是有差别的，倘若当事人选择仲裁地以外法律，英国法将其视为当事人对此事项的协议，也就是说所选外国法的效力与仲裁规则或当事人约定的决定仲裁程序的方式一样，不过是契约的一部分，而丧失"法律"的地位；但若当事人选择适用仲裁地法，其效力如何，《1996 年仲裁法》并未明确表示。可能有人认为，既然都是当事人意思自治的结果，即使当事人所选外国法仅具有协议的性质又如何呢？只要能具体调整仲裁程序问题不就足够了吗？的确如此。但须说明的是，如果当事人所选择的对象不是严格意义上的法律体系，它将不能赋予被选法律所属国以控制仲裁的权力，也就是说，当事人所选法律所属国无权撤销此仲裁裁决，这与《纽约公约》第 5 条第 e 项所规定的仲裁程序法所属国拥有的裁决撤销权并不吻合。从这个角度说，《1996 年仲裁法》第 4 条规定当事人选择的程序性法律与《纽约公约》所规定的仲裁程序法是不同的，前者不能赋予仲裁裁决以法律效力，该法律所属国也不获得控制仲裁的管辖权。其次，根据《1996 年仲裁法》第 2 条之规定，一般情况下，只要仲裁地在英格兰和威尔士或北爱尔兰法律，就适用该法，如果不考虑仲裁地的主观因素，这基本上是以领域标准来确定仲裁程序法，换句话说，只要仲裁地在英国，英国仲裁法就将支配整个仲裁，对所有以英国为仲裁地的仲裁而言，裁决的法律效力也正是来源于英国仲裁法。有关《1996 年仲裁法》第 2 条的形成过程也许可以更好的说明该条含义。实际上，1994 年的英国仲裁法草案并未提及仲裁地的概念，也并未试图规定该仲裁法的适用范围。1995 年的草案则首次使用了"法律意义上的仲裁地"① 这一措辞，并在该法第 2 条第 1 款中规定：本法适用于"（a）仲裁地在英格兰……的仲裁或者，（b）英国仲裁法被当事人选择适用或依其他冲突规范指引适用"的情形"。从该条可以看出，英国仲裁法的适用有三个标准：其一，领域标准，以仲裁地为属地连结因素，仲裁地在英国的仲裁受英国法支配；其二，意思自治标准，以当事人的选择为主观连结因素，当事人选择的仲裁程序法是英国法时，该法可予以适用；其三，冲突规范标准，依冲突规范指引，英国仲裁程序法得以适用。所以，1995 年英国仲裁法草案尽管可能限制仲裁地在英国的仲裁选择适用它国仲裁程序法，但对他国仲裁选择适用英国仲裁程序法是不排斥的。后来的英国《1996 年仲裁法》删去后两项适用标准不能不说是英国法对当事人

---

① 英文原文为 "Judicial seat"。

选择仲裁程序法的态度发生变化。根据英国有关立法报告，变化的原因主要可归结为两点：第一，当事人选择仲裁程序法标准容易导致不同国家之间的立法管辖与司法管辖的冲突。[①] 虽然，英国仲裁法可能依当事人的法律选择而行使立法管辖，但其他国家更可能基于普遍认同的属地原则而主张管辖，这样就产生了不同国家间立法的积极冲突。而司法管辖来源于立法管辖，没有哪个国家的法院会对不适用本国仲裁法的仲裁实施支持与监督。[②] 也就是说，只要法院对仲裁实施司法支持与监督，一般情况下就仅适用本国仲裁法。[③] 但通常而言，适用本国仲裁法不代表该国法院可以有效地行使管辖权，仲裁地法院的司法管辖通常更为便利、有效。第二，以当事人意思自治为标准确定仲裁法的适用范围，有单方扩大本国法律适用范围之嫌，虽说仲裁是民间性的争议解决活动，但仲裁法本身是含有强制性规则的程序性法律规范，任意扩大本国仲裁法的适用范围不利于国际协调，有违国际礼让。[④]

因此，英国《1996 年仲裁法》至少对当事人选择适用仲裁程序法没有持支持与鼓励的态度，基本上限制了当事人从整体上选择适用仲裁地以外仲裁程序法的权利。

（二）《示范法》

《示范法》第 1 条第 2 款规定该法仅适用于仲裁地在本国领土内的情况，虽然也采用了领域标准，但与英国仲裁法规定的方式并不相同。英国《1996 年仲裁法》规定的句式是只要仲裁地在英国，该仲裁就适用英国仲裁法；而《示范法》规定该法只适用仲裁地在本国领土内的情况，但本国领土内的仲裁是否都适用示范法，就不一定了。所以，相比英国《1996 年仲裁法》，《示范法》的适用范围更为逼仄。

---

① See Georgios Petrochios, *Procedure Law in International Arbitration*, Oxford University Press, 2003, pp. 66 - 79.

② 极端情况下，如德国之所以曾经对仲裁地在本国的仲裁不实施管辖，根本原因在于德国法院认为该仲裁适用了其他国家的仲裁法。

③ 英国《1996 年仲裁法》第 2 条第 3 款规定了例外情况。

④ 1985 年《示范法》被联合国大会批准后，对各国或地区仲裁立法产生了广泛而深远的影响。迄今为止，已有包括澳大利亚、保加利亚、加拿大、塞浦路斯、尼日利亚、新加坡、中国香港、俄罗斯、埃及、伊朗等在内的多个国家和地区，或者完全采纳了《示范法》，或者稍加修改后予以采用；其他诸如匈牙利、芬兰、爱尔兰、肯尼亚、新西兰、秘鲁等国也在积极考虑通过立法采用《示范法》。因此，《示范法》在世界范围内具有广泛的代表性。

《示范法》有关仲裁程序法适用的领域标准在立法过程中得到充分展示。① 根据相关报告,《示范法》有关仲裁程序法适用的立法力图达到三个目标:首先,《示范法》应通过立法明确哪个国家的法院有权支持与监督仲裁;其次,有权实施此种管辖的法院必须是唯一的;再次,当事人在仲裁程序法规定的范围内享有充分的程序自由。很明显,前两个目标的实现要求《示范法》应最大程度上避免潜在的管辖冲突,但如何实现这两个目标,制定《示范法》的立法代表出现了争论。当时主要有两种观点:一种认为,《示范法》的适用应取决于仲裁地的概念,它仅适用于仲裁地在本国领域内的情形;另一种则认为,《示范法》的适用应由当事人的选择决定,而不论仲裁地位于哪个国家。当然,后一种观点还主张存在例外:无论当事人如何选择仲裁程序法,《示范法》在不同立法产生消极冲突时都应适用。也就是说,在被选程序法所属国拒绝对仲裁实施立法与司法管辖的情形下,《示范法》应予适用。但总的来说,被选法律绝对优先于仲裁地法律适用,因而只要被选法律所属国法院对仲裁主张管辖,仲裁地法院则应拒绝管辖,从而避免管辖的积极冲突。然而,几乎所有代表仍支持领域标准。尤其值得一提的是,代表真正意义上国际商事实践潮流的国际商会也赞成以领域标准协调各国实践,而没有支持某些学者所认为的更代表国际商事仲裁程序法适用自由性、国际性的第二种方案。当然,在《示范法》第1条第2款通过后,还有三个国家主张当事人有权通过选择适用其他国家的仲裁法以排除示范法的适用,但绝大多数代表认为,这种理念与《示范法》整个协调立法管辖权的初衷相悖,《示范法》将所有的管辖权连结因素集中于"仲裁地"是适当的。《示范法》仅适用于仲裁地在本国领土内的规定意味着在本国领土内的外国仲裁不能适用该法。对此,以《示范法》为立法蓝本的埃及与突尼斯将该法第1条第2款中的"仅"(only if)字删除了,从而未排除本国仲裁法支配第三国仲裁的可能性。《德国民事诉讼法》第1025条第1款也有相同规定,其明显用意在于让相关外国决定当事人是否有权选择德国程序法。这些做法也受到学者们的批评,因为该仲裁依德国法也并非德国仲裁,而可能是脱离任何支持与监督的"无国籍"仲裁。

(三)美国、中国香港的立法与司法实践

虽然美国是仲裁大国,但《联邦仲裁法》有关该法适用范围的规定却

---

① See Georgios Petrochios, *Procedure Law in International Arbitration*, Oxford University Press, 2003, pp. 66 – 83.

付之阙如，司法实践一般认为美国在仲裁程序法适用上采"领域标准"。中国香港《仲裁（修订）条例》第2AD条明确规定，该法适用于根据本地仲裁协议及国际仲裁协议进行的仲裁程序，其言下之意似乎是仲裁地并非决定仲裁程序法适用的主要标准。然而，完全依当事人的选择决定仲裁程序法的适用在实践中可能遭遇诸多困难，这从以下 KBC 案例①中可以得到说明：

一家美国公司与印尼公司组成的合资公司 KBC 与印尼两家国有公司 Petertamina 和 PLN 签订了两个在印尼建设和运营电厂的合同。这两个合同都选择印尼法作为合同准据法，并订有仲裁条款。仲裁条款约定适用《联合国贸易发展委员会仲裁规则》，且仲裁地为瑞士日内瓦。在合同履行过程中，由于印尼政府改变政策，电厂建设与运营项目被强制暂停。因此 KBC 公司基于两个合同中的仲裁条款，分别以 Petertamina 和 PLN 公司以及印尼政府为被申请人，向国际商会提起仲裁。仲裁庭首先作出一个中间裁决，认为仲裁庭有权合并对印尼两个国有公司的仲裁，而否定对印度政府仲裁的管辖权。仲裁庭出于便利原因在巴黎进行仲裁听审程序，但明确说明（1）仲裁地在瑞士；（2）仲裁受瑞士仲裁法支配；（3）裁决地是瑞士。仲裁庭最终裁决印尼两国有公司赔偿 KBC 公司的损失、支出成本以及预期利润。Petertamina 公司对此不服，在瑞士寻求撤销仲裁裁决，但由于该公司未向瑞士法院预先支付诉讼费用而被驳回。一年后，Petertamina 公司以仲裁庭对 Petertamina 公司与 PLN 公司的仲裁案合并违反"自然公正"为由，成功地在印尼法院撤销了仲裁裁决。然而，早在 Petertamina 公司在瑞士申请撤销裁决失败后，KBC 公司就寻求在美国和中国香港执行裁决。Petertamina 基于裁决已被仲裁程序法所属国印尼所撤销为由进行抗辩，认为已被撤销的仲裁裁决不能执行。Petertamina 公司认为仲裁程序法为印尼法主要基于仲裁条款中的三个约定：

（1）豁免适用印尼《民事诉讼法》的某些条款，包括裁决作出的"时效"以及限制仲裁庭权力的条款；

（2）根据印尼《民事诉讼法》第631条规定，当事人约定可在某些情况下不受严格法律规范的约束；

（3）当事人根据印尼《民事诉讼法》所享有的向任何法院上诉的权利。

Petertamina 公司认为上述三个条款清楚地表明了该仲裁应受印尼程序法

---

① Quote from Georgios Petrochios, *Procedure Law in International Arbitration*, Oxford University Press, 2003, pp. 73 – 79.

的支配。然而，中国香港法院和美国法院都拒绝了 Petertamina 公司的抗辩，他们认为仲裁协议援引印尼程序法并不能排除仲裁地瑞士仲裁法的适用，因为当事人选择瑞士作为法律意义上的仲裁地，而非地理意义上的仲裁地，因而瑞士法作为仲裁地法应支配仲裁。这两个法院在判断瑞士为法律意义上的仲裁地时，都提到当事人约定仲裁地在瑞士，而听审地在巴黎的事实。对于当事人援引印尼仲裁法这种通常被认为强烈地选择仲裁程序法的信号，美国法院认为："当事人如果想使本仲裁受印尼仲裁法支配，他们知道应怎样去做，但他们在本案中约定仲裁地在瑞士这一事实本身就足以导致印尼仲裁法不能适用。"中国香港法院则认为："当事人选择某地作为仲裁地一般意味着选择该地的仲裁程序法，仲裁地仲裁程序法的适用至多只能为当事人明示选择适用其他国家的仲裁法所排除。而本案仲裁协议援引印尼民事诉讼法并不能表明当事人有这种明确的仲裁程序法选择。"

实际上，该案牵涉国际商事仲裁法的许多问题，在仲裁国际性的判定、合并仲裁、自然公正以及国家仲裁管辖豁免等诸多方面都有极大的解剖价值，但限于篇幅，本书此处仅简要剖析其在仲裁程序法使用上的问题，这也是本案的核心点。因为本案仲裁程序法如果是印尼法，印尼法院根据《纽约公约》有权撤销仲裁裁决，已撤销的裁决自然无法执行；如果仲裁程序法并非印尼法，在仲裁地已明确不是印尼的情况下，印尼法院找不到撤销仲裁裁决的根据，其非法撤销仲裁裁决的行为当然不能受到其他国家的尊重。①

实际上，该案争议焦点在于当事人在已明确约定仲裁地的情况下，在仲裁协议中还援引了仲裁地以外国家的仲裁程序法，是否表明当事人之间存在适用该国仲裁程序法的合意；如果有合意的话，这种合意是否足以推翻仲裁地仲裁程序法对仲裁的立法管辖。对这两个问题，美国法院虽和中国香港法院得出相同裁判结果，但推理过程并不相同：美国法院干脆避而不谈当事人是否具有适用仲裁地以外仲裁法的合意，认为即使当事人有这种合意，也不能否定仲裁地仲裁法的适用，因为当事人知晓适用印尼仲裁程序法最恰当的方法，即约定印尼为仲裁地；而中国香港法院只是认为，当事人援引印尼《民事诉讼法》远远够不上明示选择该国仲裁程序法，如果当事人有这种明

---

① 有学者可能会将此案作为已撤销仲裁裁决可被承认与执行的又一证据，但这将是荒谬的，因为一个无权撤销仲裁裁决的法院本身即无法使仲裁裁决的效力归于消灭。已撤销的仲裁裁决无法承认与执行仅限于有撤销权法院的撤销，这是题中应有之意。

示的意思表示，它可能排除仲裁地仲裁法的适用。所以，美国法院认为仲裁地相对当事人选择更能确定仲裁程序法；而中国香港法院不承认默示仲裁程序法选择的有效性，但似乎认可当事人明示选择的仲裁法效力更高。

姑且不说在仲裁协议中明示选择仲裁程序法的可能性微乎其微，中国香港法院否定默示选择的态度实际上粉碎了传统学者依靠法律选择的办法来确定仲裁程序法的梦想，即使当事人在仲裁协议中明确选择了仲裁地以外的仲裁程序法，这种选择的有效性也非常令人怀疑，实践中在普通法的发源地英国已发生否定当事人明示仲裁程序法选择有效性的案例。在前述提及的 Peruvian Insurance[①] 案中，英国上诉法院考虑了一份合同。一审法院认为，该合同明确约定仲裁位于秘鲁但依照英国程序法。上诉法院将该合同解释为约定在伦敦依英国法进行，但是在英国《1996 年仲裁法》颁布前的 1988 年，法院也说明，涉及选择外国程序法的情形，在理论上是可能的，但在实践中几乎无法实现："同样的，理论上不存在任何理由，可以排除当事人对仲裁应在某地进行或在 X 国进行但受 Y 国法律约束作出的决定。任何此类约定的限制和含义在各种文献里已经得到许多阐述，但是，除了本案的决定之外，似乎没有其他公开报道的案例出现过这种情况。考虑到此类协议可能涉及的复杂性以及不方便，这一点都不奇怪。因此，无论如何，在 X 国进行仲裁但受英国法约束的仲裁协议，不会授权我们的法院对在 X 国进行的仲裁行使管辖权。"

可见，理论上的仲裁程序法适用与现实世界中的实际操作有较大差距，如果当事人不依照实际中的惯常做法，而偏信格式化的理论，别出心裁的去"明示"选择什么仲裁程序法，可能会带来一些意想不到的麻烦。

三、国际商会的有关仲裁实践

据统计，在 1987—1989 年之间，当事人在仲裁协议中选择仲裁程序法的案例仅有一起，而 1992 年、1993 年与 1994 年第一季度间国际商会仲裁的案件中仅有 5%—10% 的当事人援引了国内"程序法"。[②] 这些援引程序法的仲裁协议大体可为三类：其一，当事人援引程序法的目的在于补充仲裁

---

① ［英］艾伦·雷德芬、马丁·亨特等：《国际商事仲裁法律与实践》，林一飞、宋连斌译，北京大学出版社 2005 年版，第 93 页。

② See Georgios Petrochios, *Procedure Law in International Arbitration*, Oxford University Press, 2003, pp. 195 - 223.

规则；其二，当事人明确从整体上选择某国仲裁法作为仲裁程序法（curial law）；其三，简单援引某国程序法支配一些具体程序事项。真正意义上的仲裁程序法选择是上述第二种情况，其他两种对仲裁程序规范的援引都属于当事人仲裁程序自治的范畴。就当事人整体选择仲裁程序法而言，国际商会的实践一般首先考察"反致"问题：即当事人所选仲裁法所属国是否允许当事人选择适用该国仲裁法，如果该国法律禁止当事人如是选择，仲裁庭一般否决当事人的选择；① 另外，当事人所选仲裁法应满足仲裁庭自由塑造仲裁程序的要求，否则仲裁庭可以不遵守该国有关仲裁程序的法律规范。因为1998 年《国际商会仲裁规则》第 15 条规定：仲裁庭审理案件的程序必须适用该规则，除非仲裁规则在某程序事项上没有规定，而当事人所选仲裁法对此有规定，则该仲裁法有关规定可以适用。值得注意的是，在国际商会的仲裁实践中，如果当事人从总体上选择仲裁地以外的仲裁程序法，这种选择一般会被认为从属于当事人对仲裁地的选择，也就是说，即使当事人明示选择仲裁地以外的仲裁法，仲裁庭通常也会从合同解释上加以留难：如果当事人同时明示选择了仲裁地，那么仲裁地法律优先于当事人所选的仲裁法；如果当事人未选择仲裁地，当事人所选法律所属国通常被仲裁庭解释为仲裁地，从这个意义上讲，当事人选择的仲裁法得以适用是领域标准与当事人选择标准在仲裁程序法确定中的妥协。

如果说仲裁程序法代表国家对国际商事仲裁的规制，那么这种规制在绝大多数情形下只是"无为而治"。仲裁的民间性、自治性决定其应尽量避免国家法律的干预，事实上，仲裁程序一般也确由仲裁规则决定，但当事人选择仲裁程序法这一行为本身意味着他们主动邀请带有强制色彩的国家法律介入仲裁，尤其在当事人选择仲裁地以外其他国家仲裁法的情况下，就很容易触动仲裁地属地管辖的敏感神经。所以说，当事人选择适用仲裁程序法的行为通常显得殊无必要。国际商会一起选择仲裁程序法的案例也充分说明了这一点：

在 Black Clawson② 案中，当事人约定仲裁的所有问题都受瑞士苏黎世民事诉讼法支配，而无论仲裁地为苏黎世或其他地方，可以说当事人非常清晰

---

① 当然，仲裁庭必须尊重当事人意思，此处所讲的仲裁庭否定当事人选择是指仲裁庭以当事人的法律选择与仲裁规则相违背为由，说服当事人尊重仲裁规则，若当事人固执己见，仲裁庭只能辞去仲裁任命。

② Black – Clawson Co. v. International Ass'n of Machinists, 313 F. 2d 179（2d Cir. 1962）.

地表达了适用仲裁地以外仲裁程序法的意愿。在对所适用的仲裁程序法达成合意的同时，当事人也约定仲裁庭无权任命专家证人。然而，当事人的约定与苏黎世民事诉讼法相违背，该法规定仲裁庭有权进行此种任命，最终仲裁庭依苏黎世民事诉讼法任命了一位专家证人，于是一方当事人对仲裁庭的裁决提出异议，指责仲裁庭违背当事人合意，有越权行为。有关此争议究竟应如何适用法律，已在英国两审法院进行审理，长期没有定论。实际上，该案是国际商会仲裁，国际商会仲裁规则完全予以适用，如果当事人的约定与仲裁规则相违背的话，除非当事人同意仲裁庭辞职，仲裁规则应获得遵守；但当事人又多此一举地选择了仲裁程序法，究竟当事人的约定、国际商会的仲裁规则与苏黎世民事诉讼法之间的关系应如何厘清，成了一个相对复杂的问题，再加上本案的仲裁地存在不确定因素，英国法院对此案颇感为难就显得不足为奇了。①

所以，从国际商会有关的仲裁规则及仲裁实践看，当事人选择仲裁程序法，尤其是仲裁地以外的仲裁程序法即使不被禁止，也是应极力避免的行为。在当事人未明确选择仲裁程序法的情形下，仲裁规则一般只需不违背仲裁地的强制性规则就没有被撤销的危险，而当事人在仲裁协议中有意选择仲裁程序法的话，还需考虑仲裁规则与当事人所选法律的关系，而关于此点，国际上并无共识存在，常常为当事人引起不必要的麻烦。

四、国际公约对当事人选择仲裁程序法的立场

在有的情形下，虽然立法也只规定了具体仲裁程序究竟应如何确定，但这种具体程序的确定方法由于与有关的国内法不属相同的法律层级，有学者认为有可能构成单独的仲裁程序法律体系。② 其理由在于："1958 年《纽约公约》明显表现出当事人意思自治优先决定仲裁程序的趋向，意思自治原则本身就是支配仲裁的仲裁程序法。"③《纽约公约》第 5 条明确将"仲裁庭的组成或仲裁程序同当事人间的协议不符，或者当事人间未定协议时，而又与进行仲裁的国家的法律不符"作为拒绝承认与执行裁决的理由，当事人的协议位列进行仲裁的法律之前，可见"前者位阶高于后者，这实际上该

---

① See Georgios Petrochios, *Procedure Law in International Arbitration*, Oxford University Press, 2003, p. 195.

② See C. Chatterjee, *The Reality of the Party Autonomy Rule in International Arbitration*, Journal of International Arbitration, 2003（6），p. 539.

③ Ibid. , p. 558.

条反映出当事人意思自治原则对解决仲裁程序法律适用问题起首要作用，其次才须要借助于国内仲裁立法"。① 从《纽约公约》中寻求仲裁协议效力高于仲裁地法的观点也为许多仲裁实务人士所表达。在一个仲裁地为开罗，仲裁规则为 ICC 仲裁规则的仲裁中，仲裁地埃及法要求当事人的仲裁协议中必须具明所选当事人的姓名。对此，仲裁庭援引《纽约公约》第 5 条 d 项的规定，认为当事人的协议效力高于仲裁地法的规定，无论仲裁地法有关规则是否强制性规则，只要与当事人协议不符，应遵从当事人协议约定。②

而依仲裁"非本地化理论"观点，意思自治原则就成为仲裁裁决效力来源。基于此点，当事人确定仲裁程序的方式由于国际条约的授权也构成当事人对仲裁程序法的选择。③ 对于可能存在的质疑：既然仲裁规则的选择不属于严格意义上的仲裁程序法选择适用的范畴，国际条约规定的同属于契约性质的当事人协议为何可以成为仲裁裁决的效力来源？这些学者认为，原因主要在于国际条约规定的当事人协议不受国内仲裁立法支配，即使与国内法强制性规则相抵触，仍然无损于其效力，而仲裁规则或其他国内法意义上的仲裁程序协议不能违背国内仲裁法的强制性规定，从这个意义上说，国际条约规定的仲裁程序协议是作为国际法渊源性质的意思自治原则的具体表现。

实际上，对于意思自治原则本身构成仲裁程序法（lex arbitri）的主张，不仅《纽约公约》中有类似规定，在其他国际性立法和仲裁实践中也有体现。例如，1961 年《欧洲公约》第 9 条第 1 款第（4）项规定，仲裁庭的组成或仲裁程序同当事人间的协议不符，或在当事人间没有这样的协议时，同仲裁地国家的法律不符，仲裁地或裁决据以做成的法律所属国家，均有权撤销裁决。1975 年《美洲公约》则采用了与 1958 年《纽约公约》基本一致的措辞。④

而就国际商事仲裁的实践而言，不少仲裁员也认为意思自治应为统治国际商事仲裁程序法的最高原则，或者说意思自治本身已构成无须其他法律批准的自成一体的国际法规范，从而具有高于国内仲裁程序法的效力。例如，在 ICC2321/1974 号仲裁案中，一名独任仲裁员在瑞典审理一起私人主体与

---

① 朱克鹏：《国际商事仲裁的法律适用》，法律出版社 1999 年版，第 71 页。

② See Georgios Petrochios, *Procedure Law in International Arbitration*, Oxford University Press, 2003, p. 213.

③ 当然，《纽约公约》第 5 条的规定是否足以说明《纽约公约》主张当事人确定仲裁程序的权利效力高于仲裁地法，目前存在争论，许多学者对此并不认同，下文将详细论述。

④ 朱克鹏：《国际商事仲裁的法律适用》，法律出版社 1999 年版，第 73 页。

政府主体之间的仲裁，他不得不决定政府主体是否在本案中具有仲裁管辖豁免权。申请人认为国家豁免应由作为仲裁地的瑞典法律决定，对此该独任仲裁员作出如下阐述："我看不到对该问题诉诸任何国内法或国内法院实践的必要，我也没看到瑞士法在本案中有任何适用的理由，作为仲裁员，我并非任何国家机关的代表，我所有的仲裁员权力都来源于当事人的仲裁协议，我的行为也与任何国家不相干，对于瑞士也好，国际商会所在的法国也好，它们的法院和其他机关不能干涉我的仲裁活动，也不能指教我做任何我认为不该做的以及阻止我做任何我认为该做的事。仲裁协议是我的力量源泉。"可见该案仲裁员认为任何国家的仲裁法都不适用于仲裁活动，支配仲裁的只有当事人间的仲裁协议，意思自治本身构成了作为裁决法律效力来源的仲裁程序法。这一点在 ICC1512/1971 号仲裁中，拉立夫（Lalive）教授有更为明确的阐述，"《纽约公约》第 5 条第 1 款第 5 项所反映的当事人决定仲裁程序的意思自治是为人们普遍接受的国际法规则，从而构成独立的仲裁程序法律体系"。

　　上述观点不无道理，但具体分析国际公约的规定我们发现，这些国际公约的规定都仅仅适用于裁决的承认与执行阶段，"即只能适用于裁决执行地国法院审查仲裁庭组成或仲裁程序是否合法的有限场合"，[①] 能否适用于仲裁程序法的确定，则是有疑问的。正如有学者所言："《纽约公约》第 5 条第 4 项的规定旨在消除人们对仲裁裁决只有遵守仲裁地的所有法律，方可予以承认与执行的疑虑，而不能任意扩大解释。"当然，如果《纽约公约》的规定为大多数国家在仲裁程序法的适用上广泛接受，那么它或许也构成国际习惯法的一部分。然而，通过上文考察，明确规定当事人有权选择仲裁程序法的立法并不多见，相反，多数国家都希望对其领域内的仲裁施加控制，要想取消国家对其领土内进行的仲裁予以控制的主权权力是不可能的。正如韩健教授所说："近几年来，相当多的国家非但没有放松对本国领土内的仲裁的控制，反而通过仲裁立法明确规定，在其领土内进行的仲裁或确定为仲裁地的仲裁都应适用本国仲裁法，而并不因当事人对仲裁程序法的选择而排除仲裁地法的适用。"[②] 所以，至少在严格意义上的仲裁程序法的确定上，当事人选择仲裁程序法的规定并未被广为接受，从而演变为一项国际法规则。虽然当事人可以通过缔结具有法律作用的仲裁协议来创设程序性法律权利与

---

① 朱克鹏：《国际商事仲裁的法律适用》，法律出版社 1999 年版，第 73 页。

② 韩健：《现代国际商事仲裁法的理论与实践》，法律出版社 2000 年版，第 264 页。

义务，但这种法律权利与义务并不能存在于真空中，它必须存在于调整诸如合同的效力、适用和解释，并且能用以补充其明示规定的某一法律体系中，[①] 而意思自治原则并不构成这一法律体系。

第三节　国际商事仲裁的程序自治

虽然现代国际商事仲裁普遍地采取领域标准决定仲裁程序法的适用，但仲裁程序法范围内的仲裁程序自由却非常之广泛与充分，可以说，仲裁程序的自由化程度几乎已成为衡量一国仲裁程序法现代化程度的标尺。正如前文所述，仲裁虽然并非存在于法律真空中，但在仲裁程序的进行中，仲裁程序法一般很少有干预仲裁的机会，当事人的意思对仲裁程序的塑造具有决定性意义。从这个角度说，仲裁程序的自治恰好是以仲裁地为确定仲裁程序法主导因素的领域标准与当事人意思自治标准之间矛盾的妥协。

一、若干仲裁立法中的仲裁程序自治

（一）国际公约

现有国际仲裁公约虽未专门就仲裁程序规则作出规定，但在规定裁决的承认与执行条件时多涉及仲裁程序的自治问题。1923 年《仲裁条款协定书》最早承认了当事人决定仲裁程序的意思自由。该协定书第 2 条明确规定：仲裁程序，包括仲裁庭的组成在内，应当依照当事人的意志和仲裁地国的法律规定。1927 年《关于执行外国仲裁裁决的公约》第 1 条规定，承认和执行裁决的先决条件之一，是仲裁庭必须依据当事人所同意的方式组成，并且符合支配仲裁程序的法律。从这两个公约可以看出，有关仲裁程序的具体塑造，当事人的意思和仲裁程序法应共同发挥作用。如果说，以上两个公约中意思自治尚未在仲裁程序的决定中完全发挥作用，那么《纽约公约》第 5 条的规定就完全抛弃了以当事人意思自治与仲裁程序法共同控制仲裁程序的做法。公约第 5 条明确将"仲裁庭的组成或仲裁程序同当事人间协议不符"作为拒绝承认与执行裁决的理由，而将仲裁地法律对仲裁程序的控制置于相对次要的地位。后来的《欧洲仲裁公约》与《美洲仲裁公约》也基本上继

[①]　See C. Chatterjee, *The Reality of the Party Autonomy Rule in International Arbitration*, Journal of International Arbitration, 2003 (6), p. 553.

承了《纽约公约》的态度。①

　　由于这些国际公约的调整对象仅限于仲裁裁决的承认与执行,我们虽不能说当事人的意思自治已完全取代仲裁程序法对仲裁程序的控制;但"从理论上说,当事人将争议交付仲裁,其目的就是获取一份对双方均有约束力和强制执行效力的裁决,仲裁员受理和审理争议的目的也在于作出一份公正的、具有强制执行效力的裁决,这就要求仲裁员在整个仲裁过程中,都应牢记当事人的合理期待,并应为实现这一期待而谨慎从事"。② 从这个意义上讲,公约规定裁决不符合当事人对仲裁程序的协议不能承认与执行,就间接暗示着当事人的意思对仲裁程序具有主导地位。③

　　(二)《示范法》

　　《示范法》的制定实际上是由亚非法律顾问委员会发起的,目的在于通过协定的方式补充《纽约公约》,使当事人选择的仲裁法优先于各国仲裁法的适用。根据这一建议,如果当事人的协议违反仲裁程序法的规定,仲裁庭依据当事人协议作出的裁决不能被撤销。该建议虽由于种种原因最终被拒绝采纳,但程序自治仍然成为示范法所坚持实现的目标。其中保障当事人意思自治的条款主要是《示范法》的第 19 条:(1)在不违背本法规定的情况下,当事各方可以自由地就仲裁庭进行仲裁所应遵循的程序达成协议;(2)如未达成此种协议,仲裁庭可在本法规定的限制下,按照它认为适当的方式进行仲裁。授予仲裁庭的权力包括确定任何证据的可采性、相关性、实质性和重要性的权力。所以,《示范法》关于仲裁程序自治包含了三条规则:首先,当事人可以自由地就仲裁庭进行仲裁所应遵循的程序达成协议,但应服从《示范法》的强制性规定。其次,在无此种协议时,仲裁庭可以按照其认为适当的方式进行仲裁,但应服从示范法的强制性和非强制性规定。再次,仲裁庭的权力,包括确定任何证据的可接受性、相关性、实质性和重要性的权力。根据秘书处的评注,当事人既可选择适用一套规则或适用某特定国家的程序规范,也可就有关程序问题达成协议,而不选择一套详细

----

　　① 朱克鹏:《国际商事仲裁的法律适用》,法律出版社 1999 年版,第 70—73 页。

　　② [英]艾伦·雷德芬、马丁·亨特等:《国际商事仲裁法律与实践》,林一飞、宋连斌译,北京大学出版社 2005 年版,第 96 页。

　　③ 这与前文所论述的有关国际公约的规定并不能证明意思自治已成为自成一体的仲裁程序法并不矛盾,因为公约通过对裁决不予以承认与执行的条件加以规定,间接地树立了当事人协议在塑造仲裁程序上的权威,但它毕竟是间接的,我们可以说它是有关裁决承认与执行方面的国际法规范,但并非据以作出裁决的仲裁程序法。

的规则体系支配仲裁程序。①

因此根据《示范法》，仲裁程序自治的实现主要有三个途径：其一，当事人选择仲裁程序法，仲裁程序由当事人所选的仲裁程序法规定，仲裁协议可以选择特定的程序法为准据法，这种情况在实践中比较罕见；其二，由当事人选择仲裁程序规范或仲裁规则，② 这种情况在实践中运用最为普遍；其三，由当事人在仲裁协议中详细约定或由仲裁庭决定仲裁程序进行的方式，这种方式一般与第二种途径结合使用。

（三）若干国内法的规定

当事人可以选择支配仲裁程序的规则或自由决定仲裁程序进行的方式，也已被多数国家和地区所承认。例如，荷兰 1986 年颁布的《仲裁法》强调当事人意思自治，允许当事人约定仲裁进行的程序规则；美国加利福尼亚州 1988 年《国际商事仲裁和调解法典》赋予当事人确定仲裁程序的自由权；在日本，仲裁协议的当事人可以自由约定仲裁程序的细节。此外，1998 年《德国民事诉讼法》第 1042 条规定："当事人得自由决定或援引一套仲裁规则而决定程序，除非本编有强制性规定；当事人没有约定，且本法也没有规定，则仲裁庭应以其认为适当的方式进行仲裁。"1998 年《比利时司法典》第 1693 条规定："在不妨碍第 1694 条（强制性规则）规定之情况下，当事人得协议确定仲裁程序规则和仲裁地。如其在仲裁庭规定之期限内未达成协议，应由仲裁员确定。"瑞士 1989 年《联邦国际私法典》第 182 条规定："当事人可直接或按照仲裁规则确定仲裁程序；他们也可以按其选择的程序法进行仲裁程序。当事人没有确定仲裁程序的，仲裁庭应根据需要，直接地或者按照法律或仲裁规则，确定仲裁规则"，其他还有 1993 年《俄罗斯联邦国际商事仲裁法》第 19 条第 1 款以及奥地利等都有类似立法。在美国许多判例也确认了当事人选择仲裁程序规则的自治权。③ 这些仲裁法有关仲裁程序意思自治的规定大多强调两点：首先，当事人对仲裁规则的选择或对具体仲裁程序的确定不得违反仲裁程序法的强制性规则；其次，在当事人未约定的情况下，授权仲裁庭或仲裁员决定仲裁程序。由于仲裁庭及仲裁员权力直接来源于当事人的仲裁

---

① See Georgios Petrochios, *Procedure Law in International Arbitration*, Oxford University Press, 2003, pp. 83 – 88.

② 在多数情况下，当事人选择了仲裁机构就意味着选择了该仲裁机构的仲裁规则。

③ 韩健：《现代国际商事仲裁法的理论与实践》，法律出版社 2000 年版，第 257 页。

协议，某种程度上可视为当事人的代理人，因此仲裁庭及仲裁员决定仲裁程序的行为与当事人的程序自治并无二致。

尤其值得一提的是，法国 1981 年《民事诉讼法典》第 1494 条第 1 款规定："仲裁协议可以直接或通过适用仲裁规则确定审案时所遵循的程序，也可以确定所要遵循的仲裁程序法，如果仲裁协议中没有约定，在需要时，仲裁员可直接或通过适用法律或某些仲裁规则确定程序。"明确的把国内仲裁程序法与国外仲裁程序法纳入到有关仲裁程序规则的选择范围，这也是其他国家有关仲裁程序自治立法的题中应有之意，不论其是否予以明文规定。①

但值得注意的是，在伊斯兰国家，伊斯兰法律对在穆斯林国家举行的仲裁具有强行性质，必须予以适用，如也门、约旦、沙特阿拉伯、科威特、利比亚、巴林等国，即遵循这一基本原则。② 至于中国，有学者认为，虽然我国《仲裁法》没有明确规定仲裁程序应依什么规则，但在该法的第 4 章仲裁程序中，对仲裁的申请和受理、仲裁庭的组成、仲裁的开庭和裁决都作出了巨细无遗的规定。由于这些有关仲裁程序的规则规定在仲裁法中，且并未说明当事人是否可以通过自由约定加以减损或排除，所以一般认为这些规则具有强制性规则的性质。当然，对于仲裁法有关仲裁程序的规则，也留下不大的空间可由民间性的仲裁规则加以填补，但这种补充只能是不违反仲裁法规定前提下的补充。更何况，中国国际经济贸易委员会及其他许多仲裁机构制定的仲裁规则均写明，凡当事人同意将争议提交选定的仲裁机构仲裁的，均视为同意其仲裁规则进行仲裁。所以说，我国仲裁法有关当事人仲裁自治的空间也很小，仅允许与其所规定的仲裁程序不相抵触的某些程序，步子迈的不大，有待于积极创造条件，跟上国际社会的发展潮流。③

---

① 荷兰《民事诉讼法》第 1036 条、葡萄牙 1986 年《仲裁法》第 15 条、1987 年《瑞士联邦国际私法》第 183 条第 2 款、1993 年阿尔及利亚《民事诉讼法》第 458 条、埃及 1994 年《民商事仲裁法》第 25 条以及意大利 1994 年《民事诉讼法》第 816 条作出了与法国立法基本相同的规定。See Fouchard Gaillard, *Goldman on International Commercial Arbitration*, Kluwer Law International, 1999, p. 652.

② 朱克鹏：《国际商事仲裁的法律适用》，法律出版社 1999 年版，第 76 页。

③ 肖志明：《关于在涉外商事仲裁实务中如何适用法律的问题》，载韩健、林一飞主编《商事仲裁法律报告》第 1 卷，中信出版社 2005 年版，第 10—12 页。

（四）仲裁规则①

真正现代化的仲裁立法一般只调整涉及普遍性的仲裁事项，而不涉及详细的程序规则，例如证人陈述或庭前证据提交时间等等。极端情况下，如美国联邦仲裁法对具体的仲裁程序性事项完全没有规定，而留给当事人充分的意思自治空间。② 但就当事人而言，在仲裁进行的每一阶段，他们都需要知晓详细的仲裁规则，从而澄清每一步他们应如何行事。例如，申请人的请求陈述是仅仅略述支持其请求的事实，还是随附依据文件及可能的法律意见，等等。对于这些详细的仲裁规则当事人当然可以在仲裁协议中加以约定，但在国际仲裁中，当事人经常来自不同背景，对于诸如会见证人、披露文件等等采用不同的方法，要在仲裁协议中对这些事项逐条达成合意的难度可想而知。③ 因此，一些仲裁机构为了补充当事人自主意思之不足，制定了仲裁规则，可由当事人援引适用。所以说，仲裁规则的适用也是当事人自己塑造仲裁程序的重要方式，仲裁规则适用本身即为仲裁程序自治的重要体现。

即使在当事人未对具体仲裁程序作出约定的情形下，较多的仲裁规则也倾向于赋予当事人决定仲裁程序的优先权。例如，1974 年《联合国贸易发展委员会仲裁规则》第 1 条第 1 款即规定："在合同双方当事人书面同意凡与合同有关的争议应按联合国国际贸易法委员会仲裁规则交付仲裁，该争议应根据本规则予以解决，但双方当事人书面约定对此有所更改时，则从其约定。"其他诸如 1992 年《新加坡国际仲裁中心仲裁规则》第 16 条、1992 年

---

① 我们之所以考察作为仲裁实践形式的仲裁规则，并非因为其是独立存在的法律形式（事实上，在不少司法实践中，把 ICC 仲裁规则视为契约以外的任何东西），而是作为国际商事仲裁法律所要服务的对象。可以说，仲裁实践就是商事实践的具体表现，司法机关应在立法边界内尽量符合商事实践的裁判，甚至仲裁立法本身也就是商业经验的总结，而应满足商事交往的需要，而不是以商人们的做法迁就立法。从这个意义上讲，作为商业经验最直接体现的国际商事仲裁规则也最能体现国家立法的要求。然而，世界上已知的仲裁规则不知凡几，一一进行考察显然不太现实。但这些仲裁规则大体上可分为三类：其一是纯国内仲裁规则，这一类我们不需要考虑；其二是某国国内涉外经济贸易仲裁机构的仲裁规则，如 CIETAC 的仲裁规则，这一类仲裁具有一定的涉外性，但其离真正的"国际"仲裁，显然还有相当距离；其三是真正的国际仲裁，这类仲裁无论从涉及地域上，还是主体上看，都具有真正的国际性。这类仲裁以国际商会仲裁、瑞典斯德哥尔摩等为代表，尤其是国际商会仲裁院仲裁，其裁决公布制度比较完善，资料也比较充分，因此本文大量实例都属于国际商会仲裁院的仲裁。此外，《联合国国家贸易发展委员会仲裁规则》作为国际商事仲裁规则的范本，不仅为众多机构仲裁规则所参考，也在大量的临时仲裁被选择适用，因此具有极大分析价值。

② 当然，也有国家，如捷克，虽然本国仲裁法并未对仲裁程序作具体规定，却要求仲裁程序的进行类比本国民事诉讼法的有关规定，这在实践中也是极为罕见的另类。

③ ［英］艾伦·雷德芬、马丁·亨特等：《国际商事仲裁法律与实践》，林一飞、宋连斌译，北京大学出版社 2005 年版，第 87 页。

《日内瓦商工会仲裁规则》第 19 条、1991 年《美国仲裁协会国际仲裁规则》第 1 条以及《米兰仲裁院仲裁规则》第 34 条等，均对当事人在决定仲裁程序规则方面享有的意思自治权予以肯定，并且在不同程序上赋予当事人协议以优先权。① 另一种做法是允许当事人自由选择适用的程序规则，也允许当事人协议变更或修改仲裁机构的仲裁规则。如 1988 年《斯德哥尔摩商会仲裁院仲裁规则》第 1 条、第 16 条规定，仲裁院可依该仲裁规则或仲裁院采用的其他仲裁规则（如联合国国际贸易发展委员会仲裁规则）解决争议；美国仲裁协会仲裁规则则允许当事人以书面形式对该仲裁规则更改。

但 1998 年《国际商会仲裁规则》却似乎反其道而行之，其第 15 条第 1 款规定："仲裁庭审理案件的程序受本规则管辖，本规则没有规定的，受当事人约定的，或当事人未约定时，受仲裁庭决定的仲裁规则管辖。仲裁庭决定适用的规则时可决定是否援用某国程序法。"有学者认为仲裁程序规则的上下位阶关系在本条得到充分体现：②

首先，《国际商会仲裁规则》优先适用，即仲裁庭审理案件的程序首先受《国际商会仲裁规则》的约束；

其次，《国际商会仲裁规则》没有规定时，当事人约定的优先适用，当事人不仅可以约定某一程序法律或该程序法的一部分，也可以约定其他仲裁规则，而且还可以自己制定程序规则；

再次，当事人没有约定的，仲裁庭有权决定适用的规则，也可决定援用某国的程序法。

此间可以看出，在国际商会仲裁中，当事人选择仲裁规则后，除非仲裁规则对某些程序事项并未规定或允许当事人作出与有关仲裁规则相反的约定，当事人尚有约定空间外，否则当事人不得作出与仲裁规则相反之约定。这并非国际商会的独特做法，包括一些主张仲裁规则可由当事人自由选择的规定似乎也修正了以前的做法，突出的例子是 1999 年《斯德哥尔摩商会仲裁院仲裁规则》第 20 条规定："仲裁庭将根据仲裁协议和本规则的规定，并适当考虑当事人的意愿，确定进行仲裁的方式。"显然的是，仲裁程序进行的方式是由当事人事先订立的仲裁协议与仲裁院的仲裁规则所决定，当事人的意愿只是考虑因素之一，改变了 1988 年规则中当事人可以选择其他仲裁规则的规定。其他诸如 1998 年《荷兰仲裁协会仲裁规则》第 3 条规定：

---

① 朱克鹏：《国际商事仲裁的法律适用》，法律出版社 1999 年版，第 74 页。
② 汪祖兴：《国际商会仲裁研究》，法律出版社 2005 年版，第 288 页。

如当事人约定由 NAI 作出或根据 NAI 仲裁规则作出有约束力的裁决，本规则应予适用；1998 年《德国仲裁协会仲裁规则》第 1 条规定：本规则适用于依据当事人达成之仲裁协议应由仲裁庭按德国仲裁协会仲裁规则裁决之争议；《韩国商事仲裁院商事仲裁规则》第 9 条规定：当事人如在协议中规定在该仲裁院仲裁，则应认定双方已将仲裁规则中的仲裁程序条款作为其协议的一部分，等等。尤其值得一提的是，我国仲裁机构长期以来一直不允许当事人自主选择仲裁程序规则，1995 年的《CIETAC 仲裁规则》曾对此有明确规定："提交本机构仲裁即视为同意按照本机构仲裁规则进行仲裁。"1998年修订执行的 CIETAC 新仲裁规则则在原来立场上有所变化。新规则第 7 条规定："凡当事人同意将争议提交仲裁委员会仲裁的，均视为同意按照本仲裁规则进行仲裁，但当事人另有约定且仲裁委员会同意的，从其约定。"虽然新规则在一定程度上允许当事人选择其他仲裁规则，但最终还需取决于仲裁委员会的同意，仲裁机构本身对提交 CIETAC 仲裁的当事人选择仲裁规则的权利有最终决定权。① 当然，这并非仲裁规则对当事人意思自治原则的违反，其背后原因也耐人寻味。首先，仲裁规则本身就具有契约性质，仲裁规则的适用正是当事人选择的结果。其次，既然仲裁规则是契约，它的适用也不仅取决于当事人单方意思，其间包含当事人与仲裁机构达成的合意，当事人一方对已经达成的合意单方变更，只能导致合意基础的丧失，仲裁机构有权不再对有关仲裁案件实施管辖。再次，仲裁庭接受当事人仲裁任命的前提可能就是当事人接受仲裁规则的条件，仲裁庭虽然无法积极违反当事人指令，但可以消极方式，例如辞职等方式对当事人不符合仲裁协议的指令提出异议。实际上，仅就机构仲裁而言，要求该仲裁机构仲裁适用该仲裁机构仲裁规则以外的仲裁规则仲裁，其不便性是非常明显的。仲裁本身也系一种产业，仲裁机构作为提供仲裁服务的单位，不能不考虑收益与成本之间的关系。一些学者在一味主张仲裁机构应当允许适用其他仲裁规则时，虽然充分考虑了当事人利益，但不能不说缺乏对仲裁机构立场的思考。当然也有的仲裁规则给当事人以更大的选择自由度，允许当事人选择适用其他仲裁规则或协议改变仲裁规则，这都是各个仲裁机构吸引仲裁的竞争手段，每个仲裁机构发展战略不同、盈利模式各异，对当事人选择仲裁规则成本的看待自然也不同。所以，应该认为，有关此问题的不同做法，与当事人的仲裁程序自由程度没有直接关联。

---

① 朱克鹏：《国际商事仲裁的法律适用》，法律出版社 1999 年版，第 80 页。

　　然而，如果当事人在仲裁协议中对仲裁程序有明显不同于仲裁规则的约定，除非当事人通过明示或默示的方式改变当初的合意或者当事人所选仲裁规则中禁止当事人作出不同约定，仲裁庭不得以仲裁规则的规定为由违反当事人的约定。例如，在 GAFTA 受理的一起仲裁案件中，中国内地的 Z 公司与香港的 D 公司在仲裁协议中约定，合同项下的争议应依据 GAFTA 第 125 号仲裁规则①仲裁，仲裁地在香港。争议发生后，D 公司向 GAFTA 申请仲裁，Z 公司依仲裁规则指定了仲裁员并参加了仲裁程序，仲裁审理在香港进行。经过两审仲裁程序后，上诉仲裁庭作出了终局裁决。与当事人约定不同，终局裁决认为仲裁地在英国。裁决作出后，D 公司依据纽约公约向我国法院申请承认与执行，Z 公司则抗辩不予承认与执行。Z 公司提出的不予承认与执行的理由之一是，仲裁程序与当事人约定不符，即仲裁裁决确定仲裁地为英国与当事人约定香港为仲裁地不符。② 对于本案，GAFTA 仲裁规则虽然明确规定其项下仲裁的仲裁地应为英国伦敦，但该仲裁规则并未规定当事人不能对其任何事项作出任何变更，当事人对仲裁地与仲裁规则相反的约定并非无效，当事人的意思应予尊重。

二、仲裁庭决定仲裁程序规则时的仲裁程序自治

　　从实践层面考察，仲裁程序自治还体现在仲裁庭对仲裁程序规则的确定上。我们知道，仲裁庭对仲裁程序规则的确定一般遵循这样一幅路线图：当事人仲裁协议中的约定→仲裁规则→仲裁程序法中的相关规定。也就是说，仲裁程序首先由当事人的协议约定，对于协议未约定事项由仲裁规则决定，仲裁程序法中的相关规定则对仲裁规则进行补充。但在有的情形下，有些极为特殊的程序问题，③ 仲裁规则与仲裁程序法中均未规定，在此种情形下，仲裁庭应如何确定？是否应比照仲裁地国的民事诉讼法？对此，通说认为，仲裁庭"可以"，但不"必然"比照适用民事诉讼法的规定。但实践中反其道而行之的做法并不鲜见，例如，有学者批评了一个比照适用英国时效法的裁决是仲裁诉讼化的表现。该案仲裁地为英国的裁决，该仲裁适用英国《1996 年仲裁法》支配仲裁程序问题，而主合同受他国实体法调整。作为英国法中的程序问题，英国仲裁法中并没有关于时效的规定，因此仲裁庭适用了英国时

---

① 根据 GAFTA 仲裁规则，GAFTA 仲裁规则下的仲裁，仲裁地应为英国伦敦。
② 杨弘磊：《仲裁程序法律适用的特殊冲突规则》，载《人民司法》2006 年第 9 期，第 59 页。
③ 如英国法中的时效问题、外国法查明问题等。

效法中的有关规定。对此，该学者批评到，仲裁不适用英国时效法并不会导致裁决的撤销，英国《1996 年仲裁法》中的强制性规则中并没有关于时效的规定。更为重要的是，英国时效法有关仲裁时效的规定与国际普遍做法并不一致，当事人总是期望适用国际社会一般性的法律规定，适用某国国内法中独具特色的规定通常是不合适的，因此，该案仲裁庭的做法违反当事人的主观愿望。① 这在有关英国外国法查明规则的适用中表现得更为明显，英国法规定如果当事人没有将外国法的内容作为案件事实向法院提供，法官应将外国法的内容视为在有关事项上与内国法的内容相同。这种有关外国法查明的规定即是英国比较具有特色的规定，如果仲裁员比照内国法规定查明仲裁主合同所要适用的外国法，很可能会对不熟悉英国法的当事人造成不公平的结果。

所以，为避免适用某国国内法的狭隘，不少学者主张在仲裁规则与仲裁地仲裁程序法均无规定的情形下适用所谓的"一般仲裁法律原则"决定仲裁程序。② 一个显著的例证是在一个仲裁庭决定是否应采取财产保全措施的部分裁决中，仲裁地约定为瑞士，仲裁规则为日内瓦仲裁规则，仲裁庭发现瑞士国际商事仲裁法并不禁止仲裁庭行使此项权力，但为了决定仲裁庭进行财产保全是否适当，仲裁庭一方面检视先例，另一方面考察了欧洲数国对此问题的规定。通过综合比较、分析，最终认为仲裁庭行使此项权力是适当的。实际上，国际商事仲裁中的这种适用一般仲裁法律原则的做法也只是晚近兴起，这种方法通过实施仲裁规则及各国仲裁法中所普遍采用的仲裁程序规则，与国际私法中的分析与比较法学派一脉相承，是对仲裁诉讼化的有力回击。值得注意的是，国际商事仲裁中究竟有哪些广为接受的程序性原则，在不同学者间有不同的认识，各个原则在不同国家被接受的程度也不尽一致。其中有些程序法原则，如举证责任分配中的谁主张谁举证原则等，早已跨越不同立法甚至法系的界限，为各国立法所认同，但更多的原则是从国际较为普遍的实践所归纳出来，并非要求其具体内容在每个仲裁实践中都遵照执行，不可更改，而是作为更为普遍的仲裁规则的发展指南及更坚实实践的基础。③ 正如美国著名法学家德沃金所说："与法律规则相比，法律原则概念的本身即体现出在适用上的例外。"④ 所以，作为仲裁实践一般做法的一

① See Georgios Petrochios, *Procedure Law in International Arbitration*, Oxford University Press, 2003, p. 219.

② Ibid. , pp. 219 – 223.

③ Ibid. , p. 220.

④ See Dworkin, *Taking Rights Seriously* (1978) ch 2.

般仲裁原则虽然在不同仲裁立法中表现可能并非完全一致，但这些法律原则作为这些不尽一致规则背后的核心理念，具有一定的共通性和普适性。

三、当事人仲裁程序自治与强制性规则

国际商事仲裁程序自治，由当事人选择或决定仲裁程序进行的具体规则已经为国际公约、各国立法和仲裁规则所广泛接受。有些国家，如法国、美国，以及瑞士等，甚至本国仲裁立法根本不对仲裁程序规则作具体规定，而完全留给当事人自由约定。① 但是，这是否说明当事人程序自治的权利不受限制？当事人能否完全依照自己的意愿塑造仲裁程序？

一个广为接受的观点是当事人的程序自治至少受有关国家仲裁法强制性规则的制约。② 但对于强制性规则的概念，有学者认为："所谓仲裁法中的强制性规则，一般是指当事人和仲裁庭必须遵守、不许损抑的程序规则。一国之所以承认以仲裁方式解决争议的合法性，并给予国际仲裁不同于国内仲裁的特殊地位，主要是考虑到国际商事争议的特殊性，并期望争议能按照符合本国公平、正义、效率的观念的程序得以解决。为此，各国立法普遍通过一些强制性规定，保证仲裁出程序能在最低限度内实现公平、有效解决争议的政策目标。"虽然可以赞同这种观点，但值得指出的是，目前世界各国越来越多的仲裁法设置所谓的"正当程序条款"，③ 并普遍将其提升至强制性

---

① See Marc Blessing, *Mandatory Rules Versus Party Autonomy in International Arbitration*, Journal of International Arbitration, 1997 (4), p. 26.

② 如英国《1996 年仲裁法》第 4 条第 1 款规定：本编强制性规则列入附录 1，任何与之相反约定不影响其效力；《德国民事诉讼法》第 1042 条第 3 款规定：当事人得自由决定或援引一套仲裁规则而决定程序，除非本编有强制性规定，等等。这在有关的仲裁规则中也有明确规定。《美国仲裁协会国际仲裁规则》第 1 条第 2 款明确规定：仲裁受本规则管辖，但本规则任何规定与当事人必须遵守的适用于仲裁的法律规定相抵触时，应服从法律的规定；《联合国贸易发展委员会仲裁规则》第 1 条第 2 款规定：仲裁应受本规则的支配，但本规则的任何规定如与双方当事人必须遵守的适用于仲裁的法律规定相抵触时，应服从法律的规定，等等。至于国际商会仲裁规则虽然没有有关强制性规则的规定，但权威学者根据大量裁决事实认为，《国际商会仲裁规则》的适用必须服从有关国家强制性规则的规定，这已经为无数案例所反复确认。

③ 例如英国《1996 年仲裁法》第 33 条第 1 款规定：（a）仲裁庭应公平及公正对待当事人；给予各方当事人合理的机会陈述案件并抗辩对方当事人的陈述，并（b）根据特定案件的具体情况采取合适的程序，避免不必要的拖延或开支，以对待决事项提供平等的解决方式；1998 年德国民事诉讼法第 1042 条第 1 款规定：各方当事人应平等对待，并应给予每一方充分陈述案件的机会。其他诸如 1998 年西班牙仲裁法第 21 条；意大利民事诉讼法第 816 条；1994 年捷克仲裁法第 19 条；葡萄牙仲裁法第 15 条以及 LDIP 第 182 条第 3 款等都有类似规定。这些规定一般对仲裁庭施加三项强制性义务：仲裁员独立、仲裁员公正与当事人一律平等。

规则的高度。这并非偶然现象，也并非仅仅出于保护一国公平、正义解决争议的政策目标，其背后实际上有着更为深刻的原因：世界性及区域性的人权公约有关以公平、正义的方式解决刑事、民事争议的条款，已要求相关立法应履行相对应的国家义务，因此相关国家在仲裁法中设置有关仲裁员独立、公正以及当事人平等的条款，是国家履行国际人权义务的表现。从更广的范围来说，国际人权规则在国际商事仲裁领域内的渗透已使得仲裁正当程序演变为带有国际强行法的色彩，[①] 而不再仅限于国内法意义上的强制性规则了。因此，当事人的程序自治受"正当程序条款"的制约既是国家实现其政策目标的表现，也是履行国际人权义务的必然要求，[②] 当事人不能自由变更或排除，仲裁庭也不能对其视而不见，否则裁决很可能被撤销。在国际商会审理的 Ivan Milutinovie PLM v. deutsche Babcock 一案中，[③] 当事人约定发生的争议在瑞士苏黎世仲裁，适用国际商会仲裁规则，而支配仲裁的程序法为仲裁地苏黎世州民事诉讼法典。仲裁开始后，三人仲裁庭中的一名仲裁员宣布辞职，仲裁院裁定拒绝该仲裁员辞职，并认为该仲裁员有继续进行仲裁的义务。在该仲裁员未参加且未签署的情况下，首席仲裁员和另一名仲裁员作出了部分裁决，仲裁院批准了此裁决。围绕着该裁决是否应撤销的问题，瑞士法院进行了长达十年的审理，最终依据瑞士联邦宪法第 58 条"任何人不得剥夺由正常法官审理的权利，因此，不得设立特别法庭"以及瑞士参加的《欧洲人权公约》第 6 条"任何人在决定其民事权利与义务时，都有权在合理的期限内得到依法设立的独立、公平的法庭的公正和公开地审理"的规定，将仲裁裁决撤销。

　　当然，更多的强制性规则并不体现国家的国际义务，而是某国国内仲裁法出于本国的法律政策目标对自治性、民间性的仲裁所施加的控制。国内法对仲裁的控制通过内国法院对仲裁的司法监督来实现，根据《纽约公约》第 5 条规定，仲裁地法院及仲裁据以作出裁决所属国的法院有权撤销仲裁裁决，因此仲裁地与仲裁程序法所属国的强制性规则是仲裁程序自治应尊重的对象，违反他们的强制性规则，尤其是仲裁地的强制性规则可能招致被撤销

---

　　① 关于国际强行法的概念，学者间多有争议。万鄂湘教授认为国际强行法是经过国际社会作为整体接受为不得以任何行为背离，并以维护全人类的基本利益和社会公德为目的，具有普遍拘束力的最高行为规范。参见万鄂湘等《国际条约法》，武汉大学出版社 1998 年版，第 318 页。

　　② 有关此观点的详细论证将在本书第四章中进行。

　　③ 转引自杨弘磊《仲裁程序法律适用的特殊冲突规则》，《人民司法》2006 年第 9 期，第 62 页

的命运，这也是强制性规则强制性效力的来源。有学者认为，当事人的程序
自治还受到请求承认与执行裁决国强制性规则的控制。如果当事人及仲裁庭
对仲裁程序规则的确定违反该国的强制性规则，裁决就会被拒绝承认与执
行。① 这种观点似有不妥。首先，没有一个国家仲裁法规定裁决会因违反本
国的强制性规则而在本国安然无恙，而因违背执行国的公共秩序在本国被不
予执行。理论上常将强制性规则与公共政策②相混淆，但两者具有不同的内
涵与外延。③ 从国际私法角度讲，强制性规则的功能在于有关法律规范因其
强制性而积极地介入法律适用过程，介入的目的在于规范的适用，而公共政
策则从否定意义上介入法律选择过程，两者的效果是不同的。在确定仲裁程
序阶段，理性的当事人应尊重有关仲裁法的强制性规则，否则仲裁裁决有可
能被从根本上撤销效力，被撤销的裁决原则上无法在其他国家申请承认与执
行；而公共政策作为某国独特价值观念的体现，它的作用产生于承认与执行
阶段，如果某项裁决违背该国公共政策，将会在该国被裁定不予承认与执
行，但不影响裁决在其他国家继续寻求承认与执行的可能性。所以，强制性
规则对本国裁决的撤销起作用，而公共政策对外国裁决的承认与执行产生影
响。一般来说，一国仲裁裁决的撤销条件中不会包含公共政策条款，而即使
适用最为广泛的《纽约公约》有关拒绝裁决承认与执行条件中也不会包含
强制性规则条款。④ 其次，从现实可行度上考察，"由于当事人在选择仲裁
程序规则时很难预见到裁决将会在何国执行，如果要求当事人在选择程序规
则时就考虑到这一问题，未免过于苛刻，也不太现实"。⑤

　　另外，仲裁程序规则所应遵守的强制性规则之间也可能产生抵牾。我们
知道，仲裁地有撤销仲裁裁决的绝对权力，其对仲裁的控制力不容质疑，仲
裁庭只有尊重仲裁地的强制性规则才能获得有效裁决。但是，有些国家规定
当事人可以选择仲裁地以外的仲裁程序法，对于当事人选择的仲裁程序法中
的强制性规则，学者们普遍认为当事人应予遵守。从《纽约公约》接受仲

---

① See Georgios Petrochios, *Procedure Law in International Arbitration*, Oxford University Press, 2003, p. 118.

② 朱克鹏：《国际商事仲裁的法律适用》，法律出版社1999年版，第103页。

③ 有关强制性规则与公共秩序的区别详见肖永平《肖永平论冲突法》，武汉大学出版社2002年版，第230页。此处不再赘述。

④ 根据《纽约公约》相关条款规定，一国在满足以下条件情况下得拒绝承认与执行外国仲裁裁决：仲裁协议无效；未给予适当的通知或未能提供申辩；仲裁庭超越权限；仲裁庭的组成和仲裁程序不当；裁决不具约束力或已撤销，停止执行；承认与执行裁决违背本国公共秩序。

⑤ 朱克鹏：《国际商事仲裁的法律适用》，法律出版社1999年版，第96页。

裁程序法所属国有权撤销裁决效力角度而言，仲裁程序法的效力也应获得尊重。但若仲裁地国强制性规则与当事人所选择仲裁程序法并不一致，且两者强制性规则产生冲突，仲裁庭究竟应以哪国强制性规则为准呢？实际上，细分起来，强制性规则可分两类：一类具体意义上的强制性规则，它的规定通常比较明确，可以作为仲裁程序规则的一部分加以适用，因此通常直接适用于仲裁程序，如某些阿拉伯国家在仲裁法中规定当事人在仲裁中必须履行某些宗教仪式等，即属于此类强制性规则；另一类是抽象意义上的强制性规则，它虽也适用于仲裁程序，但因其抽象性，并不能具体规定仲裁程序的内容，当事人的程序自治只要不违反其要求即可，例如仲裁员独立、当事人平等以及仲裁庭公平等都属于此类强制性规则。对于抽象意义上的强制性规则而言，由于其一般规定正当进行仲裁程序所应遵循的基本义务，所以各国间一般不会产生冲突；而对于具体意义上的强制性规则，由于两者都争相适用于仲裁程序，如果两者在同一问题上规定不同，势必产生实际冲突。在此种情形下，权威学者认为仲裁地的强制性规则强制适用，① 因此当事人所选仲裁程序法难以发挥真正意义上支配仲裁的效力，当事人所选仲裁程序法最终受制于仲裁地国强制性规则的规定。实际上，当事人选择仲裁程序法也好，不选择仲裁程序法也好，都是在仲裁地强制规则的控制下自由地塑造仲裁程序，如果选择仲裁地以外的仲裁程序法，还需额外受该仲裁程序法中强制性规则的制约，等于增加一道无形枷锁的束缚，这或许也是当事人在实践中基本上不选择适用仲裁地以外仲裁程序法的重要原因。

虽然仲裁法中的强制性规则具有一些共同的特征，如当事人必须遵守、不得损抑等，但在具体仲裁实践中识别某一规则究竟是不是强制性规则有时却并不是一件容易的事。有关强制性规则的立法一般采取两种方式：一如英国《1996年仲裁法》的规定那样，将所有的强制性规则明确标明，列入附录，当事人不得协议变更。具体来说，英国《1996年仲裁法》把第12条（中止诉讼）、第13条（时效法的适用）、第24条（法院撤换仲裁员的权力）、第26条第1款（仲裁员死亡的后果）、第28条（当事人对仲裁员报酬和开支的责任）、第29条（仲裁员免责）、第31条（对仲裁庭实体管辖权的异议）、第32条（管辖权初步事项的决定）、第33条（仲裁庭的一般义务）、第37条第2款（视作仲裁员开支的项目）、第40条（当事人的一

① ［英］艾伦·雷德芬、马丁·亨特等：《国际商事仲裁法律与实践》，林一飞、宋连斌译，北京大学出版社2005年版，第88页。

般义务)、第 43 条 (保证证人出席)、第 56 条 (仲裁庭在当事人未付费时扣留裁决书之权力)、第 60 条 (任何情形下均支付仲裁费用的协议)、第 66 条 (裁决的强制执行)、第 67—68 条 (裁决异议;实体管辖权和严重不当行为) 及第 70—71 条 (补充规定;法院裁定的效力) 就有关条款部分、第 72 条 (保留未参与仲裁程序之当事人的权利)、第 73 条 (异议权之丧失)、第 74 条 (仲裁机构的免责) 以及第 75 条 (保证支付律师费用的责任) 等条款列为强制性规则范围。从中可以看出,在《1996 年仲裁法》中,将有关具体程序性规定列入强制性规则是不多见的。问题在于,所有在此项强制性清单之外的规定,都属于非强制性规定吗? 从《1996 年仲裁法》第 4 条第 2 款看,答案是肯定的,该款规定: "本编其他规定允许当事人约定适用,如没有约定则适用本编规定。"另一种立法方式是不统一规定哪些条款是强制性规则,哪些不是强制性规则,而要分析具体条文,考察其中有无当事人约定的余地。例如,1998 年《德国民事诉讼法》第 1042 条第 1 款、第 2 款分别规定:"各方当事人应平等对待、并应给予每一方充分陈述案件的机会";"律师不得被排斥充任授权代理人",这其中完全禁止当事人的意思自治,如果当事人意思自治违反该规定的任何一项,当事人即可提起撤销裁决之诉,所以这些条款属于强制性条款当无疑义;① 而该法第 1035 条规定:"当事人可以自由就委任仲裁员的程序达成一致";"除非当事人另有约定,在另一方当事人收到委任仲裁员通知后,一方当事人应即受该委任约束",这些条款就为当事人约定留下很大空间,应属于非强制性规则。总的来说,各国仲裁法中有关具体仲裁程序的规则罕见有强制性规则,② 但仲裁正当程序条款以及涉及法院对仲裁进行司法监督和支持的条款一般是强制性规则。实践中,有的仲裁事项在相关仲裁法中并未规定,仲裁法对此事项也就谈不上有什么强制性规定,当事人也就当然有意思自治的权利。如在一个仲裁地在瑞典,当事人约定的仲裁规则为联合国贸发会仲裁规则的仲裁案中,申请人为亚洲某国人,被申请人为加拿大人,某瑞典仲裁员作为独任仲裁员。在仲裁程序中,当事人申请公开有关文件,独任仲裁员否决了当事人的申请。

---

① 类似的强制性条款在许多国家的仲裁立法中均有表现。例如,1999 年《瑞典仲裁法》第 6 条规定:与消费者达成的涉及私人使用的货物或服务的仲裁协议,如果其在争议产生之前达成,则为无效。该法第 37 条还规定:仲裁庭必须在其裁决中写明每一位仲裁员的报酬支付所作的决定。第 41 条规定:仲裁庭必须告知当事人对其决定向地区法院提起上诉可以采取的步骤,等等。

② See Marc Blessing, *Mandatory Rules Versus Party Autonomy in International Arbitration*, Journal of International Arbitration, 1997 (4) 7, p. 31.

他认为：在本案中，瑞典仲裁法作为支配仲裁的法庭法，并没有公开仲裁文件的规定，因此当事人的申请不能满足。显然的是，该独任仲裁员的推理有不当之处，只有在瑞典法律将公开仲裁文件作为"程序不当"，违反该项规定可能导致裁决无效或被撤销的情形下，才有权否决当事人的申请。但瑞典仲裁法只是没有从肯定意义上规定仲裁员有此项公开的权利，而并未从否定意义上禁止仲裁庭为此行为，所以当事人对该程序事项达成的合意应受仲裁员尊重。[①]

为尽量作出有效裁决，当事人的程序自治尊重强制性规则的效力是非常必要的，这也正体现出强制性规则对当事人仲裁程序自治的制约。但在极端情况下，当事人的意思与强制性规则明显相违背，仲裁员或仲裁庭究竟应以当事人的意思为准还是以强制性规则的要求为指针呢？关于这个问题，理论上存在两种对立的观点：一种观点认为，仲裁协议，也即当事人的意思是仲裁庭仲裁管辖权及其他一切相关权力的来源，因此，即使当事人的意思与仲裁规则明显相悖，仲裁庭也应尊重当事人的意思；[②] 另一种观点则认为，虽然仲裁管辖权来源于当事人之间的仲裁协议，但仲裁庭一获任命，有权排除任何外在压力（包括当事人的压力）作出独立裁决，因此仲裁庭为保证裁决的有效性，应尊重强制性规则，而且更重要的是，当事人仲裁的目的便在于获得有效裁决，仲裁庭尊重强制性规则的目的最终还在于满足当事人的意思。[③] 可以认为，仲裁庭之所以尊重仲裁程序法中的强制性规则，其根本目的在于获得有效的仲裁裁决，使裁决尽量在更多的国家得以承认与执行。倘若当事人对仲裁裁决的效力并不在意，或者说当事人自身可以保障裁决的执行，那么当事人不管作出什么意思表示也不足为奇，仲裁庭也必须尊重当事人意思，毕竟仲裁庭是当事人设立的仲裁庭，而非国家公共权力设置的仲裁庭。一言以蔽之，仲裁程序的塑造必须以当事人的意思为根本指针。

---

① See Georgios Petrochios, *Procedure Law in International Arbitration*, Oxford University Press, 2003, p. 118.

② See Marc Blessing, *Mandatory Rules Versus Party Autonomy in International Arbitration*, Journal of International Arbitration, 1997 (4), p. 36.

③ Ibid., p. 37.

第七章　晚近国际商事仲裁裁决撤销制度的新发展

仲裁"非本地化理论"的实质在于仲裁不受任何国内仲裁程序法的约束，仲裁裁决要么由国际法赋予法律效力，要么由抽象的意思自治赋予法律效力，因此除仲裁执行国外，也没有任何国内法院有权对仲裁裁决进行司法审查。由此可以推论，仲裁裁决的撤销制度作为国内法院监督仲裁的主要形式，也就没有存在的法律基础，仲裁裁决即使被撤销，也不影响在其他国家的承认与执行。所以，从已撤销仲裁裁决的承认与执行问题及仲裁裁决撤销制度的存废问题两个视角可以更好地观察仲裁非本地化理论得失，因而国际商事仲裁裁决撤销制度的效力与国际商事仲裁的程序法适用具有密切关系。

第一节　已撤销国际商事仲裁裁决的承认与执行问题

国际商事仲裁裁决的撤销以及承认与执行制度是仲裁地国①和承认与执行地国（以下简称执行地国）对仲裁裁决的双重监督，也是国家权力介入仲裁这种民间性争议解决机制的主要途径，因而通常被人们视为判定该国仲裁法制完善程度的标尺。在传统学者看来，作为法院对仲裁裁决实施司法监督的两种方式，仲裁裁决的撤销和承认与执行的效力是不同的：撤销仲裁裁决具有普遍性效力，已撤销的仲裁裁决从根本上丧失效力，其他国家亦不能承认与执行该裁决；而承认和执行仲裁裁决制度只具有域内效力，不影响其

---

① 对于由哪个国家行使撤销国际商事仲裁裁决的权力，国际立法曾存在争议：有的立法主张，仲裁适用哪个国家的仲裁程序法，则该国享有撤销仲裁裁决的权力，如果仲裁适用的是非仲裁地的仲裁程序法，仲裁地法院亦无权撤销该仲裁裁决；更多国家则认为仲裁地对本地仲裁的控制是毋庸置疑的，不论支配仲裁的是何种法律体系，仲裁地都有权撤销仲裁裁决。实际上，当事人选择了仲裁地一般就意味着选择了该国法律适用于仲裁程序，国际商事仲裁适用非仲裁地法作为仲裁程序准据法的情形是非常罕见的，为行文方便，除特别指明外，本书将撤销国际商事仲裁裁决的权力视为由仲裁地法院行使。

他国家对该仲裁裁决的态度。① 然而，传统观点受到晚近仲裁实践的挑战，以法国为代表的少数国家在一些判例中执行了被仲裁地国撤销的仲裁裁决，② 从而引起轩然大波。实践引领理论发展，学者们对仲裁司法实践中的这一新情况进行了激烈的争论：赞成、鼓吹者认为这种新变化体现国际商事仲裁进一步摆脱仲裁地法律束缚的趋势，将促使仲裁向更自由、更国际化的方向发展；批评者则认为，除了某些显著的例外，世界各地的法院仍然更倾向于拒绝执行被撤销的裁决，③ 法国的做法改变原有国际商事仲裁裁决双重监督的架构，无异于"拒绝司法"。④

与国际上如火如荼地论争相对照，我国国际私法学界对此问题的讨论却远未热烈，除少数学者在探讨仲裁"非本地化"理论时偶有涉及外，鲜有人进行专门研究，⑤ 以至于有学者大声疾呼，"是否承认与执行一项已被仲裁地国法院撤销了的仲裁裁决，……值得各国理论界与实务界给予关注和研究"。⑥ 然而，国内研究虽不甚多，但也明显形成两大阵营：有的学者对承认与执行已被撤销的仲裁裁决基本持赞成态度，认为仲裁地国对仲裁裁决的撤销，仅在某些条件下受执行国尊重，执行国原则上不认同仲裁地国撤销仲裁裁决的效力，只有仲裁地国撤销仲裁裁决符合执行国撤销仲裁的条件时，仲裁裁决的撤销为执行国所认同。⑦ 这种观点实质上以仲裁执行国的法律作为监督仲裁裁决的最终依据，仲裁地国对仲裁裁决的撤销基本不对执行国法院产生影响，执行已撤销的仲裁裁决并无不当。另一些学者则认为：在撤销裁决的理由不符合一般国际惯例的情况下，该执行国法院可以考虑根据本国

---

① 参见赵秀文《国际商事仲裁及其适用法律研究》，北京大学出版社 2002 年版，第 250 页。

② 目前至少已有法国、美国、奥地利以及比利时四国法院已表示准备承认和执行此种仲裁裁决，即使其已被仲裁地的法院撤销。参见 [英] 艾伦·雷德芬、马丁·亨特等《国际商事仲裁法律与实践》（第 4 版），林一飞、宋连斌译，北京大学出版社 2005 年版，第 486 页。

③ [英] 艾伦·雷德芬、马丁·亨特等：《国际商事仲裁法律与实践》（第 4 版），林一飞、宋连斌译，北京大学出版社 2005 年版，第 487 页。

④ See Albert Van den Berg, the New York Convention of 1958, Kluwer Law International Publishers, 1981, p. 31.

⑤ 以作者目前所搜集的资料来看，目前国内发表的论文中主要有张潇剑《被撤销之国际商事仲裁裁决之承认与执行》，载《中外法学》2006 年第 3 期；赵秀文：《从克罗马罗依案看国际仲裁裁决的撤销与执行》，载《法商研究》2002 年第 5 期。

⑥ 张潇剑：《被撤销之国际商事仲裁裁决之承认与执行》，载《中外法学》2006 年第 3 期，第 374 页。

⑦ 同上。

法承认该被裁决地撤销了的仲裁裁决的效力，并予以执行。① 该观点原则上主张执行国应尊重仲裁地国对仲裁裁决的撤销，仅在撤销裁决的理由不合一般国际惯例的例外情形下，执行国才有权承认与执行已被撤销的仲裁裁决。后者看法基本上可以被赞同，但有所差别的是，除极少数例外情形，已被撤销的国际商事仲裁裁决原则上不能被承认与执行，被撤销的仲裁裁决之所以在极特殊情况下仍有效力，是因为仲裁地国并未有效撤销仲裁裁决，仲裁裁决也未从根本上丧失效力。

一、《纽约公约》第 5 条第 1 款约文的解释

《纽约公约》是目前在国际商事仲裁领域影响最为广泛的国际公约。对于已撤销的仲裁裁决能否承认与执行，因公约并未明确规定，不同学者对公约条文的理解也差距甚大，从而引发激烈争论。争论的焦点主要集中在公约第 5 条第 1 款第 5 项中的"may"究竟是授权性语言还是强制性语言。② 持"授权论"的学者认为，《纽约公约》规定执行法院"可以"（may）拒绝承认与执行，而非"必须"（shall）拒绝承认与执行已撤销的仲裁裁决，③ 所以该款应是授权性条款，而非强制性条款。④ 持"强制论"的学者则认为，公约约文使用"may"，乃是"shall"之误，结合条约的上下文，"may"同样具有强制性含义，⑤ 因此，公约第 5 条第 1 款所确立的基本原则是，各缔约国应当拒绝承认与执行被裁决地法院撤销的仲裁裁决。⑥ 以上两种观点各有千秋，但究竟哪种解释符合《纽约公约》本意，有学者借助《维也纳条

---

① 赵秀文：《国际商事仲裁及其适用法律研究》，北京大学出版社 2002 年版，第 248 页。

② 该项原文为"Article V 1. Recognition and enforcement of the award may be refused at the request of the party against whom it is invoked, only if that party furnished to the competent authority where the recognition and enforcement is sought, proof that（a）…（e）The award…has been set aside or suspended by a competent authority of the country in which, or under the law of which, that award was made." 对应的中文翻译为："第五条一、被请求承认和执行的管辖当局，只有在作为裁决执行对象的当事人提出有关下列情况的证明的时候，才得根据该当事人的要求，拒绝承认和执行该裁决：（1）……（5）该裁决已被仲裁地国或仲裁所依据法律国的管辖当局撤销"。

③ ［英］艾伦·雷德芬、马丁·亨特等：《国际商事仲裁法律与实践》（第 4 版），林一飞、宋连斌译，北京大学出版社 2005 年版，第 487 页。

④ 张潇剑：《被撤销之国际商事仲裁裁决之承认与执行》，载《中外法学》2006 年第 3 期，第 362 页。

⑤ See Georgios Petrochios, Procedure Law in International Arbitration, Oxford University Press, 2003, p. 301.

⑥ 赵秀文：《国际商事仲裁及其适用法律研究》，北京大学出版社 2002 年版，第 239 页。

约法公约》的条约解释规则对相关条文进行剖析。[①]

（一）文义解释

《维也纳条约法公约》第 31 条规定了条约解释的一般通则，即"条约应依其用语按其上下文并参照条约之目的及宗旨所具有之通常意义，善意解释之"。相应的，公约第 5 条第 1 款文义的解释应从三方面着手：

1. 用语解释。条约第 5 条第 1 款的基本句式结构为："Recognition and enforcement of the award may be refused … only …" 表面看来，句中 "may" 在英文中表示 "可能"、"可以" 之意，是表达 "选择性"、"建议性" 的情态动词，不具有强制性含义。但值得注意的是，"may" 在约文中并非单独使用，而与 "only" 连用，后者在英文中具有强烈的强调意味。对此，有学者认为，尽管条约约文使用了 "may" 一词，但它并不是句子关注的重点，"only" 才是句子的中心，它通常用在句中表达 "强制"、"必须" 的语气。也就是说，通过规定 "只可以" 不予执行，可以推断出公约第 5 条的规定是强制性的，法院在遇到这些拒绝执行的理由时必须拒绝执行。[②] 另外，公约第 5 条规定不予执行的理由都涉及最基本的程序正义，当事人显然不愿意看到不公平的裁决得到承认和执行。因此，"may" 与 "only" 在此并用，至少不能清楚地表达出 "可能" 的含义。

2. 上下文解释。《纽约公约》第 7 条第 1 款规定："本公约的规定不影响缔约国参加的有关承认和执行仲裁裁决的多边或双边协定的效力，也不得剥夺有关当事人在请求承认或执行某一裁决的国家的法律或条约所许可的方式或范围内，可能具有的援用该仲裁裁决的任何权利。" 通过这种方式，《纽约公约》明确承认，在任何特定的国家，其当地法律，无论是条约还是其他，可以对仲裁裁决的承认与执行作出比公约更为优惠的规定，内国法院依此更优惠的条件执行外国判决并不违反《纽约公约》，这就是公约所谓的 "授权条款"，也称 "更优惠条款"。从该款表达含义可以看出，如果 "may" 是授权性语言，那么第 7 条第 1 款就完全多余。[③] 因为按授权性解释，公约第 5 条已赋予内国法院在任何情形下都可执行外国仲裁裁决的权

---

① 资料来源于 Georgios Petrochios, Procedure Law in International Arbitration, Oxford University Press, 2003, pp. 301–317.

② See Georgios Petrochios, Procedure Law in International Arbitration, Oxford University Press, 2003, p. 301.

③ ［英］艾伦·雷德芬、马丁·亨特等：《国际商事仲裁法律与实践》（第 4 版），林一飞、宋连斌译，北京大学出版社 2005 年版，第 487 页。

力，这已是最宽松、最优惠的承认与执行条件，公约第 7 条第 1 款作为"更优惠条款"对比第 5 条，如何做到更优惠呢？如果不能提供更优惠的执行外国仲裁裁决的条件，该款就没有存在的意义。但有人认为：即使公约第 5 条第 1 款是强制性条款，根据第 7 条第 1 款之规定，如果内国法规定更优惠的执行外国仲裁裁决的条件，那么内国法院仍能在《纽约公约》框架下执行已撤销的外国仲裁裁决。① 但这种貌似有理的论点却忽视了该款适用的前提条件，即内国法院执行的裁决，必须是根据某一特定外国法有效的裁决，如该仲裁裁决被仲裁地国法院撤销，作为承认与执行对象的外国裁决在裁决地国就不存在了。"皮之不存，毛将焉附"，"更优惠条款"的适用也成为无源之水、无本之木。

3. 目的解释。《纽约公约》的主要目的和宗旨在于保证世界各重要贸易国家承认和执行裁决的高度统一性。② 如果认同"授权论"的观点，执行被撤销的裁决可能导致不同的法院对相同事项和相同当事人之间的裁决作出相互抵触的裁判。也就是说，面对相同的裁决，有的法院可能因其为无效裁决而拒绝执行，而有的法院则仍可予以执行，这将极大地违反《纽约公约》所试图建立的统一性，也势必造成当事人对已撤销裁决的"执行挑选"，既增加当事人的讼累，又使当事人对撤销裁决的后果难以预测。③ 这无疑与公约的宗旨和目的相违背。

（二）辅助资料解释

如果说公约约文的文义解释带有较强主观性，容易引起争议，那么通过对公约有关辅助材料的考察也许可以更好的说明约文含义。正如《维也纳条约法公约》第 32 条所规定，"为证实由适用第 31 条所得意义起见，……或意义仍属不明者，……得使用解释之补充资料，包括条约之准备工作及缔约之情况在内"。事实上，《纽约公约》第 5 条的立法可谓一波三折。最初，国际商会（ICC）提供的公约草案文本在拒绝承认与执行仲裁裁决的条款中（第 4 条）使用了"shall"一词，④ 后来，联合国经社理事会在草案的第二

---

① 939 F. Supp. 907（DDC 1996）.

② ［英］艾伦·雷德芬、马丁·亨特等：《国际商事仲裁法律与实践》（第 4 版），林一飞、宋连斌译，北京大学出版社 2005 年版，第 470 页。

③ 赵健：《国际商事仲裁的司法监督》，法律出版社 2000 年版，第 255 页。

④ See ICC, Enforcement of International Arbitral Awards（Publication NO 174, 1953）: Preliminary Draft Convention, Article IV.

稿中将第 4 条中的"shall"替换为"may"。① 对此，联邦德国代表进一步建议恢复原有"shall"的用词，② 最后由荷、法、德三国代表联合组成的工作组又对公约进行屡次修改，终于形成目前《纽约公约》的第 5 条。③ 对于"may"一词最终为何没有恢复"shall"的面貌，"曾经参加《纽约公约》起草的著名的荷兰国际仲裁专家桑德斯教授在其新著的《仲裁实践六十年》中，回忆起当时参加起草公约的情形时指出，公约最终采用的案文是由荷兰代表团提出的，立法者在公约案文第五条第 1 款所使用的'may'，事实上是指'shall'，对于执行地国法院可以拒绝执行外国仲裁裁决的理由中，并没有给当地法院的法官留下任何自由裁量权。这一点可以从公约的法文文本得到证实，法文文本中所使用的文字为'必须'（seront refusées），只是由于当时在校对英文的最后文本时的疏忽，没有进行再三推敲，才造成今天人们对'may'和'shall'之间的争议"。④ 事实上，早在《纽约公约》签署后不久的 1959 年，这位公约的主要起草者似乎就已预见到未来可能产生的争议，他写道，"仲裁裁决一旦被其本国撤销，执行地法院将拒绝执行，因为所谓的这一仲裁裁决已经不存在了，执行一项不存在的裁决不仅是不可能的，甚至违背了裁决执行地国的公共政策"。⑤ 桑德斯教授的上述回忆和论断虽然不是对公约的有权解释，但对我们正确理解公约约文含义具有指导意义。⑥

（三）两种以上语文认证的解释

公约法文文本相应约文为"La reconnaissance et l'exécutio … ne seront refusées…que si…"，译成中文意思大致为"仲裁裁决仅在以下条件下被拒绝承认与执行"，其中"seront refusées"带有"必须拒绝"或"应拒绝"的含义，这与英文文本表述的"选择性"含义有较大差别。《纽约公约》一共有中、英、法、俄以及西班牙五种语言文本作为作准文本，但中、俄以及西班牙三种语言的表述用英语解释，均有"can be"或"may be"的意思，⑦

① See Draft Convention, UN Doc E/2704 (1955), Article IV.

② See UN Doc E/CONF. 26/L. 34 (28 May 1958).

③ See UN Doc E/CONF. 26/L. 40 (2 June 1958).

④ 转引自赵秀文《国际商事仲裁及其适用法律研究》，北京大学出版社 2002 年版，第 244 页。

⑤ Quote from van den Berg, International Arbitration in 21st Century, Netherland International Law Review Vol. 133, 1992, p. 161.

⑥ 赵秀文：《国际商事仲裁及其适用法律研究》，北京大学出版社 2002 年版，第 255 页。

⑦ 其中中文本相应用字为"得"。

用以解释约文的"授权性"和"强制性"似乎都能说通，所以，这三种文本无法作为支持英、法两文本任何一方的佐证。在此情况下，根据《维也纳条约法公约》第 33 条规定： "条约约文经以两种以上文字认证作准者，……倘比较作准约文后发现意义有差别时，应采用顾及条约目的及宗旨之最能调和各约文意义之解释。"前文已述，公约的宗旨在于"保证世界各重要贸易国家承认和执行裁决的高度统一性"，而英文本的"选择性"解释只能导致各国在执行外国仲裁裁决问题上的分裂，因此公约英文本难以体现公约的宗旨。如果以法文文本作为作准文本，则强调已撤销外国仲裁裁决的不可执行性，不仅与世界绝大多数国家的司法实践相一致，也与公约统一仲裁裁决执行条件的理念相符合。

还有学者试图援引权威著作中的论述、例句以介绍 may 在英美法律文件、在庄严语境中的含义，它被视为在此类语境中失掉了"可能"、"或许"的词汇意义，是 shall 与 must 的同义词或近义词。①

所以，片面从《纽约公约》英文文本的个别字句出发，不考虑公约的目的与宗旨、有关的背景资料，以及公约其他作准文本的解释，得出《纽约公约》授权执行国"可以"执行已撤销外国仲裁裁决的结论，违反国际条约法的有关条约解释规则，难以作为执行国执行已撤销之外国仲裁裁决的法律依据。

二、执行已撤销国际商事仲裁裁决的实践考察

虽然理论上还存在种种争论，但以法国为代表的少数国家在实践中执行被撤销的裁决已是不争的事实。然而，这些司法实践究竟是一些不成气候的"个案"，还是代表国际商事仲裁发展的趋势，尚需对目前国际上有关的司法实践进行考察。

（一）法国执行已撤销国际商事仲裁裁决的司法实践饱受批评

法国是执行已撤销国际商事仲裁裁决的先行者，也是真正在立法和司法实践中全面贯彻这一仲裁理念的国家。其现行《民事诉讼法》第 1502 条规定："法国法院仅因以下原因方能拒绝承认与执行一项外国仲裁裁决：仲裁员作出裁决时没有仲裁协议或虽有仲裁协议但该仲裁协议无效或失效；仲裁庭的组成或独任仲裁员的指定不合规定；仲裁员所作裁决超越权限；仲裁员未遵守正当程序；承认与执行仲裁裁决违反国际公共政策。"所以，法国法

---

① 黄雁明：《〈纽约公约〉第 5 条第 1 款中的"may"》，载《北京仲裁》第 64 辑。

与《纽约公约》第 5 条第 1 款的规定有明显差异，法国法在面对一项承认与执行外国仲裁裁决的请求时，并不理会仲裁地国对仲裁裁决效力的界定。基于此项规定，法国法院在执行已被他国撤销的仲裁裁决时，屡有惊人之举，目前已在 Polish Ocean Line,① Unichpsv . v . Gesnouin,② 以及 Hilmarton 案等几个案件中执行了已撤销的仲裁裁决，其中以希尔马顿公司（Hilmarton）诉 O. T. V. 工程公司（Hilmarton Ltd. v. O. T. V.）案③最为人们所耳熟能详。

在该案中，希尔马顿公司主动将他们的咨询合同争议提交国际商会仲裁院依其仲裁规则解决，但仲裁庭随即裁决希尔马顿公司败诉。希尔马顿对此不服，随后向日内瓦上诉法院申请撤销裁决，经过日内瓦上诉法院与瑞士最高法院两审裁判，仲裁裁决最终得以撤销。然而，尽管已被撤销，O. T. V. 公司仍向法国法院申请承认与执行该仲裁裁决：巴黎初审法院首先作出执行判决；然后希尔马顿上诉至巴黎上诉法院，上诉法院维持了判决；最后经法国最高法院终审，执行裁决的原判得到维持。在法国法院看来，瑞士仲裁庭对该案作出的裁决是国际裁决，它并未融入裁决地国的法律秩序。④ 因此，尽管裁决被裁决地法院撤销，其效力仍然存在。但令人啼笑皆非的是，本案裁决经瑞士法院撤销后，依瑞士法进行了重新仲裁，裁决结果是希尔马顿公司胜诉，法国法院又不得不执行了希尔马顿公司胜诉的裁决结果。这样，针对同一案件，完全矛盾的两个裁决在法国都得到了执行。

对法国的这种实践，权威学者范·登·伯格（Van den Berg）教授不无辛辣地讽刺道："假如一项裁决在仲裁地国被撤销，当事人仍然可以到法国碰碰运气。"⑤ 因为法国法院认为，国际商事仲裁裁决因为其国际性，虽不能融入国内法律秩序，却可融入执行国的法律秩序。⑥ 依此逻辑，适用法国法并以法国为仲裁地的"国际"商事仲裁裁决，⑦ 也同样不属于法国法律秩序的范畴。然而令人不解的是，虽然法国不认可仲裁地国司法撤销的效力，

---

① Cass Civ lre, 10 March 1993, (1993) 120 JDI 360.

② Paris, 12 February 1993, [1993] Rev Arb 255.

③ Hilmarton Ltd. v. O. T. V. , 1997 , Fouchard, Rev Arb, pp. 338 – 340.

④ 赵秀文:《国际商事仲裁及其适用法律研究》，北京大学出版社 2002 年版，第 217 页。

⑤ Quote from Christopher R. Drahozal, Enforcing Vacated International Arbitration Awards: An Economic Approach, American Review of International Arbitration, Vol. 34, 2000, p. 462.

⑥ 2 See Georgios Petrochios, Procedure Law in International Arbitration, Oxford University Press, 2003 , p. 315.

⑦ 法国《民事诉讼法》第 1494 条规定了一项仲裁裁决为"国际仲裁"的标准。

但法国法并未取消裁决撤销制度，法国《民事诉讼法》第 1504 条与第 1506 条不厌其烦地对仲裁裁决撤销制度作了详细规定。法国如此规定本身就是希望别国在承认和执行裁决时，需要考虑法国法院对仲裁裁决的司法审查。① 所以说，法国在撤销仲裁裁决的立法与司法实践上是矛盾的，它使仲裁裁决具有相当的不稳定性，因为在裁决被撤销后，当事人仍到其他国家申请承认与执行，直到成功为止，从而使裁决在仲裁地国的司法审查变得毫无意义。也正因如此，仲裁裁决一旦被撤销，仲裁地国如果指令重新仲裁，并得到与原有裁决相反结果，则相互矛盾的仲裁裁决在相同国家可以并行承认与执行，这种结果无疑是荒唐的，也违反了公平、正义的司法理念。

（二）美国执行已撤销裁决的司法实践仅是个案行为

美国仅在 1998 年的克罗马罗依公司案中曾有执行已撤销仲裁裁决的记录，在其后的司法实践中克罗马罗依的先例并未得到遵循，反映出美国对已撤销的仲裁裁决没有实施与法国同样的司法政策。

克罗马罗依公司案（Chromalloy Aeroservices v. Egypt）② 在国际上所引起的反响不亚于法国希尔马顿案。在该案中，仲裁地为开罗的仲裁庭裁决埃及政府违反了与美国克罗马罗依公司签订的军用直升机维修合同，应向克罗马罗依公司支付赔偿金。当事人之间的仲裁协议还约定，任何一方不得对仲裁裁决提起上诉。裁决作出后，克罗马罗依公司向美国法院申请执行仲裁裁决；而埃及政府向埃及法院申请撤销裁决，并得到埃及法院支持。美国法院认为，根据《纽约公约》第 5 条的规定，公约条文中使用了"may"一词，而"may"是授权性语言，因此法院有权自由裁量是否承认与执行裁决。由于埃及法院以法律适用错误为由撤销仲裁裁决，这在美国联邦仲裁法中并不构成撤销的理由，同时，当事人在仲裁协议中明确约定裁决不得上诉。因此，美国哥伦比亚地区法院执行了该裁决。对于该案，批评者认为：执行被撤销的裁决可能导致对相同的事项和相同当事人之间的裁决作出的相互抵触的判决同时存在，进而违反了国际仲裁程序所试图建立的统一性，其所产生的负面影响是人们对美国执行外国仲裁裁决的政策日趋怀疑，给一些国家造成这样的印象：美国法院对外国仲裁裁决实行不稳定的"挑拣政策"（pick

---

① 有人批评这反映出法国的一种"法律帝国主义"的心态。See，eg, Besson&Pittet, Bull ASA（1998）16，p. 510.

② 939 F. Supp. 907（DDC 1996）.

and choose policy)，这可能使他们成为替罪羊。①

　　或许是受这些批评所影响，美国法院在接下来的判例中基本背离了克罗马罗依案的做法。在贝克公司案（Baker Marine（Nig.）Ltd. v. Chevron（Nig.）Ltd）②中，贝克公司因对方当事人违反合同，将争议提交仲裁地在尼日利亚的仲裁庭解决。仲裁庭裁决贝克公司胜诉。于是败诉方向尼日利亚法院申请撤销仲裁裁决，并得到法院支持。贝克公司转而到美国申请执行仲裁裁决。但美国第二巡回法院并未认同贝克公司提出的《纽约公约》第5条第1款第5项中使用的"may"是"授权性"，而非"强制性"语言，而是简单陈述道："贝克公司没有充分理由拒绝承认尼日利亚撤销裁决的效力。"在法院对贝克案作出上述判决的两个月后，美国法院在斯皮尔案（Spier v. Calzaturificio Tecnica）③中，遵循了贝克案的逻辑，拒绝承认与执行了被意大利法院撤销的仲裁裁决。

　　而据西班牙旅美国际商事仲裁法专家马丁内兹-弗拉加的研究，美国对此问题最为晚近的理论发展体现于2007年由华盛顿地区巡回法院的特莫里奥公司诉爱特兰提科电气化公司案（TermRio S. A. v. Eletrana S. P.，简称特莫里奥公司案④）中。⑤在该案中，上诉方特莫里奥公司与 Eletrana 公司（一家国有电力公司）订立了一项电力买卖合同，后者为买方。由于买方违反合同义务引起争议，申请人特莫里奥公司根据电力买卖合同中的仲裁条款提起仲裁。仲裁庭裁决申请人胜诉，要求被申请人赔偿超过6000万英镑的损失。⑥对此，Eletrana 公司则向一家哥伦比亚法院申请域外命令以撤销仲裁裁决。哥伦比亚的最高行政法院于是"基于当事人合同中的仲裁条款违反了哥伦比亚法"为由，撤销了仲裁裁决。⑦特莫里奥公司于是向联邦地方法院起诉 Eletrana 公司与哥伦比亚政府要求执行仲裁裁决。联邦地方法院出于几个考虑驳回了申请人的执行申请，其中最为关键的因素在于没有任何证据证明哥伦比亚最高法院审判该案的程序不当以及判决失真，联邦地方法院

---

①　转引自赵秀文《国际商事仲裁及其适用法律研究》，北京大学出版社2002年版，第243页。

②　191 F. 3d 194（2d cir. 1999）.

③　71 F. supp. 2d 279（S. D. N. Y. 1999）.

④　TermRio S. A. v. Eletrana S. P 487 F. 3rd 928（C. A. D. C. 2007）.

⑤　帕德罗·马丁内兹－弗拉加：《国际商事仲裁——美国学说发展与证据开示》，蒋小红、谢新胜等译，中国社会科学出版社2009年版，第137—149页。

⑥　TermRio S. A. v. Eletrana S. P 487 F. 3rd 928（C. A. D. C. 2007）.

⑦　Ibid.

有义务尊重该判决。① 巡回法院维持了联邦地方法院的判决："由于被裁决国依法撤销，上诉人在美国根据联邦仲裁法或《纽约公约》没有理由执行该裁决。"②

　　弗拉加教授认为，美国法院之所以如此判决的首要原因则在于对支持仲裁这种方兴未艾的替代性争议解决机制政策的重新审视。对于此点的考虑，法院的重点不得不在于使得裁决具有全球执行力，从而使其在国际私法领域与经济全球化中具有私人争议解决的终局效力。其次，法院认识到："《纽约公约》的目的在于鼓励国际合同中的仲裁协议的相互承认与执行，并统一缔约国间执行仲裁裁决的标准。"而且，法院进一步注意到："《纽约公约》促进国际商事仲裁效力的发挥取决于各国法院在正常状况下审判均以此想法指导审判的意愿。"③ 另外，上诉法院还认为："在实际当中，如果将国内仲裁裁决的做法机械应用于公约项下的外国仲裁裁决的话，将严重影响裁决的终局性，并会导致相互冲突的法院判决。如果在裁决地被撤销后，一方当事人能自动在其他国家根据该国国内法执行该裁决的话，败诉方将非常可能遭遇一个又一个国家的执行诉讼，直到有国家准允这一执行。④ 而且如果法院采纳申请人的观点，则将削弱公约所珍视并且促进的原则："如裁决被裁决国合法撤销的话，一个不存在的裁决将在其他缔约国予以承认与执行。这一原则支配本案的处理。"⑤ 因此，法院觉察到将政策考虑阐述为司法性质的规范所蕴涵的特殊风险，并注意到："法院是否承认与执行一个未被裁决国

---

　　① 该仲裁条款规定："有关当事人执行、解释、履行与解除合同所引起的任何争议均在不超过三周时间内通过协商机制友好解决。如果不能达成协议，任一方当事人均可提交仲裁庭依国际商会调解与仲裁规则予以仲裁解决。"仲裁庭由国际商会指定的3人仲裁员组成，仲裁地为哥伦比亚的巴兰基利亚市。裁决对双方当事人具有拘束力，必须在最长3个月期限内作出。TermRio S. A. v. Eletrana S. P 487 F. 3rd 928（C. A. D. C. 2007）.

　　② TermRio S. A. v. Eletrana S. P 487 F. 3rd 928（C. A. D. C. 2007）. 巡回法院阐述道：他不会去判断不方便法院原则是否可由联邦地方法院适用为驳回认可、承认与执行仲裁裁决的理由。另外，法院也拒绝判断是《美国法典》第302条，还是其他与《纽约公约》相关的条文将公约纳入美国法。法院解释《巴拿马公约》与《纽约公约》在本案所涉事项上实质上相同，因此双方当事人均未质疑法院的分析。法院因此根据《纽约公约》的条文解决了问题。TermRio S. A. v. Eletrana S. P 487 F. 3rd 928（C. A. D. C. 2007）. p. 933.

　　③ TermRio S. A. v. Eletrana S. P 487 F. 3rd 928（C. A. D. C. 2007），pp. 933 – 934（citing Scherk v. Alberto – Culver Co. and Misubishi）.

　　④ TermRio S. A. v. Eletrana S. P 487 F. 3rd 928（C. A. D. C. 2007），p. 936（quoting Albert Jan Van Den Berg, The New Arbitration Convention of 1958：Towards a Uniform Judicial Interpretation 355, 1981）.

　　⑤ TermRio S. A. v. Eletrana S. P 487 F. 3rd 928（C. A. D. C. 2007）.

撤销的仲裁裁决的判决与是否漠视其他执行国的执行判决是颇为不同的。"①

上诉法院确认撤销仲裁裁决效力之判决的另一个理由在于公约的历史，强调当事人可有权在裁决国根据该国法律撤销或修改仲裁裁决。根据法院分析，"公约的语言表述与立法历史清晰地表明了当事人撤销仲裁裁决的动议受裁决国国内法支配"。②

最后一点，上诉法院确定了哥伦比亚法院作为裁决国法院撤销仲裁裁决的权力是适当的，在界定哥伦比亚为"裁决国"具有撤销裁决的管辖权时，法院对六个因素作了考察：

（1）相关事项被视为"一个特定的哥伦比亚事项"，因为其牵涉哥伦比亚主体；

（2）合同为以哥伦比亚为履行地的服务合同；

（3）合同引起仲裁地在哥伦比亚的仲裁；

（4）哥伦比亚仲裁裁决引起在哥伦比亚的诉讼；

（5）当事人协议适用哥伦比亚法律；

（6）哥伦比亚最高法院是适用哥伦比亚法律的最高司法机关。

所以，除非撤销裁决之法院在撤销管辖权上有明显瑕疵，执行国只能在极其特殊、严格受限的情况下认可已被裁决国撤销的仲裁裁决的效力。

美国是判例法国家，法院审判一般遵循先例，但贝克案和特莫里奥公司案并未与克罗马罗依案保持一致，③ 这虽不能说明美国法院完全推翻了克罗马罗依的先例，但至少可以显示美国法院倾向于对克罗依马罗依案的判决的效力作出限制，只是将克罗马罗依案作为一种严格的例外，其中维护美国的利益成为美国法院考虑的重要因素。

（三）其他仲裁大国基本排除已撤销裁决的可执行性

1. 中国。我国有关司法解释与《纽约公约》所规定原则是基本一致。《民事诉讼法》第 269 条规定："国外仲裁机构的裁决，需要中华人民共和国人民法院承认和执行的，应当由当事人直接向被执行人住所地或者其财产所在地的中级人民法院申请，人民法院应当依照中华人民共和国缔结或者参

---

① TermRio S. A. v. Eletrana S. P 487 F. 3rd 928（C. A. D. C. 2007），p. 937；see also Yusuf Ahmed Alghanim & Sons v. Toys R Us, Inc.，126 F. 3d 15，23（2d Cir. 1997）．（该案认为："公约特别强调裁决国或者仲裁据以作出的准据法所属国法院可根据其国内仲裁法或一整套明示或默示的司法救济原因撤销或修改仲裁裁决。"）

② TermRio S. A. v. Eletrana S. P 487 F. 3rd 928（C. A. D. C. 2007），p. 939.

③ 有关这三个案件的详文判决鉴于国内学者颇多误读，故已将其判决书完全译出附后。

加的国际条约，或者按照互惠原则办理。"所以，我国立法对外国仲裁裁决在我国的执行分两种情形：其一是对于《纽约公约》范围内的外国裁决，应按照公约来办理，由于《纽约公约》是目前国际上适用范围最广的有关外国仲裁裁决承认与执行的公约，因此这是我国执行外国仲裁裁决的主要依据；其二是指裁决国并非《纽约公约》缔约国的裁决，对于这种裁决则根据民事诉讼法相关条文要按照互惠原则办理。关于纽约公约范围内的裁决，根据最高人民法院《关于执行我国加入的〈承认及执行外国仲裁裁决公约〉的通知》的规定，如果被执行人有证据证明仲裁裁决具有公约第 5 条第 1 款中的五种情形之一，法院"应当"裁定驳回申请，拒绝承认和执行，所以，如果国际商事仲裁裁决已被裁决地国撤销，我国法院将拒绝承认与执行。2003 年底发布的《最高人民法院关于人民法院处理涉外仲裁及外国仲裁案件的若干规定（征求意见稿）》① 对此作了相同规定，该意见稿第 36 条规定："外国仲裁裁决尚未生效、被撤销或者停止执行的，经一方当事人申请，人民法院应当拒绝承认和执行该仲裁裁决。"

2. 德国。德国《民事诉讼法》第 1061 条规定：外国仲裁裁决的承认与执行的条件应完全与《纽约公约》保持一致，而且即使裁决被德国法院宣告执行后在外国被撤销，当事人仍可向法院提出撤销可执行性宣告的申请。可见，德国法院执行外国仲裁裁决须受制于仲裁地国法院对仲裁裁决的撤销，已撤销的仲裁裁决在德国不能执行。

3. 英国。英国目前还没有承认与执行已撤销国际商事仲裁裁决的案例。一般认为，英国法从不承认仲裁程序可以脱离任何国家的法律制度而独立存在，也就是说，仲裁裁决不可能是浮动裁决。在英国法看来，仲裁程序法一般为仲裁地国的法律。当事人对仲裁地的选择极为重要，它意味着仲裁应当遵守该地的法律进行，而仲裁地的法院也有权对当地进行的仲裁进行司法监督和支持。② 可以说，英国法认为国际商事仲裁完全融入到仲裁地的法律秩序，并受仲裁地法律支配。由此而推论，仲裁地法院对仲裁裁决的控制也是必要的，仲裁地法院撤销仲裁裁决的行为可以得到英国法院的尊重。

（四）小结

从以上几个主要仲裁大国的相关立法及司法实践可以看出，尽管存在诸

---

① 随着最高人民法院于 2006 年发布有关仲裁法的司法解释，该"征求意见稿"始终停留在征求意见的状态上，似乎无疾而终，并未正式颁行，而相关司法解释则删除了该"征求意见稿"对执行外国仲裁裁决的相关规定。

② 赵秀文：《国际商事仲裁及其适用法律研究》，北京大学出版社 2002 年版，第 110 页。

如希尔马顿公司案和克罗马罗依案的判决，执行被仲裁地法院撤销的裁决，仍然并非国际商事仲裁实践的主流。除了饱受批评的法国在立法和司法上全面执行已撤销的裁决，世界各地的法院仍然更倾向于拒绝执行被撤销的裁决。

第二节　国际商事仲裁裁决撤销制度的存废

虽然目前国际商事仲裁的发展有弱化法院司法监督的趋势，以彰显当事人意思自治的价值，但这种弱化绝不是要取消仲裁地国对仲裁裁决的司法监督。事实上，当事人选择仲裁解决争议，不仅因为其方便、快捷，还在于仲裁本身对基本公正价值的保障，这也是《纽约公约》所反复强调的意旨。国际商事仲裁裁决撤销制度不仅是仲裁地国控制和监督仲裁的需要，也是当事人愿意采用仲裁方式解决争议的重要原因，执行国对仲裁裁决的监督并不能取代仲裁地国对仲裁裁决的监督。

一、取消仲裁地国对仲裁裁决司法监督的两种观点

认同执行国有权执行已撤销仲裁裁决的学者，对仲裁裁决的双重司法监督表面上形成两种观点：

（一）取消论

持此论的多数学者一般认为，仲裁裁决的撤销制度方便当事人拖延仲裁执行的时间，损害了仲裁的优越性，并且违背当事人意思自治原则。仲裁地的选择往往具有偶然性，与当事人的实际关系不大，仲裁地法院对仲裁裁决本身并没有多少实际利益。[1] 因而，即使仲裁地法院依照法院地法行使了撤销的权力，撤销了该裁决，执行地法院也可以无视该已被裁决地国撤销的裁决，继续依据其本国法承认与执行该项裁决。由于撤销裁决本身没有任何法律后果，那么裁决的撤销制度也就没有存在的必要。[2]

可见，"取消论"认为，由于仲裁地国撤销仲裁裁决并不妨碍其他国家的承认与执行，因而仲裁裁决的撤销制度在根本上不能产生什么"效果"，

---

[1] 郭玉军：《论国际仲裁中的"非国内化"理论》，载《法制与社会发展》2003 年第 1 期，第 107 页。

[2] See J. Paulson, Arbitration Unbound: Award Detached from the Law of its Country of Origin, International and Comparative Law Quarterly, Vol. 30, 1981, p. 365.

仲裁地国对仲裁裁决的司法监督自然形同虚设，最终取消仲裁裁决撤销制度也顺理成章。从"取消论"的具体理由来看，仲裁地的选择具有偶然性，难以反映当事人的真实意思，从而使得仲裁地国对仲裁裁决的司法监督缺乏足够的合法性与合理性。因为，仲裁作为解决争议的私人过程，通常并不需要法院的介入与干预。如果当事人或案件与仲裁地国无关，仲裁地国就没有什么利益非要仲裁程序适用仲裁地的强制性规定，仲裁地法院也没有什么必要非得对仲裁程序进行干预。①

应该以为，这种否定"仲裁地"意义的观点将地理意义上的仲裁地与法律意义上的仲裁地相混淆了。正如赵秀文教授所论，地理意义上的仲裁地时常是纯属偶然或出于中立的考虑而确定，它往往由其他一些因素决定，例如平等、适当、方便、裁决的执行等因素，而不是因为想要适用仲裁地的仲裁法或受到仲裁地的司法监督。法律意义上的仲裁地则通常是由当事人在仲裁协议中作出的专门约定，或者当事人约定的适用的仲裁规则作出的专门规定，它的确定是极为慎重的。在国际商事仲裁实践上，当仲裁地被确定后，仲裁庭可以选择在仲裁地点所在国之外的国家和地区的任何适当的地点开庭审理该仲裁案件，或者进行合议，甚至作出裁决。这些开庭审理地、合议地以及裁决地作为地理意义上的仲裁地，由于较少体现当事人的意思，偶然性较大；而法律意义上的仲裁地是当事人意思自治的结果，选择仲裁地是当事人选择仲裁程序法的主要途径，也表明当事人有意将他们之间的私人仲裁置于仲裁地的法律监督与支持之下。② 国际商事仲裁程序法适用的一般规则是适用当事人选择的仲裁地国的法律，这也为国际上各重要仲裁立法所确认。③"取消论"无视仲裁地的重要意义，主张取消仲裁地对仲裁裁决的司法监督，反而违背当事人将仲裁置于仲裁地法律支配的意愿。

（二）表面保留论

有学者认为："由于国际商事仲裁普遍的是一裁终局，规避风险的手段相对也少，因此认可仲裁地国法院对仲裁裁决实施司法监督是有价值的。但是，执行国法院不仅要审查仲裁裁决本身，还要审查仲裁地国法院所作出的撤销仲裁裁决的决定。至于审查后执行国法院是认可已被撤销之仲裁裁决，

---

① 郭玉军：《论国际仲裁中的"非国内化"理论》，载《法制与社会发展》2003 年第 1 期，第 108 页。

② 赵秀文：《论法律意义上的仲裁地点及其确定》，载《时代法学》2005 年第 1 期。

③ See Georgios Petrochios, Procedure Law in International Arbitration, Oxford University Press, 2003, pp. 65 – 85.

还是认可仲裁地国法院撤销仲裁裁决的决定，则取决于执行国国内法在这方面的规定。换言之，执行国法院并不当然地听从仲裁地国法院撤销仲裁裁决的决定，它没有义务与此保持一致；同时，仲裁地国法院撤销仲裁裁决之决定，也并不妨碍赢方当事人去仲裁地国以外的其他国家寻求获得对这一被撤销之仲裁裁决的承认与执行。"①

　　"表面保留论"与"取消论"虽然貌似对立，但实质并无多少差别。持"表面保留论"的学者，虽然似乎愿意承认仲裁地国对仲裁进行司法监督的价值，但却砍掉了老虎的爪子。因为国际商事仲裁裁决撤销制度的价值，就在于从根本上否定仲裁裁决的效力，这种否定重要的不是在仲裁地产生不予执行的法律效果，而是让其他有关国家彻底摈弃承认与执行无效仲裁裁决的可能性。所以说，"表面保留论"保留的仅是一只砍掉爪子、拔掉利齿的假老虎，真老虎已被打死了。另外，"表面保留论"主张执行国法院审查仲裁地国对裁决的撤销裁定，如果仲裁地国有关撤销仲裁裁决的条件与执行地国不一致，那么执行地国即有权执行有关裁决。这种完全以执行地法律判断他国仲裁裁决效力的做法，姑且不说不符合国际礼让的基本习惯，也容易造成不公正结果：如果裁决撤销国按《纽约公约》规定的"国际标准"撤销裁决，而执行国仲裁法制比较落后，未遵循公约的国际标准，裁决撤销国为了保证撤销裁定发生效力，是否须俯就仲裁执行国的较低标准呢？这恐怕并非《纽约公约》的本意。

二、执行国的司法监督无法取代仲裁地国的司法监督

　　其实，主张可以执行已撤销仲裁裁决的观点，背后还隐藏着更为深刻的理由：仲裁作为解决争议的私人过程，通常并不需要仲裁地法院的介入与干预，只有在仲裁裁决的执行阶段，法院的司法监督才是必要的，因为仲裁程序的最终目标是仲裁裁决得到履行或为法院所承认与执行。所以当事人的利益体现在仲裁裁决的执行上，只有在执行阶段，用国内立法对仲裁加以控制才是与仲裁程序相关的一个因素。② 一言以蔽之，仲裁地国对仲裁裁决的司法监督已显得不那么重要，完全可以由仲裁裁决执行阶段的司法监督所

---

　　① 张潇剑：《被撤销之国际商事仲裁裁决之承认与执行》，载《中外法学》2006 年第 3 期，第 372 页。

　　② 郭玉军：《论国际仲裁中的"非国内化"理论》，载《法制与社会发展》2003 年第 1 期，第 108 页。

取代。

但这并不符合国际商事仲裁发展的实际情况。

首先，仲裁裁决的承认与执行制度有时只能在败诉方不自动履行裁决义务时，给胜诉方以不充分的司法救济。因为申请执行仲裁裁决的当事人，必然是仲裁胜诉方。对败诉方来说，不予执行仲裁裁决是被动救济，只有在胜诉方提出执行申请且法院受理后，才能启动。而申请撤销仲裁裁决是双方当事人共有的司法救济权利，胜诉方可能认为仲裁请求没有得到充分支持，从而启动裁决撤销程序；败诉方则可因其仲裁败诉，仲裁庭裁决有误，同样提出撤销仲裁裁决的申请。所以，一旦取消仲裁裁决撤销制度，于胜诉方而言，如果不满仲裁裁决作出的赔偿数额，他也将无法受到司法救济，因为如果胜诉方提起裁决的执行程序，就应视为认同仲裁裁决的结果，执行法院最多也只能执行裁决内容，不可能给予更多司法救济，但如果胜诉方不提起执行程序，那么他可能连裁决结果所赋予的权益也无法实现；对败诉方来说，他将无法主动寻求使仲裁裁决归于无效的途径，而被动受制于胜诉方何时、何地发起执行仲裁程序，使法律关系处于无法预料的不稳定状态，这种弊端在败诉方财产分布在数个国家时表现的尤其明显，因为只要胜诉方不断地挑选执行法院并提出执行申请，它就得不断地以同一理由抗辩，而只要有一国法院支持了执行申请，其他国家法院的不予执行决定纯属一纸空文。S. E. E. E. v. Yugoslavia 案是一个难得的例子，该案裁决 1956 年作出，到 1986 年还在申请执行，原因在于被申请人在多国拥有财产，又没有一个国家的法院有权撤销该裁决。所以，对裁决依赖完全被动的救济手段并不可取。[①]

其次，有些仲裁裁决的履行并不需要法院的承认与执行，如果不承认仲裁地国撤销仲裁裁决的效力，并取消仲裁裁决的撤销制度，无异于对当事人拒绝公正。请看下例：[②]

"百事仲裁案"作为我国企业参与的一起国际商事仲裁案，具有广泛的社会影响，被媒体称为"中国加入 WTO 第一仲裁案"。该案基本情况如下：四川韵律公司（下称四川韵律）与百事方面于 1993 年确定合作关系，设立四川百事公司（下称四川百事）。2002 年 8 月 2 日，百事公司和百事（中

---

① 宋连斌：《国际商事仲裁管辖权研究》，法律出版社 1999 年版，第 248 页。

② 邹晓乔：《浅析四川百事合作经营合同仲裁案中的几个法律问题》，载《北京仲裁》2006 年第 1 期，第 69—71 页。

国）投资有限公司（下称百事中国）以四川韵律和四川百事严重违反合同、侵犯其合法权益为由，向瑞典斯德哥尔摩商会仲裁院提起仲裁申请，请求仲裁院裁决终止上述四公司分别签署的《中美合作四川百事可乐饮料有限公司合作经营合同》（下称《合作合同》）、《商标许可合同》和《浓缩液供应协议》，并解散合作公司四川百事。仲裁院受理了这一仲裁申请，并于2003年8月7日在程序上作出初步裁决：仲裁庭在本次仲裁程序中不管辖百事公司、百事中国针对四川韵律的任何仲裁要求。至此，此仲裁争议演变为两个独立案件：其一，百事公司为一方当事人，四川百事为另一方当事人，有关商标许可合同以及原材料供应合同的案件；其二，百事中国为一方当事人，四川韵律为另一方当事人，有关合作合同的案件。有关商标许可合同以及原材料供应合同的案件，仲裁庭经过审理于2005年1月26日作出裁决，以四川百事"不配合检查"和"跨区销售"为由，裁决终止商标许可合同和浓缩液供应协议，并全部驳回四川百事的反请求。裁决作出后，百事中国自行终止了商标许可合同和浓缩液供应协议，四川百事陷于停产状态。仲裁庭对该案作出裁决后，仲裁裁决在合并仲裁及仲裁员公正性等方面受到四川百事的高度质疑，甚至有政协委员在全国政协会上提出议案，要求撤销该裁决；四川百事也在四川国资委的支持下，向最高人民法院提出不予承认与执行该裁决的申请。一时舆论哗然，媒体对该仲裁裁决质疑之声不绝于耳。

由于国际商事仲裁一裁终局，该裁决作出即生效，百事公司自该裁决作出之日起就有权终止浓缩液供应，并拒绝四川百事使用其注册商标。需要说明的是，对仲裁裁决的撤销而言，一国法院只有对本国仲裁裁决或以本国法律为仲裁程序准据法的裁决才享有撤销权，这既为《纽约公约》所隐含规定，也是一条普遍的国际准则，[①] 中国既不是本案的仲裁地，中国仲裁法也未支配本案仲裁程序，所以中国法院无权撤销仲裁地在瑞典的仲裁裁决。至于向中国法院申请不予承认与执行，本案也同样无法操作。因为对于仲裁裁决，当权利人可以自己执行时，通常并不需要公权力的介入，只有在义务人部分或全部不履行裁决义务时，权利人才需申请执行地法院予以承认和强制执行。本案中，百事公司终止浓缩液供应的行为就是一种自己履行裁决的行

---

　　① 根据《纽约公约》第5（1）条的规定，"裁决对当事人尚未发生约束力，或者裁决已经由裁决作出地国或裁决所依据法律的国家主管机关撤销或停止执行"，可以作为拒绝承认与执行的理由。

为，此时并不涉及中国法院的承认和执行问题。① 然而，四川百事只有在权利人提起申请承认与执行仲裁裁决的前提下，被动地要求执行国法院不予执行仲裁裁决。从这个角度看，由于仲裁裁决不需承认与执行，四川百事即使在仲裁中遭受不公正待遇，也无法从执行国对仲裁裁决的司法监督中获得任何司法救济。所以，执行国对仲裁裁决的司法监督无法取代仲裁地国的司法监督，也正因如此，四川百事也向瑞典法院申请撤销本案仲裁裁决。如果依已撤销仲裁裁决效力未定的观点，即使瑞典法院撤销仲裁裁决，其撤销效力也仅及于瑞典国内，由于其他国家无法对该仲裁裁决进行司法审查（百事中国不会在任何国家申请承认与执行），那么该仲裁裁决在其他国家将继续有效，四川百事将仍然无法得到司法救济。

可以看到，无论是取消仲裁裁决撤销制度，还是承认已撤销的仲裁裁决，都会在实践中产生荒谬的、拒绝公正的结果。如果抛开仲裁实践中具体的公平、正义以及适当的司法救济，而大谈什么仲裁效率，只会将仲裁的发展引入歧途。效率优先，也要兼顾公平。诚然，在某些情况下，少数当事人可能利用法院对仲裁裁决的司法监督恶意拖延裁决执行时间，甚至使裁决无法在他国得以顺利执行，但这仅是弱化仲裁地对仲裁裁决进行司法监督的理由，而非完全取消仲裁裁决制度的借口。各国可以通过扩大当事人意思自治的范围，协调仲裁裁决执行与撤销的关系，尽量将仲裁裁决撤销制度的弊端缩小至最小程度。

三、国际商事仲裁裁决的效力来源

国际商事仲裁并非在真空中运作，它必须从属于一定的法律体系，该法律体系即是仲裁所适用的程序法（curial law），也就是仲裁裁决效力的来源。从根本上说，国际商事仲裁裁决的效力来源决定已撤销的仲裁裁决能否继续承认与执行，如果仲裁裁决的效力来源于国内法，② 那么该国法院对于仲裁裁决的效力具有支配地位，它所撤销的仲裁裁决将不再合法存在，继续承认与执行不存在的仲裁裁决也就没有法理基础；如果仲裁裁决的效力由"非国内化"的法律所支配，那么内国法院对仲裁裁决的撤销就毫无意义，

---

① 邹晓乔：《浅析四川百事合作经营合同仲裁案中的几个法律问题》，载《北京仲裁》2006 年第 1 期，第 76 页。

② 这里的内国法是指仲裁地国法以及仲裁程序适用的非仲裁地国法律，之所以此处使用"内国法"的概念，是为了与国际商事仲裁可能适用的一般法律原则与仲裁规则等法律体系相区分。

其他国家仍可依本国法赋予仲裁裁决以执行力。所以，已撤销的仲裁裁决能否被承认与执行，这一问题归根结蒂取决于仲裁裁决的效力来源于哪个法律体系。

（一）当事人未选择仲裁程序规范时仲裁裁决的效力来源

按照国际法上的国家主权原则，当事人若未选择仲裁程序法，在一国进行的仲裁，该国仲裁法理所当然地应当予以适用。例如，英国《1996 年仲裁法》第 2 条第 1 款规定："如仲裁地在英格兰和威尔士或北爱尔兰，则适用本编规定。"《德国民事诉讼法》第 1025 条也规定："本法适用于仲裁地在德国的仲裁。"所以，一些国家仲裁法的地域适用规则决定了本国仲裁法的适用。如果国际商事仲裁适用仲裁地法，仲裁裁决的效力理所当然地来源于仲裁地国法律，也只有在仲裁地国有效的仲裁裁决，才能得到其他法院的承认与执行。[①]

（二）当事人选择仲裁程序规范时仲裁裁决的效力来源

当然，国际商事仲裁程序也并非一定适用仲裁地国法。不少仲裁大国的仲裁法规定当事人与仲裁庭有权决定仲裁地以外的程序规范作为规范国际商事仲裁的程序法。[②] 对此情形，分析仲裁裁决的效力来源至少应作以下区分：

1. 有的仲裁法规定仲裁地的仲裁程序法具有强制性，这些强制性规则不容当事人以意思自治加以排除，即使当事人选择适用外国仲裁法，支配仲裁程序的法律仍是仲裁地国法。例如，英国《1996 年仲裁法》第 4 条规定："非强制性规定允许当事人约定适用；当事人可约定适用仲裁机构的规则或提供可对该事项作出决定的方式；适用于当事人约定的法律是否英国之外的法律并无实质意义。"很明显，英国仲裁法将当事人选择的外国仲裁法与民间性的仲裁规则或其他对仲裁程序作出决定的方式相等同，尽管选择内容可能属于外国仲裁法范畴，但却并不具有"法律"的性质，而受英国仲裁法中强制性规则的制约。所以，即使当事人选择外国仲裁法作为仲裁的具体程序规则，依然不影响英国法决定仲裁地在英国的仲裁裁决的效力。

2. 有的仲裁法规定，当事人可以选择仲裁地以外国家的法律作为支配

---

① 赵秀文：《国际商事仲裁及其适用法律研究》，北京大学出版社 2002 年版，第 96 页。

② 对于此点，学者们多有误解，将这种情形视为"仲裁非本地化"理论的应用。实际上，当事人选择其他仲裁法律规范作为支配仲裁程序的法律体系，也是仲裁地法律规定的结果。

仲裁程序的准据法。那么这时仲裁裁决的效力来源于当事人选择的仲裁法。① 例如，《法国民事诉讼法典》第 1494 条规定："仲裁协议可以通过直接规定或援引一套仲裁规则来明确仲裁应遵循的程序；它也可以选择特定的程序法作为准据法。"如果当事人依法国法选择某外国仲裁法支配仲裁地在法国的仲裁案件，这种选择将是有效的。根据《纽约公约》第 5 条第 1 款第 5 项的含义，国际商事仲裁适用哪国仲裁程序法，则该国法院有权撤销仲裁裁决。所以，如果当事人选择非仲裁地法律作为仲裁程序法，那么该国法律可以成为仲裁裁决的效力来源。当然，当事人选择的法律虽非仲裁地法，但其仍属于国内法体系，仲裁裁决的效力也来源于该国法律，倘该国撤销仲裁裁决，则裁决亦不得在他国予以承认与执行。

3. 如果当事人或仲裁庭依仲裁规则确定仲裁程序，仲裁裁决的效力依然来源于仲裁地国或仲裁程序准据法所属国法律。目前，几乎所有的国际商事仲裁法律规范都允许当事人或仲裁庭适用仲裁规则或其他仲裁程序规则。例如，《瑞士联邦国际私法法典》第 182 条规定："当事人可以直接地或按照仲裁规则确定仲裁程序，当事人没有确定程序的，仲裁庭应当根据需要，直接地或者按照法律或仲裁规则，确定仲裁程序。"基于此规定，有些学者从仲裁的"非本地化理论"出发认为，"在国际商事仲裁中，无论是仲裁程序还是仲裁裁决都是自治的，不与任何国家的法律体系相联系，其效力只来源于当事人的协议。换言之，仲裁裁决在仲裁当事人合意基础上产生，仲裁规则及其他程序性规则都是当事人意思自治的产物，仲裁裁决在作出之日起即发生效力，不受仲裁地国法院任何事后撤销该裁决的裁定的影响"。② 显然，这种观点将仲裁程序所遵循的规则与支配仲裁的仲裁程序法两个概念相混淆了

（三）裁决效力来源于国际法的国际商事仲裁

如对国际商事仲裁作广义理解，将国家间有关商事争议的仲裁作为其中一类也未尝不可。对于此类国际商事仲裁，往往是通过外交途径协商后，由两国政府派代表或委托第三国仲裁员组成仲裁庭，并授予仲裁庭处理争议的立法权，起草和拟订处理争议的程序规则。这些程序规则理所当然属于国际

---

① 实践中，当事人选择非仲裁地仲裁法作为支配仲裁程序的准据法的情形是非常罕见的，但理论上却并非不可能，所以本书仍对此种情形加以讨论。

② 张潇剑：《被撤销之国际商事仲裁裁决之承认与执行》，载《中外法学》2006 年第 3 期，第 362 页。

法范畴，所以此类国际商事仲裁裁决的效力来源于国际法，包括仲裁地国在内的国内法院均无权撤销。[①]

另外，实践中，一方当事人是国家或国家实体，另一方是私人主体的仲裁案件在国际商事仲裁中已占有相当大比例。对于此类国际商事仲裁，其程序法的适用状况比较复杂。有的仲裁案件与单纯私人之间的国际商事仲裁并无区别，往往适用仲裁机构，如国际商会的仲裁规则，并受仲裁地国仲裁法强行规则的制约，其效力来源于仲裁地国法，仲裁地国法院亦有权撤销仲裁裁决。[②] 有的仲裁案件则完全适用国际法作为仲裁程序的准据法，如根据1965 年《解决国家与他国国民间投资争端公约》（一般简称《华盛顿公约》）而设立的"解决投资争端国际中心"，就是为解决一个缔约国与另一个缔约国国民之间的投资争议而专门设立的仲裁机构，[③] 该机构处理的仲裁案件均适用《华盛顿公约》作为仲裁程序准据法，所以仲裁裁决的效力源于《华盛顿公约》，任何内国法院均无权撤销该仲裁裁决。

通过以上分析，我们知道，国际商事仲裁裁决的效力并非凭空产生，除极少数国际商事仲裁案以国际法作为支配仲裁程序的准据法，其他仲裁裁决的效力必然来源于某国的国内法，该国法院对仲裁裁决具有撤销权，被撤销的仲裁裁决因彻底丧失效力而不能为其他国家所承认与执行。

四、内国法院撤销国际商事仲裁裁决的权力边界

任何权力都有边界，仲裁地国撤销仲裁裁决的权力也不例外。虽然，作为《纽约公约》的一般原则，当仲裁裁决被仲裁地国法院撤销后，执行地国法院不应继续执行此项裁决。但实践中，有的国家出于保护本国或本国国民利益的目的，不尊重仲裁庭作出的仲裁裁决，利用本国为仲裁地的优势地位，滥用司法手段撤销仲裁裁决，使仲裁权利人的合法权益无法保障。对此，可以认为，仲裁地国法院不得滥用国际商事仲裁的司法监督权，仲裁裁决的撤销亦不能违反有关国际公共秩序。否则，其对仲裁裁决的撤销将是无效的，也不会受到执行地国法院的尊重。

（一）违反国际公共秩序的撤销行为无效

在国际社会中，有些国际习惯是保护国际社会的共同利益和维持国际社

---

① 著名的美伊求偿案就属适用国际法作为仲裁程序准据法的案例。

② 据统计，国际商会依其仲裁规则进行的仲裁中涉及国家或国家实体为一方当事人的仲裁约占三分之一。参见韩健《国际商事仲裁的理论与实践》，法律出版社 2000 年版，第 25 页。

③ 参见韩健《国际商事仲裁的理论与实践》，法律出版社 2000 年版，第 25 页。

会所公认的公共道德标准规则。① 仲裁地国撤销国际商事仲裁裁决若违反这些强行规则，将构成对国际公共秩序的侵犯。例如，《公民与政治权利公约》第 14 条第 1 款规定：无论刑事指控抑或民事诉讼，所有人应受合格法院之公平、公开、独立及毫无偏袒的审判。《欧洲人权公约》及《美洲人权公约》也有大致相同的条款。② 可见，公平、公开以及独立的审判是仲裁地国撤销国际商事仲裁裁决应遵循的要求。美国法院一般尊重外国法院撤销仲裁裁决的权力，仅在"克罗马罗依公司案"中有意外表现，可以推测一个重要原因就是当事人订立的仲裁协议明确禁止任何一方当事人就仲裁裁决提起上诉，但败诉后的埃及政府仍向埃及法院申请撤销仲裁裁决，明显违反了国际商事仲裁中的"禁止反言原则"，但埃及法院对仲裁协议置若罔闻，最终判决埃及政府胜诉，这其中是否存在偏袒埃及政府的情形，不能不令人深思。"禁止反言"也是国际商事仲裁所普遍遵循的一个原则，它是指当事人如果对仲裁协议的形式、仲裁庭的组成、管辖权以及仲裁程序等方面在仲裁过程中提出了异议，法院对此作出初步决定，或者法院对仲裁庭的初步决定已进行过复审，在后来的法院撤销仲裁裁决程序中，当事人不能以相同的理由向法院申请撤销仲裁裁决。"禁止反言原则"在国际仲裁立法中广泛存在，如《国际商事仲裁示范法》第 4 条、英国《1996 年仲裁法》第 73 条、1998 年德国《民事诉讼法典》第 1072 条等都有此规定。一般来说，仲裁程序开始后，有权审查仲裁庭决定的法院就是仲裁地国法院，因此，仲裁程序中如已存在法院所作的决定，裁决后当事人以同一理由要求撤销仲裁裁决是没有道理的，通常是一种恶意拖延仲裁执行的行为，因为同一国法院正常情况下不可能撤销已生效的法院决定，或者作出相互矛盾的决定。③ 所以，如果仲裁地国法院以当事人在仲裁过程中已提出并经该国裁判的理由撤销仲裁裁决，执行国有理由认为仲裁地国对一方当事人有所偏袒，而拒绝认可裁决撤销的效力。此外，有个别国家法律规定仲裁员不得为女性，否则将撤销仲裁裁决，这就明显违反有关性别歧视的国际公共秩序了。

　　另外，有的国家缔结国际条约，对缔约国所应遵循的撤销仲裁裁决的标准进行了统一规定，如缔约国未按条约规定的标准撤销仲裁裁决，这种撤销行为是无效的，其他缔约国仍可执行已被有关国家"撤销"的仲裁裁决。

---

　　① 万鄂湘、石磊等：《国际条约法》，武汉大学出版社 1998 年版，第 311 页。
　　② 《欧洲人权公约》第 6 条和《美洲人权公约》第 8 条。
　　③ 宋连斌：《国际商事仲裁管辖权研究》，法律出版社 1999 年版，第 246 页。

例如，奥地利最高法院在 Kajo v. Radenska 案①中执行了已被斯洛文尼亚法院撤销的仲裁裁决。因为根据奥地利与斯洛文尼亚签署的《相互承认和执行仲裁裁决的公约》，"缔约国法院只有依据公约规定的事由撤销仲裁裁决时，才构成在其他缔约国不予执行的理由，否则，其他缔约国可以执行裁决"，而斯洛文尼亚最高法院撤销裁决所依据的违反公共秩序的理由在条约中并未规定。

（二）越权撤销仲裁裁决无效

前文已述，国际商事仲裁裁决的效力并非必然来源于国内法体系，有的国际商事仲裁案件以国际法为其支配仲裁程序的准据法，对于这类仲裁裁决，任何国内法院均无权撤销，即使有法院强行"撤销"，也无损国际商事仲裁裁决的效力。例如，在阿美石油公司案中，沙特阿拉伯1955年与阿美石油公司订立了一份开采石油的协议。根据该协议，阿美石油公司获得30年的开采石油的优先权；随后，沙特阿拉伯先后又与其他公司订立了相同协议，阿美公司遂以新协议违反其优先权为由，在日内瓦提请临时仲裁。仲裁庭考虑到沙特阿拉伯的国家主权豁免，认为不应对一个国家强行适用他国的程序法，因此排除仲裁地法即瑞士仲裁法的适用，转而适用了国际法。② 对于该案件裁决，尽管瑞士是仲裁地，由于沙特阿拉伯具有国家豁免权，瑞士法院并没有撤销仲裁裁决的权力。

根据《纽约公约》第5条第1款暗示的含义，仲裁地国与仲裁准据法所属国均有权撤销国际商事仲裁裁决，但《纽约公约》毕竟是关于承认与执行外国裁决的公约，并非专门调整裁决撤销程序，一些国内法院还有其他确定管辖权的标准。例如，德国法院1956年时只受理申请撤销依其程序法作出的裁决，尽管仲裁地在德国，到1986年德国才将仲裁地增加为法院撤销裁决的管辖依据。据此，仲裁地及程序法均系属于德国，德国法院有权撤销该裁决；在极端的情况下，仲裁地在德国而适用外国程序法，德国法院可宣告裁决不能承认，虽然它不能撤销裁决；仲裁地在外国而适用德国程序法，德国法院有撤销裁决的管辖权。其他诸如瑞典、荷兰及比利时等国有关撤销仲裁裁决的管辖权依据更是歧异，如比利时除采用仲裁地、当事人协议

---

① See Andreas Reiner, Some Recent Austrian Court Decisions in the Field of Arbitration, Journal of International Arbitration, Vol. 17, 2000, p. 85.

② 郭玉军：《论国际仲裁中的"非国内化"理论》，载《法制与社会发展》2003年第1期，第105页。

标准外还考虑当事人的国籍、住所。① 所以，各国有关仲裁裁决撤销的管辖权之间存在冲突，是否只要任意一个管辖法院撤销裁决，裁决就无法执行呢？从《纽约公约》第 5 条规定看，仲裁地法院与仲裁程序法所属国撤销仲裁裁决的效力应予尊重，尤其是仲裁地国法院的管辖权亦为属地管辖原则所保障；其他依据与裁决效力来源无关的管辖基础撤销国际商事仲裁裁决，并不影响裁决效力，仍可在其他国家承认与执行。

五、结论

综上所述，《纽约公约》并未授权成员国承认与执行已撤销的国际商事仲裁裁决，执行已撤销的裁决也并非国际实践的常态，因为执行国对国际商事仲裁的司法监督无法取代仲裁地国的监督，仲裁裁决的效力一般也来源于国内法，国内法院撤销仲裁裁决的权力不容否定。然而，任何权力都有其边界，国内法院撤销仲裁裁决的权力也不能违反国际公共秩序和超越正当的管辖权，否则撤销裁决的行为只能是无效的，不能为执行国法院所尊重。

---

① 宋连斌：《国际商事仲裁管辖权研究》，法律出版社 1999 年版，第 220 页。

第八章 欧盟关于外国判决承认与执行法律制度的最新发展

在世界范围内，作为外国判决承认与执行法律制度方面的最新发展，欧盟的统一立法无疑是最具代表性，也是最为成功的。它是欧盟统一的立法组织（欧盟委员会）和司法协调组织（欧洲法院）协调各方利益的产物。尽管欧盟的立法因其特殊的立法和司法背景而不具有可复制性，但是它依然为外国判决承认与执行法律制度的发展指出了一条新路，并且在理论上对这一学术问题作出了巨大的贡献。

第一节 作为起点的《布鲁塞尔公约》

欧洲经济共同体第一任主席沃尔特·哈尔施坦恩（Walter Hallstein）曾经这样描述欧洲一体化的途径："一体化的方法和途径不是战争、不是征服、也不是'铁血'，而是理性和信念使自由和平等的人民、民族、政府以及国会聚集在一起。哪里是自由的，那么在那里法律就是人民的权利保障，他们的行为尺度，以及能够使自由、平等以及统一同时实现的黏合剂。"① 欧洲经济共同体是以在共同体范围内实现商品、服务、资金和人员的自由流动为根本目标建立起来的。② 但实际上，缔约国之间除了经济领域的差别之外，法律制度上的差别也威胁到上述的目标的实现。共同体条约的起草者意识到，如果缔约国之间不能相互尊重和承认对方的法律制度、司法判决、政府公文书，欧洲就不可能建立起共同的市场。其中，法院判决在共同体内部的自由流动更是高效施行经济自由的前提条件之一。③ 判决，从经济学的视角来看就是财产权利，或经济利益。④ 如果涉及在欧共体缔约国之间跨界被

---

① 摘自 Walter Hallstein 于 1963 年 7 月 8 日在德国汉堡的报告《在欧洲经济共同体中对私法和民事程序法的调整》。

② See Hans Smit & Peter E. Herzog, the Law of the European Economic Community: A Commentary on the EEC Treaty, 1984, S. 2.

③ Dirk Besse, Die Vergemeinschaftung des EuGVü, 2001, S. 21.

④ Pfeiffer, Grundlagen der Führung und Organisation lernender Unternehmen, 1994, S. 77.

承认和执行，那么它的经济价值也只有在承认和执行成为可能后才会显现出来，可以说，判决越是能够在缔约国之间自由流通，承认和执行所必须经过的手续越简单，那么越能体现出它的经济价值。实际上，所有缔约国中的民事主体都是潜在的债权人，如果他们经过法院审判获得的民事判决得以在共同体范围内自由流动，这意味着缔约国的利益通过公约获得了集体增效。

因此，1968 年 9 月 27 日，比利时、联邦德国、法国、意大利、卢森堡和荷兰在比利时首都布鲁塞尔举行欧洲共同体部长会议，会议最大的成果就是签署了欧共体《民商事法院管辖权和执行公约》，即《布鲁塞尔公约》。作为一部"双重公约"，它是迄今为止世界范围内最成功的关于国际民事程序的多边条约。不仅对民商事案件的国际审判管辖权进行统一规定，而且还统一规定了对外国判决的承认与执行，其目的在于在废除管辖权审查程序的基础上，简化外国判决承认与执行程序，使缔约国法院判决在一定程度上能够在缔约国之间"自由流动"。根据公约第 62 条，其目的是为了完成《欧洲经济共同体条约》第 220 条中所列的目的，即缔约国有义务保障简化相互承认和执行法院和仲裁裁决的程序。此外，在公约的序言中，对公约的最终意义进行了设定，即"追求在共同体内部加强对那些定居其内的人民的权利保护"。

公约在国际程序法方面的具体成就如下：

一、承认的效力

公约并没有界定"承认"的内涵，也没有具体规定承认的效力，但是采纳了效力延伸学说以及自动承认（reconnaissance de plein droit）的立法模式。根据第 26 条第 1 款的规定，在一个缔约国法院作出的判决，在其他的缔约国不需要特殊的程序就承认了。公约同样禁止"双重可执行宣告"，即审判国的宣布承认第三国判决或者可执行其判决的判决，不能够再次在承认国得到承认。①

因为公约采纳的是效力延伸学说，所以公约目的并不在于统一所有的缔约国的法律制度，并使之均质化，而是在一定程度上进行协调，为判决的自由流动创造所需的基本条件。公约给予效力延伸一个原则上的限制，即判决必须受到审判国法律的拘束。实践中，几乎所有判决依据审判国法律所获得

---

① Bülow, Buchbesprechung, RabelsZ 38（1974），S. 217；Geimer, Das Anerkennungsverfahren gemäβ Art. 26 Abs. 2 des EWG – übereinkommens vom 27. 9. 1968, JZ 1977, S. 148.

的法律效力在承认国都可以被承认。但是，针对在缔约国中存在的不同第三人效力，例如诉讼告知效力（Streitverküngdung）和参加效力（Interventionswirkung），公约在附加备忘录第 V 条中作出的相反的规定，即缔约国可以在承认与执行法中设置一定的限制，而且限制仅仅是在具体效力类型上进行限制，而不涉及某一效力类型的具体程度。此外，判决的执行效力是无承认能力的，也不是承认的直接结果，它是由执行国通过根据公约在第 31 条之后的几个条款中规定的可执行宣告程序赋予的效力。①

二、审判管辖权

早在 1896 年，阿瑟（Asser）教授就建议规定统一的管辖权规范，并在外国判决的承认程序中放弃对直接管辖权的审查。② 作为双重公约，《布鲁塞尔公约》既规定了统一的判决承认与执行法律制度，而且也统一了欧共体成员国的审判管辖权规定。公约第 2—24 条就管辖权问题作了详尽的规定，而且在第 28 条中放弃了对财产判决直接管辖权的审查，但要求审判法院必须拥有司法管辖权，即最少对案件拥有一个最基本的内国联系。③ 对直接管辖权进行统一立法的做法遭受到了很大的批评。首先，审判国错误的审判管辖，尤其是涉及非成员国的错误的审判管辖也可能通过公约被承认；其次，这一放弃，人们是很难证明其实正确的，因为它清楚地表明了对非成员国公民的歧视待遇。④ 最后，作为公约基础，缔约国之间法律体系和司法体制的相互信任在统一管辖权规范的同时，不应当留有任何的保留。但事实上，公约在消费者和保险案件上进行管辖权审查的保留，以及对专属管辖的审查都与公约相互信任司法体制的指导思想并不一致。⑤

---

① BGH, NJW 1990, 3084 f.

② Asser, De l'effet ou de l'exécution des jugement rendus a l'étrangers en matière civile et commerciale, Rev. dr int. et legisl. Comp. I（1869），S. 86. 转引自 Peter Gottwald, Grundfragen der Anerkennung und Vollstreckung ausländischer Entscheidungen in Zivilsachen, ZZP 103 S. 270.

③ 审判权的概念见 K. Kreuzer/R. Wagner, in: Handbuch des EG – Wirtschaftsrechts, Europasiches internationales Zivilverfahrensrecht, Kap. Q Rdnr. 83. 超越审判权的情况下作出的判决根据审判国的法律归于无效并且因此导致判决的无效。见 Geimer, Internationales Zivilprozessrecht, 4. Aufl.（2001），Rdnr. 533 und 2889.

④ Nadelmann, Jurisdictionally improper fora in treaties of recognition of judgments: The common market draft, Colum L. Rev. 67（1967），S. 995.

⑤ Peter Gottwald, Grundfragen der Anerkennung und Vollstreckung ausländischer Entscheidungen in Zivilsachen, ZZP 103 S. 271.

与统一规定审判管辖权规范的基础上，公约在承认和可执行宣告阶段中原则上放弃对国际管辖权的审查，借此公约排除了大量的潜在冲突。但是，意味着对于被告人程序公正赤字，将加重被告人的应诉负担和并使其法院义务大大的扩张。也就是说，尽管一方面被告没有义务为了对审判法院的无管辖权提出异议而一定要参加审判程序；另一方面法院坚持，以政府的名义审查自己的管辖权，所以公约第 20 条第 1 款禁止任何由被原告提出的管辖权事实的自我假定。公约报告人耶纳德（Jenard）在其报告中将公约第 20 条作为公约中最为重要的条款来看待。这一点在盖姆尔（Geimer）教授来看是值得商榷的，它缺乏它对被告人足够的保护。因为各个缔约国法官对于公约管辖权规范的认识并不统一，那么法官可能会基于自己错误的认识行使了错误的管辖权。在这种情况下，被告就会因此承担错误的程序负担，并且法官的错误认识可能会影响到在法律救济程序中对被告的救济。公约因为审判管辖权审查的禁止，而使被告在承认国得到足够的救济，仅仅能够因为公约在第 28 条第 1 款（布鲁塞尔条例第 35 条第 1 款）中规定的几种例外情况在承认国阻止判决被承认。即使是公共秩序，也仅仅是对重大错误管辖权作出的判决才可以被提出。总之，公约在统一规定管辖权规范之后，对被告法律救济不足成为公约遭到批评的主要原因。尽管如此，就公约近 35 年的运行情况来看，统一管辖权规定还是公约最重大的成就之一。

尽管对《布鲁塞尔公约》统一管辖权规范的做法褒贬不一，但实际上正是统一的管辖权规范与公约关于可执行宣告程序的法律规定共同组成了公约的基础。① 此外，统一的管辖权制度彻底去除了国际程序法方面的冲突法功能，使公约中的外国判决承认与执行制度几乎成为纯程序性的法律制度。

三、具体的承认条件

为了实现公约的目标，即无阻碍的法律交往，以及法院判决在缔约国之间的自由流动，公约在设定承认条件时，限制了拒绝承认理由的数量。为契合自动承认的承认方式，公约主要采取的是承认障碍的条件形式，即消极的承认条件。

公约在第 27、28 条原则性的规定了阻碍承认的理由：

违反承认国的公共秩序（第 27 条第 1 项）

---

①   Hau, Kläger-und Beklagtenschutz im Recht der internationalen Zurtändigkeit（1998），RabelsZ 64（2000）S. 440.

损害了被告人的诉讼权利（第 27 条第 2 项）

与内国的判决相矛盾（第 27 条第 3 项）

与国外的判决相矛盾（第 27 条第 5 项）

在身份和继承事务上对先决问题的错误判断（第 27 条第 4 项）

公约对缔约国判决的终局性不作要求，判决也不需要获得形式既判力。作为未被写入的承认障碍还有判决在审判国中的无效。①

（一）实质性审查禁止

与一般的判决承认理论相同，公约禁止在承认程序中，对审判国的判决进行实质性审查。缔约国判决虽然可以根据公约第 34 条第 3 款的规定进行再一次的可执行宣告，但是根据公约第 29 条绝对不可以进行合法性的审查，即审查判决是否符合审判国的法律。公约在这一点上的规定显然是很不足够的，在公约缔约国普遍建立起相互之间的司法信任之后，该原则应当更进一步，不审查的内容应当还包括审判程序是否合法、事实调查是否合法，法律是否适用正确，等等。

（二）有限制的冲突法审查

公约认为作为判决基础的法律关系至关重要，承认问题因为规范的程序法性质应当放在程序法的框架内予以解决，不应当涉及审判国的法律适用。作为例外情况，公约第 27 条第 4 项，仅仅规定了一个很受限制冲突法控制，冲突法控制只有在作为先决问题时才会接受审查（如果承认缔约国判决，并作为承认国其他民事程序中的先决问题，就可能导致违反承认国冲突规范；承认国冲突规范的设置实际上也是为了维护内国的公共秩序）。借此，公约在利益原则上赋予了判决的承认一个比冲突法一体化更高的价值，承认与执行法也在这种价值之上相比较于冲突法有着优先地位。换句话说，通过公约实现的判决在共同体内部一定程度上的自由流动的秩序利益，大于通过冲突法进行实体准据法选择实现的相对的实体正义的利益。在公约之后的近 35 年的历史显示，严格限制冲突法控制的做法是相当正确的。

（三）公共秩序控制

根据公约第 27 条第 1 款的规定，缔约国判决不得违反承认国的公共秩序。实际上，公共秩序保留条款必须是在承认国的法律制度的基本价值或者

---

① K. Kreuzer/R. Wagner, in: Handbuch des EG-Wirtschaftsrechts, Europasiches internationales Zivilverfahrensrecht, Kap. Q Rdnr. 331.

国家政策的基本内容被违反情况下才可以适用。① 公约报告人耶纳德（Je-
nard）在关于公约的报告中明确强调，这实际上取决于承认其他缔约国判决
的法律后果对公共秩序的违反，而不取决于判决对公共秩序的违反，这里强
调承认判决在承认国内发生的实际结果是不是与公共秩序相矛盾。② 尽管公
约的起草人坚持公共秩序保留条款是必不可少的，但是公共秩序保留始终都
是例外情况，这一点在整个历史过程布鲁塞尔公约中体现得尤为明显。德国
联邦法院在公约历史上仅仅适用了三次公共秩序保留条款，这个数字放在整
个公约的历史中几乎是可以忽略的。

为了共同体委员会所设定的目标，公共秩序肯定不能仅仅由承认国的法
律所决定。这一点上，公约的目的，即从国际法律交流一体化方面保障内部
市场的无摩擦运转就成为各成员国法律中公共秩序的补充。因为公约实施是
为了共同体整体的利益，所以尽可能的要统一对涉及共同体整体利益的公共
秩序进行统一的解释，欧洲法院正是执行这一职能。③

（四）损害被告的程序性权利

缔约国的判决被承认的一个程序性要求是民事权利争议必须在一个司法
体制下的程序内被判决，双方具有同等的机会完成法定听审。④ 如果被告因
为没有合法的诉讼文书送达而没有参加诉讼，或者因为没有准时的送达以至
于他没有能够在诉讼中进行辩护，那么该判决根据公约第 27 条第 2 项的规
定不能够被承认。这一条款是为了专门保障被告的法定听审权而设置的，该
条款保障被告能够准时、有效地获取审判程序的信息。根据行为自负原则，
如果被告经合法、准时的文书送达还是不参加诉讼程序，导致判决在缺席审
判的情况下得出，那么该判决也能够被承认。对于暂时措施或者暂时的可执
行判决，欧洲法院在 Denilauer/Couhet Frères 案中表明了其观点，即如果是
在没有当事人旁听的情况下被作出，也不能够作为判决来看待。⑤ 欧洲法院
的理由是，公约的规定明确追求的是，确定判决必须是在顾及法庭听审原则
的基础上被做出。

---

① Geimer, Anm. Yu OLG München 28. 5. 1974, NJW 1975, S. 1087; Geimer, Anerkennung gerich-
tlicher Entscheidungen nach EWG – übereinkommen vom 27. 9. 1968, RIW 1976, S. 148.

② Bericht Jenard zu Art. 27.

③ Basadow, Die Verselbstständigung des europäischen ordre public, FS für Sonnenberger 2004, S.
292 – 319.

④ Schack, Internationales Zivilprozeβrecht 2004, S. 335.

⑤ EuGH 1980, 1553 = NJW 1980, 2016.

对于损害被告的程序性权利情况，公约设定了两个标准：

1. 合法的送达

公约第 27 条第 2 项没有明确的提出何为合法的送达，并且在公约中缺乏独立的条款。公约备忘录第 IV 条第 1 句的规定在这里起到的是作为整个欧共体缔约国之间文书送达的基础性条款的作用。根据该条款，缔约国出具的法院文书向另一个缔约国中的被告送达时应当根据缔约国之间有效的公约或者协议来送达，并且根据这些公约或者协议来判断送达是否合法。例如，被送达的文书是否需要翻译也是首先根据国家之间的协议来进行判断。根据 1954 年的海牙《民事程序公约》第 3 条第 2 款的规定，文书应当被翻译成受领人的语言。在这里送达被分为正式或非正式，即如果是正式的送达，文书没有翻译，那么送达就是不合法的。如果是非正式的送达，则没有这样的要求。①

2. 准时的送达

诉讼虽然被合法的送达，但如果不准时，也会导致被告无法行使诉讼权利进行抗辩，那么判决的承认同样会被拒绝。送达的准时性是以到达被告的住所地或者营业地为审查的时间点。同时，审查还以送达的实际效果为标准，即被告是否有可能参加诉讼，并且行使自己的抗辩权。尽管从实际情况和可能性两个标准进行审查，但是可以肯定的是，通过这一条款对被告的保护并不对那些恶意的增加或因疏忽增加原告负担的被告有效。

（五）不存在矛盾判决

公约第 27 条第 3 项规定，如果缔约国判决与承认国的一个对同样的当事人和争议的判决不相一致，那么就不会被承认。一般的国际程序法理论是将这一拒绝理由作为违反公共秩序保留条款的情况来对待的。只有较新的公约才将其专门作以规定，而公约中的规定是以 1971 年海牙《执行公约》第 5 条第 3 项 b 项为模板。

根据公约第 27 条第 3 项的规定，只有缔约国判决生效时已经存在的内国判决才对缔约国判决效力发生阻碍效力，借此表明了其他缔约国的判决相对于其后生效的内国判决具有优先效力。因为根据效力延伸的自动承认理论，如果内国的判决比缔约国判决较早生效，缔约国判决自始在承认国不发生法律效力。与 1971 年海牙《执行公约》（第 5 条第 3 项 a）不同，公约并不将内国的诉讼未决作为承认的阻碍事由。对于内国诉讼未决的程序比审判

---

① OLG Düsseldorf 4. 4. 1978，RIW 1979，S. 570.

国更早开始审判程序的情况，也不能当然地阻止缔约国判决被承认，判断的依据始终是判决的生效时间。①

公约第 27 条第 3 项的规定并不能适用于共同体范围内的专利案件。《欧共体专利公约》第 71 条第 1 款有自己独特的规范，即设置程序引入优先权。在矛盾判决的案件中，只有那些法院最先受理的案件才能够被承认。无论判决是来自审判国还是承认国，当事人只能根据最先受理案件的法院作出的判决行使自己的权利，判决生效的先后顺序并不对此造成任何影响（专利公约第 71 条第 2 款）。

尽管平行诉讼和重复判决已经在一定程度上被公约中关于诉讼未决和关联诉讼的有关规定所阻止（公约第 21—23 条），但是，如果缔约国法院坚持认为程序的标的是不同的，并且坚持认为自己有管辖权，以及如果承认国或第三国拒绝中断未决诉讼，那么就还是可能出现矛盾判决的情况。在这种情况下，内国判决较后生效，那么它自生效起排除未经承认的缔约国判决的效力，为了保护可能存在的善意第三人的利益，内国判决不会发生回溯效力，仅仅发生即时效力（ex nunc），即自生效之时起排斥其他缔约国判决自动延伸到内国的法律效力。根据公约第 21 条规定，后受理案件的法院尽管对案件有管辖权，但是在已经开始的其他缔约国的审判程序的管辖权被确认之后，它自动丧失对案件的审判管辖权。因此，公约并没有考虑先开始的审判程序中造成迟延作出判决的原因，以及后开始审判程序先作出判决的动机，仅仅是考虑开始审判程序的时间以及管辖的有效性。这样一刀切式的规定是出于判决一致性的考虑，公约在这里并没有一味的鼓励快速处理民商事争议。

（六）互惠原则

因为公约统一规定了审判管辖权以及承认和执行法律制度，并且是以缔约国之间司法体制具有等价性、相互承认原则以及公约规定相比较缔约国内国法律的优先效力为基础，所以公约无需就互惠原则作出相应的规定。同时，自公约在缔约国内批准之时，形式互惠关系就已经存在于缔约国之间。

（七）可执行宣告程序

根据公约的规定（第 38、39 条），如果判决需要在执行国执行，那么它必须在特殊的执行国内国程序中由法院或者相关的权力机关赋予判决

---

① Hartley a. a. O. , S. 116.

（第31条）。① 公约仅仅规定了统一的可执行宣告程序，但未就作出可执行宣告的组织并未作统一的规定。此外，公约将执行强制委托给了缔约国，由其自行制定相应的法律规范。相比较传统的可执行宣告程序（Exequaturverfahren, Das Verfahren der Vollstreckbarerklärung），公约规定了一个被简化了的程序，其目的在于简化和加速可执行宣告。

1. 可执行宣告的条件

根据公约的文本，存在这样一个推论，即缔约国的判决都是合法作出的。因此，来自其他成员国的判决中的强制执行原则上能够在执行国中被进行。适用公约关于可执行宣告规定的条件是被执行的判决必须是公约的适用范围内的判决类型，即判决在审判国内至少拥有暂时的可执行性。② 如果该判决也同时具有承认能力的（第34条第 II 款），而且已经被送达执行相对人（第47条第1款），那么就可以通过可执行宣告赋予判决执行效力。

2. 可执行宣告程序中的法律救济

可执行宣告程序是基于国家之间司法体制相互信任的原则建立起来的，③ 并且是在审判程序后对债权人债务人权利和利益的再一次协调。④ 依照公约的规定，对可执行宣告程序的法律救济是被设置在一个独立的、封闭的体系之内。⑤ 欧洲法院在2000年的判例中再一次强调，判决的自由流动根据布《鲁塞尔公约》通过简单、快速的可执行宣告程序得以实现，必须保障程序尽可能的简单快捷。⑥ 公约在这里的一个突出的成就在于统一了救济程序。其中，债务人根据公约第36条，债权人根据公约第40条可以提出相应的法律救济申请。如果没有被第一审级法院采纳，当事人可以依据公约第37条第2款以及第41条提出进一步的法律质询（Rechtsfrage）。公约在这里给出了相应的缔约国法律救济程序的名称，并且规定了债务人提出法律救济的一个月期限（第36条第1款）。

---

① 在英国，由政府进行可执行宣告（《布鲁塞尔公约》第31条 II）。除了苏格兰，在英国没有独立的执行机关，例如法国的 Huissier 和德国的法院执行官；法院掌握着执行措施，在判决执行或者登记时。

② 根据 EuGHE 1997, I–2543 (2553)，债务人能够抗辩，判决不是在公约的适用范围之内。

③ 总律师，La pergola, EuGHE 1997, I–2543 (2550).

④ Kropholler, Europaisches Zivilprozessrecht, 6. Aufl. (1998), Art. 31《布鲁塞尔公约》Rdmr. 2.

⑤ Peter Cypra, Die Rechtsbehelfe im Verfahren der Vollstreckbarerklärung nach dem EuGVü, 1996, S. 28.

⑥ EuGHE 2000, I–1935 I–2973 (3018 Rdnr. 20). Heβ, JZ 1998, 1021 (1026).

如果存在判决在审判国经法律救济被撤销的可能，根据第 38 条第 1 款以及第 2 款的规定，对于可执行宣告的法律救济必须是在审判国内国不再能提出法律救济或者提出法律救济的期限已经经过的情况下才能够在执行国开始。根据公约第 39 条，如果还在一个月债务人提出法律救济的期限以内，那么就不能够进行担保执行。① 第 39 条的规范意义在于保障当事人之间权利和控告之间的平衡；此外，也可以避免，当事人通过程序的终止而产生程序权利上的损失。

第二节　相互承认原则和坦佩雷决议

一、相互承认原则

相互承认原则来自基本的市场自由，它首先是从货物、服务在市场的自由流动中发展出来。依据该原则，货物的质量、服务的标准以及职业资格认证在一般情况下都是按照出产地的法律来确认（即产地国原则）。② 在产地国原则的基础上，在货物、服务自由流动的框架内，相互承认原则在保持成员国内国市场个性化一面的基础之上最大限度地保障了市场的基本自由，提升和保障了货物和服务在内部市场的可流通性。③ 与此相对，对该原则的批评主要在于它是在一个低水平的标准之上对成员国进行统一规范和协调的，一些成员国内的低标准规范和标准会拉低共同体平均水平，这被著名的欧洲法学者欧普曼（Oppermann）教授称为是 "race to the bottom"。④ 但是，进行统一协调本身就意味着均质化协调方式必须以最低水平为起点，共同体市场在这一基础上才能够真正启动和有效运转。在这一点上，共同体法律一方面能够承担起最低标准的规范任务。实际上，也只有将这个标准作为起点才能够保障一体化的最低质量，才能有效地消除各成员国不同法律制度对内部市场造成的制度性障碍，符合共同体条约第 65 条所要求的市场无摩擦运转的规范职能；另一方面，这也符合一个普

---

① K. Kreuzer/R. Wagner, in: Handbuch des EG – Wirtschaftsrechts, Europasiches internationales Zivilverfahrensrecht, Kap. Q Rdnr. 401. 德国法是 ZPO 第 720aI 和 II。

② Entschließung des Rates v. 28. 10. 1999 zur gegenseitigen Anerkennung, Abl. EG Nr. C 141/5 (19. 5. 2000) Nr. 16 d.

③ Ibid.

④ Oppermann, Europarecht, 2. Aufl. 1999. Rz. 1216.

遍的经济需求。一般情况下，越少的法律规范上的要求，生产成本就会越低，并且拆除流通障碍也能够刺激企业跨界进行资本、货物以及人员流通。在极大地刺激了市场流通并初见成效之后，相互承认原则被明确地规定在《马斯特里赫特条约》第100条B中。根据该条款，成员国有义务从等价性出发相互理解和承认那些还没有被共同体法律协调一致的成员国法律。尽管《阿姆斯特丹条约》毫无保留地取消了这一条款，因为对各成员国法律规范进行共同体倾向的领会导致产生的问题比解决的问题更多，所以这一尝试在欧盟的法律实践中被证明是失败的。① 但是，相互承认原则作为欧盟法的基本原则被保留下来，并且成为成员国之间在各个领域相互信任、合作的象征。② 委员会在1999年给理事会的通报中提出了进一步扩大该原则适用范围的构想。此外，在1999年7月13日和2002年7月23日的年度报告中，委员会都报告了关于该原则的适用情况。前者是关于在货物和服务市场中推行该原则的情况，后者则是关于内部市场中全面推行该原则的情况。在这两份报告中，委员会隐晦的提出另一个体系建立构想，它不是适用法律规范的规则，而是一个程序法上相互承认的体系。在这个体系中，相互承认原则的适用也延伸到了欧洲国际程序法体系的建构之上，并成为共同体成员国民事司法合作的基石。

（一）相互承认原则与国际私法之间的关系

2001年前后欧洲冲突法最新发展就是用相互承认原则替代国际私法。关于相互承认原则在国际私法中的具体表现，亚默（Jayme）和科勒（Kohler）在2001年欧洲冲突法年鉴中总结了一个趋势，即国际私法通过相互承认的原则被向前推进。③ 这主要表现在两个方面，一方面在面对其他国家的货物、服务以及资格认证时直接适用产地国原则。这其中暗含着一个将产地国实体法律规范作为准据法的冲突法规范。因此，相互承认原则替代国际私法实际上是以冲突规范的效力衰减，或者是以冲突规范的"固化"为代价的。根据曼科夫斯基（Mankowski）教授对承认和选择适用法律规范之

---

① Mansel, Systemwechsel im europäischen Kollisionrecht nach Amsterdam und Nizza, in: Mansel, Systemwechsel im europ? ischen Kollisionrecht, S. 3.

② Basedow, RabelsZ 59 (1995), 1ff. ; Drasch, Das Herkunftslandprinzip im Internationalen Privatrecht (1997); Fezer/Koos, IPRax 2000, 349, 350ff; Fezer, Internationales Wirtschaftsrecht, 2000, Rz. 433; Oppermann, Europarecht, 2. Aufl. 1999. Rz. 1216.

③ Jayme/Kohler, Europ? isches Kollisionsrecht 2001: Anerkennungsprizip statt IPR? . IPRax 2001, S. 502.

间的关系的分析，在相互揣测中无条件适用产地国法律规范所造成的在共同体范围内的共振效应将会引起整个法律适用体系的混乱，法律的不安全和不稳定充斥其中，它仅仅是对一个不正确的欧洲法的表达。① 值得称道的是奥地利关于转化欧洲经济指令施行法草案中的表述："被适用的法律如果限制信息企业服务的自由流通，那么承认国的法律就必须被适用……（见第 21条第 2 款第 2 句）"对于承认原则，应当给予以下的说明：既然人们都普遍认同各成员国法律制度中存在着的不同的冲突规范，那么也就可以直接承认各成员国法院根据自己的冲突规范选择实体法律进行适用，简单的说就是承认各成员国根据不同的冲突规范得出的法院判决。对于解决各成员国不同冲突法所引起的冲突而言，可行的方案无非两个，即统一实体法律规范或者直接承认各成员国不同的实体法律选择结果。

（二）相互承认原则与国际程序法的关系

在国际程序法方面，相互承认原则也被引入。1999 年 10 月各国司法和内务部长在坦佩雷召开的特别高峰会议中所做出的决议涉及完全取消可执行宣告程序，借此在程序法中引入产地国原则的概念，并在此基础上在国际程序法上贯彻相互承认原则。原有的欧洲国际程序法体系是建立在以《布鲁塞尔公约》为核心，以欧洲法院为国际条约解释和协调机构之上的。在此基础之上，公约与各缔约国民事程序法中关于审判管辖权、判决承认与执行的法律制度共同组成了欧洲国际程序法。这一体系是以缔约国之间进行民事司法合作的政治磋商为协调方式的，它已经不能完成共同体市场所要求的程序保障的规范任务。在此，共同体条约第 61、65 条赋予欧盟立法机构制定保障市场无摩擦运转所要求的民事程序法方面的立法权限成为改革法律和权限的基础。在《布鲁塞尔条例》中，管辖权规范完全取得了相对于所有成员国民事程序法的优先地位、冲突法控制仅仅被限制在很小的范围之内，公共秩序保留条款的适用也被限制在"明显"的程度之上，承认程序的格式化和救济程序的后置等等一系列变革措施都塑造出带有强烈"承认倾向"的民事程序法律制度。相互承认原则在民事程序法中得到了较为彻底的贯彻。

相互承认原则是欧洲民事司法合作的基石，成员国必须从共同体市场，以及相互承认原则出发领会共同体颁布的一系列程序法律规范，并放松对来

---

① Mankowski, Das Herkunftslandprinzip als Internatioanles Privatrect der E – commerce – Richtlinie, ZvglRwiss 100（2001），S. 137.

自其他成员国的法院判决的控制和审查。尽管这是以一定程度在个案中的实体正义赤字为代价的，但是，它可以有效地将所有成员国的司法体系和制度结合起来形成在欧共体范围内民事纠纷的统一解决机制。所以，相互承认原则对于欧洲程序法来讲，所起到的是作为重新塑造欧洲程序新秩序指导思想的作用。它统辖了所有共同体层面上的立法、司法和成员国内国法院承认来自其他承认国法院判决的司法行为。如果将欧洲统一程序法律制度作为塑造统一、有序的欧洲民事程序秩序的手段，那么相互承认原则将是塑造这一塑造过程的中心原则。

总而言之，相互承认原则全面影响着欧共体范围内国际私法和国际程序法的立法和司法实践，并对欧洲社会形态由单一民族国家向"超国家"欧盟形态转型过程中起着举足轻重的作用。

二、坦佩雷决议

自 20 世纪 90 年代起，关于欧洲程序法的发展形势在欧洲就已经发生了深刻的变化：一方面，欧洲法院为了使市场自由影响到国际民事程序法而增强了它在判例中的共同体的解释倾向。[①] 另一方面，共同体立法机构获得了蓄意已久的新的立法权能。1992 年《马斯特里赫特条约》将民事司法合作引入到了欧盟的第三支柱当中。1999 年 5 月 1 日生效的《阿姆斯特丹条约》使原来属于欧共体第三支柱的政府间进行的司法与内务合作事项变成了第一支柱，即欧洲各大共同体的管辖事项，共同体有了直接的立法权限。并且在第 61—69 条中宣称建立一个欧洲司法空间是共同体一项独立的任务。[②] 借此，高效的立法程序和共同体次级法律的模式为国际程序法领域打开。一些学者甚至认为，内部市场一体化进程作为新的程序类型在国家程序法和国际程序法之中不断赢得新的形态，这种形态甚至涉及法院文书的送达问题。

欧洲理事会于 1999 年 10 月 15、16 日在坦佩雷举行"关于缔造欧盟自由、安全和法治空间"的特别大会吹响了欧盟国际程序法改革的号角。为此，正在进行的对《布鲁塞尔公约》以及《洛加诺公约》的修订工作也被迫停顿下来。在第 28 项决议中，建立一个真正欧洲法治空间的目标被正式

---

① Heβ, Der Binnenmarktprozess, JZ 1998, 1021 ff. ; Jayme, Europäisches Kollisionsrecht Grundlagen – Grundfragen, in: Müller – Graff (Hrg.) Perspektiven des Rechts der Europäischen Union (1998), S. 1 ff.

② Kohler, Europäisches Kollisionsrecht zwischen Amsterdam und Nizza (Wien 2001), S. 4 ff.

提出，即"在一个真正的欧洲法治空间中，个人和企业行使他们的权利不应当通过法律规定的不相容性和复杂性，以及成员国行政管理机构被限制或妨碍"。并且随后就这个法治空间的内容作出了方向性的决议：

（一）欧洲更好权利通向性

首先，理事会要求委员会尽快满足欧洲公民在权利通向性方面的要求。对此，委员会应当与其他的相关机构密切合作，建立关于欧共体法律制度的信息网络，并实时更新，以此真正满足建立欧洲法治空间对普通民众的信息供给。

其次，委员会应当制定关于程序费用帮助的法律规范，在消费者或带有极小的争议标的商业诉讼中对简化和加速了的跨界法院程序，以及抚养诉讼和对无争议判债权等方面制定特别共同程序规则，以此满足切实关系普通民主跨界诉讼的要求，保障对民事争议在欧共体范围内一体解决机制的有效运转。

最后，在欧盟范围内，关于跨界诉讼中使用的多语言制式文书必须被制作和应用，切实降低，甚至是排除此方面对跨界诉讼的阻碍。

（二）相互承认与执行法院判决

在判决承认与执行方面，欧洲理事会确认了相互承认的基本原则在欧共体范围内的有效性，奠定了欧共体范围内各成员国之间开展司法合作的指导方针。这一原则应当成为民事和刑事案件司法合作的基石。同时，取消中间措施的立法规划也被理事会在这次大会中提出。理事会认为，尽管中间措施与从前一样是有必要的，但是在分步骤的改革措施中，它必须被取消。首先。在基于微小的消费者或者商事请求权之上的名义，以及一些家庭法上的判决（例如，被抚养权和探视权）方面，为此，民事程序法特别视角上的最低标准必须被建立起来。其次，在证据材料和财产查封方面的立法要求是以保障审判程序顺利进行为目标必须被制定出来。最后，关于执行欧洲统一执行名义规范的要求也被明确的提出。

这样，理事会在原则性地提出关于建立欧洲法治空间的规划的同时，一些具体的立法要求也被提出。从总体上程序争议的最低标准，消费者和微小争议标的的立法领域，到欧洲统一执行名义的具体措施来看，理事会所表现出的完全是一种对欧洲程序法进行改革的急迫心情，尤其是关于消费者和微小争议标的案件程序的立法要求。在欧洲人民对一体化进程的热情逐渐减退的情况下，理事会决心从切实关系欧洲普通民众日常生活的法律领域入手，这就有一种取悦人民，在欧盟政治遭受"民主赤字"批评的情况下获取人民认同感的立法意图。事实上，这些领域也比较适合作为欧洲程序法改革的起点。而真正落实这些立法要求的，是委员会于 2000 年 11 月 22 日全体大会上批准的落实民商事法院判决相互承认原则的措施计划。

（三）立法规划

欧洲理事会在坦佩雷大会上宣布，"被改善了的法庭判决相互的承认和法律规定的必要同化将通过司法使政府机构和个体权利保护之间的合作变得容易"。按照欧洲理事会修改决议第 37 项的要求，委员会应当在 2000 年 12 月之前提交落实"相互承认原则"的措施计划。为此，委员会于 2000 年 11 月 30 日发布了《关于相互承认法院民商事判决的效力的措施计划》。

在该计划当中，委员会首先对成员国关于国际民事程序的法律制度进行盘点。《布鲁塞尔公约》、《布鲁塞尔条例 I》、《布鲁塞尔条例 II》以及《破产程序条例》被委员会作了系统性的描述，其目的是认清为欧洲司法空间缔造一个快速、简便的程序法律制度的现有基础。

在进行盘点之后，委员会的规划被划分四个部分，即：

——被布鲁塞尔条例 I 涉及的民商事领域，即从布鲁塞尔公约的继承条款或者补充措施；

——被布鲁塞尔条例 II 涉及的家庭法以及非婚姻家庭关系，以及对孩子的抚养权；

——夫妻财产制和未结婚生活伴侣的分离的财产上的后果；

——遗嘱和继承法诉讼。

在第一个部分中，无争议债权和小标的争议请求权被突出出来，它们是在《布鲁塞尔条例 I》的基础之上进行进一步的发展，而第二个部分则重点突出探视权和抚养请求权方面的改革。在第一部分的改革步骤中，无争议债权的欧洲执行名义、简化和加速较小争议标的的跨界争诉的处理，以及取消抚养权可执行宣告程序成为第一步的改革重心；第二步主要是关于增强在审判国作出的判决在被申请国所拥有的法律后果，包括暂时可执行性、担保措施、银行账号的查封；第三步是在《布鲁塞尔条例 I》的所有适用范围之内全面取消可执行宣告程序。在第二个部分中，对关于探视权和双亲责任的家事法领域的判决进行承认的可执行宣告程序将被取消；在第二个步骤中，在《布鲁塞尔条例 II》的适用范围内适用《布鲁塞尔条例 I》中规定的承认与执行程序，这时大部分家事法领域内的判决将和财产法领域内的所有判决一样被承认和执行；第三步也是全面取消可执行宣告程序。在后两个部分的程序法律制度改革中，所得到的最终结果也是全面取消可执行宣告程序，并且全面适用《布鲁塞尔条例 I》中关于承认和执行其他成员国法院判决的法律制度。总之，计划的目标是对所有的民事法律领域最终形成统一的承认和执行法律体系，可以预见，未来的欧洲跨界民事程序法律制度将不区分法律领域的情况下完全由一部程序法典来规范。毫无疑问，这是一个宏伟的规划，在这一计划实现之后，欧共体范围内所有的跨界民事纠纷将变得和纯内国民事程序一样简便、快捷。

通过坦佩雷决议和委员会的立法规划可以看到，按照共同体立法者的构想，以布鲁塞尔公约和条例已经建立起来的法律状态仅仅是一个中间步骤。借助进一步向前发展共同体统一私法和统一程序法，在共同体范围内进行的统一协调必然将导致承认国的第二次对判决的控制被彻底取消。如果所有判决能够在欧洲司法空间内自由地流动，或者说没有承认国的中间程序，那么判决自由流动就被真正地建立起来了，这不仅能激发内部市场中经济参与者的活力，而且也将减轻普通市民日常生活的负担。

（四） 对欧洲理论界对坦佩雷决议和规划的批判的反思

海瑟（Heβ）教授在 2001 年 5 月 17、18 日 Bayer 基金会组织的名为"欧洲冲突法体系转换"的学者大会上明确表示，坦佩雷和委员会所规划的欧洲程序法的蓝图是有些操之过急。显而易见，相互承认原则更多的是属于欧洲行政管理方面的原则，将行政管理法律制度的价值冒失的嫁接到欧洲私法实体法和程序法律体系上似乎并不是明智的做法。[①] 科勒教授在他的主题发言中也坚持认为随着即将到来的欧盟东扩，巨大的地理上的以及文化上的差异有进行类似布鲁塞尔公约磋商体系融合的需要。出于这个原因，他坚持将对判决的审查仅仅限制在审判国内国法院体系中进行纯粹的垂直审查的规划是非常危险的，在承认国中进行的控制必不可少，它本身也是法律融合的必要过程。[②] 此外，海瑟教授还坚持认为，在所谓的欧洲司法空间内，实际上会造成的结果是，内部市场的公民、律师、法院以及其他司法机构必须屈从于由来自共同体、成员国中的大量规则所组成的复杂的规范体系。例如，在共同体送达条例转化过程中，各成员国交给委员会的大量保留使得法律规则体系变得复杂而漫无头绪，使得跨界送达的规则体系过分不恰当地复杂，

[①] Heß, Jügen E Baur/Heinz – Peter Mansel, Systemwechsel im europäischen Kollisionrecht, C. H. Beck 2002, S. 165.

[②] Ibid. , S.150.

这可能会导致与制定条例的初衷相背离。[①]

第三节　《布鲁塞尔条例》

《阿姆斯特丹条约》使得在欧盟国家之间可以制定条例形式的程序法律代替现有的公约。在共同体条约第 61 条 c 和第 65 条的基础上，2000 年 12 月 22 日条例被作为民事司法合作的措施被发布。对于条例在法律形式上的变化而言，公约的基本结构在条例中被保留下来，修订并没有完全展开，而是在充分对细节进行解释之后对一些特别显著的点上进行革新。与之相应，原先对《布鲁塞尔公约》进行补充的国家施行法也进行了相应的修订。例如，2001 年 2 月 19 日，德国颁布详细的施行法，即 AVAG。其中包含了大量与条例相衔接的管辖权补充规定，在此基础上重点修订了判决承认和执行方面的法律规定，特别是规定了基于信任其他成员国司法体制而允许强制执行其他成员国判决的规定，它们对条例第 38 条之后规定的执行法起到了补充作用。在英国，1982 年《民事管辖和判决法》（Civil Jurisdiction and Judgments Act）作为《布鲁塞尔公约》的施行法，不仅通过在附件中全文引入布鲁塞尔公约的方式赋予其在英国的法律效力，而且还包含了大量具体的施行规定。对这一法令，英国也通过 Statutory Instrument 2001 No. 3929 依照条例进行调整。[②] 借助这样的施行规定，各个成员国顺利地完成了从《布鲁塞尔公约》到《布鲁塞尔条例》在法律形式上的转换。

条例保留了公约的基本框架，与从前一样，执行效力仍旧由承认国法院赋予。但是无论可执行宣告程序，还是承认和执行判决的阻碍事由都发生了重大的变化。[③] 革新主要涉及公共秩序、矛盾判决以及对法定听审权的保障。这些方面体现出很强的"功能化"趋势，条例有利于市场无摩擦运转的市场功能被一再强调，国家之间实体法律规定的差异进一步被模糊化。在进一步加速可执行宣告程序的指导思想下，对国家利益和债务人权益的规范性保护进一步被条例的一体化和市场化功能所掩盖。

---

① Heß, Jügen E Baur/Heinz – Peter Mansel, Systemwechsel im europäischen Kollisionrecht, C. H. Beck 2002, S. 165.

② Krophller, Kommentar, S. 36.

③ Christian Kohler, Systemwechsel im europäischen Anerkennungsrecht: Von der EuGVVO zur Abschaffung des Exquaturs, Jügen E Baur/Heinz – Peter Mansel, Systemwechsel im europäischen Kollisionrecht, C. H. Beck 2002, S. 148.

一、加速可执行宣告程序

程序当事人在审判国获得判决之后，如果要申请承认判决和可执行宣告，那么他必须向承认国法院递交与判决有关的法律文件。对于所递交的法律文件，承认国法院根据条例第 53 条第 1 款所要求的形式条件进行形式审查，一旦通过，法院有义务毫不迟延（unverzüglich，即尽可能的快速）地宣告判决为可执行。在这个被称为"第一阶段"的程序中，承认与执行法官并不需要事先根据条例第 34、35 条对判决的承认条件和可执行性进行审查。很遗憾，为保障审查的质量，条例在这里并没有引入一个审查期限，并且根据条例第 41 条的规定，在这一程序中不需要债务人的旁听，并且一般情况下不需要对申请人进行口头质询。在这个阶段中，即在可执行宣告之前，债务人不参与法院的审查，并且根本没有机会提出抗辩并申请相应的法律救济。条例在这里体现出明显的"债权人倾向"，其目的在于保障执行的突袭效果，防止债务人转移财产等阻碍执行的情况出现。可执行宣告程序因此也被明显的提速，审判国公正审判程序、成员国之间的司法信任以及在第二阶段中的法律救济成为加速可执行宣告程序的必要保障。道尔茨（Droz）教授在他的论著中指出，鉴于第一阶段中对可执行宣告申请的形式审查，实际上根本没必要由法官，仅仅通过一个其他的司法官员就能够作出可执行宣告决定了。[①]

与《布鲁塞尔条约》相反，根据条例第 38 条及以后几条的规定，法院在可执行宣告中仅仅可以进行一定手续上的形式审查，不能够就承认该判决的阻碍事由，如公共秩序、缺乏法院文书送达或者判决之间发生矛盾（《布鲁塞尔条例》第 41 条）的问题进行审查。也就是说，被条例简化的承认阻碍事由根据条例的规定仅仅是在债务人提出法律救济之后被审查（条例第 41、43 条）。这一变化的前提是，债务人必须在审判国法院针对可执行宣告的判决尽可能的进行法律救济。实际上，在保留可执行宣告程序的基础上，条例对公约的改革并没有实质性的改变，而仅仅是在快速开始执行的方向上前进了一小步。

可执行宣告程序是在条例第 38—42 条被规范，在整个程序中债权人处于主导地位，他决定在什么时候，向哪一个国家的内国法院提出可执行宣告申请。根据条例的规定，执行不仅仅在债务人的住所地，而且也可以在被执

[①]　Droz/Gaudemet‐Tallon, Rev. erit. d. i. p. 90 (2001), S. 645.

行财产所在地进行，同时也可以在多个成员国同时进行。在受理可执行宣告申请的第一审级法院中，法院所做的，仅仅是对于被执行判决的形式上的审查，例如判决是否是由成员国法院作出，成员国法院行使审判管辖权是否违反条例关于保险案件、消费者案件等等的相关规定。此外，还有对那些为简化可执行宣告程序而被引入的执行表格的形式性审查。这些表格在审判国中被出具，其中记载了审判国、判决法院、判决的形式（包括编号、日期）、当事人和审判庭，以及判决的主要内容。在缺席判决的情况下还需附加审判法院法院文书的送达时间，等等。这些规定，体现出了十足的"债权人倾向"。

与公约一样，根据条例的规定形成的是一个独立和封闭的救济体系，它被称为是"第二阶段"。条例的规定全面的排挤国家法律的救济手段，欧共体的立法者认为，条例的救济手段足已完成对程序各方的法律救济。根据条例第 43 条，针对判决可执行宣告的法律救济通过应当在送达之后一个月内提出。如果债务人并不在执行国内居住，提交救济申请的期限延长至两个月。条例并没有关于送达的具体法律规定，必须依靠欧洲送达条例和国家法律的相应规定。与《布鲁塞尔公约》对债务人的救济（公约第 36—39 条）和债权人的救济（公约第 40 条）进行区别对待不同，条例在第 43 条之后条款中对双方当事人实行统一救济。在救济程序中对债务人的法律保护是规定在条例第 43—46 条中，其中第 43 条相对于公约来讲，没有什么实质性的内容改动，因为在公约的历史上，本身对可执行宣告程序的法律救济就很少出现。同样，可执行宣告依据条例第 34、35 条中承认阻碍事由被拒绝或者被取消（条例第 45 条第 1 款第 1 句），但是外国判决根本不可能被实质审查（条例第 45 条第 2 款）。在对承认前提进行审查时，对维护国家利益依赖于执行债务人的申请，一般情况下，法院并不主动审查。① 此外，根据条例第 35 条的规定，在权利救济程序中可以对条例规定的保险和消费者案件的强制性管辖进行审查。此外，因为法官不再像公约那样以政府的名义审查承认障碍，所以强制执行尽管仍然处在成员国国家法律的职权范围之内，但是毫无疑问，条例的规定会很大程度上加速可执行宣告程序和执行程序。

---

① 对此批评的是 Kohler, Systemwechsel, S. 147, 152.

二、关于承认条件的革新

（一）删除冲突法控制

负责评估并修订《布鲁塞尔公约》的主要专家之一，德国学者瓦格纳（Wagner）教授认为公约第 27 条第 4 项的承认障碍必须毫无保留的被删除，因为它在实践当中没有任何的意义。① 在欧洲，许多学者认为公约第 27 条第 4 项规定的冲突法控制从一开始就是错误的。② 在 2001 年 5 月 17、18 日 Bayer 基金会组织的名为"欧洲冲突法体系转换"的学者大会上，关于冲突法控制的存废引起了很大的争议。在科勒教授所作的名为"欧洲承认法体系转换"的报告中，教授认为的成员国的冲突规范之间的不同依旧是比较突出的，不加思考的承认冲突法不一致的判决的义务肯定不是正确的。在立法上，理事会没有对成员国冲突规范之间协调一致给予足够的重视，仅仅是盲目的取消冲突法审查，造成冲突法失明（Kollisionsrechtsblindheit）。③ 瓦格纳教授在对该报告的评论中承认，如果首先统一冲突法，然后才在此基础之上进行判决承认和执行的自由化，肯定是比较好的选择。但这并不是说，冲突法的统一是自由的承认和执行规则的绝对必要的前提。同时教授还强调，必须考虑国际程序法的程序特殊性，必须在国际程序法领域内考虑，能够在多大范围内限制主权法律思想或者甚至取消该思想。

事实上，在 2001 年左右共同体法发展出承认替代国际私法原则之后，进行冲突法审查就变成毫无意义的事项。在共同体理事会 2000 年 5 月 29 日第 1347/2000 号《关于婚姻和双亲责任的管辖权和承认和执行条例》中取消该项审查之后，《布鲁塞尔条例》也继承了这一做法。这里，条例的目的在立法考量第一条中表露无遗，即条例是作为保障人员自由流动的程序性法律制度。在公约废除财产法冲突法控制之后，应当跟随共同体国际私法理论的发展进一步在成员国之间承认相互的冲突法规范，废除对身份和继承事务的冲突法控制，借此进一步在共同体范围内保障人员的自由流动。

---

① K. Kreuzer/R. Wagner, in: Handbuch des EG – Wirtschaftsrechts, Europasiches internationales Zivilverfahrensrecht, Kap. Q Rdnr. 386, 既有利原则 Gunstigkeitprinzip；Geimer IPRax , 1998, 175. 批评的建议是 Jayme, IPRax 2000, 165.

② Schlosser, EuGVü, 1996, Art. 27 – 29；Stadler, S. 37.

③ Christian Kohler, Systemwechsel im europäischen Anerkennungsrecht: Von der EuGVVO zur Abschaffung des Exquaturs, in: Jügen E Baur/Heinz – Peter Mansel, Systemwechsel im europäischen Kollisionrecht, 2002, S. 150.

（二）从功能上保障法定听审权

按照《布鲁塞尔公约》第 27 条第 2 项，在审判程序中对被告保护是以法院文书送达符合合法性（Ordnungsmäßigkeit）和准时性（Rechtzeitigkeit）为双重标准，其目的主要保障的是作为程序当事人基本权利的法定听审权。在公约的具体实践中对合法性要求的诟病较多。

为了进一步降低对程序公正性的要求，委员会在 1997 年对公约的修订建议中依照规范的功能性给出了原则，即送达是否准时和合法是以被告实际能够行使自己的法定听审权作为标准。公约修订工作组的建议与此不同，仅仅是将标准设定在准时之上，并且再没有其他的拒绝理由。他们批评委员会观点的理由是基于这样的考虑，即所有缔约国关于送达的法律制度不尽相同，并且不是所有的送达形式都能够保障法定听审权。

与欧洲法院要求在审判国完成所有的送达规范的要求不同，欧洲法学理论界也认为应当从规范的目的和功能出发，降低对法院文书送达的要求，即被告在事实上是否能够行使辩护权成为准时送达的标准，[①] 而送达的瑕疵并不能构成阻碍承认的原因，只要它不影响被告的辩护可能。欧洲法院最终否定了这一要求，因为它担心目的论会架空送达的具体规范，可能会使所有关于送达的规范形同虚设，最终导致送达体系实证化，甚至崩溃。[②] 但是，条例的最终条文遵从了工作组的建议，对公约的标准遵从目的论上的选择标准减低成为现实。

条例第 34 条第 2 项不再就送达合法性进行要求，送达瑕疵仅仅是损害法定听审权的证据而已，具体的判断还要依赖法官在个案中根据实际情况进行的判断，而判断的标准是这些瑕疵是否妨害被告人的辩护可能。[③] 从条例的措辞来看，对于送达的方式和时间来讲，现在更多地取决于事实上的辩护可能。

根据欧洲法院 2006 年 12 月 14 日的判决，被告人针对缺席判决援引条例第 34 条第 2 项仅仅是在如果他确实没有通过送达得知程序的信息，并且他能够在审判国法院行使辩护权的情况下。[④] 在该案件中，奥地利被告在审判程序的质证程序中才收到在荷兰法院进行的审判程序的诉讼文书，并且缺

---

① Zöller/Geimer, Kommentar zur ZPO, 2000, § 328 Rdnr. 134.

② EuGH 1900, I – 2725 Rdnr. 18. Lancray/Peters.

③ Stadler, in 50 Jahre BGH, Festgabe der Wissenschaft, Bd, III, 2000, s. 670.

④ EuGH C – 283/05, ASML.

席判决根本没有送达。因此，直到他接到可执行宣告决定的时候，它才知道判决的存在。奥地利州高等法院向欧洲法院提交初步裁决申请，并且提出问题，即提交法律救济的可能性是否是以债务人被合法送达诉讼文书为前提，或者是否在这一点上足够的是，债务人通过可执行宣告的送达能够根据审判国的法律制度能够知道其是否可以提出法律救济。

欧洲法院认为，单纯得知判决的存在是不足够的，要以他是否能够通过文书送达直到判决的内容，并且有针对性地提出法律救济。如果被告尽管有可能，但是针对判决在审判国内还是没有投入法律救济，那么他不能够引用该条款阻止承认国对判决的承认和执行。条例思路是，被告对审判国的审判程序可以提出救济或者不救济，这是他直接处分程序性权利和间接处分实体权利的方式之一，条例保障被告提出法律救济的机会，这样就已经足够了。如果被告没有申请法律救济，那么实际上等同于接受判决的内容。这样，带有瑕疵的送达只有在产生消极的后果（影响到被告人的辩护权）之后才能够被重视，并且将单纯的错误送达施加于准时要求之上的结果是出现法的不安定性，因为它的确认存在于承认国法官的判断之中，不具有规范的充分确定性。借此，客观性的规范审查被主观性的功能审查所替代，在功能化的道路上对被告人的保护被弱化。

根据第 42 条第 2 项，足够的是，如果判决随着可执行宣告一起送达给了债务人。借此，一个事先的判决的送达通过条例不再被要求了。此外，被告仅仅能在这样的情况下援引条例第 34 条第 2 项，即如果他已经在审判国中提交了鉴于有缺陷的送达而拥有的司法救济；如果他有责任而错过了这样的救济申请，那么也不能因此请求承认国法院拒绝承认该判决。

（三）对公约矛盾判决规定的补充

公约第 27 条第 3、5 项的规定缺乏这样的考虑，即来自不同缔约国的多个判决之间的冲突至今没有被包含在承认障碍之中。公约第 27 条第 3 项涉及与承认国国内判决之间的冲突；第 27 条第 5 项涉及与承认国先前非缔约国的第三国判决的冲突。布鲁塞尔条例填补了这一漏洞，条例第 34 条第 4 项补充了公约第 27 条第 5 项中的与先前另一个成员国的判决之间的冲突。借此清楚的是，一个先前的在其他成员国内国中作出的判决也能够导致承认被拒绝。新的规定不仅仅包括非成员国的第三国，而且包括了第三成员国。

条例第 34 条第 3 项涉及这样的情况，即被承认的判决与承认国内相同的当事人之间，关于相同争议标的判决不一致。此外，不同缔约国法院在暂时权利保护的程序中作出的多个裁决也可能产生相互矛盾的情况。第 34 条第 4 项则涉及这样的情况，即不是承认国的判决，而是同样被要求承认的判决与其他成员国或者一个第三国的判决相矛盾。与一般的承认与执行法理论不同，先前承认国之内未决诉讼并不能阻碍承认的事由。欧洲法院进一步确定不一致性是指判决的法律后果必须相互排斥。

（四）关于公共秩序保留的规定

与《布鲁塞尔公约》未在规范上给公共秩序审查设置尺度条例不同，条例第 34 条第 1 项中对公共秩序保留最终引入了一个"结果尺度"——"明显"（Öffensichtlich，即"有目共睹"），它与海牙执行公约的术语一致。① 此外，条例中的公共秩序审查仍属实质性审查禁令的例外情况。属于公共秩序的还有共同体法律的一些不可放弃的基本原则，即欧洲公共秩序。可以肯定，公共秩序必须符合欧洲民事程序法的意图，顾及一体化的目标，并且将国家利益和价值在这一目标之下进行相对化或者说是软化。②

总之，尽管条例对《布鲁塞尔公约》建立起来的承认与执行法体系没有根本性的变化，但是它建立起来的立法机制和平台远非公约的政治磋商平台更富有效率和效力。以此，建立起来的承认与执行法体系直接适用于各成员国，统一的管辖权规范、废除冲突法控制、限制公共秩序保留条款的适用以及放弃对判决终局性的要求等等无不体现着这个体系的张力和弹性。在欧洲立法者的眼里，欧洲民事程序制度作为塑造社会法律生活的工具被逐步完善，其转折点即是布鲁塞尔条例。国家的司法资源被条例有机的整合起来，这一点相比较传统的承认与执行法体系有着翻天覆地的变化，它所带来的共同体的集体增效也令人惊奇。人们不禁要问，欧洲的模式是否可以简单的复制到世界其他地区，在一定程度上，欧洲的模式比美国联邦州之间的承认与执行法体系具有更大的体系性和可操作性。它对于传统的承认与执行法体系不仅仅是一次史无前例的大胆尝试，也注意印证学者们的理论构想。在促进判决自由流动的指导思想之下，欧洲通过《布鲁塞尔条例》所构建的承认与执行法体系还有多少未被发觉的能量，是否还可以向其他的判决类型延伸，承认条件是否还有进一步的削减可能？对于这些问题的论证都可以以欧共体作为试验田，它对承认与执行法体系的意义远非现在所能看到的革新，可以期待，承认与执行法体系在欧洲一体化进程中将发挥巨大的社会效应。

按照盖姆尔教授的观点，通过条例进行的改革和对承认与执行法体系的

---

① Gottschalk, Allgemeine Lehren des IPR in kollisionrechtlich Staatverträgen, 2002, S. 250.

② Renfert, über die Europäisierung der ordre public Klausel, 2003, S. 77.

革新是十分谦虚的，立法者抱有十分克制的尺度。他认为应当有更大的勇气进行改革，应当不仅仅只是对《布鲁塞尔公约》进行简单的记录，而新一代立法和司法者应当在新的千年有能力进一步的对公约的体系进行改良。①尽管是如蜗牛缓慢的向前爬行，但正如有句格言所说："坚冰必然被融化，只要持续加温。"②

第四节　《无争议债权的欧洲执行名义条例》

2004 年 4 月 21 日由欧洲议会以序号 805/2004 并且于 2004 年 4 月 30 日在欧共体官方公报上予以公布。根据条例第 33 条，它于 2005 年 1 月 21 日起在丹麦以外的所有成员国中正式发生法律效力。

一、体系的转换

无论是《布鲁塞尔公约》还是《布鲁塞尔条例》都和世界上大部分国家的民事诉讼法一样，在执行外国判决之前会设置一个中间程序将外国的执行名义转变为自己国家的，在欧洲大陆即是所谓的"可执行宣告程序"。《执行名义条例》的立法目的，简单地说，就是取消这一中间程序。这将导致执行国不能对已经被确认为欧洲执行名义的判决进行管辖权、程序公正性、互惠原则等承认条件上的审查，甚至连作为最后"制动阀"的公共秩序审查也被放弃了。这也就意味着国际承认和执行法体系的转换，即以在审判国中的确认代替了在执行国中的可执行宣告程序；或者说，原来的由审判国和承认与执行国对判决进行双重的审查和控制，转变为如今仅仅由审判国进行审查，执行国则对判决失去了控制权。欧洲议会在它对《执行名义条例》的修订建议中，即 2002 年 8 月 27 日的《对欧洲执行名义条例权衡原因》第 6 项，明确地将欧洲执行名义等同于成员国自己的执行名义。这一体系的转换一方面暗示了在其他成员国中对作为执行名义基础的判决的"强制性"承认义务；③ 另一方面，根据条例立法考量第 18 项，以相互信任为基础的各成员国之间的司法合作意味着要么设置程序上的最低要求，要么将大量的程序性规定共同体化，这样才能最大可能的消除成员国之间对成员

---

① Geimer, Salut für die Verordnung Nr. 44/2002（Brüssel I – VO），IPRax März 2002, S. 73.

② Ibid.

③ Kropholler, Europäisches Zivilprozeβrecht, 8 Aufl. Recht und Wirtschaft Verlage, 2005, S. 578.

国程序性法律制度的不信任，消除执行国将控制权交与审判国时的忧虑。

二、体系转换的保障

（一）各成员国民事司法制度具有等价性

执行国对欧洲执行名义放弃审查是以各成员国规定的获得执行名义的程序被假定为具有"等价性和可互换性"为前提的。在等价性基础上建立起来的成员国之间对民事司法制度的相互信任是成员国之间民事司法合作的基础。在此基础之上，在统一的政治框架内，执行国法院完全没有必要对判决进行第二次审查，因为审查本就意味着对其他成员国司法体系的不信任。

（二）当事人对诉讼权利能够自我维护

在对条例进行论证的时候，主要的批评意见是针对条例将缺席判决纳入到了条例当中加以调整。① 条例之所以如此，是因为有一个基本假定，即"当事人对诉讼权利能够自我维护"。2002 年 8 月 27 日的委员会在条例建议理由书第 4 项中认定："绝大部分的关于无争议债权的判决产生于债务人自己不参加程序。其出发点是责任自负原则，即债务人自己决定自己的行为，并且或者因为他认为债权是有依据的，或者因为他有意识的对法庭程序置之不理。"因为各个国家的程序性法律制度不同，所以缺席判决一旦涉及跨界的承认与执行，当事人从很多方面来讲都缺乏对缺席审判法律后果的一个足够清醒的认识，所以就失去了责任自负的前提条件。条例第 17 条尽管包含了一系列的法院针对被告的告知义务，最终保证被告将被告知所有的程序步骤和法律后果；但是，条例在这里还是有缺陷，即没有规定由谁（由法院或者由原告）告知被告。同时，条例的规定也涉及对审判国法院文书送达机制的信任，而且这样会使被告人的参加诉讼义务将被显著的加重。但无论如何，有了这一假定，条例的适用范围就被扩展到了缺席审判，条例的适用范围也因此被扩大。

（三）"侧翼措施"和"最低要求"

按照欧共体关于民事程序法的立法规划，所谓的"侧翼措施"是《布鲁塞尔条例 I、II》、《执行名义条例》正常运行的有效保障，其中包括了

---

① Kohler, Systemwechsel im europäischen Anerkennungsrecht: Von der EuGVVO zur Abschaffung des Exequaturs, in: Baur/Mansel, Systemwechsel im europäischen Kollisionsrecht, 2002, S. 146; Kohler Die erste Seite RIW 10/2003; Stadler, IPRax 2004, S. 2; Heß. NJW 2002, S. 2417; Coester – Waltjen, Einige Überlegungen zu einem Künfitgen europäischen Vollstreckungstitel, in: Nakamura, FS Kostas E. Bezs, Athen 2003, S. 183.

《送达条例》（欧共体第1348/2000号条例）、《证据条例》（欧共体第1206/2001号条例），以及即将生效的《督促程序条例》等一些保障条例正常运行的法规。这些条例是程序中的一般性规范，几乎涉及每一个国际民事程序，在批准的成员国中具有直接的、最高的法律效力。而且，这些条例规范的民事程序是最低要求性的，其核心内容是在各国的民事程序中保障基本的人权，例如法庭听审权。这里确定的尺度最终是《欧洲人权公约》，其第6条的程序上的最低要求（公平的程序，法定的听审，法院的公正无偏袒），即使是在成员国的法律制度中，这些标准也是必须实现的。[①] 作为欧洲最基本的宪法性文件，《欧洲人权公约》承担了在案件中保障人权的任务，它最终保障了所有国家的判决都是在一定程序尺度内做出。在条例内部，在第三章（第12—19条）中规定了将无争议判决确认为欧洲执行名义在程序上的"最低要求"。在"侧翼措施"和"最低要求"保障之下，无争议债权判决作为欧洲执行名义在成员国之间自由流动才具备了最基础的条件。

三、条例的内容

（一）条例适用的判决类型

根据第3条第1款第1项，能够被确认为欧洲执行名义的首先是法院判决。根据在第4条第1项的对判决的法定定义来看，判决包含了每一种被成员国法院发布的决定，这里并不用顾及裁决的称谓，如判决、决定、支付令或者执行令，此外还包括费用确定决定，并且这里仅仅是列举，并没有涵盖所有可能的判决形式。但是临时措施不可以，因为欧洲法院将它们从内容上与《布鲁塞尔条例》第32条相同的执行体系中排除了。其次，还有在法院审判程序中结束的，并且经法院同意的调解（条例第3条第1款，第24条）。这一释义比《布鲁塞尔条例》第58条的程序性调解的定义更加宽泛，因为条例还涉及法庭外调解，只要该调解经法院批准。批准不是指调解内容上的可接受性，例如由律师缔结的，并且是由法院根据自己国家的民事程序法签署的调解协议。从条例第2条的表述来看，条例还允许各成员国在自己的民事程序法中进行个性化规定，例如，在德国允许律师调解作为欧洲执行名义被确认，但它必须在初级法院根据《德国民事诉讼法》第796条a进

---

① 正确的协调涉及参加诉讼的期限的统一和诉讼文书的法院文书的合法送达的政府控制，这还需要一个送达规则的协调一致；Heβ, NJW 2001, 15, 19 ff.

行登记。[1] 最后，公文书也可以被作为执行名义被确认。公文书的定义规定
在第4条第3项a项，与《布鲁塞尔公约》中公文书的概念相同。较为明确
的是，属于条例中公文书范围内的还有抚养协议，它是在行政管理部门缔结
的，或者是在它们那里被证明的（条例第4条第3项 lit. b）抚养协议。这
一规定暗含了这样推论，即条例的具体适用的案件类型也包括了抚养请
求权。[2]

从债权的类型上看，条例主要涉及金钱债权。除了一般意义上的涉及两
个成员国的涉外关系（法律关系或者当事人分属于两个国家）之外，还有
作为纯内国案件或者作为非成员国的第三国案件的涉外案件。这里的着眼点
是执行行为是在另一个成员国内，所以，即使是例如两个德国人之间的关于
在德国境内的交易产生的纠纷，或者针对一个美国被告的纠纷，如果涉及在
其他成员国内的执行问题，就能够被确认为欧洲执行名义。[3]

根据条例第4条第2项的规定，债权必须是到期的，或者到期日被记录
在判决，法庭调解或者公文书当中。如果债权到期是附条件的，那么只有当
债权人证明了该所附条件的出现之后，才能够被确认为欧洲执行名义。此
外，债权必须具有可执行性，即使是判决仅仅具有暂时的可执行性。判决是
否具有可执行性是以审判国的法律作为判断标准的，条例并没有给予具体的
限制。这样就出现一种可能的情况，即在审判国可执行的判决，在一个不可
执行的执行国内通过条例被执行了。

（二）"无争议"的含义

无争议，即指债务人就债权的类型和数额没有经得起证明的争议。在立
法过程中，对条例所涉及的无争议债权下准确的定义是最为困难的事情。其
原因是，抽象的概念性规定最后都会因为复杂的个案情况变得异常复杂。第
3条第1款第2句给出了两种情况：第一种情况，债务人明确承认债权，即
在公文书中明确承认债权（主要是公证文书，条例第3条第1款第2项
lit. d），根据条例第25条，公文书可以作为欧洲执行名义被确认，或者它在
审判程序中或者一个法庭调解中明确的承认债权（条例第3条第1款第2项
lit. a）。执行名义可以在债务人明确承认的情况下建立起来。第二种情况，

---

① Pfeiffer, BauR 2005, S. 1541.

② Wagner, Privatrecht in Europa, FS Sonnenberger, 2004. S. 727.

③ Bernhard könig, Der Europäische Vollstreckungstitel: Haben wir gehärig vorgesorgt, Europäisches
Zivilverfahrensrecht in Österreich, Manz, 2006, S. 113.

缺乏对债权的抗辩，由此推论债权无争议。属于这种情况的是，债务人根据审判国的程序法律规定，在法庭程序中没有提出异议。对债权提出形成有效争议的异议必须是在法庭上提出，在法庭审理之前的向债权人提出的异议不在考虑的范围之内；异议是否从实体法上和程序法上构成对债权的有效争议必须根据审判国的法律，即法院地法加以确定（条例第 3 条第 1 款第 2 项 lit. b）。① 一般情况下，债务人表示其无履行债务的能力，并要求延迟履行的请求不成立异议。此外，债务人没有出现在法庭程序中，而在此之前即使他出现在程序当中，但只要依据审判国的法律被看作是对债权的同意的默认，那么该债权就是无争议的。或者他根本不出席法庭审理程序并且没有被代理（条例第 3 条第 1 款第 2 项 lit. c）。② 后者即是所谓缺席审判，根据一般的经验，经常的情况是，债务人为了赢得时间，提交针对判决或者督促支付令的抗辩，但缺席在随后的程序，以至于一个缺席判决被做出。这显然可以被推定为债权无争议。如果与此相对，在审判国法院第一审级的诉讼程序中得出一个争诉判决，但是第二审级法院因为上诉人缺席的原因对其作出缺席判决，那么第二审级法院判决则不能够作为执行名义来确定，其中鼓励债务人使用法律救济手段进行积极抗辩的倾向很明显。上诉人的缺席，根据审判国的法律仅仅导致驳回上诉的判决，既不属于条例意义上的判决，也不属于不导致条例意义上的缺席情况。③ 尽管如此，依照德国学者的观点，除了审判程序的判决、法庭调解、公文书以及执行令之外，大部分缺席判决都能够被作为执行名义被确认。④ 需要说明的是，条例并不包括对待给付，同时履行的情况，因为与金钱债务相对的对待给付的存在本身就是一个争议内容，条例需要一个不被限制的支付名义存在。

（三）条例的"最低要求"

条例在第三章规定了一系列的最低要求，只有审判国的审判程序和对欧洲执行名义的确认程序从程序上满足这些最低要求，债权才能被确认为欧洲执行名义。

1. 文书送达的最低要求

---

① 例如根据《德国民事诉讼法》第 78 条，当事人在法院的诉讼必须由律师进行代理，这是一个强制性规定，如果被告没有律师的代理而提出对债权的异议，并不能形成对债权的有效争议。

② 《执行名义条例》第 3 条第 1 款 c 项提供了一个假设，即债务人在诉讼中不出现，但他在之前的诉讼中对债务提出异议，这时认为债务人对债权不再有异议。

③ Rauscher, Der Europäische Vollstreckungstitel für unbestrittene Forderungen, 2004, Rdnr. 60.

④ Wagner, Die neur EG – Verordnung zum Europäischen Vollstreckungstitel, IPRax 2005, S. 193.

条例在给予债权人通过欧洲执行名义实现债权的便利的同时，也给予了债务人以相应的保护。首先，诉讼文书必须送达债务人，条例第 13、14 条规定文书送达后必须由债务人签名并注明送达日期，一般情况下，通过挂号信即可，条例还特别规定了通过传真和电子邮件的形式进行的送达。其中，电子送达是基于奥地利的愿望，因为在奥地利法院、律师事务所以及较大的企业都是通过一个封闭的网络相互连接。① 第 13 条和第 14 条的送达形式没有等级，并且条例第 14 条规定了六种替代送达形式。② 所谓的替代送达都是送达到债务人的法定或者是任意代理人（条例第 15 条）。对债务人的合法送达债权人负有举证义务，即使是债务人拒绝领受送达的文书。关于文书送达，除了依照条例之外，还必须遵守欧共体送达条例的相关规定。在这里，条例的目的最终是为了保障债务人的法定听审权，其核心是债务人是否有可能参加诉讼并进行抗辩，由此来保障在对抗性诉讼程序中得出公正的，当事人双方都最大限度接受的判决。因此，条例认为假设送达——即《德国民事诉讼法》第 185 条等规定的公开送达，或者法国的 remise au parquet（交给检察官）是不足够的。此外，法官必须注意三个不同的规则复合体的相互作用。有时跨界进行的传票的送达首先根据欧洲送达条例（执行名义条例第 31 条第 1—3 款），但是一个在审判国进行的送达原则上仅仅遵守内国的送达法律。如果判决随后作为欧洲执行名义被授予资格，那么根据条例第 11 条及以后条款的最少的前提条件和它们的在审判国国家法律中的转化必须被注意。

在条例与欧共体《送达条例》（2000 年 5 月 29 日理事会的第 1348/2000 号条例，即关于法院和法院外的民商事文书送达条例）之间的关系中，因为条例的最低要求上仅仅是关于评价的条款（即作为确认执行名义的条件），其结果是，条例并没有触动送达条例（条例第 28 条）。如果债权人已经在起诉书中提出了确认执行名义的申请，那么送达条例自身不受限制的能够被适用。

2. 法院的告知义务

在条例第 16、17 条中，条例规定在所送达的诉讼文书之中，必须包含下列的告知事项，即当事人的姓名和通信地址、债权的数额包括利息和债权理由的名称、审理债权的法院地址、债权的审理期限、对债权不进行申辩的

---

① Wagner, Die neur EG – Verordnung zum Europäischen Vollstreckungstitel, IPRax 2005, S. 195.

② Siehe Erwägungsgrund Nr. 15 der VTVO.

法律后果，等等。

最低要求是针对各成员国普遍存在的缺席审判而规定的，最终目标是保障在审判国的审理程序中，债务人可以通过所有可能的途径对债权进行申辩，否则不能够被确认为欧洲执行名义。在这一点上，条例并没有进一步详细的规范，具体的操作由各国自己的程序法加以规定。例如，葡萄牙的民事程序法中规定，送达的涉外法律文书必须是经过翻译的，但是希腊的民事程序法中则没有这样的规定。总之，在送达问题上实行"多眼原则"（Mehr Augen Prinzip，即多个法律规定的规制和多个司法机构的监督），① 即为保障债务人就债权争议进行申辩的权利就必须保障对其有效的送达。

3. 对违反最低要求情况的弥补

如果法院没有遵守条例第 13—17 条的最低要求，那么这种情况会在第 18 条第 1 款的条件下被弥补，并且仍旧作为欧洲执行名义被确认。条例第 18 条第 1 款规定，如果判决必须按照条例送达诉讼文书的最低要求送达给债务人，并且对债务人来讲，在审判国法院存在一个针对判决有一个带有不受限制的审查的法律救济（也就是说，这个审查必须要彻底，要保障债务人的权利，这时债务人其实可以选择不出席审判程序，而是在审查中尝试保护自己的权利）。如果进行了法律救济告知，但是债务人还是不进行法律救济，或者缺席法律救济程序，那么判决就可以被确认为欧洲执行名义。因为在第 18 条第 2 款的条件下，如果能够证明，债务人即使已经按时直接受领了诉讼文书，以至于他完全能够进行抗辩，但是他还是不进行抗辩，那么执行名义还是能够被确认。总体而言，最低要求的意义通过宽松的弥补可能完全被软化了，或者是软化了。

条例第 13—17 条的最低要求对债务人辩护权的保障并不是百分之百的，存在很多的例外情况，在条例第 19 条中对例外情况作出统一规定。程序导入文书在第一次送达的时候可能根据条例第 14 条以这样的方式被送达给债务人，即他对辩护不能够做出防范措施（条例第 19 条第 1 款 lit. a），例如送达准时到达，但是债务人生病无法应诉。此外，债务人在每一个送达（条例第 19 条第 1 款 lit. b）时因为较高的权力或者因为异常的情况在没有自己的责任的情况下被阻止向债权提出抗辩，例如乘坐的火车发生意外，债务人无法及时到达法院提出抗辩。在这些情况下，执行名义被确认必须是如

① Stadler, Kritische Anmerkungen zum Europäischen Vollstreckungstitel, RIW 2004, S. 803.

果审判国的法律给予债务人一个审查案件的机会。① 此外，条例第 19 条第 1
款要求，债务人毫不迟延的提出审查。最低要求是从审判法院方面提出的要
求，法律还应当从债务人方面推导出救济机会。所以，在最低要求自身被满
足的情况下，债务人还有可能就自身的情况提出法律救济，但是应当是在毫
不迟延的提出，就是说，法律救济仅仅帮助那些迫切需要帮助的债务人，对
于不是那么迫切的债务人，法律宁可无视他们，反而满足债权人的需要。根
据条例第 19 条第 2 款，成员国能够自己规定进一步的法律救济，或者说，
完全特殊的带有大度条件的法律救济。

4. 缺席审判中对消费者的特殊保护

对于消费者案件，条例没有管辖权控制，而仅仅是规定了自己的保护机
制。《布鲁塞尔条例》的管辖权关于消费者案件的规则是否可用（条例第 15
条等），欧洲法院并没有给予明确的回答。在条例的磋商中，理事会的工作
组甚至已经提出，将所有消费者案件从条例的适用范围中例外化。为了不对
条例的适用范围进行过分的削减，最后共同体的立法机关对此只能是视而不
见。根据不是很容易被理解的第 6 条第 1 款 lit. d，消费者案件的判决现在仅
仅是作为执行名义被确认，那就是如果判决是针对消费者，并且尽管在成员
国做出，即在那些《布鲁塞尔条例》第 59 条意义上的消费者拥有居住地的
国家审理才可以。条例名义上的消费者案件是指，如果判决涉及这样的合
同，即非职业或商业目的个人使用。这一表述比《布鲁塞尔条例》第 15 条
第 1 款的规定更进一步。因为，它既不限制合同的类型，也不要求与消费者
居住地国家相联系。借助这样表述而建立起来的保护机制，条例给予了消费
者很优厚的待遇，即无视在其他国家进行的法庭程序，即为了自己在自己家
乡的法院根据《布鲁塞尔条例》的尺度针对外国判决的执行进行抗辩，以
此确保了消费者在自己家门口进行诉讼。因此，保护消费者的管辖权规则在
事实上已经不再被尊重。② 在所有情况下，条例是针对消费者的执行仅仅是
在很少的情况下成为可能，即名义应当在消费者住所地国家被执行（例如
在度假屋）。实际上，几乎所有的判决都是由消费者所在成员国的内国法院
作出。

（四）确认欧洲执行名义的程序

就像是《布鲁塞尔条例》的可执行宣告程序，确认程序是债权人的单

---

① Siehe Erwägungsgrund Nr. 14.
② Stein, IPRax 2004, 188.

方法律程序，条例并没有规定债务人在确认程序中的听审权。债权人提出确认欧洲执行名义的时间，条例并没有要求，也就是说，授予确认不以作为它基础的判决被送达债务人为条件。债权人可以在审判程序开始阶段，或者在程序中提出申请。根据条例第 6 条第 1 款的规定，申请应当向审判国法院提交。由谁在审判法院出具确认，条例交给了成员国的法律进行具体规定。将法庭调解确认为欧洲执行名义是向同意调解的法院递交申请，或者说，在那些缔结调解协议的法院（条例第 24 条）。根据条例第 25 条第 1 款，如果是公文书，在那里递交确认执行名义的申请，以及谁出具确认原则上依据成员国的法律。如果符合条例中规定的各项条件，欧洲执行名义将根据条例第 8 条赋予判决。确认以审判、公文书以及法庭调解所用的文字出具，因为根据第 24 条第 3 款和第 25 条第 3 款，第 9 条第 2 款也对法庭调解和公文书有效。条例的附录中的表格极大地方便了确认程序，其中附录 I 中适用于判决的，附录 II 适用于法庭调解，而附录 III 适用于公文书。它们代替了《布鲁塞尔条例》申请可执行宣告的证明，并且是以相同的目的，即简化和规范程序。为了避免执行中的不清楚，例如利息，在表格还专门用红色标注了填写执行数额的地方，人性化的规定充满了整个条例的规定当中。

　　判决的自由流动，是欧共体国际程序法改革的终极目标，但是因为各个国家的实体法律不尽相同，即使消灭了各国法律在程序法和冲突法上的不同，也不可能在统一各国的实体法律之前使所有的判决自由流动。所以，判决完全的自由流动必须绝对有必要将一个统一的无可争辩的、有效的，以及可操作的管辖权体系放在前面。① 之后，欧共体立法者选择了无争议的金钱债权作为突破口，这符合欧共体经济的现状和发展要求，它将成为新的起点，最终将导致原有的审判国、承认国双重审查的体系彻底走向解体。对于成员国来讲，无论是权利保护水平较高的还是水平较低的成员国都必须经过改革的阵痛，但是经条例形成的欧共体成员国之间以及欧共体成员国同非成员国之间在外国承认和执行法上的不同会形成欧共体内外法制环境的差异，这种"负压"会使每一个欧共体公民产生对欧共体的归属感，并对欧共体内部经济产生无法估量的推动力。同时，法院程序在跨界执行上被加速，并且特别是给予债权人一个出动的、快速的执行干预，而不带有国家界限的阻碍，执行得到加速，并且降低了跨界实现债权的费用。从这一点上讲，条例具有很大的吸引力。

---

① Coester – Waltjen, Festschr. Beys, 2003, S. 184, 191 ff.

因为随着废除在执行国当中的服务于保护债务人权利的可执行宣告程序，一个堡垒陷落了，被告（债务人）几乎赤裸裸的呈现在原告（债权人）面前。应当保护债权人——促进经济的进一步发展；还是保护债务人——促进人权和社会弱势群体的保护，这本是一个没有结果的争论。但是欧共体统一大市场宏伟计划的强势介入，使得债权人之上的声调出现在欧洲大陆，改革的趋势不可逆转、不可阻挡。

判决的自由流动，从逻辑上要求彻底取消在执行国中进行的对判决所有审查，这样判决在欧洲司法空间中自由地循环，真正的判决自由流动才能建立起来。① 因此，被理事会追求的取消可执行宣告程序的目标正符合欧洲程序法一体化进程的逻辑要求。它同时也反映了期间已经建立起来的协调一致化的状态，该状态的建立是借助于成员国的民事法院在处理跨界争议的时候越来越多的基于协调化了的法律来判决，并且在共同体法律居于中心地位。② 因此，条例不仅仅是彻底放弃可执行宣告程序的"导航器"，而且也有破旧立新的作用，它是新的欧洲程序法律制度真正意义上的起点。

第五节　欧盟统一法成功的主要原因

一、统一的政治框架

只有在此条件下，才能够在一定框架内虚拟出国家之间法院相互信任，互为审判和执行法院的理想状态。只有统一的政治框架之下，才能为内国法院设定承认和执行外国判决的程序义务，才能够消除民族主义、利己主义在承认法上诸如互惠、公共秩序保留等不良反应。从欧盟统一法的立法和司法实践的发展来看，它首先是在欧盟作为统一的政治框架一步步掌握欧盟立法权限的过程完成的。从开始的《布鲁塞尔公约》之下形成的缔约国之间就公约事项进行磋商，并相互协助的合作形式，到《布鲁塞尔条例》之下，欧盟掌握民事程序法的立法权限，并在成员国之内具有优先效力，再到《欧洲执行名义条例》之下，欧盟进一步依靠民事程序法的立法塑造欧洲民

---

① Heß, IPRax 2001, 301, 302 f. 其中，赫斯将判决的自由流动看作是没有被写明的第五个市场自由（人员、商品、服务、资本自由之外的第五个自由）。

② 典型的是欧洲法院的判决，RS. C－38/98 Renault Usines/Maxicar, IPRax 2001, 328；Heβ, IPRax 2001, 301, 302 f.

事司法合作新形态的事实证明只有在统一的政治框架之中，并且该政治框架具有绝对的立法权限的情况下，国际民事程序法才能够成为塑造国际民事合作新形态的工具。或者说，在欧盟立法者眼里，成员国之间的司法合作关系成为他们理解国际民事司法合作，予以立法并付诸实施的自有领域。当海瑟、施娄瑟（Schlosser）和科勒三位知名的国际程序法教授组成的《布鲁塞尔条例》修订调研小组成立之时，我们可以清晰的看到，欧盟在国际程序法方面已经达到了一般国际民事司法合作难以企及的高度。正是因为欧盟统一法的成功经验，使我们看到在国际民事司法合作的新路径，强有力的政治框架完全可以在保留内国法律个性化一面的基础上进行统一的立法和司法协调，能够形成涉外民事争议统一解决的纠纷处理机制。

二、法院之间的相互信任

从本质上讲，判决的自由流动是以法院之间相互信任为基础的，前者也是后者的逻辑结果。这样的信任关系依赖于制度上的有效供给。首先，在《布鲁塞尔公约》中，统一的审判管辖权规范敲响互惠要求的丧钟，终结了间接管辖权作为承认条件在外国判决承认和执行法律制度当中的优先地位。人们不再去讨论审判国法院是否还具有有效的审判管辖权。基于管辖权方面法院之间存在的相互信任关系，共同体统一立法促进了各国成员国之间的法律制度的融合，并在此基础上发展出法院之间相互信任的新领域。其次，法院之间的相互信任也更加来自基于人类统一道德观念基础之上的权利保护原则的建立，来自对民事法律争议的共同理解。欧盟统一法的实践表明，《布鲁塞尔公约》长期的立法和司法实践推动了缔约国程序法的融合，欧洲人权公约等一系列法律文件的实施确定了各缔约国法院之间相互信任的最低限度，这些共同促进了欧盟统一法的发展与完善。随着全球经济一体化进程的不断深入，世界范围内国家之间的法律融合正一步步向前推进，一些法律原则，例如法院公正、程序各方力量均衡、保障当事人诉讼权利等等一系列原则的确立也给我们带来了各国法院在相互信任的基础上开展国际民事司法合作的希望。

三、灵活而具有效率的统一司法解释机构

欧洲法院在《布鲁塞尔公约》实施过程中起着决定性的作用，它保障了公约的统一适用。就解决外国判决承认与执行问题的两个主要的方法，即国际公约和统一程序法而言，统一的司法解释机构都必不可少。对以权利为

本位的民事法律而言，在国际民商事交流愈加密切的今天，无论是基于各国内国法律规定还是当事人意思自治，在世界范围内都已经具备设立统一司法协调和解释机构的条件。所欠缺的就仅仅就是一部统一的国际公约而已。尽管海牙国际私法会议已经就此作出了不懈努力，但是收效甚微，仅仅制定了关于协议管辖权的统一公约。但是仍然不能放弃希望，因为统一的司法解释机构就意味着法律的安全性、可预见性和稳定性。

可以看到，欧盟的法律实践完全符合以上条件，正是在这三个条件的基础之上，欧盟才发展出极为先进的外国判决承认与执行法律制度。

第九章　欧美国际民事诉讼中国家豁免的强行法例外

国家豁免主要是指一个国家及其财产免受其他国家国内法院的司法管辖。① 作为一项古老的国际法原则，国家豁免一直以来都为世界各国所接受、奉行和遵守，至少各国在公开场合都不否认。传统上各国一般都主张绝对豁免，现在主张限制性豁免的国家越来越多，联合国也制定通过了《国家及其财产管辖豁免公约》，主张限制性豁免。如今，商业行为例外现在已经成了共识。也就是说，对于国家的商业活动，一般都不能再享受豁免，其他国家也可以行使管辖权了。目前出现了一个新问题，也就是豁免的强行法例外，理论界争议很大。② 实践中，不断出现当事人起诉外国政府或领导人的诉讼，原告希望能对违反强行法的行为不予豁免。③ 由于美国、英国、意

---

① 龚刃韧：《国家豁免问题的比较研究》，北京大学出版社2005年版，第1页；另见黄进《国家及其财产豁免问题研究》，中国政法大学出版社1987年版，第1页。

② See e. g. , Magdalini Karagiannakis, *State Immunity and Fundamental Human Rights*, 11 Leiden J Int' l L 11 (1998); Maria Gavouneli, *War Reparation Claims and State Immunity*, 50 Revue hellénique de droit international 595 (1997); Jennifer A. Gergen, *Human Rights and the Foreign Sovereign Immunities Act*, 36 Virginia J Int' l L 765 (1995); Adam C. Belsky, Mark Merva & Naomi Rhot – Arriaza, *Implied Waiver under the FSIA: A Proposed Exception to Immunity for Violation of Peremptory Norms of International Law*, 77 Calif LR 365 (1989); Mathias Reimann, *A Human Rights Exception to Sovereign Immunity: Some Thoughts on Princz v. Federal Republic of Germany*, 16 Mich J Int' l L 403 (1995); Zimmerman, *Sovereign Immunity and Violation of International Jus Cogens: Some Critical Remarks*, 16 Mich J Int' l L 433 (1995); Lee M. Caplan, *State Immunity, Human Rights, and Jus Cogens: a Critique of the Normative Hierarchy Theory*, 97 AJIL 741 (2003). See also E. de Wet, *The Prohibition of Torture as an International Norm of Jus Cogens and Its Implications for National and Customary Law*, 15 EJIL 97 (2004); Micaela Frulli, *When are States Liable Towards Individuals for Serious Violations of Humanitarian Law? The Markovic Case*, 1 J Int' l Crim Justice 406 (2003); Antonio Cassese, *When May Senior State Officials Be Tried for International Crimes? Some Comments on the Congo v. Belgium Case*, 13 EJIL 869 (2002).

③ See e. g. , *Letelier v. Republic of Chile*, 488 F Supp 665 (DDC 1980); *Liu v Republic of China*, 892 F Supp 1419 CA 9th Cir (1993); *Frolova v Union of Soviet Socialist Republic*, 761 F 2d 370 (CA 7th Cir 1985); *Von Dardel v Union of Soviet Socialist Republics*, 623 F Supp 246 (DDC 1985); *Argentine Republic v Amerada Hess Shipping*, 102 L Ed 2d 818 (SC 683 1989); *Nelson v Saudi Arabia*, 923 F 2d 1528 (CA 1991), reversed by the Supreme Court, 507 U. S. 349 (1993); *Siderman de Blake and others v Republic of Argentina*, 965 F 2d 699 (CA 9th Cir 1992); *Princz v. Federal Republic of Germany*, 26 F 3d 1166 (DC Cir 1994).

大利、希腊法院和欧洲人权法院的实践比较有代表性，影响也比较大，下面我们将通过案例分析的方式来讨论，是否存在豁免的强行法例外。

第一节　美国的实践

美国联邦法院曾经指出，主权豁免的一个重要目的在于授予主权者免于被诉的权利，如果根据国际法或者法院地法来判断外国主权者的行为是否合法，那么就必然需要实体审理，而这与免于被诉的目的和意义相背。[1] 因此，在 Siderman de Blake v. Republic of Arg 案中，第九巡回法院甚至裁定即使违反国际人权法的强行法也不减损《外国主权豁免法》对外国主权的豁免。[2]

在 Sampson v. Federal Republic of Germany 案中，原告主张被告的行为违反了强行法，是默示的放弃豁免。对此，美国联邦第七巡回法院不予认同，认为《外国主权豁免法》并没有规定违反强行法的默示的放弃豁免。对于默示的放弃豁免，法院也都是作严格解释的，认定德国声明愿意赔偿被强迫的劳工不足以放弃德国的主权豁免。法院还认为，违反国际强行法并不是《外国主权豁免法》规定的豁免例外，也即是说，即使外国违反了国际强行法，仍然可能享受豁免，[3] 当然，如果损害发生在美国境内则除外。[4]

如前所述，对于 Siderman De Blake v. Republic of Argentina 案，也涉及强行法与豁免的关系，有学者认为，应将《外国主权豁免法》解释为不对违反强行法的行为给予豁免，因为不能将国会的立法解释为违反国际法，而对于违反强行法的行为授予豁免就等同于违反国际法。[5] 事实上，美国政府是有权违反国际法的。美国联邦最高法院曾经指出，虽然美国政府有权违反国际法，但是通常推定国会并没有超越国际习惯法对管辖权所施加的限制。[6] 在另外一起案件中，美国最高法院宣布，美国法与国际习惯法相冲突是允许

---

[1]　*El - Fadl v. Cent. Bank of Jordan*, 75 F. 3d 668, 671（D. C. Cir. 1996）.

[2]　965 F. 2d 699, 717 - 718（9th Cir. 1992）.

[3]　250 F. 3d 1145（7th Cir. 2001）.

[4]　*Letelier v. Republic of Chile*, 488 F. Supp. 665, 672（D. D. C. 1980）.

[5]　See Scott A. Richman, *Siderman De Blake v. Republic of Argentina*: *Can the FSIA Grant Immunity for Violations of Jus Cogens Norms*?, 19 Brook. J. Int' L L. 967, 994 - 96（1993）.

[6]　See *Hartford Fire Ins. Co. v. California*, 509 U. S. 764, 814 - 15（1993）.

的，只是如果美国立法存在多种解释时，应优先将其解释为与国际法一致。① 因此，在可以预见的将来，以强行法为由而挑战豁免将注定是劳而无功。

总之，通过上面的论述，我们发现，至少在目前的美国，不存在豁免的强行法例外。②

第二节 英国和欧洲人权法院的实践

一、Al-Adsani 案

在英国法院审理的 Al-Adsani v. Government of Kuwait 案中，③ Al-Adsani 是英国公民，同时也具有科威特国籍，声称其于 1991 年在科威特被一名科威特王子绑架、殴打以及非法拘禁。在回到英国后，Al-Adsani 住院 6 周，之后因精神创伤而引发的问题接受治疗。在英国期间，他受到严重的威胁，病情加重，被要求不能曝光或者对侵权人采取措施或者提起诉讼。Al-Adsani 声称，该王子是科威特埃米尔的亲戚，曾经与其他人一起使用科威特政府的汽车、房屋和工作人员实施侵权行为。

为此，Al-Adsani 在英国对该王子和其他人以及科威特政府提起民事诉讼。之后，Al-Adsani 获得了针对该王子的缺席判决，④ 法院认为，不管可以适用的豁免是什么，对于违反国际人权法规范的行为可以提起诉讼，被告的行为不能享有豁免。但应科威特政府的申请，针对科威特政府的诉讼被法院撤销了。英国上诉法院认为，Al-Adsani 并没有盖然性地证明科威特政府对于 Al-Adsani 在英国所受到的威胁负有责任，而且 Filártiga 案并没有讨论豁

---

① See *Murray v. Charming Betsy*, 6 U. S. 64, 118 (1804). See also *United States v. Yousef*, 327 F. 3d 56, 92 (2d Cir. 2003).

② See Ernest K. Bankas, *The State Immunity Controversy in International Law: Private Suits against Sovereign States in Domestic Courts*, Springer Berlin Heidelberg, 2005, pp. 265, 287 - 293. 有学者希望借用美国《宪法》第 11 修正案以及相关的涉及美国政府的豁免判例来论证违反强行法的行为不应享有主权豁免，不过这好像并没有得到认同。See, e. g., Jeffrey Rabkin, *Universal Justice: The Role of Federal Courts in International Civil Litigation*, 95 Colum. L. Rev. 2120, 2151 - 2154 (1995).

③ *Al - Adsani v. Government of Kuwait*, 107 I. L. R. 536, 538 - 539 (Eng. C. A. 1996).

④ 尽管可以对私人被告作出缺席判决，然而 Al - Adsani 的律师认为，当被告在英国没有可供扣押或者执行的财产时，缺席判决也没什么意义。Geoffrey Bindman, *How Courts Condone Torture*, The Times, Mar. 25, 1997, at 41.

免问题，也没有承认存在主权豁免的例外。根据 1978 年《国家豁免法》，不存在原告所主张的豁免例外。同时，考虑到 Al-Adsani 所诉的行为发生在科威特，法院并不认为关于酷刑的国际法高于阻止当事人起诉国家的主权豁免原则，针对该王子的判决也被推翻。

　　Al-Adsani 向欧洲人权法院提起诉讼，认为英国法院撤销其诉讼是不当的，侵犯了其诉诸法院以及寻求违反强行法规范的酷刑的救济的权利。2001 年 11 月 21 日，欧洲人权法院以 9 : 8 的多数意见驳回了他的请求。① 虽然多数意见承认禁止酷刑是国际强行法规范，但是区分了个人的刑事责任与国家的民事责任，认为强行法在刑事诉讼中具有程序效力，而在民事诉讼中则没有。多数意见指出，虽然豁免是对法院裁判实体权利的程序性限制，诉诸法院的权利并不是绝对的。主权豁免是一个源于平等者之间无管辖权的国际法概念，意味着一国不受另一国的管辖，在民事诉讼中授予一国主权豁免符合通过尊重另一国主权而促进各国礼让和友好关系并且遵守国际法的合法目的。多数意见认为，对《欧洲人权公约》第 6（1）条诉诸法院的规定进行限制是合理的，如果这些限制被各国普遍接受为国家豁免的一部分。多数意见承认，在皮诺切特案这样的刑事诉讼与本案这样的民事诉讼之间存在差别。持反对意见的法官认为，既然禁止酷刑是国际强行法规范，就必然高于任何其他不具有强行法规范性质的规范，因此，不管被告是主权国家还是个人，也不管是民事还是刑事案件，既然国家豁免不是强行法规范，则应该从属于禁止酷刑的规范，不能授予被告豁免。

　　对于欧洲人权法院的判决，我们可以追问一句。既然豁免的程序性特征并不妨碍对违反强行法的犯罪的刑事追诉，为什么在民事诉讼中就妨碍了诉讼呢？事实上，国际法上并没有区分实体规范与程序规范的明确标准。即使豁免在国内法层面上是程序性的，根据国际法，它也是与任何其他规范一样的规范，会与禁止酷刑这样的强行法规范相冲突。另外，对于是否要授予豁免，判断的标准一般也是行为的目的或性质，与诉讼的程序性质是刑事的抑或民事的不相关，以诉讼程序的不同而决定是否豁免没有任何历史的或者理论的根据。②

---

① *Al - Adsani v. United Kingdom*, App. 35763/97（Eur. Ct. H. R. Nov. 21, 2001）.

② Lorna McGregor, *State Immunity and Jus Cogens*, 55 ICLQ 437, 444（2006）.

对于欧洲人权法院的判决，一些学者有相关的评论。① 有学者认为，并没有证据表明不予豁免可能恶化法院地国与被告国的双边关系，也没有必要担心诉讼泛滥。如果国内法院在面临严重侵犯人权时不予国家豁免，所有的受害人都会到法院地来起诉，这个风险也是理论上的。不予豁免在实践中会起到预防作用，威慑在国外有资产的政府实施酷刑行为，更少的酷刑行为就意味着更少的诉讼。更重要的是，存在很多程序保障来避免诉讼泛滥，例如不方便法院原则。在 Al-Adsani 案中，受害人不能从科威特获得救济，进入英国法院是唯一能获得正义的选择。②

此外，前南国际刑事法庭、塞拉利昂特别法庭都已经确认，违反强行法的大赦无效。③ 不少学者也持类似观点。④ 对此，也有学者从另外的视角来评论，认为欧洲人权法院所面对的不是禁止酷刑的强行法与国家豁免原则的冲突，而是国家豁免原则与诉诸法院的权利的冲突，在涉及侵犯基本人权与自由的争议时，国家豁免原则在慢慢调适，以适应国际社会的现实与需要。⑤

---

① See Ed Bates, *The Al – Adsani Case*, *State Immunity and the International Legal Prohibition on Torture*, 3 Human Rights Law Review 193 (2003); Ed Bates, (*Case Comment*) *Article 6: Right to A Fair Trial*, E. L. Rev. 2002, 27 Supp (Human rights survey 2002); Emmanuel Voyiakis, *Access to Court v State Immunity*, 52 ICLQ 297 (2003); Richard Garnett, *Access to Justice*; *Right to Fair Trial*; *State Immunity. State Immunity Triumphs in the European Court of Human Rights*, 118 Law Quarterly Review 367 (2002).

② Alexander Orakhelashvili, *State Immunity and Hierarchy of Norms: Why the House of Lords Got It Wrong*, 18 Eur. J. Int'l L. 955, 956 – 957 (2007).

③ *The Prosecutor v. Furundzija*, Judgment of 10 Dec. 1998, IT – 95 – 17/I – T, at para. 155; *Prosecutor v. Morris Kallon & Brimma Bazzy Kamara*, SCSL – 2004 – 15 – AR72 (E) & SCSL – 2004 – 16 – AR72 (E), Decision of 13 Mar. 2004, at para. 71; *Prosecutor v. Augustine Gbao*, SCSL – 2003 – 01 – I, Decision of 31 May 2004, at para. 9.

④ Adam C. Belsky, Mark Merva & Naomi Rhot – Arriaza, *Implied Waiver under the FSIA: A Proposed Exception to Immunity for Violations of Peremptory Norms of International Law*, 77 California L Rev 365 (1989); Reinmann, *A Human Rights Exception to Sovereign Immunity: Some Thoughts on Princz v Federal Republic of Germany*, 16 Michigan J Int'l L 403 (1995); Magdalini Karagiannakis, *State Immunity and Fundamental Human Rights*, 11 Leiden J Int'l L 9 (1998); Katherine Reece Thomas & Joan Small, *Human Rights versus State Immunity: Is there Immunity from Civil Liability for Torture?*, 50 Netherlands Int'l L Rev. 1 (2003); Christopher Keith Hall, *UN Convention on State Immunity: The Need for a Human Rights Protocol*, 55 ICLQ 411 (2006); Lorna McGregor, *State Immunity and Jus Cogens*, 55 ICLQ 437 (2006).

⑤ Leandro de Oliveira Moll, *Case Note: Al – Adsani v United Kingdom – State Immunity and Denial of Justice with respect to Violations of Fundamental Human Rights*, 4 Melbourne Journal of International Law 561 (2003).

二、Jones 案

（一）案情简介

在 Jones v. Saudi Arabia 案中，酷刑受害人对外国国家和外国官员提起侵权诉讼，这就需要决定英国法院能否对该诉讼行使管辖权。① 在该案中，原告是英国公民，声称在沙特被监禁期间遭受了系统性的酷刑，故对沙特及其高级政府官员提起民事诉讼。原告声称，酷刑是一种侵权行为，而且他们有权因被告的酷刑行为而遭受的身体和精神上的损害要求赔偿。在答辩中，沙特提出主权豁免的抗辩。

上诉法院将判决意见分为两部分，首先处理国家的主权豁免问题，其次讨论国家官员的主权豁免问题。在第一个问题上，法院快速地撤销了对沙特的请求。法院支持主权豁免适用于民事诉讼中的国家的观点，即使国家违反了诸如禁止酷刑这样的国际法的强制规范。法院认为，这样的判决与国际法的一般原则是一致的。关于涉及国际犯罪的国家官员在民事诉讼中的主权豁免，法院承认国际法继续在演化，因而审查了外国的和国际的案例来寻求指导。法院广泛地审查了美国的案例和评论，承认美国的判例法与所讨论的问题相关。特别是，法院考虑了美国《外国人侵权请求法》（Alien Tort Claims Act）诉讼的相关判例，尤其是涉及国家官员的主权豁免问题的相关案例，接受了源自美国判例法的理论，即主权豁免并不绝对排斥对个人所实施的国际犯罪提起民事诉讼。法院认定，国家官员或者任何其他行使官方权力的人如果参与了系统性的酷刑，则不能享有主权豁免。通过这样的推理论证，法院依据《联合国禁止酷刑公约》中所支持的原则及美国对《外国人侵权请求法》判例法的立场，表明了维护个人人权的变化。②

被告认为，刑事和民事豁免之间存在根本性的差异，对此，法院依据美国的理论与实践予以反驳。关于两种诉讼的相似性，法院尊重了布雷耶（Breye）法官在 Sosa 案中的并存意见。此外，法院注意到了为酷刑受害人提供民事救济的积极功能，拒绝授予实施了系统性酷刑的国家官员以绝对豁免。然后，着眼于美国的判例法，法院说明这种管辖权障碍不至于要求英国绝对禁止裁判涉及侵犯人权的案件。对于美国法院所认为的裁判涉及外国当

① See *Jones v. Saudi Arabia*, 2004 EWCA（Civ）1394（2004）.

② See Jean Allain & John R. W. D. Jones, *A Patchwork of Norms: A commentary on the 1996 Draft Code of Crimes against the Peace and Security of Mankind*, 18 Eur. J. I. L. 1（2003）.

事人的案件并不会彻底地损害外交关系与国际和谐的观点，英国上诉法院慎重地予以采用，因而认定不应禁止审理国际人权民事请求。

英国上诉法院认为，根据国际法、英国普通法和 1978 年《国家豁免法》，实施了酷刑行为的国家官员无权主张绝对的国家豁免。相反，上诉法院授予英国法院是否审理这些类别的案件的自由裁量权。在决定是否要审理这些系统性酷刑的请求时，上诉法院为英国法院规定了一个"平衡测试"作为参考。这种比例方法权衡各种因素，包括是否能在酷刑行为发生地国得到充分的救济以及管辖权障碍的存在，含不方便法院原则和民事判决得到执行的可能性。法院然后指出，并不预想这个判决会导致外国侵权请求流入英国法院，因为在英国司法制度不是没有管辖权障碍。最后，上诉法院将案件发回下级法院以对判决作进一步考虑。

上诉法院的判决作出后，当事人上诉到上议院，英国政府宪法事务部提交声明，支持沙特王国；布莱尔首相声称，我们在本案中的干预是为了确保国际法规则和国家豁免得到充分、准确的阐释与维护，我们反对酷刑的立场并未改变，我们在任何情形下都谴责酷刑。① 另外，大赦国际等非政府组织则希望确认上诉法院的判决。经过审理，宾汉（Bingham）勋爵和霍夫曼（Hoffman）勋爵代表上议院发表意见，一致认定，1978 年《国家豁免法》规定的国家豁免授予沙特王国享有管辖豁免，而且这种豁免延伸适用于国家官员、公务员或代理人。另外，就豁免而言，并不表示就是不成比例地干涉《欧洲人权公约》第 6（1）条规定的诉诸法院的权利。

上议院的判决主要基于两个原则：第一，酷刑是国家的官方行为，所以就民事请求而言，属物理由的豁免（ratione materiae immunity）附属于国家；第二，附属于国家的属物理由的豁免不能通过对代表国家的个人提起诉讼的方式来规避。宾汉勋爵认为：

外国国家有权为其公务员主张豁免，就如同国家自身被起诉一样……一个国家只能通过公务员和代理人来行为，他们的职权行为就是国家的行为，而这方面的国家豁免是国家豁免原则的根基……一个行为不合法或者是可以反对的本身并不能否定豁免，而且《联合国国家及其财产管辖豁免公约》第 2（1）（b）（iv）条明确规定"国家"包括"国家的代表者"。②

---

① HC Deb., Vol. 447, col. 768（14 June 2006）.

② [2006] UKHL 26.

（二）对 Jones 案的分析

Jones 案说明了 Filartiga 案之后美国之外的其他国家的态度。该案不同于美国《外国人侵权请求法》案例之处在于，不像《外国人侵权请求法》诉讼中原告是外国国民，Jones 案的原告是法院地所在国家的公民。不过，本案在性质上与《外国人侵权请求法》诉讼是一样的，都属于违反国际法的侵权诉讼，因为酷刑行为发生在法院地之外，而且所声称的酷刑等同于侵犯人权和侵权法上的民事诉因。最有意义的是，英国上诉法院拒绝承认存在提起这些种类的请求的绝对障碍，宣布主权豁免并不适用于实施了侵犯国际人权的主权官员。这样做，审理 Jones 案的上诉法院成了国际人权侵权诉讼的法院地，然而该法院警告英国其他法院要注意平衡其所提出的测试。

在 Jones 案中，上诉法院承认没有任何其他国家像美国一样发展出如此程度的违反国际法的侵权诉讼的判例法。因此，虽然在 Jones 案中英国上诉法院注意到了美国《外国主权豁免法》与英国《国家豁免法》的不同以及英国没有与《外国人侵权请求法》类似的立法，上诉法院仍然将美国的相关做法作为处理此类诉讼的法律框架，主要的意义在于审理 Jones 案的上诉法院通过援引美国法院对限制主权豁免是符合国际法的一般原则的认定，判决主权豁免不是参与侵犯人权的国家官员的绝对护身符，最终遵从了美国法院对国际习惯法的解释。

上诉法院和上议院分歧的关键之处在于，像酷刑这样的国际罪行是否能被认为是国家的官方行为而享受豁免。

Al-Adsani 案中提出的禁止酷刑这样的强行法是国家豁免规则的上位法，这个观点受到批评，[①] 而且希腊、意大利和加拿大的司法实践也不一致。在国际法上，毫无疑问，皮诺切特案以及所受到的广泛的舆论关注，都导致支持这样一个观点，即不论在民事还是刑事诉讼中，国家官员实施的酷刑行为无权享受豁免。[②] 然而，国际法院在逮捕令案中指出，强行法规范并不自动

---

① Lee M. Caplan, *State Immunity*, *Human Rights*, *and jus cogens*: *A Critique of the Normative Hierarchy Theory*, 97 Am. J. Int'l. L. 741 (2003); Andrea Gattini, *War Crimes and State Immunity in the Ferrini Decision*, 3 J. Int'l Crim. Just. 224 (2005).

② International Law Commission, *Report of the Working Group on Jurisdictional Immunities of States and their Property*, A/CN. 4/L. 576 (1999), Appendix at para. 12.

地使得其他国际法规则无效。① 在刚果民主共和国诉卢旺达一案中，国际法院也确认，违反强行法规范并不能就自动地触发管辖权。② 另外，《联合国国家及其财产管辖豁免公约》也并没有规定强行法或者禁止酷刑这样的规范的效果。在理论界，福克斯（Fox）指出，国家豁免是国内法院管辖权的程序性规则，并不是实体法，并不因为违反强行法而影响国家豁免的程序性。③ 在 *Al-Adsani* 案四年半后，所谓的等级规范理论被 *Jones* 案废除了。

霍夫曼勋爵认为，《联合国禁止酷刑公约》仅不承认刑事追诉中的豁免而已，但是这并不影响民事责任的豁免。根据《联合国禁止酷刑公约》第 1 条对酷刑的定义，酷刑必然是国家的官方行为。对于 Ferrini 案，④ 宾汉勋爵认为，这并没有构成一项国际法规则。他认为 Bouzari 案⑤比较合理，该案坚持了酷刑在民事诉讼中的豁免。国家豁免是确立的规则，只有各国实践和协定才能规定例外，不受所争议的问题是否属于官方性或者违反强行法规范影响。

至于大赦国际等援引美国的《外国人侵权请求法》以及相关的判决的立场，上议院认为，在逮捕令案中，国际法院的希金斯（Higgins）等法官指出，美国的《外国人侵权请求法》规定了广泛的域外管辖权，但这并没有成为各国的一般实践。因此，在本案中对沙特王国进行管辖是没有根据的。至于前南国际刑事法庭在 Furundzija 案⑥中提出的对于酷刑可以提起国际民事诉讼的建议，上议院认为这只是附带性意见，所以不被上议院接受。

---

① *Democratic Republic of the Congo v Belgium* ('*Case concerning Arrest Warrant of* 11 *April* 2000'), ICJ Reports 2002, 3. 对于该案的判决书以及法官们的各自立场与意见，可以在国际法院的网站上找到，http：//www. icj – cij. org/docket/index. php? p1 = 3&p2 = 3&k = 36&case = 121&code = cobe&p3 = 4 (last visited August 4, 2008).

② *Democratic Republic of the Congo v Rwanda*, ICJ Reports 2006, 6. 3. 对于该案的管辖权裁定以及法官们的各自立场与意见，可以在国际法院的网站上找到，http：//www. icj – cij. org/docket/index. php? p1 = 3&p2 = 3&k = 19&case = 126&code = crw&p3 = 4&PHPSESSID = 3fd7e86529126721da3955fbe9a27b6c (last visited August 4, 2008). 中文本的简单介绍参见国际法院 2006 年的报告，http：//www. un. org/chinese/ga/61/docs/a61_ 4/judical7. htm (last visited August 4, 2008).

③ Hazel Fox, *The Law of State Immunity*, Oxford University Press, 2004, p. 525.

④ 对于该案，后面有专门介绍。

⑤ *Bouzari v Iran* (*Islamic Republic*), 2002 CarswellOnt 1469, [2002] O. J. No. 1624, [2002] O. T. C. 297 (Ont. S. C. J. May 01, 2002); Affirmed by *Bouzari v Iran* (*Islamic Republic*), 243 D. L. R. (4th) 406, 220 O. A. C. 1, 2004 CarswellOnt 2681, 71 O. R. (3d) 675, 122 C. R. R. (2d) 26, [2004] O. J. No. 2800 (Ont. C. A. Jun 30, 2004); Leave to appeal refused by *Bouzari v Iran* (*Islamic Republic*), [2005] 1 S. C. R. vi, 204 O. A. C. 399 (note), 337 N. R. 190 (note), 2005 CarswellOnt 292, 2005 CarswellOnt 293, 122 C. R. R. (2d) 376 (note), [2004] S. C. C. A. No. 410 (S. C. C. Jan 27, 2005).

⑥ *Prosecutor v Furundzija*, 38 ILM 317 (1998).

此外，《联合国禁止酷刑公约》第 14 条也明确表明，① 缔约国仅有义务对于在自己管辖范围内发生的而非国际性的酷刑行为提供民事救济。同时，对于禁止酷刑委员会提出的要求缔约国允诉的建议，也遭到了上议院的拒绝。所以，宾汉勋爵也同意这样的观点，即上诉法院的判决是一国法院单边性地行使管辖权，② 试图在实践中创造一种普遍侵权管辖权没有任何国际条约、国家实践或者学理依据。

与上诉法院赞同美国的《外国人侵权请求法》实践相反，上议院援引在 Sosa 案中英国、澳大利亚和瑞士政府作为法庭之友提交的意见，认为潜在地允许对违反万国法的行为提出民事诉讼行使普遍管辖权，不管当事人的国籍在哪里，也不管行为发生在哪里，这样会在主权国家之间产生不一致、侵犯其他国家的主权、破坏贸易与投资；此外，从长远来看，通过建立更强有力的民主和法律制度比国际民事诉讼更能保护人权。③

从实践来看，豁免仍然是主流。至于有的学者提出要通过一个人权议定书来限制豁免，④ 短期内怕是难以实现。因此，对《欧洲人权公约》第 6(1) 条的诉诸法院的规定进行限制将会继续存在。

《联合国禁止酷刑公约》对于酷刑的豁免问题是什么样的立场呢？在起草《联合国禁止酷刑公约》时并没有考虑国家元首、政府部长的豁免问题。从实践来看，虽然存在着以塞内加尔违反了或引渡或起诉的义务的 Guengueng 案（也称为 Hissere Habre 案），⑤ 但是该案的背景是乍得放弃了豁免。⑥

事实上，上议院所依赖的国际法院的判决一直受到激烈的批评。很多学

---

① 该条规定：每一缔约国应在其法律体制内确保酷刑受害者得到补偿，并享有获得公平和充分赔偿的强制执行权利，其中包括尽量使其完全复原。如果受害者因受酷刑而死亡，其受抚养人应有获得赔偿的权利。本条任何规定均不影响受害者或其他人根据国家法律可能获得赔偿的任何权利。

② Hazel Fox, *Where Does the Buck Stop? State Immunity from Civil Jurisdiction and Torture*, 121 Law Quarterly Review 353（2005）.

③ *Brief Amicus Curiae of the Governments of Australia, Switzerland and the United Kingdom in support of the Petitioner Sosa.*

④ Christopher Keith Hall, *UN Convention on State Immunity: The Need for a Human Rights Protocol*, 55 ICLQ 411（2006）.

⑤ http://www.unhchr.ch/tbs/doc.nsf/0/aafdd8e81a424894c125718c004490f6? Opendocument（last visited July 30, 2008）.

⑥ Paola Gaeta, *Ratione Materiae Immunities of Former Heads of State and International Crimes: The Hissene Habre Case*, 1 J. Int'l Crim. Just. 186（2003）. See also Ernest K. Bankas, *The State Immunity Controversy in International Law: Private Suits against Sovereign States in Domestic Courts*, Springer Berlin Heidelberg, 2005, pp. 261–262.

者认为，在国内层面对国际罪行进行追诉、否定豁免，如果说不是国际习惯法规则的话，那也是很多国家的实践。国际罪行因为其非法性而总是在私人权限内实施的，① 也就是说，很多学者主张国际罪行不能被认为是官方行为，因为它们既不是正常的国家职能，也不是国家本身可以行使的职能。② 不过，从目前的实践来看，以强行法为由要求不予豁免很难得到支持。在涉及利比亚总统卡扎菲的案件中，法国最高法院就以豁免为由终止了刑事诉讼，也就没有刑事附带民事诉讼的问题了。③

第三节　意大利的实践——Ferrini 案

一、案情简介

在 Ferrini v. Federal Republic of Germany 案中，④ 原告路易·菲利尼（Luigi Ferrini）是一名意大利公民，声称德国军队在第二次世界大战期间占领意大利时强迫他劳动和充军。1998 年 9 月 23 日，菲利尼在意大利的阿雷佐（Arezzo）裁判庭对德国提起诉讼，为其被监禁期间所遭受的身体上和精神上的损害向德国寻求战争赔偿。2000 年 11 月 3 日，阿雷佐裁判庭以缺乏管辖权为由撤销了案件，支持了德国提出的在国际习惯法上所享有的主权豁

① Andrea Bianchi, *Denying State Immunity to Violators of Human Rights*, 46 Austrian Journal of Public and International Law 195 (1994); Paola Gaeta, *Ratione Materiae Immunities of Former Heads of State and International Crimes: The Hissene Habre Case*, 1 J. Int' l Crim. Just. 186 (2003); Marina Spinedi, *State Responsibility v Individual Responsibility for International Crimes: Tertium Non Datur*, 13 Eur. J. Int' l L. 895 (2002); Steffen Wirth, *Immunity for Core Crimes? The ICJ's Judgment in the Congo v Belgium Case*, 13 Eur. J. Int' l L. 877 (2002).

② Ed Bates, *State Immunity for Torture*, 7 Hum. Rts. L. Rev. 651 (2007). See also, Stacy Humes-Schulz, *Limiting Sovereign Immunity in the Age of Human Rights*, 21 Harv. Hum. Rts. J. 105 (2008).

③ See Salvatore Zappala, *Do Heads of State in Office Enjoy Immunity from Jurisdiction for International Crimes? The Ghaddafi Case Before the French Cour de Cassation*, 12 Eur. J. Int'l L. 595 (2001). See also Ernest K. Bankas, *The State Immunity Controversy in International Law: Private Suits against Sovereign States in Domestic Courts*, Springer Berlin Heidelberg, 2005, pp. 263 – 264.

④ See Andrea Bianchi, *International Decision: Ferrini v. Federal Republic of Germany*, 99 Am. J. Int'l. L. 242, 248 (2005); Carlo Focarelli, *Denying Foreign State Immunity for Commission of International Crimes: The Ferrini Decision*, 54 ICLQ 951 (2005).

免抗辩。① 原告不服，上诉至佛罗伦萨上诉法院。2001 年 11 月 16 日，佛罗伦萨上诉法院作出判决，驳回上诉，维持一审判决。之后，原告继续上诉到意大利最高法院。2004 年 3 月 21 日，意大利最高法院推翻了佛罗伦萨上诉法院的判决，认定外国国家不能从被视为国际犯罪的主权行为中获得主权豁免的收益。② 意大利最高法院依据意大利和外国案例来证明自己的判断正确，③ 特别参考了美国对于侵犯人权的民事诉讼的管辖权。④ 意大利最高法院认为，在涉及严重违反人权的公共行为的侵权诉讼中，外国主权豁免并不适用。为了支持这种观点，意大利最高法院特别注意到了根据《外国人侵权请求法》提起的诉讼，⑤ 也参考了美国《外国主权豁免法》的 1996 年修正案来支持外国主权豁免的侵权例外⑥以及希腊最高法院对 Prefecture of Voiotia v. Federal Republic of Germany 案（该案我们下面将专门讨论）的判决。鉴于《外国主权豁免法》是对外国国家进行管辖的唯一依据，而《外国主权豁免法》将一些严重的人权犯罪分类，包括酷刑、法外处决、劫持人质，认为它们阻止国家官员主张主权豁免的抗辩。⑦ 因此，意大利最高法院援引《外国主权豁免法》来加强其对严重侵犯人权的立场，在民事诉讼中支持人权优先于遵从外国主权的利益。⑧

　　意大利最高法院认为，各种法律规范不能孤立地解释，因为各种规范相

---

①　See Pasquale De Sena & Francesca De Vittor, *State Immunity and Human Rights: The Italian Supreme Court Decision on the Ferrini Case*, 16 Eur. J. Int'l. L. 89, 92 (2005).

②　See Andrea Gattini, *War Crimes and State Immunity in the Ferrini Decision*, 3 J. Int'l Crim. Just. 224 (2005).

③　See Pasquale De Sena & Francesca De Vittor, *State Immunity and Human Rights: The Italian Supreme Court Decision on the Ferrini Case*, 16 Eur. J. Int'l. L. 89, 93 (2005); Andrea Bianchi, *International Decision: Ferrini v. Federal Republic of Germany*, 99 Am. J. Int'l. L. 242, 243 (2005). See also Maria Gavouneli & Ilias Banterkas, *Prefecture of Voiotia v. Federal Republic of Germany. Case No. 11/2000*, 95 Am. J. Int'l. L. 198 (2001).

④　See Pasquale De Sena & Francesca De Vittor, *State Immunity and Human Rights: The Italian Supreme Court Decision on the Ferrini Case*, 16 Eur. J. Int'l. L. 89, 100 – 101 (2005).

⑤　See Pasquale De Sena & Francesca De Vittor, *State Immunity and Human Rights: The Italian Supreme Court Decision on the Ferrini Case*, 16 Eur. J. Int'l. L. 89, 101 (2005).

⑥　See 28 USC §1605 (a) (7) (2000); see also *Argentina Republic v. Amerada Hess Shipping Corp.*, 488 U. S. 428, 434 (1989).

⑦　See *In re Estate of Marcos Human Rights Litig.*, No. 91 – 15891, 1992 U. S. App. LEXIS 26517, 26523 (9th Cir. 1992).

⑧　See Andrea Bianchi, *International Decision: Ferrini v. Federal Republic of Germany*, 99 Am. J. Int'l. L. 242, 244 (2005).

互补充、相互融合，在适用时相互影响，与其他规范的这种互动导致承认豁免的例外，其中就是承认强行法规范的上位性和优先性，因为这是保障整个国际社会核心价值所必需的。贯穿于整个判决意见，意大利最高法院强烈信奉国际规范的等级结构，将人权作为国际法的至上原则，认为人权是根本的、不可侵犯的，并将国际犯罪界定为严重危害人权圣洁的行为，从而进一步支持了其判决。同样地，意大利最高法院认为，对于国际犯罪而言不适用诉讼时效的限制。在这样推理论证的基础上，意大利最高法院进一步支持了自己的观点，即人权规范是强行法规范或强制规范，胜过所有其他规范，包括主权豁免，在外国国家实施了侵犯人权的行为的情形下，普遍民事管辖权是存在的。因此，意大利最高法院认为，强迫劳动和充军是国际犯罪，进而否定了德国的主权豁免抗辩。

二、分析讨论

通过对严重侵犯人权的行为授予普遍民事管辖权，意大利最高法院在Ferrini 案中极大地扩大了包括法院地国境内外所实施的国际犯罪的范围。[①] 值得注意的，意大利最高法院拒绝主权豁免的理由是强制规范或者强行法优先于所有其他国际规范，主权豁免也不例外。同样地，意大利最高法院判决不管侵犯人权的行为发生在哪里都允许外国人寻求民事救济，这支持了违反国际法的侵权诉讼。[②] 学者们期望 Ferrini 案促成在意大利的侵权诉讼的浪潮。

此外，在 Ferrini 案中，为了给受害人提供救济，法院认可了普遍民事管辖权，而且在与《外国人侵权请求法》诉讼比较时将差别最小化。即使Ferrini 案涉及发生在法院地境内的国际犯罪，法院也明确尊重国际人权法，不管主权豁免和其他管辖权要求，例如与法院地的联系，[③] 这进一步为法院对诉讼时效不适用于民事案件中的国际犯罪的观点所证明。[④]

---

① See Pasquale De Sena & Francesca De Vittor, *State Immunity and Human Rights: The Italian Supreme Court Decision on the Ferrini Case*, 16 Eur. J. Int'l. L. 89, 194 (2005); See also Andrea Bianchi, *International Decision: Ferrini v. Federal Republic of Germany*, 99 Am. J. Int'l. L. 242, 245 (2005).

② See generally Pasquale De Sena & Francesca De Vittor, *State Immunity and Human Rights: The Italian Supreme Court Decision on the Ferrini Case*, 16 Eur. J. Int'l. L. 89, 90 (2005).

③ See Andrea Bianchi, *International Decision: Ferrini v. Federal Republic of Germany*, 99 Am. J. Int'l. L. 242, 246 (2005).

④ See Pasquale De Sena & Francesca De Vittor, *State Immunity and Human Rights: The Italian Supreme Court Decision on the Ferrini Case*, 16 Eur. J. Int'l. L. 89, 100 (2005).

在 Ferrini 案中,意大利最高法院审查了具体的《外国人侵权请求法》案例,并将它们的基本前提作为最终判决的基础,[①] 这说明意大利广泛地利用其他国家的判例法来阐明在违反国际法的侵权诉讼的各个国内法院之间的跨国司法对话。[②] 由于这是一种相对新的诉讼,导致对于如何合适地解决涉及复杂的国际法事项的司法不确定性。[③] 因此,像意大利最高法院在审理 Ferrini 案中一样,有必要寻求适当地适用国际法的外国判决的指导,[④] 而这进一步说明,虽然各国法院在具体实践上存在不同,但是都在密切注意其他法域的法院的做法。

虽然 Ferrini 案的判决被批评为未经一国允许就对该国行使管辖权,[⑤] 但是有学者认为这个批评是站不住脚的,因为不然的话法院将要承认严重违反强行法规范的行为的效力。毕竟,未经相关国家同意,也可以对该国的商业行为拒绝豁免。[⑥]

当然,也有学者在总体上赞同意大利最高法院的判决时,委婉地就法院的推理和论证以及对国家官员的职能豁免的论述提出批评,同时认为法院对 Ferrini 案的判决一定程度上是价值优先于规范。[⑦]

虽然学理上对于豁免是否与免除处罚一样有争论,因为前者是程序性事项,而后者是实体事项,[⑧] 但是现实却是相反,因为面临国家豁免障碍的个人没有其他选择来维护自己的权利。

需要注意的是,Ferrini 案之后,意大利针对德国作出 100 多起类似的判

---

① See generally Andrea Gattini, *War Crimes and State Immunity in the Ferrini Decision*, 3 J. Int'l Crim. Just. 224 (2005).

② See Andrea Bianchi, *International Decision: Ferrini v. Federal Republic of Germany*, 99 Am. J. Int'l. L. 242, 246 (2005); see also Melissa A. Waters, *Mediating Norms and Identity: The Role of Transnational Judicial Dialogue in Creating and Enforcing International Law*, 93 Geo. L. J. 487, 490 (2005).

③ See Pasquale De Sena & Francesca De Vittor, *State Immunity and Human Rights: The Italian Supreme Court Decision on the Ferrini Case*, 16 Eur. J. Int'l. L. 89, 100 (2005).

④ See Pasquale De Sena & Francesca De Vittor, *State Immunity and Human Rights: The Italian Supreme Court Decision on the Ferrini Case*, 16 Eur. J. Int'l. L. 89, 100 (2005); Andrea Bianchi, *International Decision: Ferrini v. Federal Republic of Germany*, 99 Am. J. Int'l. L. 242, 245 (2005).

⑤ Hazel Fox, *State Immunity and the International Crime of Torture*, 2006 EHRLR 142, 144 (2006).

⑥ Alexander Orakhelashvili, *State Immunity and Hierarchy of Norms: Why the House of Lords Got It Wrong*, 18 Eur. J. Int'l L. 955, 967 (2007).

⑦ Pasquale De Sena & Francesca De Vittor, *State Immunity and Human Rights: The Italian Supreme Court Decision on the Ferrini Case*, 16 Eur. J. Int'l. L. 89 (2005).

⑧ Xiaodong Yang, *State Immunity in the European Court of Human Rights: Reaffirmations and Misconceptions*, 74 BYIL 333, 343 (2003).

决，引发了两国之间的纠纷，为此德国向国际法院起诉意大利，[1] 认为意大利法院的实践侵犯了德国的豁免权，国际法院将如何判决，值得我们进一步关注。

第四节　希腊的实践——Voiotia 案

在 Prefecture of Voiotia v. Federal Republic of Germany 案中，原告于 1995 年 11 月对德国提起诉讼，要求被告对于第二次世界大战期间的行为承担损害赔偿责任。1997 年 10 月 30 日，希腊的利瓦迪亚（Levadia）法院否定了德国提出的豁免的抗辩，判决德国应向原告支付 5500 万德国马克的赔偿。对于判决的理由，法院提出了默示放弃理论，认为实施了违反强行法行为的国家就对这些行为放弃了主权豁免的权利，而且这些行为是非法的，不能为行为人带来任何诸如豁免这样的合法利益，对违反国际强行法的行为承认豁免等同于国内法院共谋允许国际公共秩序所强烈谴责的行为。[2] 2000 年 5 月 4 日，希腊最高法院确认了该判决以及违反强行法规范不能享有豁免的原则。[3] 然而，2002 年 6 月 28 日，希腊最高法院却又拒绝执行利瓦迪亚法院的判决。对此，当事人申诉到欧洲人权法院，而欧洲人权法院于 2002 年 12 月 12 日决定不予受理。[4] 2002 年 9 月 17 日，作为有权审理涉及国际法解释的希腊特别最高法院以 6∶5 的多数意见作出判决，认为目前发展阶段的国际法仍然赋予国家以豁免权，不论所指之行为是否违反强行法，所以推翻了

---

① http：//www.icj–cij.org/docket/files/143/14923.pdf（last visited May 3, 2009）.

② Case No. 137/1997, Distorno Massacre, *Multi–member Court of Levadia*, 30 Oct. 1997, 50 Revue Hellenique de droit international（1997）599, quoted in Alexander Orakhelashvili, *State Immunity and Hierarchy of Norms：Why the House of Lords Got It Wrong*, 18 Eur. J. Int'l L. 955, 966（2007）. See also Sabine Pittrof, *Compensation Claims for Human Rights Breaches Committed by German Armed Forces Abroad During the Second World War：Federal Court of Justice Hands Down Decision in the Distomo Case*, 5 German LJ 15（2004）; Alexander Orakhelashvili, *State Immunity and Hierarchy of Norms：Why the House of Lords Got It Wrong*, 18 Eur. J. Int'l L. 955, 966（2007）.

③ Maria Gavouneli & Ilias Banterkas, *Prefecture of Voiotia v. Federal Republic of Germany. Case No. 11/2000*, 95 Am. J. Int'l. L. 198（2001）; Alexander Orakhelashvili, *State Immunity and Hierarchy of Norms：Why the House of Lords Got It Wrong*, 18 Eur. J. Int'l L. 955, 966（2007）.

④ Kerstin Bartsch & Björn Elberling, *Jus Cogens vs. State Immunity, Round Two：The Decision of the European Court of Human Rights in the Kalogeropoulou et al. v. Greece and Germany Decision*, 4 German LJ 478（2003）.

希腊最高法院之前的判决。①

由于资料的不足，所以此处不对希腊法院的判决进行述评。另外，德国最高法院没有对此案给予既判力的效力，相关的评论可以参见不来梅大学2006 年答辩的一篇博士论文的论述②以及《德国法律杂志》2005 年发表的一篇论文。③ 另外，一些论文和著作在讨论国家豁免与强行法的关系时也论述了该案。④

小　结

通过考察相关国家的司法实践，我们发现，除了意大利最高法院外，其他国家的法院以及欧洲人权法院目前都还是比较谨慎的，并没有越过传统国际法的疆界，也没有行使所谓的普遍民事管辖权。虽然对于国际法规范之间是否存在等级以及强行法规范是否高于其他国际法规范并使与其相抵触的其他国际法规范无效等问题上各国存在分歧，但是对于跨国民事诉讼中的国家豁免问题，各国立场基本一致，倾向于支持国家豁免，并不认为违反国际法就成了豁免的例外，更没有因此而有普遍民事管辖权。

---

① Case No. 6/2002, Distorno Massacre, *Special Supreme Court*, 17 *Sept.* 2002, 56 Revue Hellenique de droit international (2003) 56, quoted in Alexander Orakhelashvili, *State Immunity and Hierarchy of Norms: Why the House of Lords Got It Wrong*, 18 Eur. J. Int'l L. 955, 966 (2007). See also Andrea Gattini, *To What Extent are State Immunity and Non - Justiciability Major Hurdles to Individuals'Claims for War Damages?* 1 J. Int'l Crim. Just. 348 (2003); Lee M. Caplan, *State Immunity, Human Rights, and Jus Cogens: A Critique of the Normative Hierarchy Theory*, 97 Am. J. Int'l. L. 741 (2003); Andrea Gattini, *War Crimes and State Immunity in the Ferrini Decision*, 3 J. Int'l Crim. Just. 224 (2005).

② Eric Engle, *Private Law Remedies for Extraterritorial Human Rights Violations*, Inauguraldissertation, zur Erlangung der Doktorwürde, der Fakultät für Rechtswissenschaft, der Universit? t Bremen, 2006, pp. 178 - 180.

③ 830 Markus Rau, *State Liability for Violations of International Humanitarian Law - The Distomo Case Before the German Federal Constitutional Court*, 7 German LJ 701 (2005).

④ 831 See e. g., Lorna McGregor, *State Immunity and Jus Cogens*, 55 ICLQ 437 (2006); . Rainer Hofmann, *Compensation for Victims of War: German Practice after 1949 and Current Developments*, Meeting of The Japanese Society for International Law, Sapporo, 8 and 9 October 2005, http: //wwwsoc. nii. ac. jp/jsil/ annual_ documents/2005/2005_ autumn/Hofmann. pdf (last visited August 16, 2008). See also Ernest K. Bankas, *The State Immunity Controversy in International Law: Private Suits against Sovereign States in Domestic Courts*, Springer Berlin Heidelberg, 2005, pp. 271 - 272; Wolfgang Kaleck, Michael Ratner, Tobias Singelnstein and Peter Weiss (eds.), *International Prosecution of Human Rights Crimes*, Springer Berlin Heidelberg, 2007, pp. 73 - 74.

第十章　美国国际民事诉讼管辖权的新发展
——《外国人侵权请求法》诉讼中的管辖权

对于所有诉讼，不管支配实体请求的法律是什么，美国法院一般都适用法院地的程序规则。将美国的管辖权和程序规则适用于这些《外国人侵权请求法》诉讼，是以 Filártiga 案[1]为代表的《外国人侵权请求法》诉讼在美国繁荣的重要原因。下面，我们介绍一下《外国人侵权请求法》诉讼中的对人管辖权、事项管辖权、普遍民事管辖权。

第一节　对人管辖权

一、对人管辖权简介

对人管辖权（personal jurisdiction）是指法院具有的在诉讼中确立双方当事人权利和义务的权限，并且其本身具有约束当事人的权力。[2]与之相对应的是对物管辖权（in rem jurisdiction），是指法院具有的通过裁判诉讼标的物的法律地位从而决定与该物有关的所有当事人权利义务的管辖权。[3]

美国法院行使管辖权是以传统普通法的"效果"原则及这一原则的例外——自愿服从作为依据的。此外，美国法院行使管辖权还受到正当程序条

---

[1]　F. 2d 876 (2d Cir. 1980).

[2]　See William M. Richman & William L. Rieynolds, *Understanding Conflict of Laws* (3rd ed.), Matthew Bender & Company, Inc., 2002, p. 121.《布莱克法律辞典》（第八版）的解释是：A court's power to bring a person into its adjudicative process; jurisdiction over a defendant's personal rights, rather than merely over property interests. —Also termed in personam jurisdiction; jurisdiction in personam; jurisdiction of the person; jurisdiction over the person. Bryan Garner (eds.), *Black's Law Dictionary* (8th ed.), West Group, 2004, p. 870.

[3]　《布莱克法律辞典》（第八版）的解释是：A court's power to adjudicate the rights to a given piece of property, including the power to seize and hold it. —Also termed jurisdiction in rem. Bryan Garner (eds.), *Black's Law Dictionary* (8th ed.), West Group, 2004, p. 869. See William M. Richman & William L. Rieynolds, *Understanding Conflict of Laws* (3rd ed.), Matthew Bender & Company, Inc., 2002, pp. 19 – 20.

款等宪法上的限制。① 在历史上，英美普通法认为，对被告的对人管辖权强调物理控制，也就是说，不管被告与法院地的联系是多么微弱，只要权力所在，就证明行使管辖权是正当的。② 起初，英国普通法法院在对人诉讼中不会作出判决，除非被告已经实际在法院出庭。③ 在 19 世纪初的美国，法院要对对人诉讼作出判决，也必须抓住被告（get hold of the defendant）。④ 后来，实际上的人身拘捕被象征性的拘捕所取代，法院不再像对待被起诉的刑事罪犯一样拘捕民事被告，而是通过传票传唤被告。传票表明，如果必要时，被告可能被拘捕。即使被告是一个对管辖权持有异议的非当地居民，当他出现在法院辖区，并以合法的程序被传唤时，其也可能隶属于该法院的对人管辖权。也就是说，可以是被告实际出庭了，也可以是被告在法院的管辖区域内可以被明令出庭，但是如果被告没有被传唤到而没有出庭，则诉讼程序就是无效的，法院就不能作出判决。⑤ 这个规则甚至也影响到美国法院对外国豁免的态度。⑥

自从 Helicopteros Nacionale de Colombia，S. A. V. Hall 案后，⑦ 美国最高法院对正当程序的分析区别了一般管辖权和特殊管辖权，并且为此而设立了不同的要求。关于一般管辖权的行使，除了送达可以作为管辖权依据之外，主要有如下三种情形：第一，如果一个外国自然人被告在法院出庭或者同意法院的管辖权，则法院可以对被告行使管辖；第二，如果被告与法院地具有某种永久的联系，例如设立了住所，那么法院便可以对该被告行使管辖权。第三，如果公司被告在法院地注册登记成立，或者进行了连续和系统的商业活动，那么一般来说，法院就可以行使管辖权。对于特殊管辖权的行使，主要是依据长臂法规（Long-Arm Statutes）等。

虽然管辖权的行使受到"正当程序条款"的限制，但是法院会认为当

---

① See William M. Richman & William L. Rieynolds, *Understanding Conflict of Laws* (3rd ed.), Matthew Bender & Company, Inc., 2002, pp. 19 – 20.

② See William M. Richman & William L. Rieynolds, *Understanding Conflict of Laws* (3rd ed.), Matthew Bender & Company, Inc., 2002, pp. 24 – 25.

③ See Nathan Levy, Jr., *Mense Process in Personal Actions at Common Law and the Power Doctrine*, 78 Yale L. J. 52, 58 (1968).

④ *Hart v. Granger*, 1 Conn. 154, 168 (1814).

⑤ *Bigelow v. Stearns*, 19 Johns. 39, 40 – 41 (N. Y. Sup. Ct. 1821).

⑥ 详细的考证参见 Caleb Nelson, *Sovereign Immunity as a Doctrine of Personal Jurisdiction*, 115 Harvard L. Rev. 1559 (2002).

⑦ 466 U. S. 408 (1984).

事人的出现就已经构成了正当程序，对其进行管辖就是合法有效的。① 为了确立对非居民的对人管辖权，法院首先必须审查根据州的长臂管辖法规是否可以适用管辖权，然后决定这是否满足宪法对正当程序的要求。② 关于正当程序条款的要求，原告必须证明被告与法院地存在"最低限度的联系"而且这样的诉讼不会有违传统的公平审判和实质正义。③

二、对人管辖权的行使

有学者认为，不像传统的管辖权要求案件与法院地有联系，《外国人侵权请求法》是普遍民事管辖权，不要求案件与美国存在联系，允许与美国无关的外国人就发生在美国境外的违反万国法的行为提起诉讼。④ 事实上，《外国人侵权请求法》上的管辖权也是根据美国法律来行使的，并没有达到普遍民事管辖权的程度。

在对人管辖权上，美国法院面临《宪法》及相关立法所施加的严格限制。⑤ 然而，有两个规则允许美国法院比其他国家法院主张更广泛的管辖权：对暂时出现在法院地的人送达和与法院地具有最低限度的联系的公司的一般管辖权。这两个规则同样地适用于国内和外国被告。⑥ 因此，在 *Filártiga* 案这样的案件中，虽然被告在美国领域外实施侵犯人权的行为，但是美国法院根据对国内行动者行使对人管辖权同样的结构来决定该案的对人管辖权。⑦ 在对个人或者在法院地营业的公司送达后，美国允许对其行使管辖权，这为在美国境内根据《外国人侵权请求法》行使对人管辖权大开方便之门。

---

① 495 U. S. 604, 109 L. Ed. 2d 631, 110 S. Ct. 2105 (1990).

② *GTE New Media Servs. v. BellSouth Corp.*, 199 F. 3d 1343, 1347 (D. C. Cir. 2000).

③ *Int'l Shoe Co. v. Washington*, 326 U. S. 310, 316, 66 S. Ct. 154, 90 L. Ed. 95 (1945); *Price v. Socialist People's Libyan Arab Jamahiriya*, 294 F. 3d 82, 95 (D. C. Cir. 2002).

④ Note, *Alien Tort Claims Act Litigation: Adjudicating on "Foreign Territory"*, 30 Suffolk Transnat'l L. Rev. 101, 104 (2006).

⑤ See Patrick J. Borchers, *The Death of the Constitutional Law of Personal Jurisdiction: From Pennoyer to Burnham and Back Again*, 24 U. C. Davis L. Rev. 19, 23 – 24 (1990).

⑥ See Linda J. Silberman, *Judicial Jurisdiction in the Conflict of Laws Course: Adding a Comparative Dimension*, 28 Vand. J. Transnat'l L. 389, 392 – 393 (1995).

⑦ *Kadic v. Karadzic*, 70 F. 3d 232, 247 (2d Cir. 1995), cert. denied, 518 U. S. 1005 (1996). See also *Wiwa v. Royal Dutch Petroleum Co.*, 226 F. 3d 88 (2d Cir. 2000), cert. denied, 121 S. Ct. 1402 (2001).

（一）送达与管辖权

1. 送达建立管辖权

19 世纪和 20 世纪初的很多美国判例都表明，对出现在法院地的被告送达后就可以取得管辖权，并且作出判决，不管被告是居住在那里还是暂时出现。[1] 通过送达建立管辖权这个传统一直延续着，在 1990 年的 Burnham v. Superior Court 案中，传统的规则虽然受到挑战，但是美国联邦最高法院仍然裁定送达完成后，法院就取得了管辖权。[2] 一直到现在，美国联邦法院和各州法院仍然以传票的送达作为对人管辖权行使的依据。[3] 在 Kadic v. Karadzic 案中，第九巡回法院裁定在被告与美国没有任何实质性联系（substantial contact）的情形下，被告即使是短暂过境美国，其也可以因此而被送达，法院也就取得管辖权。[4]

2. 送达的有效性

那么，如何判断送达是合法有效的呢？美国法院认为，送达的核心功能是通知被告诉讼，以一定的方式在一定的时间内给被告提供了一个公平的机会提出答辩、抗辩和反对。[5] 因此，关键的问题是被告是否得到足够的通知。[6] 这样，甚至电子送达也是可以的。[7] 如果被告想逃避送达，例如拒绝接受文件，此时送达人只要非常接近被告，清楚地把送达法院文件的意图说明，并且作出合理的努力把送达的文件留下给被告，这样送达就算完成，就

---

① *Vinal v. Core*, 18 W. Va. 1, 20（1881）；*Roberts v. Dunsmuir*, 75 Cal. 203, 204, 16 P. 782（1888）；*Smith v. Gibson*, 83 Ala. 284, 285, 3 So. 321（1887）；*Savin v. Bond*, 57 Md. 228, 233（1881）；*Hart v. Granger*, 1 Conn. 154, 165（1814）；*Mussina v. Belden*, 6 Abb. Pr. 165, 176（N. Y. Sup. Ct. 1858）；*Darrah v. Watson*, 36 Iowa 116, 120 – 121（1872）；*Baisley v. Baisley*, 113 Mo. 544, 549 – 550, 21 S. W. 29, 30（1893）；*Bowman v. Flint*, 37 Tex. Civ. App. 28, 29, 82 S. W. 1049, 1050（1904）. See also *Reed v. Hollister*, 106 Ore. 407, 412 – 414, 212 P. 367, 369 – 370（1923）；*Hagen v. Viney*, 124 Fla. 747, 751, 169 So. 391, 392 – 393（1936）；*Vaughn v. Love*, 324 Pa. 276, 280, 188 A. 299, 302（Pa. 1936）.

② *Burnham v. Superior Court*, 495 U. S. 604, 109 L. Ed. 2d 631, 110 S. Ct. 2105（1990）.

③ See *Federal Rule of Civil Procedure* 4（k）.

④ 70 F. 3d 232（9th Cir. 1995）.

⑤ *Henderson v. United States*, 517 U. S. 654, 672, 116 S. Ct. 1638, 134 L. Ed. 2d 880（1996）.

⑥ *United Food & Commercial Workers Union v. Alpha Beta Co.*, 736 F. 2d 1371, 1382（9th Cir. 1984）；*Chan v. Soc'y Expeditions, Inc.* 39 F. 3d 1398, 1404（9th Cir. 1994）；*Mullane v. Cent. Hanover Bank & Trust Co.*, 339 U. S. 306, 314, 70 S. Ct. 652, 94 L. Ed. 865（1950）.

⑦ *Rio Props., Inc. v. Rio Intern. Interlink*, 284 F. 3d 1007（9th Cir. 2002）.

是合法、有效的。①

相反，如果送达意图不明确，被告没有得到有效的通知，则送达很可能被认定无效，不能行使管辖权。在 Weiss v. Glemp 案中，② 法院就认定对波兰红衣主教的送达无效，因为送达人仅拿着一个书面的东西，说"你要这个……"主教的随行人员说"不要，不要"并且将纸丢在地上，法院认为原告这样试图的送达"不是以合理的方法通知"被告，而且送达人所拿的文件不明确，可以是小册子、抗议信或者其他非法律性文件，也没有证据显示被告企图逃避送达。

3. 送达有效性的例外

由于美国认为送达是私人之间的事情，与国家主权无涉，所以允许向国外进行各种方式的送达，也允许其他国家在美国境内直接送达。在美国，对送达放得比较开，自由度比较大，一般只要有送达的意图并且将文件以合理的方式通知被告就构成送达，但在一定的情形下，送达可能就是无效的。例如，对享有特权与豁免的人进行送达经常会被认定不合法、无效。在 1965 年的 Hellenic Lines，Ltd. v. Moore 案中，美国法院就认为："在国务院已经通知法院对突尼斯驻美大使进行送达将会损害美国的对外关系和外交职能的正常履行后将本来送达给突尼斯的传票送达给突尼斯驻美大使就是不合适的。"③

此外，对外国国家元首进行送达，常常构成是对该外国及其领导人的冒犯。如果允许对在本国领域内进行国事访问的外国领导人进行送达并行使管辖权，那么本国政府及领导人在国外也可能遭遇同样的情况与问题，这对本国政府的外交政策、目标、利益都不是那么有利。因此，绝对不应允许在国内向来访的外国领导人进行送达，不论是送达给本人还是希望通过该领导人转交给第三人，更不能因此而行使管辖权。在 Tachiona v. Mugabe 案中，④ 纽约南区地方法院认定被告穆加贝作为津巴布韦总统享有豁免，不能对其送

---

① 　See *Errion v. Connell*, 236 F. 2d 447, 457 (9th Cir. 1956); *Novak v. World Bank*, 703 F. 2d 1305, 1310 n. 14 (D. C. Cir. 1983); *Doe v. Karadzic*, 1996 WL 194298 (S. D. N. Y. Apr 22, 1996); *Trujillo v. Trujillo*, 71 Cal. App. 2d 257, 162 P. 2d 640, 641 –42 (1945); *In re Ball*, 2 Cal. App. 2d 578, 38 P. 2d 411, 412 (1934).

② 　792 F. Supp. 215 (S. D. N. Y. 1992).

③ 　120 U. S. App. D. C. 288, 345 F. 2d 978, 980 –981 (D. C. Cir. 1965).

④ 　*Tachiona v. Mugabe*, 169 F. Supp. 2d 259 (S. D. N. Y. Oct 30, 2001) (NO. 00 CIV. 6666 (VM).

达，但是他同时又是津巴布韦执政党的党魁，在对津巴布韦执政党的诉讼中可以对穆加贝进行送达。对此，美国政府进行干预，要求撤销该诉讼。① 最终，在 Tachiona v. U. S. 案中，第二巡回法院推翻了 Tachiona v. Mugabe 案，认为《维也纳外交关系公约》规定了保护外交人员的"不可侵犯性"，由于《联合国特权和豁免公约》的规定，联合国各成员国派驻联合国大会的代表也不受侵犯，所以在美国参加联合国大会的津巴布韦总统应受到保护，对其送达也是无效的，不论是作为总统被送达，还是作为津巴布韦执政党党魁被送达。②

（二）管辖的其他依据

实践中，美国法院还援引历史上的一些理论作为自己行使管辖权的依据。美国法院曾经指出，根据追身侵权（Transitory tort）理论，③ 人身伤害侵权的民事责任是可以转换审判地的，也就是说不论侵权人走到哪里，侵权责任都是一直附随在身的，受害人可以在能够向被告直接送达传票的任何地方提起诉讼。④ 因此，尽管争议产生于海外，但是美国拥有在境内解决该争议的合法利益。⑤

对于仅以被告的物理出现而行使管辖权，还有一个理由就是避免被告逃避责任而导致受害人得不到救济。有学者曾经指出，在缺乏民事责任方面的引渡规则时，为了防止侵权行为人在别国逃避责任，只要能对被告进行送达，那么不管侵权行为地在哪里，美国法院都可以行使管辖权。⑥ 他们认为，侵权行为人出现在法院地本身就是对法院地国造成影响，很可能是国际关切与不安的渊源，甚至可能引发骚乱。因此，如果不允许受害人寻求救

---

① *Tachiona ex rel. Tachiona v. Mugabe*, 186 F. Supp. 2d 383（S. D. N. Y. Feb 14, 2002）（NO. 00 CIV 6666 VM）.

② *Tachiona v. U. S.*, 386 F. 3d 205（2nd Cir.（N. Y.）Oct 06, 2004）（NO. 03 - 6033（L），03 - 6043（XAP））. Certiorari Denied by *Tachiona v. U. S.*, 547 U. S. 1143, 126 S. Ct. 2020, 164 L. Ed. 2d 806, 74 USLW 3425, 74 USLW 3636, 74 USLW 3640（U. S. May 15, 2006）（NO. 05 - 879）.

③ *Slater v. Mexican National R. Co.*, 194 US 120（1904）. See also *McKenna v. Fisk*, 42 U. S. 241, 248 - 249（1843）.

④ Ruti Teitel, *The Alien Tort And The Global Rule of Law*, http：//www. blackwell-synergy. com/doi/pdf/10. 1111/j. 1468 - 2451. 2005. 570. x？ cookieSet = 1（last visited August 16, 2008）.

⑤ 《630 F. 2d 876, 885（2d Cir. 1980）.

⑥ *McKenna v. Fisk*, 42 U. S. 241, 248 - 249（1843）. See also Ralph G. Steinhardt & Anthony D'Amato（eds.）, *The Alien Tort Claims Act：An Analytical Anthology*, Transnational Publishers, 1999, p. 80.

济，将破坏法院地国保证权益受到侵害的任何人都应得到救济的努力。①

（三）相关实践

尽管对人管辖权存在广泛的依据，行使管辖权必须满足"最低限度的联系"的要求，否则美国法院就有可能拒绝行使管辖权。实践中，对于在什么情况下被告与美国存在"最低限度的联系"，各个法院之间的认定标准可能有所差别。

在 Doe v. Unocal Corp. 案中，地方法院撤销了对法国石油公司 Total 的诉讼，因为 Total 与加利福尼亚州的联系不足以产生一般管辖权和特别管辖权，虽然其子公司在管辖区域内，但是这种联系不能归因于 Total 本身。② 也就是说，除非原告证明法院对于公司被告具有管辖权而且行使管辖权符合正当程序条款，不然一般情况下原告是不能根据《外国人侵权请求法》起诉外国公司的。毕竟，最高法院要求存在最低限度的联系。③

在 An v. Chun 案中，④ 安杨恺（Young-Kae An）起诉韩国的金斗焕（Doo-Whan Chun）将军、卢泰愚（Tae-Woo Roh）将军以及其他军队领导人，声称被告实施酷刑行为，将原告之父折磨致死，法院最后以没有对人管辖权为由撤销了诉讼。法院认为，这些被告作为政府公务员而正式访问美国并不能满足一般管辖权的要求，至于原告声称有一名被告至少曾经在美国度假，这并没有达到特别管辖权的"最低限度的联系"的要求。

在一起涉及色情旅游的诉讼中，原告根据《外国人侵权请求法》代表来自南亚和非洲的数千名男孩提起集团诉讼，认为他们被诱拐、奴役并被迫骑骆驼来取悦中东的富翁。法院以两名被告与美国佛罗里达州没有充分联系为由而撤销了诉讼，主审法官塞西利亚·M. 艾尔通内嘉（Cecilia M. Altonaga）认为，原告可能可以在肯塔基州重新提起诉讼，因为原告与该州有更多的实质性联系。⑤

在 Doe v. Islamic Salvation Front 案中，法院认定被告在华盛顿哥伦比亚

---

① Ralph G. Steinhardt & Anthony D'Amato (eds.), *The Alien Tort Claims Act: An Analytical Anthology*, Transnational Publishers, 1999, p. 80.

② 67 F. Supp. 2d 1140 (C. D. Cal. 1999).

③ See *Int'l Shoe Co. v. Washington*, 326 U. S. 310, 316 (1945).

④ No. 96 – 35971, 1998 WL 31494 (9th Cir. Jan. 28, 1998), cert. denied, 525 U. S. 816 (1998).

⑤ Adam Liptak, *Florida: Judge Dismisses Child Slavery Case*, New York Times, July 31, 2007, p. 15.

特区的办公室就构成了对人管辖权的依据。① 在 *Wiwa* 案中，法院判决也是认为投资人关系办公室设在美国就构成了对人管辖权的依据。②

在 Mwani v. Bin Laden 案中，地方法院认定不存在对人管辖权，但是上诉法院不同意而是推翻了地方法院的判决。③ 上诉法院认为，地方法院集中于物理上的联系是错误的，对人管辖权可以根据效果原则（the effects doctrine）④ 而进行认定。在本案中，被告的行为是直接指向美国的，故意炸美国驻肯尼亚大使馆就创设了最低限度的联系，而且行使管辖权与实质正义一致，所以行使对人管辖权也是合适的。

在有的案件中，被告与美国没有"最低限度的联系"，法院还会以利益分析为依据，认为如果美国在行使管辖权上存在利益，则可能行使管辖权。在 Tachiona v. Mugabe 案中，美国法院指出，根据传统的法律选择分析，对于根据《外国人侵权请求法》而提起的违反国际人权法的诉讼，美国有利益来进行裁判，从而促进体现在普遍公认的规范中所体现的价值的实现。⑤

另外，对人管辖权是一个比较复杂的问题，在有的案件中初步看上去是没有管辖权的，但是随着进一步的证据开示程序却最终发现存在管辖权。⑥

第二节　事项管辖权

一、概述

事项管辖权（subject matter jurisdiction）指的是法院审理和裁决某一类案件的权限范围，换句话说，指的是法院对哪些事项具有管辖权。⑦ 美国联

---

① *Doe v. Islamic Salvation Front*, 257 F. Supp. 2d 115 (D. D. C. 2003).

② *Wiwa v. Royal Dutch Petroleum*, 226 F. 3d 88 (2d Cir. 2000).

③ 417 F. 3d 1 (D. C. Cir. 2005).

④ See *Rein v. Socialist People's Libyan Arab Jamahiriya*, 995 F. Supp. 325, 330 (E. D. N. Y. 1998).

⑤ See *Tachiona v. Mugabe*, 234 F. Supp. 2d 401 (S. D. N. Y. 2002).

⑥ *Bauman v. DaimlerChrysler AG*, 2005 U. S. Dist. Lexis 31929, at * 61 (N. D. Cal. Nov. 22, 2005).

⑦ See William M. Richman & William L. Rieynolds, *Understanding Conflict of Laws* (3rd ed.), Matthew Bender & Company, Inc., 2002, pp. 16 - 17. 翻译为对事管辖权更妥当，但是考虑到国内的习惯，所以本书仍然使用事项管辖权一词。《布莱克法律辞典》（第八版）的解释是：Jurisdiction over the nature of the case and the type of relief sought; the extent to which a court can rule on the conduct of persons or the status of things. —Also termed jurisdiction of the subject matter; jurisdiction of the cause; jurisdiction over the action. Bryan Garner (eds.), *Black's Law Dictionary* (8th ed.), West Group, 2004, p. 870.

邦法院的管辖权是有限的，仅有权审理《宪法》所授权的案件，而且只有国会通过相关立法执行了这种潜在的管辖权才行。联邦事项管辖权的问题是分配给联邦法院有限的司法权力的问题，如果一个案件在《宪法》的规定内，而且国会已经授予联邦法院管辖权，则就满足了事项管辖权的要求。

此外，国会具有适用美国法的绝对权力，只要这个领域在国会的立法权范围内。因此，联邦法院将对涉及美国之外的人和事的案件进行裁判并且适用美国法，只要国会这样授权而且满足《宪法》的要求。① 这是美国法制之中一个非常关键的特点：联邦法院按照《宪法》和国会的指导行事管辖权并且适用美国法，即使案件与法院地没有联系，也不存在内在的限制。美国联邦法院因而对人权案件具有管辖权，因为国会已经通过《外国人侵权请求法》和其他相关立法指令联邦法院审理此类案件。

《外国人侵权请求法》上的管辖权也是符合美国《宪法》的。曾经有人从三方面质疑《外国人侵权请求法》的合宪性：第一，根据美国《宪法》第 3 条，国会是否有权授权联邦法院管辖涉及万国法的案件；第二，将《外国人侵权请求法》适用于发生在美国境外与美国没有任何联系的侵权是否超越了第 3 条对联邦管辖权的宪法限制；第三，《外国人侵权请求法》是管辖权性的，将其用来提供诉权是违宪的。② 从美国《宪法》的规定来看，这种质疑是没有根据的。美国《宪法》第 3 条第 2 款规定："司法权适用的范围，应包括在本宪法、合众国法律和合众国已订的及将订的条约之下发生的一切涉及普通法及衡平法的案件；一切有关大使、公使及领事的案件；一切有关海上裁判权及海事裁判权的案件；合众国为当事一方的诉讼；州与州之间的诉讼，州与另一州的公民之间的诉讼，一州公民与另一州公民之间的诉讼，同州公民之间为不同之州所让与之土地而争执的诉讼，以及一州或其公民与外国政府、公民或其属民之间的诉讼。在一切有关大使、公使、领事以及州为当事一方的案件中，最高法院有最初审理权。在上述所有其他案件中，最高法院有关于法律和事实的受理上诉权，但由国会规定为例外及另有处理条例者，不在此限。对一切罪行的审判，除了弹劾案以外，均应由陪审团裁定，并且该审判应在罪案发生的州内举行；但如罪案发生地点并不在任

---

① See *Benz v. Compania Naviera Hidalgo*, 353 U. S. 138, 146 – 147 (1957); *Blackmer v. United States*, 284 U. S. 421, 437 (1932). See also *American Banana Co. v. United Fruit Co.*, 213 U. S. 347, 357 (1909).

② Curtis A. Bradley, *The Alien Tort Statute and Article III*, 42 Va. J. Int'l L. 587 (2002).

何一州之内，该项审判应在国会按法律指定之地点或几个地点举行。"

　　像《外国人侵权请求法》诉讼这样经常涉及的是外国人之间并非海事争议的诉讼，那么事项管辖权的宪法依据就是该款。在 Filartiga 案中，涉及的不是两州公民之间的跨州诉讼（diversity action），也不是因美国《宪法》或者美国缔结的条约所引起的。因此，第二巡回法院必须认定对该案是否拥有管辖权。对此，第二巡回法院首先认定万国法或者国际习惯法是美国法律的一部分，认为《外国人侵权请求法》的宪法基础是作为联邦普通法一部分的万国法。接着，法院认为如果一个案件是根据国会制定的法律或者美国的普通法所引起的则其就是因美国法律所引起的案件。既然万国法是普通法的一部分，则当然是美国法的一部分。因此，法院对该案具有管辖权。① 同时，法院认为行使管辖权也并不存在任何障碍："在适用侵权行为实施地法时，这是对侵权行为发生地国家的法律的礼让……在此，当事人均同意案件所涉事实违反了巴拉圭的法律，法院地的政策与外国法是一致的，法院行使管辖权也是合适的。"②

二、实践中的运作

（一）管辖依据

　　大约在网上可以找到 100 多起主张根据《外国人侵权请求法》及相关制定法而行使管辖权的判决，而其中大约有 20 起案件在 Filártiga 案之前。在所提起的所有案件中，早期大约 1/3 的案件因缺乏管辖权或者豁免而被撤销了。正如第二巡回法院在 Filártiga 案中所指出的，主张违反国际法是基于《外国人侵权请求法》的案件的管辖权的前提；结果，此类案件要求在起诉阶段"更细致地初步审查"，如果原告并没有主张普遍承认的国际法规范，则案件将被撤销。③ 例如，在 Bigio v. Coca-Cola Co. 案中，法院适用严格的标准，驳回了原告提出的公司通过取得之前为埃及政府不当征收的财产的行为违反了国际法的请求，④ 而在 Wong-Opasi v. Tennessee State University 案中，⑤ 法院则基于国家合同和侵权法撤销了原告根据《外国人侵权请求法》提出的请求。也有案件因为豁免的存在而被撤销的，在 Argentine Republic

---

　　①　See *Filartiga v. Pena-Irala*, 630 F. 2d 876, 885 – 886 (2d Cir. 1980).

　　②　See *Filartiga v. Pena-Irala*, 630 F. 2d 876, 885 (2d Cir. 1980).

　　③　630 F. 2d 876, 887 (2d Cir. 1980).

　　④　239 F. 3d 440, 447 – 450 (2d Cir. 2000).

　　⑤　229 F. 3d 1155 (6th Cir. 2000).

v. Amerada Hess Shipping Corp. 案中，阿根廷政府在 Falklands 战争期间轰炸一艘英国油轮引发诉讼，当然最终以豁免为由撤销案件。① 在 Sinaltrainal v. Coca-Cola Co. 案中，法院认为原告未能证明被告的行为违反了国际法，所以不具有事项管辖权。② 在 Beanal v. Freeport-McMoran，Inc. 案中，法院认为破坏环境并没有达到国际社会所公认的禁止性行为，所以不具有事项管辖权。③ 在 Estate of Rodriquez v. Drummond Co.，Inc. 案中，法院甚至认为组织和结社的权利也是国际习惯法上的权利，如果受到侵犯，则构成《外国人侵权请求法》上的事项管辖权。④

除《外国人侵权请求法》外，三部现代的制定法也规定了在美国法院提出人权请求的管辖权。1992 年通过的《酷刑受害人保护法》为外国人或者美国公民遭受的"外国法名义下"的酷刑或者法外处决提供了诉因。⑤ 第二部制定法原来是作为反恐行动的一部分于 1990 年通过的，授予遭受恐怖主义侵害的美国国民提起民事诉讼的权利。⑥ 最后，《外国主权豁免法》的例外⑦允许美国公民对外国政府的酷刑、法外处决和其他侵犯人权的行为提起诉讼。对于根据《外国人侵权请求法》而起诉外国政府失败的失望，《外国主权豁免法》的例外予以了回应，联邦最高法院 1990 年的判决认为人权请求并没有对外国主权豁免创设一个独立的例外。⑧ 法院认定国会意图《外国主权豁免法》涵盖整个领域，裁定只有符合《外国主权豁免法》所列举的豁免例外才能继续对政府提起诉讼。⑨

曾经两个案件引起了国会对适用主权豁免的不安。在 Princz v. Federal Republic of Germany 案中，原告雨果·普林茨（Hugo Princz）原来是一名被关在纳粹集中营的美国幸存者，由于他的美国公民身份，他已经被排除在德国的赔偿计划之外，所以起诉德国要求赔偿。越过沃尔德（Wald）法官的

---

① *Argentine Republic v. Amerada Hess Shipping Corp.*，488 U. S. 428 (1989).

② See *Sinaltrainal v. Coca-Cola Co.*，256 F. Supp. 2d 1345 (S. D. Fla. 2003).

③ *Beanal v. Freeport-McMoran*，*Inc.*，197 F. 3d 161 (5th Cir. 1999).

④ *Estate of Rodriquez v. Drummond Co.*，*Inc.*，256 F. Supp. 2d 1250 (N. D. Ala. 2003).

⑤ 28 U. S. C. § 1350 (note) (1994).

⑥ 18 U. S. C. § 2333 (a) (1994).

⑦ 28 U. S. C. §§ 1330，1602 - 1611 (1994).

⑧ See *Argentine Republic v. Amerada Hess Shipping Corp.*，488 U. S. 428 (1989).

⑨ See *Siderman de Blake v. Republic of Argentina*，965 F. 2d 699 (9th Cir. 1992).

反对意见，哥伦比亚特区巡回法院认定外国主权豁免排除了该诉讼。① 面对着国会在本案中取消豁免的运动，德国最终与普林茨和解了。② 几年后，洛克比空难中遇害的受害者家人对利比亚提起的诉讼因外国主权豁免的原因而被撤销。这次，那些受害者家人成功地游说国会创设了一项新的《外国主权豁免法》的例外。起初是作为对酷刑、法外处决和一些恐怖主义行为的请求的全面豁免例外，但在最后的修订中缩减了适用的范围。也就是说，美国公民可以提出此类请求，但只能是针对美国政府指定的"国际恐怖主义的国家资助者"（state sponsors of international terrorism）的外国政府。③

　　主权豁免对于事项管辖权具有很大的影响。在涉及外国国家的诉讼之中，原告必须证明满足《外国主权豁免法》所要求的事项管辖权，之后法院才可以根据《外国人侵权请求法》对原告的请求进行审理。④ 在 Goldstar（Panama）S. A. v. U. S. 案中，一些巴拿马商业团体对美国提起诉讼，要求美国赔偿入侵巴拿马时因劫掠而造成的财产损失，美国法院认为，《海牙公约》和《外国人侵权请求法》均不构成对主权豁免的放弃，因此原告不能满足事项管辖权的要求。⑤ 对此，我们在后面的章节中还会继续论述主权豁免与《外国人侵权请求法》的关系。

　　（二）事项管辖权的认定标准

　　对于确立事项管辖权的标准，各个巡回法院是存在分歧的。正如第二巡回法院所指出的，由于《外国人侵权请求法》要求原告在管辖权阶段就要证明存在违反万国法的情形，所以《外国人侵权请求法》必然要求法院对于案件的实体问题要作更多的审查。⑥ 如果法院认为所声称的行为并没有违反国际法，则就会以缺乏事项管辖权为由撤销诉讼。⑦ 在 Khulumani

---

① *Princz v. Federal Republic of Germany*, 26 F. 3d 1166, 1176 – 1184（D. C. Cir. 1994）（Wald, J., dissenting）.

② See Kimberly J. McLarin, *Holocaust Survivor Will Share $2.1 Million in Reparations*, N. Y. Times, Sept. 20, 1995, at B5.

③ 28 U. S. C. §§ 1605（a）（7）（A），（B）（ii）（Supp. V. 1999）. See 22 C. F. R. § 126.1（d）（2000）. 其中，伊朗、古巴、叙利亚、伊拉克、利比亚、苏丹和朝鲜被认为是支持恐怖主义的国家。

④ *Soudavar v. Islamic Republic of Iran*, 67 Fed. Appx. 618（C. A. D. C. 2003）.

⑤ *Goldstar（Panama）S. A. v. U. S.*, 967 F. 2d 965（C. A. 4（Va.）1992）.

⑥ *Kadic v. Karadzic*, 70 F. 3d 232, 236（2d Cir. 1995）.

⑦ See *Filartiga v. Pena-Irala*, 630 F. 2d 876, 887 – 888（1980）; see also *Kadic v. Karadzic*, 70 F. 3d 232, 238（2d Cir. 1995）.

v. Barclay Nat'l Bank Ltd. 案中，① 第二巡回法院并没有明确说明管辖权标准，但是卡茨曼（Katzmann）法官和科曼（Korman）法官对于《外国人侵权请求法》上的管辖权标准提出了相反的观点。卡茨曼法官拒绝了 Filartiga 案中确立的审查案件实体问题的标准，认为如果原告主张被告违反了国际法就可以认定事项管辖权，而至于是否承认《外国人侵权请求法》上的请求则取决于是否存在诉因。相反，科曼法官则坚持认为应适用 Filartiga 案中确立的标准。在 In Vietnam Ass'n for Victims of Agent Orange v. Dow Chemical Co. 案中，第二巡回法院以缺乏事项管辖权为由撤销了诉讼但是没有提及 Filartiga 案中确立的标准。② 在 Sarei v. Rio Tinto，PLC 案中，第九巡回法院认为，只要外国原告所提出的违反国际法的请求不是过于骚扰的，则地方法院就可以根据《外国人侵权请求法》行使管辖权，对于实体问题不作审查。③

在 Sosa 案中，最高法院认为《外国人侵权请求法》上的请求是联邦普通法范围内的，所以对于事项管辖权的审查标准就应与其他联邦普通法上的请求所采取的标准一样，而不管该请求是骚扰的还是没有实体依据的。也就是说，只要原告主张存在合理的违反国际法的行为，则不能以缺乏事项管辖权为由撤销诉讼。

在 Roe v. Bridgestone Corp. 案中，法院也认为原告只要主张存在违反万国法就可以确立事项管辖权了。④ 在其他案件中，最高法院曾经指出，没有有效的诉因并不影响法院的事项管辖权。⑤ 在 Arbaugh v. Y&H Corp. 案中，最高法院也是区分事项管辖权与请求的救济，认为原告只要提出了联邦法上的合理请求，就可以通过第 1331 条获得事项管辖权。⑥

事实上，很多法院仍然在管辖权认定阶段就审查实体问题的。在 Cisneros v. Aragon 案中，⑦ 原告声称受到性侵犯，于 2005 年 5 月 19 日根据《外国人侵权请求法》和其他法律在怀俄明区地方法院提起诉讼，地方法院以性侵犯并没有违反国际法从而没有事项管辖权为由撤销了诉讼。原告不服，

---

① *Khulumani v. Barclay Nat'l Bank Ltd.*，504 F.3d 254（2d Cir. 2007）.

② *In Vietnam Ass'n for Victims of Agent Orange v. Dow Chemical Co.*，517 F.3d 104（2d. Cir. 2008）.

③ *Sarei v. Rio Tinto*，PLC，487 F.3d 1193, 1200 – 1201（9th Cir. 2007）.

④ *Roe v. Bridgestone Corp.*，492. F. Supp. 2d 988, 1004 – 1006（S.D. Ind. 2007）.

⑤ *Steel Co. v. Citizens for a Better Env't*，523 U.S. 83, 89（1998）.

⑥ *Arbaugh v. Y&H Corp.*，546 U.S. 500, 511（2006）.

⑦ *Cisneros v. Aragon*，485 F.3d 1226（10th Cir. 2007）.

上诉至第十巡回法院，结果第十巡回法院判决维持一审判决。

对此，有学者认为，如果联邦法院混淆了事项管辖权与请求的救济并且以不合适的事由撤销了案件，则该判决不具有先例的效果。①

（三）事项管辖权的扩张

事项管辖权的宽窄从属于对于万国法解释的严格或者限制，如果对于万国法作扩张性解释，则事项管辖权的范围就宽一些；相反，如果对于事项管辖权作限制性解释，则事项管辖权的范围就窄一些。

在《外国人侵权请求法》诉讼中，人权利益团体在扩张美国法院的范围上绝对是不可或缺的，它们协助原告提供法律和事实的专业意见。宪法权利中心、正义与责任中心（the Center for Justice and Accountability）、人权律师委员会（the Lawyers' Committee for Human Rights，现在改名为人权第一了，即 Human Rights First）这样的利益团体在 1980 年以来审理的 40% 以上的上诉案件中支持原告。② 事实上，*Filártiga* 案当初就得到了宪法权利中心的大力支持。

当然，对于利益团体在事项管辖权扩张上的消极作用，也有学者提出了批评。有学者指出，以宪法权利中心为代表的人权团体经常选择右派政府及其官员来作为被告，却从不起诉或参与古巴、尼加拉瓜这样的左派政府及其官员的案件，这实际上是根据自己的意识形态和立场来选择被告的，更多的是将诉讼作为惩罚不同意识形态的对手的手段而非获得法律救济。③

有学者认为，1789 年《外国人侵权请求法》所规定的万国法的观念并不包括整个国际法，极其宽泛地解释"万国法"一词会授予美国法院对不是美国国家利益最大关注以及全球繁荣、安全与发展的问题和事项行使没有根据的管辖权。例如，对于因违反在甲国和乙国国民之间成立的协议而遭受的物质损失，美国司法机关绝不具有利益来提供救济。当一方当事人违反国际任意法（international ius dispositivum）而对另一方当事人造成损害时，也是如此。④《外国人侵权请求法》下的万国法也不应包括没有得到公认的自

---

① *Steel Co. v. Citizens for a Better Env't*, 523 U. S. 83, 91 (1998).

② Jeffrey Davis, *Justice without Borders: Human Rights Cases in U. S. Courts*, 28 Law & Policy 60, 65 (2006).

③ Jean-Marie Simon, *The Alien Tort Claims Act: Justice or Show Trials?*, 11 B. U. Int'l L. J. 1, 4–5 (1993).

④ Genc Trnavci, *The Meaning and Scope of The Law Of Nations in The Context of The Alien Tort Claims Act and International Law*, 26 U. Pa. J. Int'l Econ. L. 193 (2005).

称的强行法规则。在 Forti v. Suarez-Mason 案中，联邦地方法院解释 *Filartiga*
案为要求国际侵权是可定义的、强制性的（而非劝告性的）以及普遍谴
责的。[①]

如果允许对万国法的宽泛解释，那么美国法院将不堪重负。此外，太宽
泛地适用《外国人侵权请求法》会妨碍外交努力，在有些案件中利用协商
谈判的方法解决纠纷比利用裁判方法更合适。外国人在美国法院无限制的诉
诸《外国人侵权请求法》可能会被认为是不当地干涉其他国家的内政，这
最终会损害外交环境和所涉国家之间的政治经济关系。[②] 因此，他们得出的
结论是，对《外国人侵权请求法》的解释以减少对目前万国法理解的依靠
并与强行法相认同是对严重侵犯人权的受害人提供侵权救济的最好方法。对
于在所涉当事人的母国得不到救济的极其恶劣犯罪和违反国际法的犯罪人，
这起到威慑作用。

另外，关于涉及违反美国缔结的条约的行为的事项管辖权，由于实践中
美国联邦法院很少将条约作为事项管辖权的基础，所以这里就不作论述。

第三节　审判地

在 Saleh v. Titan Corp. 案中，原告在加利福尼亚南区地方法院提起诉讼，
被告提出，根据《美国法典》第 1404（a）条，法院应改变审判地（ven-
ue），将案件移送到弗吉尼亚东区地方法院审理。[③] 第 1404（a）条规定，
为当事人和证人方便的目的以及为了正义的利益，即使管辖权和审判地在技
术上都是合适时，仍然可以选择移送管辖。据此，加利福尼亚南区地方法院
分析了如下因素：原告的选择、法院地与争议事实产生地的关系、证人的方
便、强迫不愿出庭作证的证人的权力、获取证据的方便、法院案件的积压程
度、当地对于争议的利益、法律选择以及陪审团的选择，最后同意了被告的
动议。

在南非种族隔离案中，两起诉讼在纽约南区地方法院提起，还有一起诉
讼在新泽西区地方法院提起，原告要求将诉讼集中，全部移送到纽约南区地

---

① *Forti v. Suarez-Mason*, 672 F. Supp. 1531 (N. D. Cal. 1987).

② Genc Trnavci, *The Meaning and Scope of The Law Of Nations in The Context of The Alien Tort Claims Act and International Law*, 26 U. Pa. J. Int'l Econ. L. 193 (2005).

③ *Saleh v. Titan Corp.*, 361 F. Supp. 2d 1152 (S. D. Cal. 2005).

方法院，被告起初反对合并审理。然而，在口头辩论时，大部分被告又支持集中在纽约南区地方法院审理。考虑到诉讼起因于相同的事实，在纽约南区地方法院审理对当事人和证人都比较方便，也有助于促进诉讼的公正高效地进行。因此，为了避免重复的证据开示程序、相互冲突的审前裁定、保护当事人、律师以及司法机关的资源，根据《美国法典》第 1407 条将诉讼集中于纽约南区地方法院是合适的。所以，2002 年 12 月 16 日，多区诉讼司法委员会（Judicial Panel on Multidistrict Litigation）同意了原告的请求。①

第四节　《外国人侵权请求法》与普遍民事管辖权

国际法长期已经承认对一小部分侵犯所有国家所关注的行为的普遍管辖权，而在美国之外对普遍管辖权的分析基本聚焦于刑事追诉，很少关注民事程序。例如，国际法协会提交的一份关于普遍管辖权的报告只聚焦于刑事诉讼，只是在脚注中提到，"在美国，已经根据《外国人侵权请求法》和《酷刑受害人保护法》对民事救济行使普遍管辖权取得了一定的成功"。②

国际法允许——在一定情形下强制——国内法制对于被视为普遍关注的不当行为行使管辖权。普遍管辖权"承认国际法允许任何国家适用自己的法律来惩罚一些与其没有任何联系的犯罪"，③ 是建立在国际社会制裁最严重的违反国际法的行为的集体利益的基础上的。从普遍禁止海盗和奴隶贸易中发展出来，普遍管辖权的概念现在适用于诸如种族灭绝、战争罪、反人类罪和酷刑的犯罪。④

---

① *In re South African Apartheid Litigation*, 238 F. Supp. 2d 1379（Jud. Pan. Mult. Lit. Dec 16, 2002）（NO. 1499）.

② International Law Association, *Final Report on the Exercise of Jurisdiction in Respect of Gross Human Rights Offences* 3 n. 6（2000）, quoted in Beth Stephens, *Translating Filártiga*: *A Comparative and International Law Analysis of Domestic Remedies for International Human Rights Violations*, 27 Yale J. Int'l L. 1（2002）.

③ *The Restatement*（*Third*）*of the Foreign Relations Law of the United States* § 404 cmt. a（1987）. See Roger S. Clark, *Offenses of International Concern*: *Multilateral State Treaty Practice in the Forty Years Since Nuremberg*, 57 Nordic J. Int'l L. 49（1988）.

④ International Law Association, *Final Report on the Exercise of Universal Jurisdiction in Respect of Gross Human Rights Offences* 4 – 9（2000）, quoted in Beth Stephens, *Translating Filártiga*: *A Comparative and International Law Analysis of Domestic Remedies for International Human Rights Violations*, 27 Yale J. Int'l L. 1（2002）; Kenneth C. Randall, *Universal Jurisdiction under International Law*, 66 Tex. L. Rev. 785, 788（1988）.

既然普遍管辖权允许国家对国际犯罪进行管辖，那么是否存在普遍民事管辖权呢？

一、普遍管辖权概述

虽然领土仍然是现代管辖权的核心，但其例外至少与该规则本身一样古老。① 这样的一个例外就是普遍管辖权，完全免除了对国家和所审查的行为的特定联系的要求，而依靠不是任何一个国家而是所有国家所确立的集体利益。根据普遍管辖权原则，即使一国与某些违法行为没有领土联系或者与受害人和加害人的国籍没有任何关系，该国也可以对加害人行使管辖权。②

在国际法授予各国行使普遍管辖权的第一批犯罪是战争罪、海盗和奴隶贸易，之后是种族灭绝、劫持航空器和恐怖主义行为。③ 第二次世界大战后，在纽伦堡审判中对纳粹官员行使普遍管辖权。如今，普遍管辖权仍然被承认适用于海盗和奴隶贸易商——"任何国家都可以界定并处罚的标准犯罪"，④ 也适用于种族灭绝、战争罪、反人类罪和酷刑。⑤

普遍管辖权规定了对人类公敌（hostis humani generis, enemies of humanity）的公益之诉（actio popularis）。公益之诉为违反强行法习惯、对一切义务的受害人的诉讼提供了主体资格，而且国际社会任何成员因而可以提供法律救济。这种诉讼的目标是保护国际社会所接受及共享的普遍价值，其意义超越了国家利益和传统管辖权的限制。有许多的哲学依据来证明普遍管辖权

---

① Michael Goldsmith & Vicki Rinne, *Civil RICO, Foreign Defendants, and "ET"*, 73 Minn. L. Rev. 1023, 1026 n. 14 (1989).

② See *Restatement (Third) of The Foreign Relations Law of the United States* § 404 cmt. a, n. 1 (1987); see also *Beanal v. Freeport-McMoRan, Inc.*, 969 F. Supp. 362, 371 (E. D. La. 1997). 根据一些学者的研究，"在很多大陆国家，普遍性原则与属地性原则一样古老……普遍性原则存在于中世纪的意大利、16 世纪的布列塔尼（法国西北部地区）、一直到 1782 年的 17 世纪和 18 世纪的法国以及 17 世纪和 18 世纪的德国"。See Jeffrey M. Blum & Ralph G. Steinhardt, *Federal Jurisdiction over International Human Rights Claims: The Alien Tort Claims Act after Filártiga v. Pena-Irala*, 22 Harv. Int'l L. J. 53, 60 n. 36 (1981).

③ Genc Trnavci, *The Meaning and Scope of The Law Of Nations in The Context of The Alien Tort Claims Act and International Law*, 26 U. Pa. J. Int'l Econ. L. 193 (2005).

④ Kenneth C. Randall, *Universal Jurisdiction under International Law*, 66 Tex. L. Rev. 785, 788 (1988).

⑤ International Law Association, *Final Report on the Exercise of Jurisdiction in Respect of Gross Human Rights Offences* 4 – 9 (2000), quoted in Beth Stephens, *Translating Filártiga: A Comparative and International Law Analysis of Domestic Remedies for International Human Rights Violations*, 27 Yale J. Int'l L. 1 (2002).

的正当性，从形而上学（空想主义的、哲学的、宗教的）的解释到实际的解释（认为国际社会共同享有的利益高于单个主权）。①

普遍管辖权的共同目标是震慑并惩罚那些被视为"对国际秩序整体的攻击"的行为，集中于犯罪的严重性以及将作恶者绳之以法的困难。② 随着普遍管辖权已经扩张到针对侵犯国际人权的行为，其合理性仍然是一样的，聚焦于"侵犯文明世界良心的犯罪"，而且"表明它们是如此骇人听闻以至于威胁了国际法律秩序"。③ 美国法院曾经指出，普遍管辖权"承认国际法允许任何国家适用自己的法律来惩罚一些犯罪行为，即使该国与该犯罪没有任何属地联系或者与犯罪人（或者甚至受害人）没有国籍联系。"④

国际习惯法至少允许所有国家对种族灭绝、反人类罪、战争罪和酷刑行使普遍管辖权。⑤

尽管普遍管辖权的范围广泛，各国传统上不愿意利用其全部潜力，而是通过狭隘的国内法施加了很多限制，包括限制犯罪的范围、时效、行为地。⑥

二、普遍民事管辖权

Filártiga 案中，第二巡回法院指出，"就民事责任而言，酷刑人已经——像海盗和奴隶贸易商——成了全人类的敌人"。⑦ 在 18 世纪和 19 世

---

① M. Cherif Bassiouni, *Universal Jurisdiction for International Crimes: Historical Perspectives and Contemporary Practice*, 42 Va. J. Int'l L. 81, 104 (2001).

② Edwin D. Dickinson, *Is the Crime of Piracy Obsolete?*, 38 Harv. L. Rev. 334, 338 (1925).

③ International Law Association, *Final Report on the Exercise of Jurisdiction in Respect of Gross Human Rights Offences* 3 (2000), quoted in Beth Stephens, *Translating Filártiga: A Comparative and International Law Analysis of Domestic Remedies for International Human Rights Violations*, 27 Yale J. Int'l L. 1 (2002).

④ 612 F. Supp. 544, 556 (N. D. Ohio 1985), aff'd., 776 F. 2d 571 (6th Cir. 1985), cert. denied, 475 U. S. 1016 (1986).

⑤ International Law Association, *Final Report on the Exercise of Jurisdiction in Respect of Gross Human Rights Offences* 4 – 5 (2000), quoted in Beth Stephens, *Translating Filártiga: A Comparative and International Law Analysis of Domestic Remedies for International Human Rights Violations*, 27 Yale J. Int'l L. 1 (2002).

⑥ International Law Association, *Final Report on the Exercise of Jurisdiction in Respect of Gross Human Rights Offences* 10 – 12 (2000), quoted in Beth Stephens, *Translating Filártiga: A Comparative and International Law Analysis of Domestic Remedies for International Human Rights Violations*, 27 Yale J. Int'l L. 1 (2002).

⑦ *Filártiga v. Pena-Irala*, 630 F. 2d 876, 890 (2d Cir. 1980).

纪，海盗和奴隶贸易商都被刑事追诉并被没收财产。① 这样，普遍管辖权这个概念已经用来授权所有国家对那些违反普遍国际法规范的人施加刑事和民事处罚了。在 Xuncax v. Gramajo 案中，地方法院考虑了酷刑、草率处决和失踪的请求，支持"美国从国际法视角对此类侵犯行为进行管辖的合法性"，明确注意了"规定'一国可以行使管辖权来界定并惩罚一些作为普遍关注的国际社会承认的犯罪'"的"普遍管辖权原则"。②

《美国对外关系法（第三次）重述》已经支持将普遍管辖权适用于民事请求，在评论中指出："普遍管辖权不限于刑法——一般而言，在普遍利益基础上的管辖权是以刑法的形式行使的，但是国际法并不排斥非刑法的适用，例如向海盗的受害人提供侵权或者恢复原状救济。"③

这一点也得到美国国会的重申——一份附在《酷刑受害人保护法》草案之后的报告声明，"根据普遍管辖权原则，所有国家的法院对于'国际关注的侵犯行为'都有管辖权"。④

尽管现代普遍管辖权聚焦于刑事追诉，但历史上基于普遍管辖权的诉讼是包括民事救济的，例如在海盗案件中要求被告就违反国际规范的行为而补偿受侵害的受害人。此外，民事处罚没有刑事惩罚那么费事，因此有必要承认对民事请求的普遍管辖权。⑤

从国际法对管辖权的限制来看，与刑事管辖权相比，国际法看上去更不关注对民事管辖权的主张。⑥ 国际常设法院在"荷花号案"中指出，国际法对管辖权的限制只是要求一国不能在别国领土上行使管辖权，并没有限制一国在本国领土上行使管辖权。因此，各国可以自由采取自认为合适的管辖权

---

① Jeffrey M. Blum & Ralph G. Steinhardt, *Federal Jurisdiction over International Human Rights Claims: The Alien Tort Claims Act after Filártiga v. Pena-Irala*, 22 Harv. Int'l L. J. 53, 60 – 61 (1981).

② *Xuncax v. Gramajo*, 886 F. Supp. 162, 183 n. 25 (D. Mass. 1995); see also *Kadic v. Karadzic*, 70 F. 3d 232, 240 (2d Cir. 1995); *Tel-Oren v. Libyan Arab Rep.*, 726 F. 2d 774, 781 (D. C. Cir. 1984) (Edwards, J., conc.).

③ *The Restatement (Third) of the Foreign Relations Law of the United States* § 402 cmt. B (1987).

④ S. Rep. No. 102 – 249, 5 (1992).

⑤ Beth Van Schaack, *In Defense of Civil Redress: The Domestic Enforcement of Human Rights Norms in the Context of the Proposed Hague Judgments Convention*, 42 Harv. Int'l L. J. 141, 195 (2001).

⑥ James Paul George, *Defining Filártiga: Characterizing International Torture Claims in United States Courts*, 2 Dick. J. Int'l L. 1, 32 (1984).

规则。① 有学者观点更为激进，认为国际法毫不限制国家对民事请求主张管辖权的权力。② 我们认为，既然国际社会允许并承认普遍刑事管辖权，那么至少可以认为国际法对民事管辖权的限制不会比对刑事管辖权的限制多。

普遍管辖权概念的两个主要理由是国际社会对不当行为的憎恶以及作恶者通过在任何国家的管辖权之外而逃避正义的危险，这两点同样地适用于民事救济。普遍民事管辖权可以谴责、制裁作恶者，剥夺其相应的利益，抚慰受害人。过去，人们常常误以为民事侵权诉讼只是获得金钱赔偿而已。事实上，在美国，这样的诉讼发挥着多重作用，包括报应与惩罚、真相讲述、形成行为规范、影响政府政策。③

在实践中，普遍民事管辖权的案件实际上是很少的。从美国法院审理的案件来看，大多数现代案件实际上是与美国相关的，不少案件都是对于在美国的个人或者公司的被告提起诉讼，或者诉讼涉及在美国发生的事件或者出现的财产。即使对外国人提起的诉讼通常也涉及被告居住在美国，例如Filártiga案，被告为了在母国逃避责任而安家在美国。一小部分案件涉及外国被告在外国所实施的侵犯人权的行为，这些案件的管辖权是建立在过境美国的被告的物理出现或者在美国营业的公司的最低限度的联系的基础上。这些是美国法院适用的标准管辖权规则，从反垄断到侵权和合同均是如此，但没得到其他大多数国家的国内法制所认同。

小　　结

《外国人侵权请求法》诉讼在美国的繁荣，离不开美国的管辖权制度。由于美国法律制度在认定对人管辖权时倾向于原告，强调只要满足最低限度的联系而且不违反美国《宪法》的限制就可以行使管辖权，导致世界各国民众都将美国法院作为寻求救济的理想场所。为了避免过度管辖，以免将有

---

① *The Case of The S. S. Lotus.* (*France v. Turkey*). Permanent Court of International Justice, 1927. 1927 P. C. I. J. (ser. A) No. 9. http://www. law. nyu. edu/kingsburyb/fall01/intl_ law/PROTECTED/u-nit5/ss_ lotus_ edit. htm (last visited August 16, 2008). 另见陈致中《国际法案例》，法律出版社 1998年版，第 41 页。

② Gerald Fitzmaurice, *The General Principles of International Law*, 92 Recueil Des Cours 1, 218 (1957).

③ Beth Stephens, *Translating Filártiga: A Comparative and International Law Analysis of Domestic Remedies for International Human Rights Violations*, 27 Yale J. Int'l L. 1 (2002).

限的司法资源浪费在与美国毫无利益关系的案件中，美国法院在行使对人管辖权时也并不是毫无限制的，在认定最低限度的联系上的标准有时比较窄。

在认定事项管辖权上，美国各个法院的标准存在着一定分歧，这与各个法院对《外国人侵权请求法》的理解有关，也与法官对于国际法的理解有关。随着国际人权法的发展、对国际法执行力的强调、对受害人救济的需要，事项管辖权在不断扩张，美国法院的管辖范围未来也会不断拓宽。

尽管如此，美国法院根据《外国人侵权请求法》行使的管辖权仍然不是普遍民事管辖权，毕竟在《外国人侵权请求法》诉讼中，诸多因素都是与美国有关联的，美国法院行使管辖权也是依据美国的国内法，而非国际法，而且美国也没有义务要给予受害人救济而行使管辖权。

第十一章 中国内地与港澳之间民商判决承认与执行新进展
——浅析三个地区之间的两个"安排"

第一节 内地与港澳民商判决相互承认与执行现状

1997 年和 1999 年香港和澳门相继回归祖国，而在更早的时候，内地与台湾已开始了人员之间的交往。中国政府在统一祖国之初就提出了"一国两制"的方针，其根本要旨是祖国的统一以各地区保有相对独立的法律制度为基本状态。由此，在"一国两制"情势下，中国成为存在四个法域的国家，各法域之间的民商交往关系必然导致国内区际民商法律冲突，解决这种法律冲突成为中国较长时期的重要问题。这些问题不仅包括中国范围内区际民商案件的管辖、法律适用等内容，也包括了各法域所作民商判决的相互承认和执行。其中，内地与港澳之间的民商交往引起的民商法律冲突问题是中国区际法律冲突问题中重要的部分。

随着港澳的回归，内地与港澳之间开始了新的意义上的民商交往，即一个中国范围内的三个法域之间的民商交往，这种民商关系带来了涉及三个法域的民商案件及案件的审理，以及三个法域法院所作判决的相互承认和执行。

总体说来，内地审理的涉港澳民商案件多于香港和澳门审理的涉及内地的民商案件。据统计，自 2001 年 1 月至 2007 年 9 月底这近 7 年间，内地法院共审结涉港澳民商案件 37509 件，其中涉港案件 35871 件，涉澳案件 1638 件。[①] 在这近 4 万件案件中有许多是需要在香港和澳门获得承认和执行的。

长期以来，内地与港澳之间没有相互承认和执行民商判决的互惠，且在很长时间内这三个地区也没有相关立法作为依据。在此情况下，澳门单方面

---

① 参见王勉《全国法院共审结涉港澳商事案件 3.7 万多件》，http://www.chinacourt.org/html/article/200711/23/275911.shtml（访问时间：2008 年 12 月 21 日）。

承认和执行了很少数量的内地判决，而内地和香港相互之间以及内地对澳门基本上只能采取重审重判的方式承认和执行判决。① 这种情势既使三个地区之间的司法协助归于无效，也给当事人利益带来不利。

第二节　内地与港澳民商判决相互承认与执行方面的立法

中国现代区际民商法律冲突情况有着与其他国家区际法律冲突不同的特殊性和复杂性，其中还受到若干政治因素的影响，② 因此，无论是内地还是港澳，至今仍然没有完善的调整区际法律冲突的法律，只有一些相关的地方法规和最高人民法院的司法解释。

在区际民商事判决的承认和执行方面，内地与港澳之间一直以来都缺乏相互承认和执行对方判决的法律依据，使区际民商判决的相互承认和执行成为区际司法协助中最困难的一个环节。直到 2006 年，这一局面终于有了重大改善。

2006 年，经过三方的共同努力，最高人民法院分别与香港特别行政区和澳门特别行政区达成《关于内地与香港特别行政区法院相互认可和执行当事人协议管辖的民商事案件判决的安排》（以下简称《内港安排》）和《内地与澳门特别行政区关于相互认可和执行民商事判决的安排》（以下简称《内澳安排》），③《内澳安排》于 2006 年 4 月 1 日起生效，《内港安排》于 2008 年 8 月 1 日生效。这两个区际司法协助协议将成为内地与港澳相互承认和执行对方判决的重要法律依据。

一、两个"安排"的性质

从法律渊源上而言，调整中国区际法律冲突的立法可以有多种形式，包括：各法域域内法；法域之间的双边或三边协议；中央立法机构制定的统一适用于全国四个法域的法律；各法域共同参加的国际公约。根据《香港基

① 参见黄金龙《〈内地与澳门特别行政区关于相互认可和执行民商事判决的安排〉的理解与适用》，http://www.cfcjbj.com.cn/list.asp? unid = 6570（访问时间：2008 年 12 月 21 日）。余先予、黄洁：《〈内地与香港特别行政区法院相互认可和执行当事人协议管辖的民商事案件判决的安排〉述评》，2007 年中国国际私法学会年会论文集，第 649 页。

② 参见沈涓《中国区际冲突法研究》，中国政法大学出版社 1999 年版，第 60—61 页。

③ 参加黄进、李庆明《2006 年中国国际私法司法实践述评》，载《中国国际私法与比较法年刊》第 10 卷，北京大学出版社 2007 年版，第 371—377 页。

本法》第 95 条和《澳门基本法》第 93 条的规定，香港和澳门可以和内地司法机关通过协商依法进行司法方面的联系和相互提供协助。两个"安排"正是在"一国两制"下内地与港澳之间达成的重要的司法协助协议。两个"安排"在内地、香港和澳门实施之后，三个地区之间依据这两个"安排"进行的相互承认和执行民商事判决的行为属于中国范围内的区际司法协助行为。

二、两个"安排"的适用范围

从名称就可以看出，两个"安排"的适用范围是有差别的。

《内澳安排》指明，该"安排"适用于内地与澳门特别行政区民商事案件（在内地包括劳动争议案件，在澳门特别行政区包括劳动民事案件）判决以及刑事案件中有关民事损害赔偿的判决、裁定的相互认可和执行，不适用于行政案件。[①] 这一规定显示了《内澳安排》具有非常广泛的调整区际民商事案件的范围，成为除了行政案件之外的所有民商案件的相互承认和执行的法律根据，对内地与澳门之间的民商案件的覆盖基本上没有限制和遗漏。

与《内澳安排》相比，《内港安排》确定的适用范围要小得多，仅是内地与香港法院具有书面管辖协议的民商事案件中作出的须支付款项的具有执行力的终审判决。[②] 对此，《内港安排》进一步限制，该"安排"所指的可以协商管辖权的"特定法律关系"仅指当事人之间的民商事合同，不包括雇佣合同以及自然人因个人消费、家庭事宜或其他非商业目的而作为协议一方的合同，[③] 除此以外，即使是当事人协议选择了管辖权的案件，也不在该"安排"调整的范围之内。在内地与香港双方磋商过程中，内地方面希望能将《内港安排》设计成一个对所有两地之间民商案件都有调整力的司法协助协议，如同《内澳安排》一样，但香港方面未能接受这一提议，坚持对《内港安排》的涉及范围作了重大限制。[④] 这样的结果，在显示了内地分别与香港和澳门之间协商的两个安排之间的差别的同时，也折射了内地、香港和澳门三个法域之间所存在的大陆法系和普通法系之间的制度差别，这是中

---

① 《内澳安排》第 1 条。

② 《内港安排》第 1 条。

③ 《内港安排》第 3 条第 2 款。

④ 参见宋锡祥《中国内地与香港区际民商事司法协助若干问题探讨——兼论港台民事判决的相互认可与执行》，2007 年中国国际私法学会年会论文集，第 667 页；于志宏：《第二届内地、香港、澳门区际法律问题研讨会综述》，2007 年中国国际私法学会年会论文集，第 686 页。

国区际法律冲突问题上的特殊性，也是解决法律冲突的、协调区际冲突法的重大障碍之一。①

由此可见，虽然分别达成了内地与澳门和内地与香港之间的两个"安排"，但这两个协议的成效是不同的。《内澳安排》由于对两地之间民商事案件的适用范围广泛，在未来可以作为两地相互承认和执行民商判决的最主要依据，其效力是全面和稳定的。而《内港安排》因为适用范围狭窄，内地和香港之间的很多民商案件的判决的相互承认和执行仍然无法以此协议为依据，仍给两地的司法协助行为留下了无能为力的调整空白，对于解决长期存在的内地与香港之间判决承认和执行的困难助益不大。从另一方面而言，这种协调的困难也是"一国两制"下的正常情况。既然允许"两制"的存在，那么，每一法域就有坚持自己的法律制度的依据和正当性。

三、法律适用

内地与港澳之间的两个"安排"主要是就一些三个地区之间相互承认和执行判决的程序性问题进行了协调，对承认和执行判决的具体程序并没有作出详细和全面的规定，也就是说，这两个"安排"并非三个地区相互在承认和执行判决方面提供协助所依据的唯一或全部法律，提供协助时的法律适用仍然是两个"安排"所要确定的问题。

程序问题适用被请求方法律已经成为国际上进行司法协助时确定法律适用的通例，区际司法协助也无例外。《内澳安排》规定，对民商事判决的认可和执行，除本安排有规定的以外，适用被请求方的法律规定。②《内港安排》也规定，除非另有规定，申请人请求认可和执行内地或香港判决的程序依据执行地法律的规定。③

但在下面可以看到，在某种情况下，仍然有适用请求方法律的合理性。

四、拒绝承认和执行判决的条件

(一) 管辖权不具正当性

作出判决的法院对案件是否具有正当的管辖权是被请求方决定是否提供协助的依据之一，法院只有对案件具有正当管辖权，其判决的承认和执行才

---

① 参见沈涓《中国区际冲突法研究》，中国政法大学出版社 1999 年版，第 87—90 页。

② 《内澳安排》第 20 条。

③ 《内港安排》第 8 条第 1 款。

会受到被请求方的协助。尽管未必合理，但一般都是依据被请求方的法律来判断作出判决的法院有否管辖权。[①]

内地与港澳之间的两个"安排"或许是注意到了这种不尽合理之处，便采取了减少以被请求方法律评断请求方法院管辖权的案件范围的方法，将这一范围限于专属管辖。两个"安排"都规定，如果根据被请求方（执行地）的法律，请求方所作判决所涉事项属于被请求方（执行地）专属管辖，那么，被请求方对该判决可以不予认可和执行。[②] 这表明，虽然在国家之间，民商案件的管辖权向来难以放松，但在一国之内，各法域之间却能彼此宽松对待管辖权问题。在内地与港澳之间，只要不越过彼此专属管辖的界限，一法域的管辖权就会被其他两个法域认可，其判决也会被接受并被协助认可和执行。

有关专属管辖的范围，三个法域中应该是内地法律规定的由内地法院专属管辖的案件范围最大，包括不动产、港口作业、继承等方面的纠纷，以及在内地履行的中外合资经营企业合同、中外合作经营企业合同、中外合作勘探开发自然资源合同方面的纠纷（这里的"中外"包括内地与港澳）。而香港法律确定由香港法院专属管辖的案件主要是涉及位于香港境内的不动产案件和在香港取得的知识产权案件，[③] 澳门法律确定由澳门法院专属管辖的案件主要是位于澳门境内的不动产案件和住所在澳门的法人破产或无偿还能力的案件。[④] 可以看出，内地法院要求专属管辖的案件范围要远大于香港和澳门法院所主张的专属管辖的案件范围，这样的差别在相互承认和执行判决的实践中势必会形成实际上的不对等，从而引发协助上的冲突，造成协助的困难和无效。这是一个需要进一步协调的问题。

（二）诉讼过程违反程序正义

国家间的司法协助中，不符合程序正义的情况通常可以作为拒绝协助的理由，目的在于保护当事人合法权益。内地与港澳的两个"安排"也将这

---

① 参见沈涓《存异以求同　他石可攻玉——海牙〈民商事管辖权和外国判决公约〉（草案）与中国相关法律之比较研究》，载《中国国际私法与比较法年刊》第 4 卷，法律出版社 2001 年版，第 241—242 页。

② 《内澳安排》第 11 条第 1 款；《内港安排》第 9 条第 3 款。

③ 参见余先予、黄洁《〈内地与香港特别行政区法院相互认可和执行当事人协议管辖的民商事案件判决的安排〉述评》，2007 年中国国际私法学会年会论文集，第 654 页。

④ 参见黄金龙《〈内地与澳门特别行政区关于相互认可和执行民商事判决的安排〉的理解与适用》，http：//www.cfcjbj.com.cn/list.asp? unid＝6570（访问时间：2008 年 12 月 21 日）。

一理由引入了区际司法协助中。《内澳安排》规定，在败诉的当事人未得到合法传唤或者无诉讼行为能力人未依法得到代理的情况下作出的判决，被请求方可以不予认可和执行。①《内港安排》规定，在败诉一方当事人未经合法传唤或未获依法律规定的答辩时间的情况下所作判决，或以欺诈方法取得的判决，被请求方可不予承认和执行。②

值得注意的是，两个"安排"都肯定，在评断是否违反诉讼程序合法性时，所要依据的是作出判决的请求方法律，而不是被请求方法律。这是体现区际司法协助宽松性的又一例子，也提高了区际司法协助条件的合理性。

（三）一事不再理

因平行管辖和当事人的一事多诉形成的重复诉讼，不仅造成浪费，也引起各判决之间的冲突。所以，一事不再理原则既可以适用于确定管辖权，也可以适用于决定是否提供判决承认和执行方面的协助。

《内澳安排》规定，如果在被请求方法院已存在相同诉讼，该诉讼先于待认可判决的诉讼提起，且被请求方法院具有管辖权，或者，被请求方法院已认可或者执行被请求方法院以外的法院或仲裁机构就相同诉讼作出的判决或仲裁裁决，则对请求方法院所作判决将不予承认和执行。③《内港安排》也规定，执行地法院就相同诉讼请求已作出判决，或其他法院就相同诉讼请求作出的判决或有关仲裁机构作出的仲裁裁决已为执行地认可和执行，则执行地对请求方法院的判决可不予认可和执行。④

一事不再理原则运用于区际民商判决承认和执行方面，除了作为拒绝协助的理由之外，另一方面，也应该成为提供协助的理由，即如果具有正当管辖权的地区的法院作出了公正合理的判决，其他地区法院应对此判决表示尊重，并尽量在需要时给予承认和执行方面的协助，不应因为该判决不是本地区所作而拒绝承认和执行，再重新审理案件并作出判决。⑤

（四）公共秩序保留

在其他存在区际法律冲突的国家，由于多为一国一制状况下的冲突，故一法域一般不能以"公共秩序保留"为理由，拒绝承认和执行另一法域的

---

① 《内澳安排》第 11 条第 4 款。
② 《内港安排》第 9 条第 4 款、第 5 款。
③ 《内澳安排》第 11 条第 2 款、第 3 款。
④ 《内港安排》第 9 条第 6 款第 1 项。
⑤ 参见沈涓《中国区际冲突法研究》，中国政法大学出版社 1999 年版，第 141 页。

判决。如《美国第二次冲突法重述》只规定一州可以重大利益受到不应有的干涉为由不承认和不执行另一州的判决（第103条），但不能以公共政策为由作出此种拒绝（第117条）。但中国的区际法律冲突是"一国两制"状况下的法律冲突，为保证"一国两制"下各地区利益不受损害，或许有保持"公共秩序保留"制度在各地区的效力的必要。但这项制度在中国区际司法协助中的适用应该受到一定的限制。①

内地与港澳的两个"安排"都设置了公共秩序保留条款，不过采用了不同的措辞，显示了三个地区对"公共秩序"的不同表述。两个"安排"规定，如果在被请求地区承认和执行请求方所作判决将违反被请求地区法律的基本原则（内地和澳门）或社会公共利益（内地）或公共秩序（澳门）或公共政策（香港），则被请求方可不予承认和执行该判决。② 但两个"安排"都没有对应该援用这项公共秩序保留条款的情况作出具体明示。这虽然符合这一制度的弹性特征，但在"一国两制"情况下，却存在着不同寻常的隐忧。

第三节　内地与港澳民商判决承认与执行方面的协调

内地与港澳之间达成的关于民商判决相互承认和执行的协议令人欣慰地显示了中国区际冲突法的进一步完善，以及三个法域之间合作的更加密切，但其间的不足也是明显的，三个地区之间在判决承认和执行方面的协助仍然需要更多的协调。

一、可以协助的判决范围的协调

在两个"安排"中，就适用范围而言，可以作为模本的是《内澳安排》，几乎所有涉及可能发生于两个地区之间的民商案件的判决的相互承认和执行都可以此为依据。相比之下，《内港安排》则限定了过于狭窄的适用范围，大大减小了这一协议的效力，实在不尽如人意。

究其原因，还是因为法律制度的差异，两个"安排"在适用范围上的不同正是"一国两制"在区际法律冲突中的一种表现。同属大陆法系的内地和澳门的法律对"民商事案件"和"行政案件"有着基本相同的解释，

---

① 参见沈涓《中国区际冲突法研究》，中国政法大学出版社1999年版，第140—141页。
② 《内澳安排》第11条第6款；《内港安排》第9条第6款第2项。

所以可在排除行政案件后给民商事案件以尽可能大的范围的确定。① 而香港属于普通法系地区，其法律制度与大陆法系有较大差别，无论是民商实体法还是程序法，都有难以迁就任何一方而达成共识之处。

其实，不仅是在中国的区际法律冲突中，即使在国家之间的法律冲突的解决中，两大法系之间的差异也显示了极其重要的意义。海牙国际私法会议穷十余年之力，希图制定一部"民商事管辖权和外国判决公约"，但历经长期争执，终无法在两大法系之间找到平衡和共识，只得以一个范围十分狭窄的《选择法院协议公约》的成功缔结作为交代。

这两个协调国际和区际司法协助的例子表明，在两大法系之间，只有对当事人的协议管辖以及根据这种协议管辖作出的判决最容易得到一致认同，这样的认同反映了两大法系之间关系的一个方面，即趋同，而两大法系不能在更大范围达成共识则反映了两大法系关系的另一方面，即差别仍然存在。但纵观整体，从普通法系根本不与大陆法系共同缔结公约，到现在大量存在的两大法系共同制定的公约，包括这个《选择法院协议公约》，可以看出，两大法系的趋近是不可遏止的趋势。②

因此，内地和香港达成某些法律观念和制度的共识不是不可能，而是时机未到，"一国两制"也实际上促成和保证了达成共识的时机的延后。既然如此，操之过急只会适得其反，《内港安排》中在适用范围上留下的遗憾或许在一段相当长的时间内无法弥补。尽管如此，《内港安排》达成和施行的积极意义仍然是不应否认的。没有《内港安排》的达成，内地和香港之间在相互承认和执行判决问题上的进一步趋近就没有基础。没有《内港安排》的施行，内地和香港之间在相互承认和执行判决方面的协助就是一片空白。

二、管辖权的协调

当前，国际社会中对国际民商案件管辖权的设置存在两种情况：第一，将管辖权的确定置于判断外国判决能否被承认和执行的条件范围内，而不另行规定。如中国与外国所缔结的一些双边司法协助条约即是。第二，在审查外国判决可否被内国承认和执行时，判断外国法院对案件有否管辖权的依据

---

① 参见黄金龙《〈内地与澳门特别行政区关于相互认可和执行民商事判决的安排〉的理解与适用》，http://www.cfcjbj.com.cn/list.asp? unid =6570（访问时间：2008 年 12 月 21 日）。

② 参见沈涓《冲突法及其价值导向》（修订本），中国政法大学出版社 2002 年版，第 151—153 页。

是内国法。①

两个"安排"对管辖权的规定也是如此。两个"安排"没有单独确定管辖权，只是在规定对判决不予承认和执行时将管辖权作为判断理由之一，而且指明判断的依据是被请求方法律。

两个"安排"在管辖权问题上的特殊之处是主张除了内法域专属管辖之外，外法域所行使的其他管辖权都可接受，这就使三个地区之间管辖权的冲突集中于专属管辖范围，即专属管辖范围的不一致会导致判决的承认和执行方面的协助被拒绝。于是，专属管辖范围的协调成为必要和重点。

如前所述，内地和港澳在专属管辖范围上有较大差别，香港和澳门法律确定的专属管辖范围较小，且比较一致地主要集中在不动产案件。而内地法律确定的专属管辖范围要大得多，除了不动产案件之外，还有很多其他案件，包括对三类合同纠纷的专属管辖，排除当事人的协议管辖。

这种差异至少会引起两个问题，第一，由于内地主张行使专属管辖权的案件范围广大，香港和澳门法院主张管辖的案件可能有很多会属于内地法院专属管辖的范围，这样，在实践中，港澳两地的判决就会在很多时候因为违反内地专属管辖的规定而被内地拒绝。这显然会在很大程度上影响两个"安排"的适用效力。第二，内地法律对三类合同排除当事人选择法院管辖的协议，将这些合同案件纳入专属管辖范围，这三类合同覆盖面很广，内地法院对这些合同案件的专属管辖势必在很大范围上限制了港澳两个地区因当事人的协议而对这些合同案件的管辖。同时，这一限制也再一次局限了《内港安排》本来就已经很狭窄的适用范围，因为《内港安排》的适用范围只涉及当事人协议选择法院的案件，主要是民商合同案件，而且如前所述，《内港安排》还进一步作了限制，并非包括所有合同案件，而是一部分合同案件，这类案件只是民商案件中的很小一部分，而内地法律对三类合同案件的专属管辖的规定又从这很小的案件范围中排除了一部分，最后，可以被认可的管辖权和判决就所剩不多了。这种情况也同样会影响《内港安排》的适用效力。

由此可见，如果能够理智地对待这一问题，三个地区之间管辖权协调的方法应该是内地对专属管辖的范围作出限制。从各国立法和实践看，通常都

---

① 参见沈涓《存异以求同　他石可攻玉——海牙〈民商事管辖权和外国判决公约〉（草案）与中国相关法律之比较研究》，载《中国国际私法与比较法年刊》第 4 卷，法律出版社 2001 年版，第 240 页。

主张一国应该实行专属管辖的主要是涉及位于境内的不动产案件，香港和澳门的法律也是以境内不动产案件为行使专属管辖权的范围。因此，内地应该将专属管辖的范围主要限于与位于内地的不动产有关的案件，放弃对其他案件、特别是上述三类合同案件的专属管辖，这样，内地、香港和澳门三个地区在专属管辖上就有了基本相同的范围，可以大大减少因专属管辖范围方面的冲突而导致的判决被拒绝的情况。

三、一事不再理原则的协调

一事不再理原则的意义在于减少重复诉讼和判决之间的冲突，这是两个"安排"的目标之一，因为，如前所述，在两个"安排"达成和实施之前，除了澳门承认和执行了极少量的内地判决之外，内地承认和执行港澳判决以及香港承认和执行内地判决都是通过重审重判来实现的，一事不再理原则在三个地区之间的判决相互承认和执行方面几乎无法采用。

现在，两个"安排"都确立了一事不再理原则，规定一地区对受理在后的案件判决可不予承认和执行。但实际情况仍会有所不同。《内澳安排》由于适用范围广泛，内地和澳门将根据这一"安排"，在所有民商案件范围内相互给予判决承认和执行上的协助，因此，不再需要通过重审重判的方式来实现判决结果，可以在相当大程度上减少重复诉讼，提高一事不再理原则的适用效力。当然，除此以外，一事不再理原则的更好适用还需要管辖权的协调作为保证。

相比较之下，《内港安排》的适用范围狭小，适用范围之内的案件判决可以在相互协助之下得到实现，避免一事再诉再审的情况。但《内港安排》对内地和香港之间的大量民商案件都不适用，这些案件的判决若需在对方境内获得承认和执行，由于不能得到协助，还必须经过重审重判的程序完成。可见，判决承认和执行方面的良好协助是一事不再理原则得以遵行的重要前提之一，另一重要前提是管辖权的协调。

上述情况表明，内地和港澳之间在判决相互承认和执行方面要做到一事不再理，必须在几个方面进行协调：一是管辖权的协调，特别是专属管辖方面的协调。这方面的协调既可以减少一事多诉再诉的情况，也可以减少判决被拒绝后的一事再诉再审的情况。二是可协助判决的范围的协调。可协助判决的协调范围越大，越能更大程度地缩小需要重审重判的范围。三是判决承认和执行方面协助条件的协调。这一方面的协调可减少判决被拒绝的情况，也就减少了一事再诉再审的情况。

四、公共秩序保留

虽然如前所述，在其他存在区际法律冲突的国家一般不鼓励采用公共秩序保留制度来拒绝外法域法和外法域判决，但在实行"一国两制"的中国，由于保有了两种不同制度，区际法律冲突解决中的公共秩序保留制度的意义就近似于国家之间的公共秩序保留制度的意义，有其存在的特殊理由。中国区际冲突法中公共秩序保留制度的存在既是"一国两制"的结果，也是"一国两制"的需要。

在两个"安排"中，公共秩序保留制度的设立及其弹性特征直接对抗着内地与港澳之间判决协助的实现，这一制度的合理适度的运用，成为良好协助的关键。在此方面，协调应该从几个方面进行：适用条件；适用标准；防止滥用；淡化抵触。

（一）适用条件

公共秩序保留制度的弹性主要表现为适用条件的任意性，这种任意性的原因除了客观上很难穷尽应该适用这项制度的情况之外，也不可否认地包括立法和司法方面的主观意愿。

适用条件任意性的表现是表述公共秩序的措辞的含糊不明。在两个"安排"中用以表述公共秩序的共有法律的基本原则、社会公共利益、公共秩序和公共政策数个词语，这些词语分别指代什么样的条件，如果没有具体限定，对它们的解释就只能是任意性的。这是一个世界性难题。国际私法的国内法和国际公约中用了很多不同的词语来表述公共秩序，每一个词语几乎都没有被进一步释明，各国对这些词语的理解也很难达成共识。这一难题随公共秩序保留制度的引入一起进入中国区际冲突法中，并且直接衔接了三个地区各自在自己的国际私法中关于公共秩序保留制度的理解和态度，因此，或许这一难题还必须随着它在国际私法中的解决而解决。

但至少有几个方面的努力是可以尝试的：第一，区别公共秩序保留制度在国际法律冲突和区际法律冲突解决中的不同意义，减少在三个地区相互承认和执行判决时的采用。第二，内地法律中社会公共利益的表述涵盖范围过大，香港法律中公共政策的所涉范围较窄，因此，内地法律应该限缩适用公共秩序保留制度的条件。第三，利用一国之内而非国家之间的背景优势，通过中央相关机构或内地最高人民法院的引领作用，对适用公共秩序保留制度的条件作出统一确定或解释。

（二）适用标准

国际私法中存在主观和客观两种适用公共秩序保留制度的标准，主观标准指外国法或外国判决的内容违反内国公共秩序，客观标准指外国法的适用结果或外国判决被承认和执行的结果违反内国公共秩序。这两种标准不仅设定了两种不同的适用公共秩序保留制度的准绳，也反映了两种不同的适用公共秩序保留制度的观念。放弃主观标准，推广客观标准，是当今国际私法的趋势，也成为区际冲突法的趋势。

两个"安排"在设立公共秩序保留制度时，都采用了客观标准，即适用这项制度的标准不是"请求方判决"违反被请求方公共秩序，而是"承认和执行请求方判决"违反被请求方公共秩序，这是值得肯定的。但在措辞上还应该更加明确，成为主动和自觉的强调。

例如，赌博和打赌在内地是非法行为，由此产生的债不受法律保护，但澳门法律却规定："特别法有所规定时，赌博及打赌构成法定债之渊源。"① 在内地和澳门这两种法律规定的差别情况下，以保护因赌博而构成的债的权利为内容的澳门法院所作判决需要在内地承认和执行时，原则上说，内地法院是可以援用公共秩序保留制度拒绝协助的，但最终是否实际上适用这项制度，还应该看承认和执行这类判决的效果。应该考虑的是，如果内地法院援用公共秩序保留制度拒绝承认和执行澳门法院所作这类判决，是否会在客观上鼓励了欠债不还的行为，其影响当不在个案。显然，在内地法律没有认可赌博所产生的债的关系可为法定之债的情况下，澳门法院所作的保护赌博之债中债权人利益的判决固然与内地公共秩序不符，但内地法院因此拒绝澳门法院判决而鼓励了欠债不还的行为这样的做法却也未必起到了维护内地公共秩序的作用，或许更是对内地和澳门直至整个国家公共秩序的破坏。

（三）防止滥用

公共秩序保留制度适用条件的任意性很容易导致这项制度的滥用，特别是任意性中内含的主观因素更是如此，即立法和司法层面都存在尽量扩大内域法适用范围的倾向，这种倾向在"一国两制"的中国区际关系中会有明显表现。因此，防止公共秩序保留制度的滥用是内地与港澳相互承认和执行判决时应该高度重视的问题。

防止这项制度滥用的方法可以重点放在以下几方面：第一，统一"公共秩序"的内涵解释，减小适用条件的弹性。第二，限制适用公共秩序保

---

① 《澳门民法典》第1171条。

留制度的情况，将适用这项制度作为善意协助的例外。第三，确立适用这项
制度的客观标准，将标准释明为"承认和执行请求方判决的结果明显违反
被请求方公共秩序"。第四，设置特别机构，监督公共秩序保留制度的适用
情况。

（四）淡化抵触

公共秩序保留制度源于政治、经济、社会、法律各种制度之间的抵触，
各种制度的差别越大，相互之间的抵触越大，这是公共秩序保留制度盛行于
国际关系中而淡化于区际关系中的原因，也是公共秩序保留制度在"一国
两制"下的中国区际关系中所不能淡化的原因。如果能够淡化三个地区之
间的抵触，或许会使公共秩序保留制度逐渐淡出三个地区判决相互协助的
领域。

在内地的法律中，公共秩序的内容之一是国家主权，① 这是基于中国与
其他国家之间的国际关系而言的。在中国境内，内地和港澳同属一个国家之
内的三个不同地区，相互之间的关系无涉国家主权，有关主权的抵触可以淡
化出区际司法协助。这正是两个"安排"在确立公共秩序保留制度时都没
有提到国家主权的原因。这实际上减缩了适用这项制度的范围或条件。

内地所提出的公共秩序主要是社会公共利益，这是一个概念模糊又
范围广泛的适用条件。港澳回归前后，内地与港澳之间的民商交往一直
未曾中断，相互间发展了密切和深厚的利益关系，交汇出了越来越多的
共同社会公共利益，已成为无可分割的社会公共利益整体，即使是在
"一国两制"情况下，这种利益关系的自然形成和日益加深也是不可阻
挡的。因此，随着三个区域社会公共利益的不断融合，其间的利益冲突
将逐渐淡化，港澳判决因违反内地社会公共利益而被拒绝的情况将会逐
渐减少。

公共秩序包含的另一内容是善良风俗。比较公共秩序含义中的各个内
容，再没有哪一个比善良风俗更容易在一个国家的环境里得到融合了。内地
和港澳地区的民商交往过程本身就是三个地区的风俗向善融合的过程。无论
是传统、文化、道德、伦理，还是人情、世故、风俗、习惯，三个地区都有
共同的基础，风俗融合的过程更减少了这一方面的冲突。可以预见，将来判
决因违反善良风俗而被拒绝的情况会大大减少。

除了上述几方面之外，两个"安排"还涉及很多相关问题，如所称

---

① 1991 年《中华人民共和国民事诉讼法》第 268 条。

"判决"的含义及范围；"具有执行力的终审判决"的含义和范围；"书面管辖协议"和"书面形式"的含义；请求认可和执行申请书应当载明的事项；申请人向有关法院申请认可和执行判决时应附带提交的文件；受理认可和执行申请的管辖法院；申请认可和执行的期限；判决被拒绝后当事人的救济途径；受理认可和执行判决期间的财产保全，等等。